高等学校工程管理专业系列教材

建筑经济学

同济大学 黄如宝 孙继德 著

中国建筑工业出版社

图书在版编目（CIP）数据

建筑经济学/黄如宝，孙继德著. —北京：中国建筑工业出版社，2020.6（2022.7重印）
高等学校工程管理专业系列教材
ISBN 978-7-112-25147-6

Ⅰ.①建… Ⅱ.①黄…②孙… Ⅲ.①建筑经济学－高等学校－教材 Ⅳ.① F407.9

中国版本图书馆CIP数据核字（2020）第079374号

本书以社会主义市场经济为前提，以建筑产品、建筑生产、建筑市场为主线，注重研究和阐述建筑经济运行和发展的客观规律。全书主要内容包括：建筑产品的特征和经济属性、技术寿命和经济寿命、价值形态、价格特点和形式、流通和消费；建筑生产的特点，建筑生产要素的合理配置，劳动生产率、资本生产率、边际生产率、生产函数及其作用，建筑生产技术进步及工业化和社会化，设计工作的特点，维修中的经济问题；建筑市场需求的特点、主体以及投资需求、资源需求，建筑市场供给的特点和主体，建筑市场的交易特点、类型、结构、供求关系变化和招标投标以及建筑市场的监管。

本书可作为高等学校工程管理专业本科生和硕士研究生的教材或参考书，也可作为建筑学、土木工程等工程技术类专业的选修课教材，还可供建筑经济研究人员和建筑业各级管理人员参考。

为更好地支持相应课程的教学，我们向采用本书作为教材的教师提供教学课件，有需要者可与出版社联系，邮箱：jckj@cabp.com.cn，电话：01058337285，建工书院：http://edu.cabplink.com。

责任编辑：张　晶
责任校对：李欣慰

高等学校工程管理专业系列教材
建筑经济学
同济大学　黄如宝　孙继德　著
*
中国建筑工业出版社出版、发行（北京海淀三里河路9号）
各地新华书店、建筑书店经销
北京雅盈中佳图文设计公司制版
北京建筑工业印刷厂印刷
*
开本：787×1092毫米　1/16　印张：$25\frac{1}{2}$　字数：554千字
2020年10月第一版　2022年7月第二次印刷
定价：59.00元（赠教师课件）
ISBN 978-7-112-25147-6
（35861）

版权所有　翻印必究
如有印装质量问题，可寄本社退换
（邮政编码100037）

第五版前言

本书自 1993 年出版以来，大致保持着每 5 年修订一次的节奏。但是，这一节奏因我 2013 年退休而中断了。我退休前两年，系里从顺利衔接过渡的角度考虑，安排孙继德老师接替我讲授"建筑经济学"课程。我从教学第一线退下来后，对治学考据和专业研究日渐懈怠，原来已形成的一些修订设想也束之高阁，不再考虑本书的修订和再版。

孙继德老师在讲授"建筑经济学"课程的过程中，对教材中的一些内容，不时与我沟通和交流。通过几年的教学实践，他对本书的内容（与建筑经济学的其他同名教材和专著的内容差别很大）已经全面把握，并逐渐形成了自己的一些独到见解。欣喜之余，我感受到的是同济人严谨求实治学精神的薪火传承。孙继德老师去年和我商量本书的修订再版事宜，经过多次反复的沟通，我们对本书的修订内容达成共识。

本次再版主要从以下几方面进行了修订：

一是调整全书的结构框架。本书原来的核心内容只有建筑产品、建筑生产和建筑市场三章，每章的内容和篇幅与大多数教材和专著相差过大，个别章节内容的层次过多，对讲授课程的老师制作课件和对学习课程的学生把握重点稍有困难。鉴于此，本版将原来的章改为篇，原来的节改为章，全书所有的图表按章编号。

二是更新正文和表格的数据。在当今大数据时代，很多问题需要数据说话。而数据的说服力，既取决于其可靠性，又取决于其即时性。因此，本版尽可能采用可查到的最新数据，还适当增加了少量表格和正文中的数据。例如，在过去 10 多年里，我国建筑企业的国际地位取得了长足的进步，在 ENR 国际 250 强中的排名位置和数量都有极大地提升，引入相应的数据比平淡的文字更加让人印象深刻。

三是充实建筑市场部分的内容。在本书的前几版中，建筑市场这部分的内容显得相对薄弱，这自然成为本版内容修订的重点。其中，新增第 19 章"建筑市场结构"，该章涉及我国建筑市场现阶段特有的一些问题，如所有制结构、业务结构等，还阐述了建筑市场差异化和建筑市场壁垒两节理论性较强的内容。另外，将第 20 章的章名由原来的"建筑市场运行机制"改为"建筑市场的交易"，从名称上看就是与第 17 章"建筑市场的需求"和第 18 章"建筑市场的供给"相呼应的结果，真正算得上是顺理成章。第 20 章的内容新增了市场交易理论和建筑市场交易的保障，前者增强了理论性，而后者完善了交易环节。对第 21 章"建筑市场的监管"的修改，强化了政府监管理论依据的分析，补充了我国建筑市场监管的现状和发展展望。

此次修订的具体工作主要是由孙继德老师完成的，在此，谨向他表示诚挚的谢意。

本书此次再版要特别感谢中国建筑工业出版社的领导和编辑对本书的垂青，27年前本书与中国建筑工业出版社失之交臂的故事有了续篇。历久弥新，难忘故人，在此，谨向当年向出版社力荐本书的徐焰珍编辑致以崇高的敬意。

黄如宝

2019年9月25日于上海

第四版前言

本书有幸被列入我国普通高等教育"十一五"国家级规划教材,既是对本书价值的肯定,也是对笔者的鞭策。因此,对于此次修订,笔者力求能在原有基础上有所突破、有所出新。但是,要摆脱思维的定式、惯性和惰性,不仅需要勇气,而且更需要智慧。为此,笔者从读者的角度进行换位思考,对本书的体系反复进行了深入分析,尝试了多种不同的架构,终于突发灵感,茅塞顿开。

这一灵感就是将原第四章与第五章整合为一章,使本书的体系发生了根本性变化。具体表现在:将原第四章第一节业主作为建筑市场的需求主体,第二节至第四节的设计机构、施工机构和咨询机构作为建筑市场的供给主体,第五节政府主管机构作为建筑市场的监管主体;在此基础上,对原第五章的内容作了相应的调整和改写,从而形成建筑市场的需求、建筑市场的供给、建筑市场的运行机制和建筑市场的监管四个全新的章节。由此所形成的第四章充分体现了经济学固有的逻辑和规律,提升了全书的系统性。同时,将与工程管理专业其他课程内容重复和交叉的原第五章第五节建筑市场的承发包方式整节删除,并将原第五章第四节中的施工招标的程序和主要内容、施工投标的程序和主要内容、设计招标投标和设计竞赛这三部分实务性内容删除,以突出本书的理论性。

此次修订尽可能采用最新的资料全面更新了书中表格的数据,并增加了少量表格,从而使有关分析和论述更有说服力。遗憾的是,尽管作了多方努力,书中仍然有少数表格的数据未能加以更新。

另外,此次修订还对全书的文字作了一些修改,特别是第四章增加了一些承上启下的段落,以与本书新的结构体系相适应。

在此次修订过程中,杨雪通过多种渠道和方式为书中表格数据的更新查阅了大量资料,徐莉提出了多方面很有价值的修改建议,并为书稿打字、编辑、校对以及进行有关资料的整理。正是由于她们的辛勤劳动,才使本书的此次修订比预计时间提前完成。在此,谨向她们表示衷心的感谢!

每次修订时,当初撰写本书的情景常常挥之不去。从不惑华茂到耳顺鬓霜,毋需感慨逝者如斯不舍昼夜;从激扬文字到推敲雕琢,方才深知才疏学浅肠枯脑滞。20年磨一剑,效率可谓低矣,但书中的些许改进,都记录了笔者日臻完善的不懈追求。本书的每一版修订,笔者总是心怀当初以讲师身份作为独著者手捧书稿毛遂自荐寻找出版社的忐忑。如果说最初是担心能否遇到慧眼识珠的伯乐、书稿能否正式出版的话,那么,此后的修订则是担心是否还有瑕疵空楼或敝帚自珍之处、是否会辜负读者的厚爱。

本书的封底是笔者在本科学习阶段作为工业与民用建筑专业的学生到建筑系选修素描课的习作。当时我立志成为集结构工程师和建筑师于一身的设计大师，但由于历史的原因，我毕业后没有拿起图板却走上了讲台，那就成了我没有实现且永远不再可能实现的梦。

黄如宝

2008 年 6 月 16 日于上海

第三版前言

本书第二版出版至今已经5年多了，本次再版主要出于以下考虑：

一是反映新情况。近年来，我国建筑业在与本书内容有关的若干方面出现了一些新情况，必须在新版中反映出来。例如，我国对建筑业的范围又作了调整，需要引入本书并据此作相应的分析；《招标投标法》的颁布实施需要对招标方式等内容进行改写；设计收费标准、建筑产品成本构成和内容的修改或调整也应及时予以反映。另外，还引用最新的统计资料来说明建筑业在国民经济中的地位和作用以及价格指数，在某些问题上增加一些简单的文字来反映该领域的新进展（如政府作为业主的融资方式、FIDIC1999版合同条件等）。

二是增强理论性。运用经济学理论来阐述政府的职能定位以及市场机制和市场秩序是本次再版新增的内容。相应地删除了原书的"政府主管机构的管理原则"，并改写了"政府主管机构任务"。又如，对建筑生产集中化程度引入了绝对集中度和相对集中度指标来反映，并运用多种数据对其进行定量分析；运用英国的统计资料说明建筑企业规模大小与其任务类型（新建或维修）之间的关系。

三是改善可读性。有些读者（包括某些高等院校"建筑经济学"的授课教师）在与作者的交流中反映，本书原版中的少数内容不易理解，例如，利用边际效用递减原理实现建筑产品的最大总效用、非变动成本的概念、成本价格的概念等。对这些问题，本次再版增加了文字说明，以利于理解和自学。

四是提高严谨性。本书原版中关于建筑产品价格中的税金的阐述不够严谨，现再版时严格地将作为建筑产品成本内容的税金与作为建筑产品价格构成内容的税金（与成本、利润并列）区分开来。另外，对某些用词作了调整，如用"经济发达国家"取代原书的"工业发达国家"；还改写了原版中一些不够严谨的表述。

在以上四个方面的内容中，第四章第五节的"政府的职能定位"和第五章第一节的"市场机制"和"市场秩序"主要由高显义撰写，谨在此向他表示衷心的感谢。

希望同行、专家学者和读者对本书新版中的错误或不妥之处直言相陈，即使是一字之师，作者也在此预先表示感谢。

黄如宝

2003年12月15日于上海

第二版前言

本书自出版以来，受到业内同行的厚爱，被全国20余所高等院校选作工程管理类专业或相关专业硕士生、本科生的教材。这无疑对作者是莫大的鞭策。四年多来，作者在建筑经济教学、科研方面时有心得和成果，感到原书留有诸多不足，促使作者考虑对本书进行全面修订。本书再版修改的内容主要有以下几个方面：

一是对已不适应当前形势的内容作了改写或删除。例如，我国建筑业的范围、建筑产品价格构成、设计收费标准、建筑企业规模划分标准、建筑业专业人员注册制度等。在这些方面，国家或建设主管部门有了新的规定，必须在新版中反映出来，相应的内容需要改写。另外，关于建筑产品的商品属性，已不必再加以强调，修订时将其全部删除。需要说明的是，原书中许多表格、文字中的数据似嫌陈旧，但就其说明有关问题的作用而言，并无大碍，故大多未作调整，仅将极少数确与当前情况不符的数据（如每亿元固定资产投资所消耗的材料数量）删除。

二是对建筑经济有关问题的新认识。我国社会主义市场经济体制建立和完善的过程中，建筑经济领域的有关问题也在不断发展，人们对其规律的认识也在不断加深。例如，建筑业劳动结构的变化、施工机械化对实现建筑产品多样性的作用、设计阶段专业化的出现、建筑生产联合化形式的发展、咨询机构服务对象和服务内容的发展、BOT项目的发起等。这些问题有的是近年内新出现的，需要在新版中补充；有的虽然在原书中已有所反映，但有关内容已不很恰当，在新版中作了改写。

三是对内容结构的调整。例如，将原书中列在第三章第一节说明建筑生产不均衡性的冬、雨季施工增加费用的两张表格改列在第二章第四节说明建筑产品的地区差价，这样更贴切些；将建筑市场供给特点的次序作了调整，首先说明供给内容是生产能力，可能更符合逻辑性；对咨询机构一节的内容亦作了大幅度调整。另外，还适当增加了一些分标题，以改进全书的层次性和条理性，从而更有利于阅读和理解。

尽管本书新版作了修改和删节，但仍难免有敝帚自珍、不忍割爱之处。因此，作者真诚地希望同行、专家学者和读者对本书新版中的错误和缺点直言相陈，以便有机会再版时改正。

黄如宝
1998年2月15日于上海

第一版前言

本书的构想得追溯到 1987 年初。当时，学生们要求我作一次全面复习，以便突出重点，理解和掌握建筑经济学这门课的主要内容。学生给我出的这道难题，使我第一次带着挑剔和怀疑的眼光审视本课程的体系和内容。不得不承认，国内原有的建筑经济学专著、教材（包括笔者曾独立编写和参与编写的教材）大多带有计划经济和产品经济的色彩或痕迹，涉及行政管理、政策的内容较多（包括对改革方案和措施的解释和评述），而对建筑经济运行和发展的规律则阐述较少，而且在不少方面已经落后于我国改革开放形势的迅速发展。

这也使我下决心要写出一本全新的教材。但是，要跳出在计划经济、产品经济条件下所形成的建筑经济学的原有框架和体系，谈何容易。国内同类专著和教材的缺陷已如前述，而国外同类专著一般侧重于研究建筑领域的微观经济或建筑技术经济，而不是部门经济。这显然要求立足于研究我国建筑经济领域内的具体问题，既要借鉴当代西方建筑经济研究的成果和方法，又要注意吸取我国建筑经济理论界 20 世纪 80 年代以来理论研究和讨论的一切有价值的成果，并融入笔者对建筑经济研究对象的理解和一些专题研究的成果以及所有与建筑经济问题有关的零星所得。

面对纷杂的建筑经济学问题，我在很长一段时间内感到无从入手。通过不断的整理、筛选、比较、分析，逐渐找出许多建筑经济学问题的内在联系，本书的内容也就逐渐清晰和条理化。至 1988 年底，初步理出建筑产品、建筑生产和建筑市场三条主线及其主要内容；几易其稿后，到 1989 年底，确定了本书现在的框架和内容，并拟出近万字的详细提纲。应当说，这近三年的时间是本书撰写过程中最艰难的时期，为本书的顺利完成奠定了基础。此后，成书的过程同时也是对建筑经济学许多问题的研究过程，遇到难点，进展就比较缓慢，加之笔者一方面要承担教学、科研任务，另一方面又在攻读在职博士研究生，时间和精力都十分有限，以致使本书直到 1992 年 3 月才全部脱稿。

党的十四大提出要在我国建立社会主义市场经济体制，这为本书的问世提供了良好的外部环境条件，使笔者几年来的工作成果能较早地与读者见面。本书是笔者为建立我国社会主义市场经济条件下建筑经济学新的学科体系所作的努力和探索，力图在理论性和系统性方面有所突破。但是，由于笔者水平有限，对建筑经济学许多问题的研究尚不够深入，至可能带有片面性，一些观点也仅是笔者的一孔之见。书中不妥之处如蒙赐教，不胜感激。

笔者还希望那些曾经做过我的学生，如今在建筑业各个领域内工作的同仁、朋友们批阅我这份迟交的答卷。

本书的写作和出版，得到了同济大学林知炎副教授、上海市施工技术研究所徐绳墨高级经济师以及上海城市建设学院陈盛源副教授的支持和帮助，在此谨向他们表示衷心的感谢。

黄如宝

1992 年 12 月 12 日于上海

目 录

第1篇 绪 论

第1章 建筑业 ······ 002
1.1 建筑业的形成和发展 ······ 002
1.2 建筑业的范围 ······ 010
1.3 建筑业在国民经济中的地位和作用 ······ 012
思考题 ······ 020

第2章 建筑经济学的学科建设 ······ 021
2.1 建筑经济学的形成和发展 ······ 021
2.2 建筑经济学的学科性质和研究对象 ······ 023
2.3 建筑经济学的研究内容 ······ 025
2.4 建筑经济学与相关学科的关系 ······ 026
思考题 ······ 028

第2篇 建筑产品

第3章 建筑产品概述 ······ 030
3.1 建筑产品的概念 ······ 030
3.2 建筑产品的特征 ······ 032
3.3 建筑产品的经济属性 ······ 036
思考题 ······ 040

第4章 建筑产品的使用寿命 ······ 041
4.1 建筑产品使用寿命的分类 ······ 041
4.2 建筑产品的技术寿命 ······ 042
4.3 建筑产品的经济寿命 ······ 049

思考题 ·· 054

第 5 章　建筑产品的价值 ·· 055
5.1　建筑产品的价值形态 ·· 055
5.2　评价建筑产品价值的影响因素 ······································ 059
5.3　建筑产品价值形态之间的关系 ······································ 064
思考题 ·· 066

第 6 章　建筑产品的价格 ·· 067
6.1　建筑产品的价格特点 ·· 067
6.2　建筑产品的价格形式 ·· 071
6.3　建筑产品的价格构成 ·· 080
6.4　建筑产品的价格指数 ·· 095
思考题 ·· 100

第 7 章　建筑产品的流通 ·· 101
7.1　建筑产品流通的一般特点 ·· 101
7.2　建筑产品的流通形式 ·· 103
7.3　建筑产品的流通渠道 ·· 105
7.4　建筑产品的流通价格 ·· 108
思考题 ·· 113

第 8 章　建筑产品的消费 ·· 114
8.1　建筑产品的消费特点 ·· 114
8.2　建筑产品消费的经济影响因素 ······································ 116
8.3　建筑产品的消费效益 ·· 119
思考题 ·· 121

第 3 篇　建筑生产

第 9 章　建筑生产概述 ·· 124
9.1　建筑生产的特点 ·· 124
9.2　建筑生产的要素 ·· 128
9.3　建筑生产要素的合理配置 ·· 139
思考题 ·· 143

第 10 章 建筑生产的生产率 ········· 145
- 10.1 生产率的概念 ········· 145
- 10.2 劳动生产率 ········· 147
- 10.3 边际生产率 ········· 153
- 10.4 提高劳动生产率的其他途径 ········· 156
- 思考题 ········· 158

第 11 章 建筑生产函数 ········· 160
- 11.1 生产函数的概念 ········· 160
- 11.2 常用生产函数 ········· 161
- 11.3 生产函数 α 和 β 参数的估计 ········· 167
- 思考题 ········· 172

第 12 章 建筑生产的技术进步 ········· 173
- 12.1 技术进步的概念 ········· 173
- 12.2 技术进步的类型 ········· 175
- 12.3 建筑生产技术进步的内容和特点 ········· 177
- 12.4 建筑生产技术进步的评价 ········· 181
- 12.5 技术进步的内涵因子 ········· 185
- 思考题 ········· 189

第 13 章 建筑生产工业化 ········· 190
- 13.1 建筑生产工业化的概念 ········· 190
- 13.2 建筑生产工业化的内容 ········· 192
- 13.3 我国建筑工业化的发展 ········· 199
- 13.4 工业化建筑体系 ········· 202
- 思考题 ········· 206

第 14 章 建筑生产社会化 ········· 207
- 14.1 生产社会化的概念 ········· 207
- 14.2 建筑生产集中化 ········· 209
- 14.3 建筑生产专业化 ········· 216
- 14.4 建筑生产联合化 ········· 227
- 思考题 ········· 230

第15章　建筑生产的活动 231
15.1　建筑设计 231
15.2　建筑施工 238
15.3　维修 245
思考题 258

第4篇　建筑市场

第16章　建筑市场概述 260
16.1　建筑市场的基本概念 260
16.2　市场机制 264
16.3　市场秩序 266
16.4　市场类型 268
思考题 271

第17章　建筑市场的需求 272
17.1　建筑市场需求的特点 272
17.2　建筑市场的需求主体 275
17.3　建筑市场的投资需求 280
17.4　建筑市场的资源需求 283
思考题 289

第18章　建筑市场的供给 290
18.1　建筑市场供给的特点 290
18.2　设计机构 293
18.3　施工机构 299
18.4　咨询机构 311
思考题 322

第19章　建筑市场结构 323
19.1　建筑市场结构的内涵 323
19.2　建筑市场规模结构 324
19.3　建筑市场所有制结构 326
19.4　建筑市场专业分工结构 328

19.5	建筑市场差异化	331
19.6	建筑市场壁垒	334
19.7	我国建筑市场竞争形态	339
思考题		340

第 20 章　建筑市场的交易　341

20.1	市场交易	341
20.2	建筑市场的交易特点	347
20.3	建筑市场的类型	350
20.4	建筑市场的招标投标制	356
20.5	建筑市场交易的保障	363
思考题		366

第 21 章　建筑市场的监管　368

21.1	建筑市场监管概述	368
21.2	政府的职能定位	369
21.3	我国政府主管机构的任务	374
21.4	我国建筑市场监管的现状和发展展望	381
思考题		387

参考文献　388

第1篇
绪论

第1章 建筑业

1.1 建筑业的形成和发展

建筑是人类生存的基本需要之一。建筑活动是人类社会历史上脱离蒙昧时代以来最基本的物质生产活动之一,具有悠久的历史,但真正形成建筑业,只是近代的事情。

1.1.1 建筑业的形成

在原始社会,由于生活的需要以及农业生产的逐步发展,人类的建筑活动随之不断发展。最突出的表现是,人类从居住在天然洞穴发展到居住在经人类劳动而形成的袋穴、坑穴乃至有墙壁的半穴居,再发展到居住在完全位于地面上的搭盖建筑。据考古学发现,大约在公元前四五千年,在我国浙江省河姆渡已经出现了榫卯结构的木架建筑。

到了奴隶社会,生产工具有很大并且较快的发展。从早期的石斧、石刀、石铲、蚌锯、蚌刀和骨角器,发展到青铜工具。我国春秋时期,炼铁技术已经很发达,铁制工具的应用日益广泛。由于金属工具的使用,大大提高了建筑生产技术和劳动生产率,建筑规模亦相应扩大。当时的文明国家出现了许多令今人赞叹不已的宏伟建筑,如埃及的金字塔、人面狮身像,希腊的雅典卫城、剧场、议事厅、体育馆等。同时,我国的城邑建筑已具有相当规模,出现了一些繁华的商业城市。

封建社会的生产力无疑远高于奴隶社会,这在建筑方面突出地表现在建筑种类的增多、建筑技术的精湛和建筑标准的提高等方面。封建社会的建筑大致有以下七类:

(1) 政权建筑

包括封建帝王的宫殿,各级地方政府的官僚衙署。这些建筑的建筑标准高,用料精细,制作考究,耗费大量的人力、物力和财力。

(2) 军事、政治建筑

包括万里长城这样大规模的防御工事,以及为军事政治服务的直道、驿道、人工水道、桥梁、道路等工程。

(3) 水利建筑

这是提高农业生产力水平、加强国家经济实力的重要措施,如秦始皇开凿郑国渠、汉代修建白渠等都是出于这种考虑。其中,有的水利工程历经几千年时间至今仍在发挥效益,如都江堰、灵渠、京杭大运河等。当然,有的水利工程也用于军事航运。

（4）宗教、祭祀建筑

包括坛社、庙宇、陵墓等。从封建帝王到府县官吏和地主豪绅，都不惜耗费巨资兴建这些建筑，如秦始皇的陵墓曾征调70万人，修筑30多年才告完成。

（5）园林建筑

属于封建帝王和官僚的享乐性建筑。到宋、明、清时代，园林建筑已遍及大江南北，尤以江南为盛。园林建筑不仅是中国建筑史上的辉煌成就，而且至今在世界建筑中仍占有特殊的地位。

（6）城市建筑

城堡最初是保护统治阶级的防御工事。但是，随着经济生活的发展、交换的增加、市场的形成，城市逐渐发展成为政治经济中心，如我国汉朝的长安、隋唐的洛阳、元朝的大都、明朝的南京、明清的北京等。我国封建社会的城市建筑在当时处于世界领先地位。

（7）住宅建筑

住宅建筑的地方性很强，因各地气候条件、生活方式不同，住宅的形式、构造、用料等都有很大差异。无疑，住宅建筑还与各地的经济发展水平有关，与各个时期的生产力水平相适应。

综上所述，不难看出，建筑对人类的功能也相应地发展和扩大，从最早的解决居住问题发展到行政、国防、宗教、文化、园林、墓葬、交通、水利等工程。人类社会经过长期劳动所积累的天文、历算、物理、力学、测量等知识，都综合利用到建筑上。同时，知识积累的程度越高，人类就越能利用建筑来满足自己日益提高的需要，越能有意识地利用建筑来改造客观环境，建立和发展社会的经济基础，建筑在社会中的地位也就越重要。

人类的建筑活动虽然在封建社会有了很大发展，也创造出至今仍有重要价值的建筑工程，但真正形成建筑业，只是近代一二百年的事。我国封建社会的历史较长，尤其是清朝后期，由于政治腐败，生产力发展非常迟缓，自然也影响到建筑业的发展。直到1840年鸦片战争之前，中国虽然已有几千年的建筑活动历史，但只形成了水木作式的营造行业，没有产生现代意义的建筑业，其原因在于：

（1）生产力水平低下

直到19世纪初叶，我国仍然是一个以个体小农经济、手工业为主体的封建社会。在这种情况下，社会的资金积累极其有限，不可能产生大规模的建筑需求，面广量大的是可以自行建造的土木或砖石结构的房屋建筑。前面所提到的那些特殊建筑，都是统治阶级利用手中的权力，动用大量人力、物力和财力兴建的，而且不计工本，不较时日。

（2）建筑劳动力没有摆脱与土地的联系

在封建社会，营造建筑主要靠徭役制，凡筑城、开河、修路、建宫室和陵墓等，动辄征发几十万、上百万民伕，而且基本上是强制性的无偿劳役。建筑工匠多以农业为主业，以营造为副业，营造活动附属于农业，因而也就不可能产生脱离土地束缚的、单纯从事建筑活动的产业工人。

（3）材料品种单一

由于我国未经历资本主义阶段，工业发展极其落后，主要建筑材料是天然材料，如沙、石、木等，或经过简单加工的材料，如砖、瓦、灰等。"秦砖汉瓦"在其诞生的年代是先进的，但沿用几千年不加变革，则不能不说是生产力发展缓慢的一种表现，何况连砖瓦的生产也还没有普遍采用工业化的生产方式。

鸦片战争以后，帝国主义的枪炮轰开了中国封闭的大门，沿海、沿江不少港口被辟为通商口岸。伴随着帝国主义军事势力、政治势力在中国的扩张，外国资本也涌入中国，使中国的封建经济逐渐解体。这一方面使外国资本在中国获得其在本国所得不到的超额利润，但另一方面又在客观上促进了中国机械工业、造船工业、煤炭工业、纺织工业、铁路建设等的发展，旧式营造业越来越不能满足生产力发展的需要。在这种情况下，中国建筑业逐渐具备了形成的必要条件：

（1）工业与农业的分离

随着生产力的发展，各种新兴工业相继出现，一些原来以手工操作为主的行业也逐渐为大机器生产所取代。这不仅大大提高了对建筑需求的数量，而且使建筑需求的内容发生了很大的变化。这在客观上促进了建筑生产力的迅速发展，如建筑科学和理论的发展、建筑机械的使用等。同时，也要求产生新的建筑生产关系与其相适应。

（2）现代建筑工人的出现和建筑劳动力市场的形成

随着封建经济的解体，不仅使原来那些以农为主、以营造为辅的农村手艺人逐渐脱离了与土地的联系，成为受建筑承包商（当时称包工头）自由雇用的建筑工人，而且使大批破产农民涌入城市，转向建筑活动，为建筑业的发展提供了廉价劳动力。这种专业建筑工人的技术有可能在短期内迅速提高，与建筑生产力水平的发展相适应，而且逐渐跳出了自营和小生产的狭小服务范围，与新的建筑生产关系相适应。

（3）建筑材料工业的发展

大机器生产所需要的建筑，与封建社会以农业和手工业为主的时期所需要的建筑有很大的不同。一般来说，它要求大空间、大跨度，并具有较高的负荷强度，有的还要求耐振动、耐高温、耐腐蚀等。传统的建筑材料很难满足这些要求，需要新型的建筑材料，如型钢、水泥、陶瓷产品等高强材料、塑性材料和复合材料等，才能适应现代工业、铁路和桥梁等建筑的需要。建筑材料工业正是为适应新的建筑需求应运而生的，反过来，建筑材料工业的发展又促进了现代建筑业的发展。

由此可见，现代建筑业的形成，以资本主义生产力的发展和建筑市场的形成为前提。而现代建筑业发展的规模和速度，则不仅取决于生产力的发展，而且取决于生产关系的形成和发展。

1.1.2　中国建筑业的早期发展

中国建筑业的形成和发展，始于鸦片战争（1840年）。随着外国资本主义的侵入和中国资本主义的发展，中国社会生产和生活的各个方面都发生了很大变化。在城市和建筑活动方面，受到西方某些建筑的影响，在某些大型沿海城市的租界形成了新的城区，出现了早期的领事馆、洋行、商店、工厂、教堂、饭店、俱乐部和独院式住宅，大部分是欧洲古典式建筑，但数量、规模都还十分有限。

甲午战争（1894年）以后，许多资本主义国家进入到帝国主义阶段，不断侵略落后国家，中国是主要的被侵略对象之一。在建筑方面，在中国的许多城市兴建了工厂、银行、洋行、火车站、旅馆、文化娱乐设施、花园住宅等，出现了五层以上的新式建筑。建筑材料如水泥、玻璃、机制砖瓦等的生产能力有了发展，形成了建筑工人队伍，施工技术有了较大提高，开始了土木工程教育事业。

第一次世界大战爆发（1914年）及"五四"运动以后，我国的民族工业开始发展。工商业和金融业有了一定的发展，建设规模逐渐扩大，进一步带动了建筑业的发展。广州、天津、汉口和东北的一些城市建造了8~9层的建筑，上海出现了28座10层以上的建筑，建成了一批大型建筑，如汇丰银行大楼、先施公司大楼、新新公司大楼、英工部局大厦等，最高的国际饭店高达24层，建筑水平很高。建筑队伍不断扩大，从外国留学回国的中国建筑师、工程师人数增多，近代民族营造行业（建筑业）得到发展，改变了建筑设计被外国洋行垄断的局面，营造业出现了国人一统天下的局面。从上海看，1922年登记的营造业厂商有200家，1923年达822家，1933年市政报告中已近2000家，再加上华人经营的水电设备安装业、竹篱业（搭建筑脚手）、石料工程业、油漆业、建材商号、设计事务所、土木工程事务所（专业估价监工）等，形成了一支相当规模的建筑队伍。外商只是在少数大楼设计、设备安装业上有一定力量和影响。当时官方、民间各类统计年报、工商名录、社会调查都把建筑业单列。1927年成立了中国营造学社，全国各地也先后成立了营造业同业公会，并发行了《建筑月刊》，成为建筑业民族工业发展的繁荣时期。

但是，抗日战争爆发后，国民党统治中心转移到西南，一部分沿海城市的工业内迁，边远省份的工业有了发展，建筑业也扩展到内地县镇，但在战乱中逐渐衰落，不再有较大发展。在1949年中华人民共和国成立前夕，建筑业约有从业人员20万人，其创造的净产值仅占国民收入的1%左右。

总而言之，中华人民共和国成立前，由于我国处于半封建半殖民地的社会，生产力水平低下，商品经济极不发达，加上外患内乱、战火连绵，建筑业一直没有得到很好的发展。建筑业新创造的价值在国民收入中所占的比例极其低微，即使在旧中国建筑业发展最好的1934年，也仅占1.4%。而且，当时中国建筑业的主要业务局限于施工，建筑设计发展相当缓慢。至1949年，只在铁路、交通、市政规划和民用设计方面做过一些工作，许多重要的大型建筑、工业建筑往往是由外国人设计的。

1.1.3 新中国建筑业的发展

新中国建筑业的发展，大致可以分为六个阶段：

1. 建筑业的行业组建与奠基

1949年中华人民共和国成立之后，面临着极其艰巨的经济恢复和建设工作。但当时全国的建筑队伍只有20万人，远远不能适应大规模经济建设的需要。因此，一方面，私营营造厂迅速增加，如北京1949年仅有104家，1950年就发展到300家；另一方面，国家通过接收国民党官僚资本的营造厂，改造上海、北京等大中城市的旧营造业，组建了一批国有建筑公司，同时将中国人民解放军工程部队的8个师约8万人集体转入建筑业，成为发展建筑业的一支生力军。中央政府于1952年成立建筑工程部，主管全国建筑业，各省、市、自治区也先后成立建筑工程局，从而开始有组织、有计划地管理全国的建筑工程，使我国建筑业的发展有了可靠的组织保证。建筑队伍由1949年的约20万人，发展到1952年的将近100万人。1952年完成的建筑业净产值为21亿，占国民收入的3.6%。

2. "一五"时期的兴旺发达（1953~1957年）

1953~1957年是我国实行国民经济第一个五年计划时期，其基本任务是集中力量进行以苏联帮助设计的"156"项工程为中心的、由694个大中型建设项目组成的工业建设，建立中国社会主义工业化的初步基础。这就既赋予中国建筑业以艰巨的历史任务，同时也为建筑业自身的发展提供了难得的机遇。

在完成大规模建设任务的同时，建筑业的面貌发生了根本的变化。第一汽车制造厂、玉门油矿、兰州石油化工基地、吉林化工基地、武钢、包钢、鞍钢及大批电厂开工建设或部分投产，"一五"期间建成住宅9454万m^2、学校建筑2385万m^2、医疗建筑583万m^2。北京饭店西楼、广州华侨大厦、北京政协礼堂也都是此时建成的。这时的建筑队伍从1952年的近100万人，发展到1957年的264.6万人，施工预制装配化程度已达23%，机械化程度达30%，混凝土搅拌达81%，构件吊装达80%，垂直运输达36%。

在教育和科技方面，1954年建立了重庆建筑工程学院和哈尔滨建筑工程学院，1956年建筑工程部建筑科学研究院成立，1953年中国土木工程学会和中国建筑学会相继成立，积极开展国内外学术交流活动。1954年6月中国建筑工业出版社成立。《建筑》杂志，《土木工程学报》《建筑学报》《建筑经济研究》（后改名《建筑经济》）也于1954年先后创刊。

总之，"一五"期间是中国建筑业走向兴旺发达的时期，1957年建筑业净产值为45亿，占国民收入的5%。

3. "大跃进"与"调整"时期的起伏（1958~1965年）

这一时期，由于经济工作指导思想"左"倾错误的形成与发展，对建筑业产生严重影响，导致全行业的大起大落。从1958年"大跃进"至1960年，建筑队伍由1957年的200多万人，膨胀到1960年的722.8万人。随后，国民经济开始进行"调整"，基建投资由1960年的388.7亿元，减少到1962年的71.3亿元，全建筑业也随之大大精简，全民所有制职工由577.3万人减少到193.3万人。一些省市撤销了建筑工程局。建筑设计、科研、教育也进行了大精简，大减招工和招生名额，中专在校生大部分停课回家。"大跃进"

使高指标和浮夸风横行，把科学当迷信破除，不要合理的规章制度，否定科技人员的作用，导致建筑业质量下降，事故不断发生。

从1962年起，国家不得不进行"调整、充实、巩固、提高"的方针，国民经济开始复苏，建筑业也逐步走出低谷。建筑净产值由1961年的25亿逐步上升到1965年的53亿元，占当年国民收入的3.8%，建筑队伍也回升到1965年的约400万人。

4. "文化大革命"对建筑业的破坏（1966~1976年）

1966年5月开始的"文化大革命"长达10年之久，使建筑业经过调整所取得的积极成果化为泡影。

在"文化大革命"中，建筑业大批领导干部和有建树的专家、学者、建筑师、工程师受到批判和打击，有的被迫害致死。建工部第二任部长刘秀峰、第三任部长刘裕民均遭受残酷迫害，含冤逝世。杰出的建筑学家，中国科学院学部委员梁思成教授，在清华大学遭受残酷的人身侮辱和批判，悲愤成疾，含冤去世。

在"文化大革命"中以"学解放军"为名，大搞企业编制"连排化"，用军事方法搞施工，实行一整套供给制和"大锅饭"的办法，取消了承发包和施工取费等各项制度，造成极大浪费。1974~1976年全国建筑企业亏损面达50%以上。

在"文化大革命"中由于停工、停产以及武斗，建筑业劳动生产率急剧下降，最低时全员劳动生产率只有1000元左右，仅为"文化大革命"前的1/3。由于施工生产上不去，致使工程遍地开花，开工不竣工，竣工不投产，"一五"时期大中型建设项目平均施工周期不超过6年，"文化大革命"期间却多在10年以上。

中华人民共和国成立以后至1976年，建筑业处于计划经济体制管理下，基本依靠计划手段和行政命令方式分配生产任务，没有形成市场机制，建筑生产价格不合理，扼杀了建筑业生产力，不利于促进建筑业技术进步和效率提高，各种问题突出。

5. 改革开放推动建筑业的再度振兴（1977~2000年）

1976年10月粉碎了四人帮反革命集团以后，特别是1978年12月中央十一届三中全会召开以后，全国重心转移到社会主义四个现代化建设轨道上来，展示了建筑业再度振兴的光辉前景。

在1980年4月2日，邓小平同志在同中央负责同志谈话时，对长期规划中建筑业的地位问题和住宅政策问题提出了指导性意见，对建筑业的发展具有重要意义。邓小平这次谈话，指出了过去不重视建筑业的错误观点，为振兴建筑业指明了方向。自此以后，1992年召开的十四大上，建筑业同机械电子、石油化工和汽车制造业并列，被确定为国民经济四大支柱产业。

1984年经国务院批准，建筑业在国民经济中与农业、工业、交通运输业、商业并列，确立为同工业一样，是直接生产物质产品的重要产业部门，扭转了过去认为建筑业不创造价值，建筑业是单纯为基本建设提供劳动的附庸地位，建筑业的利润是"资金空转轮"等错误观点。

改革开放以来，建筑业高速发展，引进了科学化的项目管理模式，推进了建筑业组织改革和市场化改革，建筑业企业内部实行项目经理负责制，建立了生产要素市场，推行以规范建筑市场为主要目标的招投标制度、注册建筑师制度、监理制度、建筑企业资质管理制度等系列改革，初步形成了具有中国特色的建筑市场，使产业整体素质有较大幅度提高，为进一步发展成为国民经济支柱产业奠定了基础。但在这个过程中，有些企业过分强调经济效益，忽视了工程质量和安全。整个建筑行业普遍实行"两层分离"改革，忽视了建筑工人利益，拖欠工程款和工人工资问题频发，高素质产业工人缺失。

6. 建筑业的转型升级（2000年~）

2000年以后，建筑业进行了转型升级改革，在原有建筑市场的基础上不断完善、优化、创新，形成了以可持续发展为主要目标的建筑业管理模式。我国建筑业的发展从重视生产效率到关注社会效益、绿色环保和可持续发展，从体制改革到体制机制创新，取得优异成绩。实现了一批国际领先的建筑工程技术创新，建成了一大批国际领先的标志性建筑产品（如港珠澳大桥、青藏铁路、三峡工程等）。1995~2016年，全社会房屋累计竣工超过500亿 m^2，其中住宅超过315亿 m^2；2010~2016年建设城镇保障性安居工程4600多万套。目前世界上建成及在建的高度超过528m的10栋超高层建筑中，我国大陆7座，设计建造能力达到世界先进水平。公路总里程达到458.7万 km，其中高速公路超过13万 km；铁路营业里程12.5万 km，仅次于美国，其中高速铁路超过2.2万 km，占世界60%以上。在超高层建筑、大坝、高铁、核电、海上超长距离桥梁、深水港口建设等方面已具备了世界一流施工能力。

改革开放以来，我国建筑施工技术不断发展，企业能力不断提高，造就了一批有影响的国际大型工程承包公司，在美国《工程新闻记录》公布的2017年度"全球最大250家国际承包商"榜单中，有65家进入前250名，有6家中国企业进入前10名。

随着经济的不断发展，建筑业同时也面临重大挑战，如经济新常态下的固定资产投资增速放缓，工程咨询碎片化，咨询业分散化，工程质量和安全问题依然严峻，信息化、产业化推广慢，建筑工人问题长期存在，可持续发展目标浮于表面等。诸多问题仍然没有从根本上得到解决，建筑工人的生产力不足，技术贡献低。

"十八大"以来，供给侧改革和"一带一路"倡议推动建筑业深化改革、产业升级，国办发〔2017〕19号文《关于促进建筑业持续健康发展的意见》，对建筑业改革提出了20条措施；十九大提出以人民为中心的发展思想，为建筑业改革发展指明了方向。处在改革发展、产业升级的十字路口，探索建筑业的发展道路，实现"发展为了人民、发展依靠人民、发展成果由人民共享"，将成为今后改革和发展的迫切问题。

1.1.4 建筑业发展的动力

建筑业发展的最主要的动力是国民经济对建筑产品的需求。需求量越大，建筑业的规模就越大；需求量增加的速度越快，建筑业的发展速度就越快，如我国的第一个五年计划时期、1963~1965年以及1978年以后的经济大发展时期，都属于这种情况。反之，如果国民经济对建筑产品的需求减少或萎缩，建筑业的规模就会缩小，建筑业的发展速度就会缓慢、停滞甚至倒退。我国1959~1962年的经济困难时期、1966~1976年的十年动乱时期以及1989~1992年的经济调整时期，都属于这种情况。在我国，通常可用固定资产投资规模来反映国民经济对建筑产品的需求量。因此也可以认为：固定资产投资规模的扩大和压缩直接影响到建筑业的规模和发展。

什么是固定资产？是指使用年限在一年以上，单位价值在规定的标准以上，并在使用过程中保持原来物质形态的资产。固定资产投资是建造和购置固定资产的经济活动，即固定资产再生产活动；包括固定资产更新（局部和全部更新）、改建、扩建、新建等活动。

我们也经常说，建筑业服务于基本建设。基本建设一词源自俄语。在我国，基本建设指的是实现固定资产再生产（固定资产投资）的一种经济活动，包括固定资产的建造和安装、固定资产的购置以及与此相联系的其他工作（如征地、设计、科学实验、培训、建设单位管理工作等），即企业、事业、行政单位以扩大生产能力或工程效益为主要目的的新建、扩建工程及有关工作。

在我国，按照管理渠道，全社会固定资产投资总额分为基本建设投资、更新改造投资、房地产开发投资和其他固定资产投资四个部分（图1-1）。

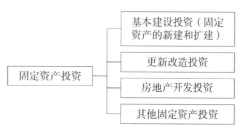

图1-1 固定资产投资组成（1）

如果将厂房、工业构筑物等称为生产性固定资产，将住宅、文化建筑等称为非生产性固定资产，并不区分投资额的大小，则固定资产投资分为基本建设投资和固定资产更新改造及其他措施投资（图1-2）。

改革开放以来，我国固定资产投资长期保持在较高水平，极大地促进了建筑业的发展。在基本建设的投资构成中，建筑产品约占60%，设备、工具、器具购置费约占20%，其他投资占20%左右，既表明建筑业生产对基本建设（固定资产投资活动）、对国民经济的重要性，又表明固定资产投资对建筑业的巨大需求，以及带来的重要发展机遇。

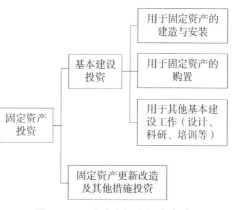

图1-2 固定资产投资组成（2）

随着科学技术和生产的发展、人民生活水平的提高，国民经济对建筑产品的需求不仅表现在数量的增加，更表现在质量的提高，如对建筑的空间布局、总体规划、周围环境、居住条件和环境保护等方面，都会提出新的、更高的要求。建筑需求的质量提高是对现代建筑业发展的新的动力，这一点在经济发达国家表现得越来越突出。

1.2 建筑业的范围

由现代系统理论可知,任何系统都是由若干从属于它的子系统或分系统构成的有机整体;同时,任何系统又都存在于更大的系统即母系统之中。要研究一个系统,必须首先明确该系统的边界,或者说它的范围,即它在母系统中的位置,以及它由哪些子系统或分系统构成。如果把整个建筑业作为一个系统来考察和研究,就必须首先明确建筑业的范围,即建筑业在国民经济这个母系统中的位置,以及建筑业由哪些子系统或分系统所组成,即建筑业包括哪些内容。

产业,指使用相同原材料、相同工艺技术,或生产用途相同产品的单位的集合。

人类的建筑活动经过几千年的历史,直到近代大机器工业生产出现和发展之后,才形成了建筑产业(简称建筑业)。但是,对建筑业的位置和所包括的内容却没有完全统一的理解。不仅一般人对这个问题的认识比较模糊,而且各国和同一国家的学者的观点也不尽一致。我国理论界对这一问题的认识也经历了一个曲折的过程,主要表现在以下两个方面:

1. 建筑业在国民经济中的位置

我国长期把国民经济中的物质生产部门划分为农、轻、重三大部门。这种划分方法的优点是接近于马克思的再生产理论,接近于把社会生产区分为生产资料的生产和消费资料的生产两大部类。但是,这种部门划分方法过于笼统,掩盖了各个部门生产过程中的薄弱环节,不能正确地反映各个部门在国民经济中的作用及其相互之间的联系,而且把建筑业排除在物质生产部门之外。

2. 建筑业的内涵

我国理论界关于"小建筑业"和"大建筑业"之争由来已久,持续了相当长的时间。"小建筑业"论者认为,建筑业的产品仅指房屋建筑;"大建筑业"论者则认为,建筑业的产品包括房屋建筑和一切土木工程。另外,"小建筑业"论者认为,建筑业为建筑安装企业的总体;而"大建筑业"论者则认为,建筑业不仅包括施工单位,也包括勘察、设计单位,以及相关的科研、咨询单位。

从实现建筑产品的生产过程来看,设计和施工是连续、统一的整体,不能截然分开。从房屋建筑和土木工程的比较来看,虽然结构和功能有很大的不同,但基本的生产过程却是完全相同的。

根据1986年出版的《中国大百科全书·土木工程》卷《建筑经济》分册,建筑业的范围如图1-3所示。

而按照我国《国民经济行业分类(GB/T 4754—2017)》标准,将国民经济行业划分为门类、大类、中类和小类四级。共有20个门类,如下:

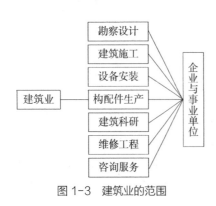

图1-3 建筑业的范围

A 农、林、牧、渔业

B 采矿业

C 制造业

D 电力、热力、燃气及水生产和供应业

E 建筑业

F 批发和零售业

G 交通运输、仓储和邮政业

H 住宿和餐饮业

I 信息传输、软件和信息技术服务业

J 金融业

K 房地产业

L 租赁和商务服务业

M 科学研究和技术服务业

N 水利、环境和公共设施管理业

O 居民服务、修理和其他服务业

P 教育

Q 卫生和社会工作

R 文化、体育和娱乐业

S 公共管理、社会保障和社会组织

T 国际组织

其中，建筑业（E类）包括房屋建筑业、土木工程建筑业、建筑安装业以及建筑装饰和其他建筑业四大类。不包括各部门、各地区设立的行政上、经济上独立核算的筹建机构，各项建设工程的筹建机构应随所筹建的建设工程的性质划分行业。例如，冶金或通信工程的筹建机构，应分别列入冶金工业或通信业相应的行业。建筑业四个大类的具体内容如下：

（1）房屋建筑业——指房屋主体工程的施工活动；不包括主体工程施工前的工程准备活动；

（2）土木工程建筑业——指土木工程主体的施工活动；不包括主体工程施工前的工程准备活动；

（3）建筑安装业——指建筑物主体工程竣工后，建筑物内各种设备的安装活动，以及施工中的线路敷设和管道安装活动；不包括工程收尾的装饰，如对墙面、地板、天花板、门窗等处理活动；

（4）建筑装饰和其他建筑业——指对建筑工程后期的装饰、装修和清理活动，以及对居室的装修活动；房屋、土木工程建筑施工前的准备活动；为建筑工程提供配有操作人员的施工设备的服务，等。

显然，上述分类仅仅将工程施工与安装以及装饰装修等活动列入建筑业，而与建筑产品生产的全过程有关的工程勘察、设计、研究与试验以及工程管理等活动列入"科学研究和技术服务业（M类）"。建筑构配件的生产列入"制造业（C类）"，如混凝土结构构件制造被列入"非金属矿物制造业"（第30大类）。而对房屋及配套的设施设备和相关场地进行维修、养护，归入"房地产业（K类）"中的"物业管理"。

当前，国内许多人将建筑业的范围界定为"小建筑业"，其中不乏行业内的专业人士甚至建筑业主管部门的许多领导。在建筑业管理的许多政府文件甚至法律法规中，建筑业企业就是指建筑施工与安装企业，其依据就是上述国民经济行业分类的国家标准，尽管经过多次修订，但其总的划分范围和划分原则、依据基本未变。

实际上，仔细查阅《国民经济行业分类（GB/T 4754—2017）》标准，其第1条"范围"就明确："本标准适用于在统计、计划、财政、税收、工商等国家宏观管理中，对经济活动的分类，并用于信息处理和信息交换。"在第3条的第1款"划分行业的原则"为："本标准采用经济活动的同质性原则划分国民经济行业。即每一个行业类别按照同一种经济活动的性质划分，而不是依据编制、会计制度或部门管理等划分。"据此，该标准不是用于行业管理（部门管理）的依据，建筑业主管部门据此进行建筑业管理是不合适的，是狭义和片面的。

当然，在国际上，对建筑业范围的界定也不尽统一，如建筑构配件的生产，有些国家划归入工业部门。还有些国家，建筑业还包括对建筑设计与施工进行监督和管理的政府机构，行业联合会和有关的学会、协会，培养从事建筑业工作的工人、技术和管理人员的各类学校等。

综上，建筑业的范围可以归纳为：从事建筑产品生产（包括勘察设计与施工、安装）、维修和管理的机构以及有关的教学、咨询、科研、联合会等机构。

建筑业被理解为"小建筑业"有其历史原因。中华人民共和国成立以后，我国基本上按照原苏联的模式设置建设管理机构，设计与施工机构以及高校的专业设置也是苏联的体系。原建筑工程部、城乡建设环境保护部、建设厅（局）只管"小建筑业"，另有铁道部、交通部、交通厅（局）市政工程局等主管其所属工程的专业建筑施工安装企业和勘察设计机构。高校设置的工民建专业为"小建筑业"培养人才，另设置铁路工程专业、桥梁工程专业、道路工程专业等，为其他各类工程提供人才。

长期以来，"大建筑业"没有实行行业管理，严重影响了建筑业行业规划的编制，影响了行业的发展。关于行业管理的问题，后面的章节中还将进一步探讨。

1.3　建筑业在国民经济中的地位和作用

所谓国民经济，是指社会生产部门、流通部门和其他非生产部门的总体。在国民经济体系中，物质生产部门所占用的劳动能够为国家直接创造国民收入，因而是整个国民经济的基础，它决定流通、分配和消费等部门。国民经济是一个有机的整体，各个部门都不是孤立的存在，而是相互依存、相互作用、相互补充的，只有协调运作，才能够使国民经济的发展符合并满足整个社会物质文化生活的需要。

建筑业是国民经济体系中重要的物质生产部门之一，它在国民经济中的地位和作用主要表现在以下几个方面：

1. 建筑业所完成的产值在社会总产值和国内总产值中占有相当大的比重

我国建筑业在1981~1990年的10年中，累计完成产值18910亿元，平均占同期社会总产值的9.3%；创造国内生产总值5088亿元，平均占同期整个国内生产总值的4.8%。

自1991年开始至2016年，建筑业产值占国内生产总值的比重一直维持在5%~7%之间。建筑业发展增速远远高于国内生产总值增长。我国"九五"至"十二五"期间的建筑业产值增长情况见表1-1。

我国近20年建筑业产值增长速度　　　　表1-1

增速 \ 时期	"九五"（1996—2000）	"十五"（2001—2005）	"十一五"（2006—2010）	"十二五"（2011—2015）
建筑业总产值年均增速（%）	10.8	22.5	22.5	13.48
建筑业增加值年均增速（%）	6.0	9.5	20.6	8.99
固定资产投资年均增速（%）	11.2	20.2	25.7	17.4

2017年，全国建筑业企业完成总产值达213954亿元，建筑业增加值55689亿元，占第二产业增加值的比重为16.6%，占GDP的比重为6.7%。

从经济发达国家建筑业的发展历史来看，建筑业在国民经济中都占有举足轻重的地位。尤其是在第二次世界大战后，建筑业在许多国家的战后重建和经济发展中发挥了重要作用，成为国民经济中的支柱产业。虽然自20世纪70年代以来，建筑业在经济发达国家国民经济中的地位有所下降，但仍然是重要的物质生产部门之一。表1-2为2000年以来六个经济发达国家国内生产总值的部门构成表。从中可以看出，经济发达国家建筑业的产值平均占国内生产总值的4%~6%，且呈现缓慢递减趋势（20世纪70~80年代约为5%~8%），该比例远低于采掘、制造、电、煤气和水供应业，制造业，批发、零售贸易、旅馆和饭店业，但高于农业、狩猎业、林业和渔业，略低于运输、仓储和通信业。

建筑业在国民经济中的比重并不是固定不变的，而是随着国民经济的增长呈现出跳跃发展的形式。随着经济的发展，初期固定资产投资的迅速增加，建筑业产值也快速增长，比重迅速增加，而在经济增长的后期，国民经济比较成熟，增长率低，对其带动作用减弱，其比重也下降到较平稳的区域内。

从表1-3可以看出，当一国人均GDP低于500美元时，建筑业占GDP比重不超过6%；当人均GDP在500~1000美元时，建筑业占GDP比重增加到6%~8%；当人均GDP

六个经济发达国家国内生产总值的部门构成　　　　　　表1-2

国家	年份	总计	农业、狩猎业、林业和渔业	采掘、制造、电、煤气和水供应业	制造业	建筑业	批发、零售贸易、旅馆和饭店业	运输、仓储和通信业	其他服务业
日本	2000	100	2	24	21	7	14	10	44
	2005	100	1	22	20	6	15	10	46
	2010	100	1	22	20	5	14	10	47
	2014	100	1	21	19	6	14	11	47
	2015	100	1	20	19	6	14	11	48
美国	2000	100	1	18	15	4	16	9	51
	2005	100	1	17	13	5	15	9	53
	2010	100	1	17	12	4	14	9	55
	2014	100	1	17	12	4	15	9	54
	2015	100	1	16	12	4	15	9	55
英国	2000	100	1	19	15	6	14	11	49
	2005	100	1	15	11	7	14	11	53
	2010	100	1	14	10	6	14	10	55
	2014	100	1	14	10	6	14	11	55
	2015	100	1	13	10	6	14	11	55
法国	2000	100	2	18	16	5	14	10	51
	2005	100	2	16	13	6	14	10	53
	2010	100	2	14	11	6	13	10	56
	2014	100	2	14	11	6	13	9	56
	2015	100	2	14	11	5	13	10	56
德国	2000	100	1	26	23	5	12	9	47
	2005	100	1	26	22	4	12	9	49
	2010	100	1	26	22	4	11	9	49
	2014	100	1	26	23	4	11	9	48
	2015	100	1	26	23	5	11	9	48
意大利	2000	100	3	22	20	5	17	9	44
	2005	100	2	20	17	6	15	10	47
	2010	100	2	19	16	6	15	10	49
	2014	100	2	19	15	5	15	9	50
	2015	100	2	19	16	5	15	9	50

数据来源：《国际统计年鉴2017》，中国统计出版社。

在1000~5000美元时，建筑业占GDP比重达到峰值，在7%~10%左右；当人均GDP达到5000美元以上时，建筑业占GDP比重逐渐下降，但仍保持在4%~7%左右。

美国1988年期间，商业部计算公布了一项各州工程建设对经济的影响及全美国经济影响的资料，更具体表明了建筑业在全国及地方经济中的重要性及其地位和作用。从全国看，1美元新工程创造的经济活动为3.6132美元，1美元新工程增加的家庭收入为1.0915

2016年建筑业在各国国民经济中的比重　　　　　　　　　　表1-3

国家	建筑业增加值（亿美元）	国内生产总值（亿美元）	建筑业增加值占国民经济比重（%）	人均国内生产总值（美元）
巴基斯坦	57	2787	2.05	1442
菲律宾	221	3049	7.25	2951
中国	7453	111910	6.66	8117
印度	1550	22742	6.82	1718
印度尼西亚	968	9323	10.38	3570
斯里兰卡	64	818	7.82	3857
韩国	730	14148	5.16	27608
以色列	164	3177	5.16	37181
澳大利亚	1052	12046	8.73	49897
德国	1493	34778	4.29	42233
意大利	796	18594	4.28	30669
法国	1212	24651	4.92	36870
日本	2700	49393	5.47	38972

注：资料来源：《国际统计年鉴2018》，中国统计出版社

美元，100万美元新工程创造的就业岗位为49.1个。由此可见，建筑业在国民经济中的重要性及其作用了。

需要特别指出的是，我国建筑业总产值占社会总产值的比例远大于其占国内生产总值的比例，这表明在我国建筑业总产值中新增价值的比例较小。同时，也应看到，自20世纪末以来，我国建筑业产值占国内生产总值的比例趋于稳定，且接近于经济发达国家的平均水平。

值得说明的是，上述建筑业产值是指按照国民经济分类标准统计的结果，即建筑业产值仅仅是指建筑施工安装的产值，并未包括建筑设计、工程咨询（含工程监理、项目管理、前期策划等）、建筑构配件生产、建筑科研、教育培训等方面的产值。目前，暂没有发现相关的统计分析数据，但值得肯定的是，上述产业的产值在国内生产总值中占有相当的比重，如果没有建筑产品的生产，上述产业就不会有存在的价值和意义。因此，严格按照建筑业的范围进行统计，建筑业产值占国内生产总值的比例将有一定的提升。

2. 建筑业生产的建筑产品，为国民经济发展和人民生活改善提供重要保障

（1）建筑业建造大量的生产性房屋建筑、构筑物，为国民经济各部门提供重要的物质技术基础

国民经济中各个物质生产部门的生产单位都需要生产性的房屋建筑，如厂房、仓库等，有的还需要有特种用途的构筑物，如炉、池、槽、罐等。其他诸如堤坝、电站、码头、道路等，都是由建筑业完成的产品，是其他部门重要的生产手段，发挥固定资产的作用。

另外，工业企业所需要的机械设备虽然不是建筑业提供的，但是必须由建筑业按生产工艺的要求进行安装，才能形成最终产品，发挥固定资产的作用。

我们知道，社会产品的扩大再生产，归根结底，必须以固定资产尤其是生产性固定资产的扩大再生产为重要的前提条件。没有固定资产的扩大再生产，社会产品迅速地扩大再生产是不可能的。鉴于建筑业对形成固定资产的重要作用，可以这样认为：没有建筑业，就不能实现其他行业的扩大再生产，当然也就谈不上国民经济的高速发展。我国建筑业仅在1978~2006年这29年中，就建成关系国计民生的大中型工程项目近2万个，有力地促进了其他物质生产部门和整个国民经济的发展。据统计，我国固定资产投资总额的60%左右是由建筑业完成的，其他国家的情况也与此相类似。如1976年六个国家建筑业价值占全部固定资产投资的比例分别为：美国58.2%，苏联57.0%，日本56.7%，联邦德国60.7%，英国52.3%，加拿大67.0%。表1-4列出了联邦德国主要年份的有关数据。

联邦德国国家和企业的固定资产投资额及其比例　　　　表1-4

年份	总计	设备投资			建筑投资		
		小计	企业	国家	小计	企业	国家
单位：亿马克							
1950	187	87	83	4	100	84	16
1960	736	271	262	9	464	376	88
1970	1721	659	637	22	1062	773	289
1975	2094	781	744	37	1314	953	361
1980	3358	1273	1219	54	2085	1608	477
1981	3352	1277	1226	51	2076	1629	447
1982	3269	1249	1202	47	2020	1634	406
1983	3438	1356	1309	47	2082	1711	371
1984	3546	1376	1325	51	2170	1804	366
1985	3592	1538	1481	57	5054	1690	364
1986	3759	1622	1557	65	2137	1743	394
%							
1950	100	46.5	44.4	2.1	53.5	44.9	8.6
1960	100	36.9	35.6	1.2	63.1	51.1	12.0
1970	100	38.3	37.0	1.3	61.7	44.9	16.8
1975	100	37.3	35.5	1.3	62.7	45.5	17.2
1980	100	37.9	36.3	1.6	62.1	47.9	14.2
1981	100	38.1	36.6	1.5	61.9	48.6	13.3
1982	100	38.2	36.8	1.4	61.8	49.4	12.4
1983	100	39.5	38.1	1.4	60.5	49.7	10.8
1984	100	38.8	37.4	1.4	61.2	50.9	10.3

续表

年份	总计	设备投资			建筑投资		
		小计	企业	国家	小计	企业	国家
1985	100	42.8	41.2	1.6	57.2	47.1	10.1
1986	100	43.1	41.4	1.7	56.9	46.4	10.5

资料来源：《联邦德国建筑业年鉴》，1987。

（2）建筑业的生产起着改善工作和生活环境，满足人民日益提高的物质文化生活需要的作用

衣、食、住、行是人类生活的基本需要，在这四大生活要素中，"住"所需要的房屋建筑由建筑业建造；"行"的基本条件，如铁路、公路、码头、桥梁等，也是由建筑业开拓建造。人类不仅居住、休息需要空间，而且劳动、工作也需要空间。此外，随着人民生活水平的提高，还越来越多地需要各种各样的文化、娱乐和体育场所。所有这些空间，都是通过建筑设计的创造劳动和建筑施工实现的，是建筑业所创造的人工环境。据统计，在人的一生中，有75%以上的时间是在建筑业所创造的各种人工环境中度过的。如果再加上人在道路、桥梁上行走的时间，在露天建筑中工作的时间，这一比例还要加大。现代建筑对于人类来说，已不再仅仅是赖以生存的基础，而更多地表现出在政治、社会、文化、经济等领域对人类的交互作用，是人类为社会创造价值的场所，也是人类自身发展的环境。建筑业的作用就在于创造和改善人工环境，使其更适合人类发展的需要。

到2015年底，我国城镇居民人均住房建筑面积从1978年的$6.7m^2$增加到$32.9m^2$；农村人均住房建筑面积从$8.1m^2$增加到$37.1m^2$。我国的城镇化率从1978年的17.92%发展到2015年的56.1%。到2016年底，全国设市城市达到657个，7.7亿人生活在城镇。这些伟大成就的取得离不开建筑业的贡献。

（3）建筑业向高空和地下技术的发展，为人类扩展了活动场所

随着世界人口的增长以及科学技术的不断发展，对有限土地的有效利用提出了较高的要求，建筑业首当其冲，建筑技术逐步向高空和地下发展的客观需求很强烈，并且已经作出了巨大的贡献。发达国家20世纪70年代的建筑就是以修建大量超高层和大规模地下建筑物为特征的。现在高层建筑、地下铁道等在世界几乎已成为普遍的工程，还有地下街、空间开发、海底隧道、地下污水处理厂、导弹弹道工程等建筑技术都日趋完善，如日本的青函海底隧道，总长54.5km（在海下部分23km）深度在海平面以下200m，1980年已建成。还有海上钻油平台的建设，有的高达250m，重60余万吨，设有机房和机场，有如一座人工岛。上海中心大厦目前是中国第一高楼，占地3万多平方米，地上127层，地下5层，主体建筑高度632m，总建筑面积57.6万m^2。到2016年，世界上建成及在建的高度超过528m的10栋超高层建筑中，我国大陆7栋，设计建造能力达到世界先进水平。

世界已经跨入信息化和智能化时代，在未来世界的探索中，在扩展人类的活动场所方面，建筑业将会发挥重要的作用，对国家和世界的贡献都是很大的。

3. 建筑业能够吸收国民经济各部门大量的物质产品，建筑生产可以带动许多相关部门的生产

建筑产品的生产过程，也是物质资料的消费过程。在整个国民经济中，没有一个部门不需要建筑产品，而几乎所有的部门也都向建筑业提供不同的材料、设备、生活资料、知识或各种服务。据统计，仅房屋工程所需要的建筑材料就有76大类、2500多种规格、1800多个品种，包括建筑材料、冶金、化工、森工、机械、仪表、纺织、轻工、粮食等几十个物质生产部门的产品。另据不完全统计，我国建筑业的主要材料消耗占国内消耗量的比例分别为：钢材20%~30%，水泥70%，木材40%，玻璃70%，油漆涂料50%，塑料制品25%；建筑业所需要的运输量约占总运输量的8%。

为说明建筑业与其他部门的相关性，引入直接消耗系数和完全消耗系数两个概念。所谓直接消耗系数，是指生产 j 部门单位产品所消耗的 i 部门产品的数量。所谓完全消耗系数，是指生产 j 部门单位最终产品所直接和间接消耗的 i 部门产品的数量。

从表1-5可以看出，完全消耗系数基本上都较大幅度地大于直接消耗系数。例如，建筑业对电力等的直接消耗系数是0.010952227，而完全消耗系数是0.114671269，后者是前者的10.5倍。这是因为不仅建筑生产本身要消耗电力，而且在建筑生产中所需要的窑业制品、金属制品等还要消耗更多的电力。从表1-5还可以看出，建筑业每生产1元的产品，就要消耗其他相关部门1.15元的产品。这意味着，建筑业每增加1元的产出就

我国2000年建筑业的直接消耗系数和完全消耗系数　　　　　表1-5

部门	直接消耗系数	完全消耗系数
农业	0.003868521	0.046917255
采掘业	0.009640757	0.168264748
食品制造业	0.000578173	0.024049054
纺织、缝纫及皮革产品制造业	0.003139656	0.050651755
其他制造业	0.015803171	0.085812400
电力及蒸汽、热水生产和供应业	0.010952227	0.114671269
炼焦、煤气及石油加工业	0.077872486	0.172066493
化学工业	0.028055002	0.187758635
建筑材料及其他非金属矿物制品业	0.158202943	0.191663930
金属产品制造业	0.141794393	0.325604986
机械设备制造业	0.096622344	0.339667052
建筑业	0.000598613	0.009665582
运输邮电业	0.069462557	0.138809670
商业饮食业	0.065046688	0.154140263
公用事业及居民服务业	0.029755336	0.073901279
金融保险业	0.007478118	0.045670363
其他服务业	0.012904477	0.022460404
合计	0.731775462	2.151775138

可以使整个国民经济增加2.15元的产出。由此可见，建筑业的生产可以带动各个相关部门的生产，对整个国民经济产生很大的相关效应，从而推动整个国民经济的发展。

从国际上看，日本1975年编制的"产业相互关联表"表明，每一单位金额的建筑投资直接或间接引起的需求量（总收入）合计为2.16个单位金额，即当年日本建筑业的投资乘数为2.16，建筑业在较大程度上为相关产业的发展提供了条件。

从建筑产出增量引发和推动国民经济加速增长的结果来看，其数量也是很大的。德国每100万马克的建筑安装工作量可以增加200万马克的国民生产总值，即德国的建筑业加速乘数为2。美国1988年每一美元新工程可以创造3.6132美元的全部经济活动，即美国建筑业加速乘数为3.6132。从影响力系数来看，根据1990年的投入产出表计算为1.1924，大于1，说明建筑业对其他产业的最终需要增长影响很大，能带动其他产业的发展。日本的影响力系数为1.1342，也说明其影响力是很高的，即建筑业在日本经济中的地位也是非常高的。所以建筑业的运行被人们称作国民经济的晴雨表，可作为警示、预报经济的冷热、周期、波动的指标，成为宏观调控手段之一。

4. 建筑业能容纳大量的劳动力，是重要的劳动就业部门

目前，我国建筑业技术装备水平不高，手工操作和半手工操作还占有相当大的比例，属于劳动密集型行业，可以提供大量的就业机会，尤其是为农业的剩余劳动力提供了一条简单的就业途径。我国自1978年以来，建筑施工队伍的规模迅速扩大，最主要的表现就是农村建筑队的异军突起。多年来，对我国建筑业的就业人数占全国就业人数比例的计算范围不明确、不严格、不统一，从而出现了差异较大的不同结论。本书以中国统计年鉴的数据作为计算和分析的依据。到2015年底，我国建筑业的就业人数为5093.7万人，约占全国就业人数的6.6%，仅次于农业（广义）和制造业，与商业大致相当。这一比例略低于经济发达国家（参见表1-6），其原因在于我国的农业就业人数比例高达40%以上。

随着建筑业的不断发展，近年来，建筑业所吸纳的农业富余劳动力不断增长，到2016年，建筑业农民工达到5516万人，占全国外出务工人员的19.7%。

需要说明的是，不但在我国建筑业技术装备水平不高的条件下，建筑业能容纳大量的劳动力，即使在经济发达国家，尽管建筑业的技术装备水平远远高于我国，也仍然能

六个经济发达国家2015年建筑业就业人数统计　　　　　表1-6

国别	建筑业就业人数/万人	就业总人数/万人	百分比/%
美国	993.5	14883.4	6.7
日本	500.0	6376.0	7.8
德国	272.4	4021.1	6.8
英国	223.4	3119.3	7.2
加拿大	137.1	1794.7	7.6
意大利	146.8	2246.5	6.5

数据来源：《国际统计年鉴2017》

容纳大量的劳动力。因为在经济发达国家的国民经济中，建筑业也是技术相对落后的生产部门，机械化程度较低（仍有一定的手工操作），自动化程度更低。另一方面，经济发达国家建筑业的生产力水平较高，需应用许多先进技术，甚至尖端技术，工作内容涉及物理、化学、力学、光学、声学、电学、生化等多方面的技术知识，加之建筑生产过程比较复杂，需要的组织管理人员的比例较高，这就使建筑业产生了多层次的劳动结构，为不同素质的劳动者提供了就业机会。表1-6为六个经济发达国家建筑业就业人数占其全国就业人数的比例。

思考题

  1. 现代建筑业的形成需要具备哪些必要条件？
  2. 什么是固定资产投资？
  3. 什么是基本建设？建筑业与基本建设的关系是怎样的？
  4. 根据我国部门分类的规定，建筑业的组成包括哪些内容？需要注意哪几个问题？
  5. 建筑业在国民经济中的地位和作用主要表现在哪些方面？试就其中一点作较深入的阐述。

第 2 章　建筑经济学的学科建设

2.1　建筑经济学的形成和发展

建筑活动无疑是一种物质生产活动，同时也表现为一种经济活动。随着社会生产力的发展，人类的建筑生产活动不断发展，人类的建筑经济思想也在不断进步。人类的建筑经济思想可以追溯到原始社会。如果说，在原始社会和奴隶社会，人类的建筑经济思想尚处于朦胧阶段，那么，到了封建社会，人类的建筑经济思想已越来越明确。我国都江堰工程是按系统思想修建的，对灌溉、蓄水、排洪、排沙都作了周密安排；西汉时期出现建筑用砖模数；唐朝开始应用标准设计，并计算劳动定额（当时称为"功"）；公元 1103 年，北宋政府颁行了《营造法式》，规定了设计模式、工料限额等，对当时及其后历代建筑技术和经济的发展有重要影响；元朝曾试用减柱法以节约木材，扩大空间；明朝著有《营造正式》；清朝工部颁布的《工程做法则例》，统一了宫式建筑的构件模数和用料标准等。这些都表明，由于建筑活动耗费巨大，历代封建政府对如何提高建筑经济效益的问题已有所重视。但是，由于封建社会生产力水平、生产方式、生产关系的限制，建筑经济思想的发展有其历史的局限性。

随着资本主义的产生和发展，建筑业逐渐成为国民经济中的一个独立的物质生产部门，这使建筑生产力得以迅速发展，也促进了建筑经济思想的发展。但是，建筑经济学作为一门学科的形成，则滞后于建筑业的形成。建筑经济学学科的形成，不仅取决于建筑领域生产力和生产关系的发展，而且取决于近代和现代经济理论和管理理论的发展。由于各国的具体情况不同，建筑经济学学科形成的时间和发展过程有很大的差异。在资本主义国家，建筑经济学约于 20 世纪 30 年代形成独立的学科。在社会主义国家，建筑经济学则始于 20 世纪 50 年代苏联出版的莫·叶·沙斯的著作《苏联建筑工业经济学》（再版时更名为《苏联建筑经济学》）。

我国于 20 世纪 50 年代中期开始建立建筑经济学学科，学科的理论和体系直接受苏联经济理论的影响。同济大学、西安冶金建筑学院、重庆建筑工程学院、哈尔滨建筑工程学院等高等院校先后设置了培养建筑经济专门人才的专业。有的院校还聘请了苏联专家讲授建筑经济学课程，同时还编写并出版了教材。1956 年，国家基本建设委员会建筑科学院编制了《建筑经济研究 12 年规划（1956—1967 年）》。1958 年，建筑工程部建筑科学研究院设立了建筑经济研究室（该研究室于 1980 年发展为建筑经济研究所）。另外，建筑经济管理部门及有关高等院校、科研单位还派遣留学生，组织出国考察，出席国际会议，翻译国外建筑经济学专著。所有这些，都在一定程度上推动了我国建筑经济学学科的发展。但是，直到 1966 年，我国建筑经济学在理论上并没有什么重要发展，只是在学科建设的面上有所扩大。这当然是因为受到当时政治体制、经济体制的影响，受到当时意识形态方面的思想理论束缚所致。

在其后相当长的一段时间内，建筑经济学体系的理论基础和基本特性仍主要表现在以下四个方面：

（1）基本建设和建筑业不分，使建筑业依附于基本建设，还出现了"资金空转论""两个口袋论""建筑业是基本建设投资的消费者"等错误理论，直接影响了建筑业政策的制定，使建筑业长期处于低利或无利状态。

（2）以产品经济理论为基础，政企不分，其经济运行机制是由国家行政部门按隶属关系直接指挥所属企业的生产经营活动（实际上根本谈不上经营），用行政手段分配任务、资金和物资。这一方面使建筑业形成条块分割的局面，不能形成统一的生产部门，也无法进行行业管理；另一方面又肢解了建筑生产力要素，不能合理地组织社会化的建筑生产。

（3）单纯的生产型经济理论，只讲生产，尤其是只注重施工，而忽视流通的研究，割裂了再生产过程的完整性和统一性。其主要表现在排斥市场，把社会化大生产和市场经济共有的招标投标制、承发包制、市场竞争等内容一律加以否定。

（4）流于描述部门的现实和政策解释，而忽视对建筑经济运行和发展客观经济规律的概括和总结，因而难以形成有说服力的理论。从学科自身的建设来看，表现在缺乏科学性、理论性和系统性，自然不能起到源于实践、高于实践、指导实践的作用，不能为国家制定与建筑业有关的经济政策提供正确的理论依据。

1979 年，中国建筑学会成立建筑经济学术委员会，从此，我国建筑经济学学科进入了繁荣发展时期。我国建筑经济理论界对该学科的基本理论问题（如学科性质、研究对象、研究内容、学科体系等）进行广泛深入的讨论，并结合我国经济体制改革的实践和建筑业所出现的新问题，开展了多种形式的学术研究，在理论联系实际方面有了长足的进步。在这期间，虽然一些学者和高等院校也编写了一些建筑经济学的专著和教材，但基本上都没有突破原有苏联建筑经济学的体系，在一定程度上制约着建筑经济学科的进一步发展。为此，根据中国建筑学会建筑经济学术委员会 1988 年珠海建筑经济专题研讨会的意见，自 1988 年下半年开始在《建筑经济》杂志上对如何编写《建筑经济学》展开了讨论。许多学者提出了各自不同的《建筑经济学》框架结构，对早日编写出一部较高水平的《建筑经济学》专著起到了非常积极的作用，也为出现各具特色的《建筑经济学》专著、发展我国的建筑经济学科显示了广阔的前景。

2.2 建筑经济学的学科性质和研究对象

任何一门学科，都有不同于其他学科的研究对象，否则就没有独立存在的必要。建筑业作为国民经济中的一个独立的物质生产部门，有其自身的特殊性和客观的发展规律。认识和研究建筑业的特殊性和规律性，就是建筑经济学的任务。因此，建筑经济学属于部门经济学，正如工业部门有工业经济学、农业部门有农业经济学、商业部门有商业经济学、交通运输部门有交通运输经济学等一样。

关于建筑经济学的学科属性，苏联建筑经济学的创始人莫·叶·沙斯在其所著的《建筑工业经济学》中指出，建筑工业经济学是以政治经济学理论原则为基础，是具体部门的经济学。《中国大百科全书·土木工程》卷的《建筑经济》分册也认为："在经济学科体系中，建筑经济学属于部门经济学"。其前提是，承认建筑业是国民经济中的一个独立的物质生产部门。"部门经济学从政治经济学分化出来而成为独立的新型的经济科学。……部门经济学根据政治经济学所发现的一般的经济规律，研究这些规律在各个不同的国民经济部门中所表现出来的具体形式，以及各个部门中所特有的经济规律。"据此，可以认为，建筑经济学是与农业经济学、工业经济学、交通经济学和邮电经济学并列的学科。

联邦德国的土木工程类大学在 20 世纪 60 年代就筹建了建筑经济与施工技术教研室，并开设了建筑经济学课程。德国著名的 Klaus Simons 教授在其所著的《建筑经济学导论》中指出：建筑经济学既是国民经济学的一个部分，也是企业经济学的一个部分；它既研究建筑业与其他国民经济部门之间的经济问题，也研究建筑企业有关的经济问题。

英国 I.H.SEELEY 博士、教授指出：建筑经济学这一专门术语已被估算学专业广泛用来描述影响造价诸因素的研究，特别是有关设计参数相互影响的问题。此外，这种研究还进一步扩展到包括诸如建筑开发经济学、综合总费用、土地利用及其价值的决定因素与环境经济学问题，而且也对控制建筑物价格的方法进行研究。即英国的建筑经济学侧重于设计经济的研究。

由上可知，各方的观点有着明显的区别。

实际上，由于各国政治体制、经济体制和生产力的发展水平各异，其建筑业的经济关系、经济现象和经济规律也就不同，因此，没有统一的建筑经济学。但是，不论一个国家制度和经济体制如何，建筑业作为一个独立的物质生产部门是客观存在的，不论这个部门是有机的统一整体，还是由众多的私人企业集合而成，它作为一个物质生产部门，有其特殊的经济活动规律。建筑经济学就是把建筑业看作一个系统，研究其经济规律的科学。

建筑经济学不纯属经济学科，它是建筑技术科学与经济科学相结合的产物。

建筑经济学以建筑业的经济活动为研究对象，为此必须清楚地了解建筑产品生产、分配、流通和消费的全过程。了解建筑生产活动的各有关机构及其相互之间的关系；不仅要进行定性的分析，而且要进行定量的分析。只有这样，才能切实把握建筑经济运动规律。

在研究建筑经济运动规律时，要注意区分"商品"和"产品"两个概念，有时需要加以严格的界定。"商品"和"产品"虽然在物质内容上完全相同，但二者所体现的社会属性却不同。产品经济注重于使用价值，传统的计划观点强调指令性计划，由上而下规定生产任务，由下而上完成生产任务就行了。而市场经济则注重于价值，为卖而买，为交换而生产。商品生产者必须着重考虑两个基本问题：一是如何使单位商品劳动消耗量低于社会必要劳动消耗量；二是如何使商品能适应市场需要，实现其价值。在市场经济的条件下，建筑产品的生产固然重要，但也必须将如何实现其价值提到相当重要的地位。如果建筑产品的价值不能实现，则整个建筑生产活动的再生产过程就不能顺利进行。因此，建筑经济学应该以定性与定量结合的方式，讲清建筑经济的运动过程，并讲清建筑产品的生产、分配、流通和消费的各个环节及其相互之间的关系。

建筑经济学既然是研究建筑经济运动规律的科学，就不仅要研究建筑领域的生产力，还要研究建筑领域的生产关系。生产力是指人们控制和征服自然的能力，这在不同的社会形态是相同的。因此，本书注意运用能够有助于阐明建筑生产力的运动规律和在各个社会形态具有共性作用的原理、原则和方法，以加深对建筑经济运动规律的理解和认识。但是，生产力运动总是在一定的社会形态下进行的，与生产关系有着不可分割的联系。生产关系是人们在物质资料生产过程中所结成的社会关系，又称社会生产关系、经济关系。从纵向看，社会生产关系包括生产、分配、交换、消费四个基本环节。从横向来看，生产关系又可以从经济形式、经济体制、经济制度三个层次去分析。生产力决定生产关系，生产关系又反作用于生产力。因此，本书以社会主义市场经济的基本理论为指导，阐明建筑领域的生产关系以及生产力和生产关系相互作用的有关问题，这必然涉及建筑领域的经济形式、管理体制和法制。

作为一门经济学，建筑经济学应当注重对建筑经济运行和发展客观经济规律进行概括和总结，并揭示其固有的经济规律，而不能停留在描述部门的现状和解释现行政策的层面。

建筑经济学应当具有一定深度的理论性，应当注意研究"经济"而淡化"管理"，尽可能减少有关经济体制、管理体制、政策规定等方面的内容，应当起到源于实践、高于实践、指导实践的作用，为国家制定与建筑业有关的管理体制和经济政策提供正确的理论依据。

建筑经济学还应当具有较好的系统性。这种系统性体现在指导思想、研究内容、研究方法等方面，是建筑产品生产、分配、流通和消费过程以及建筑生产活动本身系统性的客观要求。

建筑经济学要研究建筑经济活动中特有的规律，必然要涉及一般经济规律，如社会主义基本经济规律、国民经济有计划按比例发展规律、价值规律、商品供求规律等。但是，一般规律在建筑业发挥作用的具体条件、范围和表现形式，都有别于其他领域，如工业、农业、商业等。因此，建筑经济运动规律必须服从于一般经济规律，但又不能把建筑经济运动规律混同于一般经济规律。

2.3 建筑经济学的研究内容

建筑经济学的研究内容是由其研究对象决定的。但是，研究对象毕竟比较笼统而抽象，一般不会有根本的差异。由于不同学者的观点不同，研究的角度和侧重点不同，在研究内容的选择、安排和组合上往往会表现出显著的差异。

本书的主要研究内容分为建筑产品、建筑生产和建筑市场三个方面。在第1篇绪论（第1章）中强调了建筑业的范围及其在国民经济中的地位和作用，目的在于明确建筑经济学研究的边界和范围，并加深对研究建筑经济学的重要性的认识。

第2篇研究建筑产品。建筑产品是建筑生产活动和经济活动的客体，它具有与一般工业产品不同的特征，正是这些特征决定了建筑生产活动和经济活动的特征。因此，对产品进行深入的剖析就成为建筑经济学必须完成的首要任务。为了进一步明确建筑经济学的研究范围，该篇以区分建筑产品和建筑工程项目概念开始，除了一般的技术经济特征之外，还特别突出建筑产品的经济属性。建筑产品的使用寿命既受技术因素影响，也受经济因素影响，也就有了技术寿命和经济寿命之分，研究二者的区别和确定方法显然是必要的。该篇所阐述的建筑产品的价值，不同于政治经济学中的价值概念，而与建筑产品经济属性、技术寿命和经济寿命有密切联系，需要加以特别说明。建筑产品价格历来是为建筑经济学者所重视的内容，本书以较大的篇幅从价格特点、价格形式、价格构成和价格指数四个方面进行阐述。建筑产品的流通和消费也是充分体现建筑产品特征的重要方面，我国在这方面的研究非常薄弱，本书对此作了研究探索，提出了一些新的概念和观点。

第3篇研究建筑生产。由建筑产品的特征很容易导出建筑生产的特点。对建筑生产的研究应从生产要素入手，从经济观点出发，特别要强调建筑生产要素的合理配置；对生产率的理解，不应局限于劳动生产率。该篇分析了劳动生产率与资本生产率的关系及其变化趋势和提高途径，还引入了边际生产率的概念。对建筑生产活动和经济活动的研究不能停留在定性描述和分析上，定量分析越来越重要。建筑生产函数就是其中引人注目的一种方法。它对定量评价建筑生产技术进步的经济效果有重要作用，对加深理解"科学技术是第一生产力"也有积极作用，是研究建筑生产应当掌握的方法之一。建筑生产工业化和社会化是建筑生产的发展方向，是多数建筑经济学专著研究的内容，但一般局限于建筑施工的专业化。本书将其拓宽到建筑生产全过程，并引入了一些新的概念。建筑生产的活动显然是研究建筑生产不可缺少的内容，但往往容易把建筑生产狭隘地理解为施工和新建。鉴于此，本书特别强调建筑生产活动中设计和维修两个领域，并进行专门阐述。

第4篇研究建筑市场。建筑市场是以建筑产品为交换对象的市场，也可以抽象地看作是由建筑产品、建筑生产活动和建筑市场行为主体组成的三维空间。建筑市场是建筑经济活动和建筑生产关系的集中体现，最能反映建筑经济的运行规律。除了从一般市场的角度明确建筑市场的概念以外，还需要研究建筑市场各方面的特点和规律。该篇从需求特点、需求主体、投资需求和资源需求四个方面对建筑市场的需求进行分析和阐述，其中投资需求和资源需求的供给主体有本质的不同，为加以区别，引入直接需求和间接需求（或派生需求）的概念。对于建筑市场的供给，是从供给特点和供给主体两方面进行分析和阐述；而供给主体包括设计机构、施工机构和咨询机构，其中重点对施工机构从企业规模、企业规模结构、企业经营结构三方面进行阐述，是从施工机构总体上进行考察，而不研究企业具体的生产经营活动。建筑市场结构一章从规模结构、专业分工结构、市场壁垒等方面进行阐述。其中，由于建筑产品的差异性大，因而对大、中、小型建筑产品的市场类型分别进行阐述并分析供求关系变化对建筑市场类型的影响。招标投标制是一般市场机制在建筑市场的特殊表现形式，并显示出独特的运行规律和运行机制。在当代社会，政府主管部门对建筑市场的监管内容和强度远远超过对其他市场的监管，因此，特别要注意处理好"越位"与"缺位"的关系。对建筑市场进行全面深入的研究，掌握建筑市场特有的运行规律，是在建筑领域形成"国家调控市场、市场引导企业"的运行机制必需的前提。

2.4 建筑经济学与相关学科的关系

现代科学技术发展的一个重要特点是，一方面，科学技术的分工越来越细，另一方面，科学技术之间、自然科学与社会科学之间相互交叉和渗透，从而形成许多交叉学科和边缘学科。交叉并不意味着学科之间"相互包含"。每门学科都有区别于其他学科的明确的研究范围，即使在与其他学科"交叉、渗透"的领域，也应当有自己独特的研究角度和研究方法。这是各门学科健康发展、相互促进的必要条件。

与建筑经济学有密切关系的学科主要有固定资产投资学（或简称投资学，我国目前多称为基本建设经济学）、建筑企业经济学、建筑企业管理学（我国多将这两门学科合并为建筑企业经营管理学）、建筑技术经济学、建筑施工组织学、建筑工程项目管理学。其中，基本建设经济学和建筑企业经营管理学与建筑经济学的联系最为密切，也是最容易与建筑经济学研究范围混淆、研究内容交叉的两门学科。

基本建设经济学以国民经济和社会各部门固定资产投资活动及其规律性为研究对象，是国民经济学的一个专门领域和重要分支。其研究范围属宏观经济范畴，主要研究如何合理确定固定资产投资的规模（表现为国民收入中积累与消费的比例）、方向、结构、效果，投资计划的安排，具体项目的可行性研究，基本建设的程序以及实现投资的管理和监督等。

基本建设经济学之所以与建筑经济学有密切联系，是因为固定资产投资的60%左右是建筑安装工程费用，也就是用来购买建筑产品，固定资产投资的实质是建筑生产的需求。因此，固定资产投资的规模和方向直接影响建筑生产的发展速度和发展方向；与此同时，建筑生产力的水平也直接影响固定资产投资的效果。客观的联系产生一些共同的课题，需要两门学科分别从供方和求方不同的角度加以研究。例如，建筑产品供求双方如何实现交换，如何处理好建筑产品价格与固定资产投资效益之间的关系等。两门学科的研究内容虽有一定的联系，但研究的角度和侧重点根本不同。基本建设经济学侧重于研究建筑产品的决策阶段，而建筑经济学只研究建筑产品的生产和使用阶段。二者各自独立，自成体系。

建筑企业经营管理学以建筑企业全部经济活动（生产和经营）及其发展变化规律为研究对象，其研究领域属微观经济范畴。建筑企业经营管理学主要研究建筑企业的经营预测、经营决策和经营计划，建筑工程的招揽、选择、投标和承包，企业生产的计划管理、施工管理、劳动管理、材料管理、技术管理、质量管理、机械设备管理等工作，以及企业的成本管理、财务管理、经济核算和经济活动分析等内容。

建筑企业经营管理学之所以与建筑经济学有密切联系，是因为建筑企业是建筑业的有机组成部分，建筑企业与建筑业是个别与总体的关系，个别必须服从总体，总体是对个别的概括和总结。建筑企业经营管理学是从独立的建筑生产单位的角度出发，研究建筑经济运动规律在建筑企业的具体表现和应用。而建筑企业经营管理学研究内容的拓宽和深化以及研究方法的发展，又为丰富和完善建筑经济学的学科体系和研究方法创造条件。从研究内容来看，这两门学科之间存在一定的交叉、渗透现象。例如，二者都一方面研究生产力的合理组织，即如何科学地组织劳动力、劳动工具和劳动对象以及如何提高经济效益的问题；另一方面也研究生产关系方面的问题，研究如何正确处理国家、企业和劳动者个人三者之间的关系以及企业与企业之间的协作和竞争关系等。两门学科的研究内容虽有一定的联系，但研究的角度和侧重点有所不同。建筑经济学是从建筑生产的全过程和建筑业总体的角度阐述与建筑生产有关的经济问题，而建筑企业经营管理学则只研究与建筑企业有关的经济问题，只研究施工阶段的经济问题。另外，建筑企业经营管理学研究中的定量方法较多，建筑经济学研究也已出现越来越多地采用定量方法的趋势，两门学科在研究方法上的差别正日益缩小。

其他几门学科与建筑经济学的区别和联系较为明确，不易发生混淆现象，但仍需注意。

建筑技术经济学是以与建筑技术有关的经济问题为研究对象，主要研究建筑产品技术方案（包括建筑项目的投资、建筑设计、建筑施工、技术措施等），技术和经济效果的分析、计算、比较和评价的理论和方法，其中有些方法在建筑经济学中也有运用。

建筑施工组织学是以建筑企业的生产（施工）活动为研究对象，主要研究如何科学地组织施工，以尽可能低的劳动消耗，高质量、高效率地按期或提前完成建筑产品的建造（施工）任务。建筑施工组织学可以看作是建筑企业经营管理学的一个专门领域或重要分支。建筑经济学中建筑生产的特点、建筑施工阶段的主要工作和经济原则等内容与其有一定联系。

建筑工程项目管理学是以建筑工程项目实施阶段的管理问题为研究对象,主要研究在工程项目实施过程中如何有效地进行投资控制、进度控制和质量控制。建筑领域的业主、设计单位、施工单位都有项目管理的任务,但由于各自出发点不同,项目目标的确定和具体的目标控制方法有所不同,但基本原理和方法是一致的。建筑经济学中关于项目管理专业化、咨询机构等内容与其有一定联系。

思考题

1. 建筑经济学的研究对象是什么?研究内容有哪些?
2. 哪几门学科与建筑经济学有较为密切的联系?
3. 在我国,尤其要注意将建筑经济学与什么学科区分开来?为什么?

第 2 篇

建筑产品

第3章 建筑产品概述

作为国民经济中独立的物质生产部门，建筑业向社会提供自己的产品。建筑业的产品是社会总产品中的重要组成部分。与国民经济其他物质生产部门的产品相比，建筑业的产品无论是实物形态，还是价值形态、功能目的等方面，都有着显著的特征。正是由于建筑业产品所具有的这些特征，才使得建筑经济运动具有特殊的规律性。因此，分析研究建筑业产品的性质、技术和经济特性，不仅是进一步研究建筑生产活动经济问题的基础，也是研究整个建筑经济运动规律的基础，因而是建筑经济学研究的重要内容之一。

3.1 建筑产品的概念

建筑产品，是指建筑业向社会提供的具有一定功能、可供人类使用的最终产品，是经过勘察设计、建筑施工、构配件制作和设备安装等一系列劳动而最终形成的。在我国，通常把建筑产品分为房屋建筑和构筑物。房屋建筑，是指那些由顶盖、梁柱、墙壁、基础形成内部空间，具有满足人类生产或生活活动各种需要的功能的建筑产品，如厂房、住宅、办公楼、医院、学校、影剧院、商场等。构筑物，是指那些仅具有基础结构和上部结构，不具有内部空间，或虽有一定的内部空间但不以人类在其中活动为功能目的的建筑产品，如桥梁、铁路、公路、隧道、涵洞、烟囱、机坪等。

通常，我国还把建筑产品按其施工完成程度分为竣工工程、已完工程和未完工程。竣工工程，是指已经完成设计的全部要求、实现预期的使用功能、整个工程全部竣工可以交付使用的建筑产品；已完工程，是指已经完成设计要求、不需要再进行加工的分部分项工程；未完工程，是指已经投入人工、材料、机具等但尚未完成设计要求的分部分项工程。由此可见，只有竣工工程才是实质意义上的建筑产品。之所以把建筑产品按其完成程度作这样的划分，是因为建筑产品的生产环节多、生产周期长、占用资金多，一般采用按月结算的方式，以利于控制生产进度和加速流动资金周转。月度结算的依据是已完工程的数额，从这个意义上说，已完工程已经完成了生产和交换过程，可以看作是"假定产品"。

为了研究建筑产品的性质、技术和经济特征，必须进一步把建筑产品从概念上严格化，最重要的是要把建筑产品与建筑工程项目从概念上严格区分开来。为便于理解和比较，这里借助于图3-1加以说明。

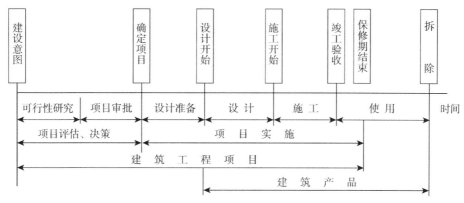

图 3-1 建筑产品和建筑工程项目的时间范畴

建筑工程项目有广义和狭义之分。广义的建筑工程项目包括项目评估、决策和项目实施两个阶段，而狭义的建筑工程项目仅指项目实施阶段。

不论是广义、还是狭义的建筑工程项目，都有明确的开始时间和预定的结束时间。虽然实际的结束时间与预定的结束时间之间往往有一定的差异，但是，在进行正确的项目决策并有效地进行项目实施阶段管理的前提下，二者之间的差异不会很大，有时甚至是完全一致的。而建筑产品虽有明确的开始时间，却没有明确的结束时间。当然，人们也可以对建筑产品规定一个预期的结束时间，但由于建筑产品使用过程中的不确定因素太多，如人为因素、自然因素、环境因素、社会因素等，这些因素都是很难提前几十年预先作出精确估计的。因此，即使给建筑产品一个预定的结束时间，也往往与实际的结束时间有很大的差异，因而可以认为建筑产品的结束时间是不确定的。需要说明的是，建筑产品的拆除工作表现为一个过程，要持续一定的时间。从实物形态上看，只有到拆除工作完毕后，建筑产品才消失，才真正"结束"了。但是，当建筑产品到了必须拆除的时刻，就已经丧失了其全部使用价值，从这个意义上说，建筑产品已经结束了。因此，这里把"拆除"理解为一个瞬时时刻，而不是一个时间区间。

从图 3-1 可以看出，不仅广义的建筑工程项目的开始时间早于建筑产品，而且狭义的建筑工程项目的开始时间也早于建筑产品；不论是广义的还是狭义的建筑工程项目的结束时间都早于建筑产品。明确这一点非常有必要。因为，不仅在实践中有许多人把建筑产品仅仅理解为设计和施工两个阶段，而且在理论界也有不少学者持这种观点。这是造成把建筑产品与狭义的建筑工程项目在概念上混淆起来的重要原因，也是使建筑经济学和有关学科，如基本建设经济学、建筑工程项目管理学等相混淆的重要原因。

应当指出，图 3-1 中建筑工程项目的时间范畴是指经可行性研究认定"可行"、已作出建造决策并经项目实施而最终实现的建筑工程项目而言。实际上，一个建筑工程项目可能在项目评估、决策阶段就被可行性研究否定而告结束，也可能在项目实施阶段由于意外的困难，如资金短缺、天灾等原因而停建、缓建或不建，提前结束或者推迟预定的结束时间。如果从实物形态上分析，一个建筑工程项目可能仅仅停留在建设意图或设计的某个阶段，而根本没有形成工程实体；也可能虽然形成了工程实体，但还没有完全实现设计所要达到的形体和功能要求就已经结束了。而建筑产品则是由外在形体和内在功能所构成的一个综合概念，功能不能脱离形体而孤立地存在，没有形体，也就根本谈不上功能；若仅具备预定的形体却不具备预定的功能，就不能成为预定的建筑产品，甚至可能不能成为建筑产品。例如，一个预期的歌剧院可能由于建筑声学设计不合理或吸音材料不符合要求而不能达到上演歌剧的功能要求，只好稍作修改或不作修改而作为电影院投入使用。在这种情况下，歌剧院是预订的建筑产品，而电影院虽然还是建筑产品，但已经丧失了预定的功能。又如，一座大型铁路公路两用钢制桥梁，在建成以后可能由于其自身的固有频率与某种不常见的风速下的频率非常接近而产生共振现象。虽然这座钢桥的结构没有完全毁坏，但已经完全丧失承受荷载的能力。在这种情况下，这座钢桥已经实现并能保持设计所要求的形体，但却没有实现预期的功能（通火车和汽车）。因此，它充其量只是一个具有桥梁形体的钢铁堆砌物，而不是具有使用功能和意义的桥梁。换句话说，它不仅未成为预定的建筑产品，也未成为建筑产品。

当然。建筑工程项目和建筑产品在时间范畴上也有重叠的区间，尤其是狭义的建筑工程项目，其大部分时间与建筑产品重叠。在这重叠的时间区间内，建筑产品和建筑工程项目都有许多类似甚至相同的问题，只是由于研究考察的角度和出发点不同，而形成不同学科研究内容的差异和特征。例如，同是费用问题，投资经济学侧重于研究如何合理确定投资方向和投资结构，并在此基础上研究如何确定一个工程项目（这里涉及的是广义的建筑工程项目）的投资规模和投资方案；建筑工程项目管理学则侧重于在既定的投资条件下，研究如何实现一个工程项目（这里涉及的是狭义的建筑工程项目）的投资目标；而建筑经济学却侧重于研究设计与施工的相关性、设计对项目经济性的影响以及建筑产品的价值形态、价格形成过程和价格构成等问题。因此，在明确建筑产品和建筑工程项目时间范畴的前提下，要特别注意二者在时间重叠区间内的特征和区别，以避免把它们混淆起来，从而混淆建筑经济学与相关学科之间的界限。

还需要说明的是，把建筑产品和建筑工程项目从概念上加以严格区分，是出于明确不同学科研究对象的需要，是人为规定的；而实际上，建筑工程项目和建筑产品往往表现为一个连续的过程，并不能截然分开，这两个概念可能同时依附于一个工程实体。从图 3-1 可以看出，当工程竣工验收后，具有预定形体和功能的建筑产品已经形成，同时也形成建筑工程项目的实体，而建筑工程项目并未到此结束。这时，就工程实体而言，区分建筑产品和建筑工程项目并无意义。

3.2 建筑产品的特征

建筑产品与一般工业产品相比较，具有许多不同的技术经济特点，主要表现在以下几个方面。

1. 多样性

在一般的工业部门（如冶金工业、机械制造工业、汽车工业、化学工业、纺织工业）中，有成千上万的产品是完全相同的。它们可以按照同一种设计图纸、同一种工艺方法、同一种生产过程进行加工制造。当某一种产品的工艺方法和生产过程确定以后，就可以反复地继续下去，基本上没有很大的变化，产品的品种与其数量相比较，表现为产品的单一性。而建筑产品则与此相反，几乎每一个建筑产品都有它独特的建筑形式和独特的结构或构造形式，需要一套单独的设计图纸。即使对于量大面广的住宅建筑来说，虽然在住房紧缺、经济水平低下的年代，许多国家都曾出现单调化的现象，但随着国家经济水平和人民生活水平的提高，对住宅多样化的要求亦越来越高。

住宅的多样性不仅表现在造型、外部装饰、色彩、结构、构造等方面，还常常表现在内部设施（如采暖、通风、卫生、炊厨设施）和内部装饰方面，后者在一定程度上由用户的喜好决定。住宅建筑的多样性是不同消费层次的需要。按人们消费需要的不同层次分类，消费品可以分为生存资料、享受资料和发展资料。一般消费品只具有其中一种或两种功用或层次的特征，而住宅则可以具有三种功用或层次的特征，这是其他消费品所不能比拟的。根据住宅所具有的生存、享受和发展等功能的程度不同，满足人们需要的程度不同，可以把住宅分为低级住宅、普通住宅和高级住宅。

低级住宅只是一种生存条件。普通住宅除具有满足生存条件的特征外，还兼有享受和发展功能的特征，高级住宅则具有满足人们多方面需要的功能，具有满足生存、享受和发展功能的全部特征，具体表现在：①为消费者提供居住、休息的功能，具有满足生存功能的特征；②结构合理，造型美观，装饰雅致，设备齐全而现代化，辅助面积大，使人感到方便和舒适，具有满足享受功能的特征；③面积充分，具有多种功能的内部空间，不仅为消费者提供休息室，而且还为消费者提供娱乐、健身、学习研究的场所以及进行社会交往的环境，能给消费者自身发展提供多方面的条件，因而具有满足发展功能的特征。

2. 固定性

在一般的工业部门中，生产者和生产设备是固定不动的，而产品在生产线上流动。工业产品的流动性，不仅表现在生产过程之中，还表现在使用过程之中。与此相反，所有的建筑产品，不论其规模大小、坐落何方，它的基础部分都是与大地相连的。当然，农业生产、植物种植也是把根扎在大地的，但粮食一旦成熟，木材一经采伐，便脱离大地。轮船的建造，在生产过程中有不少地方与建筑产品相似，但它一旦建造完成，便离开船台，驶入江海，它具有"物理可动性"。而建筑产品则不同，不论它的用途如何，不仅在生产过程中与大地是不可分离的，而且从建成到使用寿命终结，始终是与大地相连的。从整体来说，基础深埋大地，承载着上部建筑，是建筑产品的关键部位。有的工程，如涵洞、隧道、地下建筑、窑洞住宅等，土地本身就是建筑的构成部分。

有的生产资料（如机械设备）也是固定不动的。但它是在加入生产过程或准备承担生产任务时，才被固定在预定的位置上。就其本身的属性而言，仍然是可移动的。可以根据需要改变其位置。而建筑产品则不同，无论是作为生产资料还是作为消费资料，它建在哪里，就只能在哪里发挥它的作用。正因为如此，正确选址对于建筑产品的生产以及发挥建筑产品的预期功能和作用具有十分重要的意义。选址不仅要考虑自然地理位置，还要研究与经济地理位置有关的各方面问题，如生产力布局、交通运输条件、技术水平、经济条件等，这些都是可行性研究的重要内容。

3. 形体庞大

在一般的工业产品中，机械工业产品是庞然大物，但与建筑产品相比较，则是"小巫见大巫"。根据统计资料，同一货币价值量的建筑产品与机械产品相比较，前者的重量为后者重量的30~50倍，有时，这个数字会更高。在建筑产品中，房屋和有内部空间的构筑物不仅体积庞大，而且占有更大的空间；其他的构筑物，如铁路、道路、码头、机坪等，虽没有内部空间，但占有的外部空间却是相当的庞大。由于建筑产品体积庞大，所消耗的材料数量十分惊人。据统计，$1m^2$单层工业厂房，约需要建筑材料1.4t，同样面积的重型工业建筑，则需建筑材料5t左右。大量的建筑材料，需要消耗大量的社会运力，需要通过铁路、公路和水路运输，在一定范围内，还要采用人力、畜力来运输，而有些特殊材料在特殊情况下可能还要空运。这表明，在建筑产品的价值中，转移价值所占的比重很大。

4. 价值巨大

普通的小型建筑产品，价值即达几十万元、几百万元，大型建筑产品的价值则可达几亿元、几十亿元甚至高达上千亿元。这样巨大的价值，意味着建筑产品要占用和消耗巨大的社会资源。不仅要消耗大量的材料，而且要占用大量的资金和人力资源，消耗大量的物化劳动和活劳动。这也意味着，建筑产品与国民经济、人民的工作和生活息息相关，尤其是重要建筑产品，可直接影响国计民生。建筑产品不仅价值巨大，而且可以长期消费，因而是社会财富的重要组成部分。

正因为如此，对建筑产品的决策要持十分慎重的态度。如果一旦决策失误，不仅会产生重大的直接经济损失，还会产生许多间接经济损失，有时甚至可能陷入"弃之可惜、欲罢不能"的尴尬境地，有些错误决策的影响可能长期不能消除。另外，建筑产品耗用的资金在国民收入中占有相当大的比例，对建筑产品的决策正确与否，也就直接关系到积累与消费的比例是否恰当，直接关系到国民经济能否长期均衡、稳定和协调地发展。

5. 用途局限性

一般的工业产品通常在制造完成之后，可以运到任意的地点，为任意的使用者选购和使用。与此相反，建筑产品是按照某一个特定的使用者的要求，在特定的地点进行建造，而建成之后，通常它只能为这个特定的使用者、在这个特定的地点、按照特定的用途使用。不难看出，建筑产品的用途局限性与它的固定性和多样性的特点有着密切的联系。建筑产品的用途不仅直接取决于用户的使用要求，在一定程度上还取决于它所处的位置，取决于它周围建筑所形成的功能环境。换句话说，使用者在确定拟建建筑产品用途时，不能完全按照主观意愿行事，还必须考虑使其与周围的环境相协调。

6. 社会性

一般的工业产品主要受当时、当地的技术发展水平和经济条件影响，而建筑产品则还要受到当时、当地的社会、政治、文化、风俗以及历史、传统等因素的综合影响。这些因素决定着建筑产品的造型、结构形式、装饰形式和设计标准。一些重要的、有特征的建筑产品往往超越了经济范畴，成为珍贵的艺术品，代表着特定的历史背景，也是人类文化的瑰宝。

建筑产品是人工自然，建成后即成为人类环境的一部分。建筑产品对自然的影响主要表现在对自然风景和生态环境的影响两个方面。建筑产品可能破坏自然风景（其实，在大多数情况下已不是纯粹的自然风景）而导致自然风景价值降低，也可能补偿或改善自然风景而提高其价值。这显然涉及主观因素的问题，但自然风景价值的增减通常是可以采用费用效益分析的方法来评价的。除了专门治理污染的建筑产品之外，一般建筑产品不会对生态环境产生积极的影响，因此，通常主要考虑的是建筑产品对生态环境的消极影响。例如，大中城市高密度建筑地区的给水、排水问题，采光和日照问题，空气流通和气温上升问题等，还要考虑建筑产品建造过程中的噪声、振动等对环境的影响。

建筑产品的社会性还表现在它的综合经济效益方面。建筑产品对配套性有很高的要求，如果工程不配套，单个建筑产品建成之后也不能投入使用，或不能充分发挥预期功能，从而使社会受到损失。例如，有的住宅工程或住宅小区，由于市政工程没有跟上，道路、上下水、煤气管道、供电线路未及时完成，大楼全部竣工却无法使用；或者虽然市政工程也已完成，能供居民居住使用，但由于商业、服务设施缺乏，日常生活有诸多不便，而使居民不愿迁入。从另一方面来看，不同建筑产品之间往往互为外部条件，若干个建筑产品的经济效益并不是各个建筑产品经济效益的简单叠加，而会产生综合效应。在正常情况下，这种综合效应具有放大或乘数的效果。例如，适当增加投资改善城市道路交通状况，所产生的社会经济效益可能大大超过建设投资；用少量的投资发展第三产业，可能大大促进第一、第二产业的发展。因此，建筑产品的建造往往显示出相对集中的现象，也常常伴随着人口的集中和产业的聚集。

建筑产品社会性的另一个表现是它具有很强的排他性。不论是房屋建筑还是构筑物，任何建筑产品都分别占据一定的地上和地下空间。某一空间一旦被某一建筑产品占据，则不能再建造其他的建筑产品（除非将原有的建筑拆除）。众所周知，建筑产品与城市的形成和规模有着密切的联系。城市本身就是在人口集中和产业聚集的基础上形成的，也可以说是建筑产品综合经济效益带来的结果。因此，城市空间的利用必然是高密度的，城市规模越大，其空间利用密度也越大，在一定范围内，空间利用密度与建筑产品的综合经济效益呈正相关作用。但是，若空间利用密度超过一定限度，则会对建筑产品的综合经济效益产生负效应。为了防止建筑产品过度密集，必然要控制建筑地基与占地面积的比例和容积率，并规定其最高限额；同样，为避免建筑产品过于分散，中小城市也可能要规定其最低限额。这样，大城市就面临限制区域无限扩大所必然出现的排他性等许多问题。

3.3 建筑产品的经济属性

如前所述，与一般工业产品相比较，建筑产品有许多技术经济方面的特点。再从经济属性来分析，建筑产品则既具有一般工业产品的共性，又具有其明显的特征。

3.3.1 建筑产品的资本和资产功能

建筑产品经济属性的核心是，建筑产品具有资本和资产的功能。我们知道，资本是动态概念，它着眼于资本在经济活动中的作用。资本可分为实物资本和金融资本，亦可分为固定资本和流动资本。资本与投资有关，与消费相反，它最重要的作用是生产剩余价值或附加价值。建筑产品是实物资本、固定资本。至于资产，则是静态概念，它是以市场价格为中心的。资产可分为有形资产和无形资产，亦可分为固定资产、流动资产以及其他资产。资产与企业的生产、经营密切相连，流动资产通常是一次性摊入产品成本，而固定资产则是以折旧方式分期摊入产品成本。建筑产品是有形的固定资产，不论是叫资本还是叫资产，作为建筑产品的价值来说，都是相同的。可以认为，资本是建筑产品的价值形态，资产是建筑产品的实物形态。

与工业生产的机械和设备相比较，建筑产品的资本或资产功能有所不同。机械、设备等直接与生产过程相结合，它的运转率的大小直接影响资本的耗损程度。而建筑产品本身并不直接参与生产过程，不完全受机械、设备运转率的影响。只是因为如果没有建筑产品，工业生产就不能进行，才将其参加到资本之中的。从这一点来看，建筑产品的资本功能是间接性的。另外，从机械、设备的角度来看，一般都要求建筑产品在温度、湿度、光线、稳定、防震、平整度等方面满足使用要求，以保证机械、设备的正常运行和规定的加工精度；从工人的角度来看，如果工厂的劳动环境好，生产的积极性和劳动效率相对就高一些。从这一点来看，建筑产品资本功能又具有直接的经济效果。当然，最能直接表现建筑产品资本功能的例子是旅馆、出租式办公楼或公寓。这时，通过房租的一系列收益，可以直接计算建筑产品这一资本价值。不过，这里应注意，要扣除由土地带来的收益。

至于像私人房产这种在现实中不产生收益的资产，怎样看待它的资本功能呢？对这个问题，可作"假定房租"的模拟思考。假设这幢住宅是租来的，可按房租多少计算出它的假设收益。也就是在私有房产居住者的全部收入中，相当于把假设收益的那部分不用来支付房租而作他用，然后再把这些收益部分看作是从住宅中取得的。其实，不仅是住宅，其他许多建筑产品也都可以分成自用和出租两类。也就是说，上述想法不只是单纯的模拟，在现实中也是行得通的。

固定资产与流动资产是相对而言的，前者是指难以现金化而长期使用的资产，后者则是指现金和能转化为现金的证券等。因此，建筑投资是流动资产向固定资产转化，并不增减资产价值的总额。随着时间的推移，建筑产品作为资产也将逐渐贬值，使用年限终了之时，其资产价值也就消失了。为了维持资产价值的总额，就要不断使固定资产向流动资产转化。这种转化之所以可能，是因为建筑产品具有资本的功能。更确切地说，建筑资本的增值部分和回收部分，是靠一系列的收益来维持的。

3.3.2 评价建筑产品资本和资产功能的指标

建筑产品作为资本的功能，尤其是它的物理性能，即使到了使用年限终了时，仍具有相当的活力。因此，在把建筑产品作为资产来评价时，可以采用资产净值和资产原值两种指标。这两种指标分析的角度不同，作用也不完全相同。资产净值反映的是资产的现有价值，虽然从数值上看，只是资产的账面价值，受折旧方法和折旧年限的影响，但在统一折旧原则的条件下，资产净值与其实际的市场价值基本上是保持一致的。一般认为，资产原值近似地反映资产的使用价值，把资产看作在整个使用期内都不减值，不论经过多少年，都按照新产品的价值进行计算。这样，对于建筑产品来说，按资产原值评价比按资产净值评价更接近资本的物理性能，另外，还能避免逐年贬值计算上的麻烦和折旧方法的影响。

在从资产角度评价建筑产品时，还涉及净原比的概念，它反映资产净值与资产原值的比值，即

$$净原比 = \frac{资产净值}{资产原值} \times 100\% \qquad (3-1)$$

净原比是反映资产有用程度或新旧程度的指标。当然，净原比的大小受折旧方法和折旧年限的影响。因此，以建筑资产的净原比与其他有形固定资产（如机械设备、交通工具等）的净原比直接比较，并无很大的经济意义。即使对于不同类别的建筑资产，也要在统一折旧方法的前提下进行比较才有意义。为具体说明净原比的特征，特将日本1970年建筑产品净原比和资产构成比的有关数据列于表3-1（谷重雄，《建筑经济学》）。

日本1970年建筑产品净原比和资产构成比　　　　表3-1

资产类别		净原比 $A/\%$	资产原值构成比 $B/\%$	资产净值构成比 $C/\%$	资产构成净原比 $D\,(D=\frac{C}{B})/\%$	净原比相关系数 $E\,(E=\frac{D}{A})$
有形固定资产总计		48.32	100.00	100.00	100.00	2.07
房屋建筑	合计	44.70	35.67	32.99	92.49	2.07
	住宅	37.10	19.65	15.08	76.74	2.07
	非住宅	53.80	13.87	15.44	111.32	2.07
	附属设施	54.58	1.60	1.80	112.50	2.06*
	不能分类	57.95	0.55	0.66	120.00	2.07

续表

资产类别	指标类别	净原比 A/%	资产原值构成比 B/%	资产净值构成比 C/%	资产构成净原比 $D(D=\frac{C}{B})$/%	净原比相关系数 $E(E=\frac{D}{A})$
构筑物	合计	62.83	15.14	19.69	130.05	2.07
	交通设施	65.50	5.75	7.79	135.48	2.07
	水利设施	63.85	3.10	4.10	132.26	2.07
	其他构筑物	60.44	5.07	6.34	125.05	2.07
	不能分类	57.54	1.22	1.45	118.85	2.07

* 此数值是由于 B、C 两栏的数值小数位数不够引起的。

为便于分析，先引入四个概念。设：N 为资产净值，G 为资产原值，ΣN 为有形固定资产净值总额，ΣG 为有形固定资产原值总额，则

$$\text{净原比 } A=\frac{N}{G} \quad (3-2)$$

$$\text{有形固定资产总额净原比 } \bar{A}=\frac{\Sigma N}{\Sigma G} \quad (3-3)$$

$$\text{资产原值构成比 } B=\frac{G}{\Sigma G} \quad (3-4)$$

$$\text{资产净值构成比 } C=\frac{N}{\Sigma N} \quad (3-5)$$

$$\text{资产构成净原比 } D=\frac{C}{B}=\frac{\dfrac{N}{\Sigma N}}{\dfrac{G}{\Sigma G}}=\frac{\dfrac{N}{G}}{\dfrac{\Sigma N}{\Sigma G}} \quad (3-6)$$

$$\text{净原比相关系数 } E=\frac{D}{A}=\frac{\dfrac{\Sigma N}{\Sigma G}}{\dfrac{N}{G}}=\frac{1}{\dfrac{\Sigma N}{\Sigma G}}=\frac{\Sigma N}{\Sigma G} \quad (3-7)$$

由式（3-6）可以看出，资产构成净原比在数值上等于某种建筑产品净原比与有形固定资产总额净原比的比值，它反映该种建筑产品净原比与平均净原比的相对水平。式（3-7）表明净原比相关系数与建筑产品的类别无关，在数值上等于有形固定资产总额净原比的倒数，即有形固定资产总额原净比。

一般来说，净原比数值越大，表明新增资产的比例越大，或者更严格地说，在建筑资产构成中，"年轻的"资产比例较大，"年老的"资产比例较小。这里所说的资产年龄，不是指其实际使用年数的绝对值，而是指其与设计使用年限比率的相对值。以表 3-1 中的数据为例，住宅的净原比最小，远远低于平均水平，就是因为住宅资产构成净值比大大低于其原值比，这表明新住宅较少，老住宅较多。但是，要注意不能把净原比绝对化，

实际情况可能与净原比的数值并不一致。例如，可能由于设计使用年限比实际使用年限短，这样，超过设计使用年限的住宅原值仍然存在，而净值已经为零，所以包括这些住宅在内的老住宅的比例就相对扩大了。交通设施的净原比最大，原因在于其基数的绝对值和相对值均很小，所以其发展率自然就显得高一些。

3.3.3 建筑投资与建筑资产的关系

净原比也是确定建筑资产更新或大修理投资的重要参考指标。不过，在确定建筑投资方向时，不仅要看当时各类建筑产品的净原比，而且要看资本形成率，要保持一定的扩大投资率，还要分析各类建筑产品净原比历年（主要是近年）的变化情况。也就是说，建筑投资与原有建筑资产是密切相关的。需要特别指出，尽管资本形成与投资有密切的关系，但投资表现的是一种流量，而资本形成则是一种存量，而且投资发生在前，是因；资本形成在后，是果。因此，二者仍有必要作严格的区分。在某些情况下，二者的含义相互交织在一起，尤其要注意避免混淆。资本形成率就是这样一个概念，它表示建筑投资额与建筑资产总额的比率。

在分析资本形成率时，建筑资产总额可以用原值，也可以用净值，用原值较为简单。如果把建筑投资额看成是由补偿现有建筑资产的折旧、消耗和扩大建筑资产两部分构成，可以认为，资本形成率是由二者相对应的部分构成。为方便起见，称前者为补偿投资率，后者为扩大投资率，即

$$资本形成率 = 补偿投资率 + 扩大投资率 \quad (3-8)$$

由于建筑资产在有形固定资产中所占的比例很大，且使用年限长，因而建筑资产的资本形成率比其他有形固定资产的资本形成率小得多。在建筑资产中，房屋建筑的资本形成率明显小于构筑物的资本形成率。房屋建筑中各类建筑产品的资本形成率差异则不大，而且补偿投资率较为接近，差异主要表现在扩大投资率上。以上这些情况可从表 3-2 中的数据清楚地反映出来。

日本 1970 年建筑产品资本形成率（谷重雄，《建筑经济学》） 表 3-2

项目	总有形固定资产	房屋建筑合计	住宅	其他房屋建筑	构筑物合计
A 投资额（10 亿日元）	25236.4	9717.9	5227.6	4490.3	5144.3
B 资产原值（10 亿日元）	202287.5	97780.5	53868.4	43912.0	41513.1
C 资产形成率 =A/B /%	12.48	9.94	9.70	10.23	12.39
D 补偿投资率 /%	—	2.35	2.44	2.23	—
E 扩大投资率 /%	—	7.59	7.26	8.00	—

为了保持建筑资产的资本和资产功能，需要不断地进行建筑投资，至少要维持补偿投资率。实际上，任何一个国家，总是要保持一定的扩大投资率，否则，国民经济的发展就会停滞，甚至倒退。不难理解，补偿投资率直接取决于现有的建筑资产，而扩大投

资率则取决于整个国民经济的运行情况和发展战略。

思考题

1. 何谓建筑产品？从实物形态和价值形态两方面来看，建筑产品包括哪些内容？
2. 如何按施工完成程度划分建筑产品？为什么？
3. 试述建筑产品与建筑工程项目的主要区别。
4. 建筑产品具有哪些主要的技术经济特征？试就其中一点作深入的阐述。
5. 如何理解和评价建筑产品的资本和资产功能？
6. 试说明资本形成率的概念。

第4章 建筑产品的使用寿命

建筑产品建成之后到报废或拆除之前，这一段时间称为建筑产品的使用寿命，或称为使用年限、耐用寿命等。

4.1 建筑产品使用寿命的分类

建筑产品的使用寿命可以有多种分类方法。通常，按照建筑产品报废、拆除、更新等发生的原因，可以分为技术寿命、经济寿命和法定使用寿命。

1. 技术寿命

所谓建筑产品的技术寿命，是指建筑产品由于技术方面的原因而报废时的使用寿命，主要表现在结构破坏、构造损坏、功能退化或丧失等，使建筑产品不能再继续使用。这些因素大多与建筑产品的物理性质直接有关或间接有关，常称为建筑产品的物理寿命。建筑产品的技术寿命表示建筑产品实际达到的或建成后可能达到的使用寿命，与设计使用寿命所表示的建筑产品建造之前的预期使用寿命是两回事。当然，二者之间是密切相关的，在实际应用中，往往对建筑产品的使用寿命和技术寿命不加严格的区分。如果未作特别说明，在谈到建筑产品的使用寿命时，往往是指它的技术寿命，或者说，狭义的使用寿命就是建筑产品的技术寿命。

2. 经济寿命

建筑产品的经济寿命，是指建筑产品由于经济方面原因而报废时的使用寿命。这里所说的经济原因，一般主要是从建筑产品本身的角度来分析，但有时也要从社会角度来考虑，这是它与其他有形固定资产的重要区别。例如，在城市建设中为拓宽道路必须拆除建筑物，或为了对某个地区进行整体改造而要拆除该地区全部或大部分建筑物，就不完全是从被拆除的建筑物本身的经济因素来决定其经济寿命的，而主要考虑的是城市发展方面的因素。为与一般的经济寿命相区别，这种情况称为建筑产品的社会寿命。但是，在决定建筑产品社会寿命的因素中，往往主要考虑的是社会经济因素，一般认为，社会寿命是经济寿命的一种特殊情况，而不是使用寿命的一种独立类别。为严格起见，可称为建筑产品的社会经济寿命。当然，有些建筑产品的社会寿命也可能是由经济之外的因素决定的。例如，一些有代表性的古建筑，就主要是从历史、文化、艺术的角度出发，不断延长它们的使用寿命。但是，在现代社会，文化、艺术也不是绝对超然于经济范畴之外的，它们的价值往往也是从经济的角度来加以定性乃至定量评价的。可以认为，建筑产品的社会寿命，完全不考虑经济因素实际上是不可能的，也是不存在的。

3. 法定使用寿命

如上一章所述，建筑产品具有资本和资产的功能，它的价值在使用寿命期内逐渐减少，表现为固定资产向流动资产的流动，其具体的实现方式就是折旧。在折旧基值一定的条件下，折旧额取决于折旧年限和折旧方法。由于建筑产品的正常使用寿命可达数十年，甚至上百年，因而一般采用直线法折旧，而不宜采用快速折旧，也就是说，建筑产品的折旧方法是确定的，其折旧额实际上只取决于折旧年限。折旧年限定得长，每年的折旧额就低，可能使提取的折旧基金不足以抵偿建筑产品的耗损，甚至可能无法收回投资。对于企业来说，这实际上是把成本当成收入，人为地扩大利润，直接影响企业的正常生产和扩大再生产。反之，如果折旧年限定得短，每年的折旧额就高，可以较早地收回投资，还有可能提早更新原有的建筑产品，但却缩小了企业经营表面上的盈利，影响资金的正常积累，且因此而降低了企业上交给国家的利税，妨碍社会的扩大再生产。若以企业的利益为目的任意缩短折旧年限，就会损害社会利益。因此，为了避免发生这种情况，政府就要通过法律的形式对折旧年限加以统一规定或作出一定的限制（如规定一定的折旧年限范围），称做法定使用寿命或法定使用年限。在现代社会，由于企业已不能完全自己确定折旧年限，因而通常所说的折旧年限就是法定使用寿命。

通过以上分析不难看出，建筑产品的技术寿命、经济寿命、折旧年限（法定使用寿命）是三个不同的概念，在数值上一般是不等的。在大多数情况下，经济寿命短于技术寿命，折旧年限短于经济寿命或介于经济寿命和技术寿命之间。但这并不意味着折旧年限与技术寿命和经济寿命相互独立，实际上，三者之间存在着客观的内在联系。建筑产品的折旧年限与经济寿命比较接近，有时甚至基本一致。目前，我国房屋建筑的折旧年限一般定为 40~60 年。在经济发达国家，建筑产品的折旧年限总体上呈逐渐缩短的趋势，以促进建筑产品的更新。随着我国经济的发展，今后建筑产品的折旧年限也可能会逐渐缩短。由于折旧年限从某种意义上讲是由技术寿命和经济寿命决定的，因此，下面再对建筑产品的技术寿命和经济寿命作进一步的分析。

4.2 建筑产品的技术寿命

4.2.1 影响建筑产品技术寿命的因素

如前所述，建筑产品的技术寿命表示建筑产品建成后实际达到或可能达到的使用寿命。显然，同一类建筑产品的技术寿命总是有差异的，这种差异是由以下影响因素引起的：

1. 设计和施工的质量

例如，从设计方面来看，结构形式是否合理、选用材料是否恰当、内部空间安排与使用功能要求是否一致等；从施工方面来看，是否严格按照规范要求施工，施工中是否留下隐患（尤其是结构工程），构造、节点处理是否恰当等。

2. 材料的质量和性能

这里指的是形成工程实体的材料，包括材料的力学性能、物理性能、化学性能等。

3. 使用的方式和程度

例如，使用条件与设计时的要求是否一致、使用的频度和强度、使用是否得当等。

4. 使用的环境条件

例如，温度、湿度、空气中含尘量和有害物质或气体的含量，交通引起的振动和噪声，邻近建筑产生的声、光、热等方面的影响，地基条件变化等。

5. 维修和保养

这是因建筑产品的类型而异的，同一建筑产品，在其使用寿命的不同时期，对维修和保养的要求是不同的。维修和保养既与设计和施工的质量有关，也与使用情况有关。这里仅强调对建筑产品要定期保养和及时维修。如果对建筑产品中微小的损坏不及时修补，就可能造成较大的损坏，缩短其使用寿命。

6. 其他

可能存在其他一些原因，比如某些意外情况也可能导致建筑产品的寿命终止。如2013年2月1日，连霍高速河南义昌大桥发生垮塌，事故因运输烟花爆竹车辆爆炸引起，造成许多车辆坠落，导致10死11伤。

当然，影响具体建筑产品技术寿命的因素可能是综合性的，即多方面原因同时存在，往往不是单一因素在起作用。同时，直接原因的背后也往往隐藏着错综复杂的诸多间接因素。如何透过现象看本质，思考和研究建筑生产的生产关系以及政府监管等诸多问题，是建筑经济学的重要任务之一。

例如，1999年导致40人当场死亡的重庆綦江彩虹桥垮塌事件，有关部门的事故调查结果表明，事故直接原因有：

（1）吊杆锁锚问题：主拱钢绞线锁锚方法错误，不能保证钢绞线有效锁定及均匀受力，锚头部位的钢绞线出现部分或全部滑出，使吊杆钢绞线锚固失效。

（2）主拱钢管焊接问题：主拱钢管在工厂加工中，对接焊缝普遍存在裂纹、未焊透、未熔合、气孔、夹渣等严重缺陷，质量达不到施工及验收规范规定。

（3）钢管混凝土问题：主钢管内混凝土强度未达设计要求，有漏灌现象，在主拱肋板处甚至出现1m多长的空洞。吊杆的灌浆防护也存在严重质量问题。

（4）设计问题：设计粗糙，随意更改。施工中对主拱钢结构的材质、焊接质量、接头位置及锁锚质量均无明确要求。在成桥增设花台等荷载后，主拱承载力不能满足相应规范要求。

（5）桥梁管理不善：吊杆钢绞线锚固加速失效后，西桥头下端支座处的拱架钢管就产生了陈旧性破坏裂纹，主拱受力急剧恶化，已成一座危桥。

事故的间接原因有：

（1）建设过程严重违反基本建设程序：未办理立项及计划审批手续，未办理规划、国土手续，未进行设计审查，未进行施工招投标，未办理建筑施工许可手续，未进行工程竣工验收。

（2）设计、施工主体资格不合格：私人设计，非法出图；施工承包主体不合法；挂靠承包，严重违规。

（3）管理混乱：綦江县个别领导行政干预过多，对工程建设的许多问题擅自决断，缺乏约束监督；建设业主与县建设行政主管部门职责混淆，责任不落实，工程发包混乱，管理严重失职；工程总承包关系混乱，总承包单位在履行职责上严重失职；施工管理混乱，设计变更随意，手续不全，技术管理薄弱，责任不落实，关键工序及重要部位的施工质量无人把关；材料及构配件进场管理失控，不按规定进行试验检测，外协加工单位加工的主拱钢管未经焊接质量检测合格就交付施工方使用；质监部门未严格审查项目建设条件就受理质监委托，且未认真履行职责，对项目未经验收就交付使用的错误作法未有效制止；工程档案资料管理混乱，无专人管理；未经验收，强行使用。

另外，负责项目管理的少数领导干部存在严重腐败行为，使国家明确规定的各项管理制度形同虚设。

4.2.2 确定建筑产品技术寿命的方法

建筑产品的技术寿命直接关系到建筑物的结构耐久性和使用安全性，是设计的重要出发点。同时，技术寿命的长短也影响到建筑产品的经济寿命和折旧年限。因此，如何合理地确定建筑产品的技术寿命或现有建筑产品的剩余寿命就显得十分重要。

需要说明的是，建筑产品的技术寿命，应从建筑产品的整体，主要从主体结构来考察。如果进一步分析建筑产品的形体构成，不难发现，各个组成部分的技术寿命有很大差异。例如，基础、梁、柱、板、墙等的技术寿命较长。而屋面、卫生设施、门、窗等的技术寿命则较短。因此，从理论上讲，可以根据建筑产品各组成部分的价值构成比例及其相应的技术寿命，求出加权平均值作为建筑产品的技术寿命。这种加权平均技术寿命或许更合理一些，但实际运用却相当困难，有关数据的收集和整理很麻烦，而且很难保证原始数据的可靠性和准确性，因而一般还是从建筑产品的整体确定它的技术寿命。

建筑产品实际达到的使用寿命反映的是一种历史事实，是能够经过调查确定的。确定现有建筑产品可能达到的技术寿命，则是通过确定它们的剩余寿命来实现的，这就需要采取一些切实可行的方法作出预测。最简单的办法是从外表观察，根据建筑产品主要部位的损坏程度来估计其剩余寿命，这种方法主要是根据经验来评价，是一种定性判断，缺乏具有说服力的数据，因而结果不甚可靠。下面介绍两种常用的定量预测方法：

（1）技术试验测定法

这种方法是通过对建筑产品的主体结构材料进行技术试验，依据试验结果的数值和已有的经验公式来推算被测建筑产品的剩余寿命和技术寿命。例如，对木结构、砖结构、钢结构、钢筋混凝土结构建筑物可分别对其结构材料——木材、砖、钢材、混凝土作相应的技术试验，这里仅以木结构和钢筋混凝土结构为例。

1）木结构建筑物

在地基或柱基部分容易腐朽的地方钉入钉子，然后测定钉子拔出时的抗拔强度，再将其换算为木材的抗压强度来测算其剩余寿命。钉子的抗拔强度 R 与被测木材的抗压强度 F 的关系可用以下经验公式表达：

$$F=17R+20 \tag{4-1}$$

假定建筑物建成至被测时经过的年数为 t，木材原来的抗压强度平均值为 L，木材测定的抗压强度平均值为 S，其材料的容许抗压强度为 F_m，则木材每年抗压强度平均减少速度为 $(L-S)/t$。若以 m 表示建筑物的剩余寿命，即木材的抗压强度由目前的 S 降低到 F_m 所要经过的年数，可得到下列等式：

$$m\frac{L-S}{t}=S-F_m \tag{4-2}$$

整理后可得到剩余寿命的计算公式：

$$m=t\frac{S-F_m}{L-S} \tag{4-3}$$

若以 T 表示建筑物的技术寿命，则有

$$T=t+m=t\left(1+\frac{S-F_m}{L-S}\right)=t\frac{L-F_m}{L-S} \tag{4-4}$$

式（4-3）和式（4-4）具有通用性，并不一定要采用经验公式（4-1），只要有办法确定 S，就可用式（4-3）和式（4-4）预测木结构建筑物的剩余寿命和技术寿命。

2）钢筋混凝土结构建筑物

钢筋混凝土结构建筑物在使用过程中混凝土会逐渐碳化。如果碳化层从混凝土表面到达钢筋表面位置，就意味着混凝土失去保护层作用，钢筋会很快锈蚀，整个结构将迅速被破坏。因此，可以把碳化层从混凝土表面到达钢筋表面位置的时间作为钢筋混凝土建筑物的技术寿命。混凝土的碳化深度 x（cm）与建筑物建成后经过的年数 t 之间的关系可用下列经验公式表达：

水灰比 $w \geqslant 60\%$ 时

$$t=\frac{0.3(1.14+3w)}{(w-0.25)^2}x^2 \tag{4-5}$$

水灰比 $w \leqslant 60\%$ 时

$$t=\frac{7.2}{(4.6w-1.76)^2}x^2 \tag{4-6}$$

若混凝土保护层厚度为 a（cm），则有

$$T=\frac{0.3(1.14+3w)}{(w-0.25)^2}a^2 \quad (w \geqslant 60\%) \tag{4-7}$$

或

$$T=\frac{7.2}{(4.6w-1.76)^2}a^2 \quad (w \geqslant 60\%) \quad (4-8)$$

$$m=\frac{0.3(1.14+3w)}{(w-0.25)^2}(a^2-x^2) \quad (w \geqslant 60\%) \quad (4-9)$$

或

$$m=\frac{7.2}{(4.6w-1.76)^2}(a^2-x^2) \quad (w \geqslant 60\%) \quad (4-10)$$

式（4.5）~式（4.10）是按照普通硅酸盐水泥、河沙、河卵石机械搅拌的混凝土计算的。如果条件不同，需要作必要的修正。例如，混合水泥的碳化速度一般要加快一倍；水灰比过小时，混凝土浇捣可能不够密实，需要取一个适当的折减系数；施工质量好坏、裂缝宽度、材料组织是否均匀等均需要考虑。另外，环境条件的影响也很大，有报道说，室内比室外的碳化速度快，有时竟高达3倍。

直接测定建筑物混凝土碳化深度的简易办法是，从混凝土表层钻一小孔施以酚酞试剂检查碱性位置的保持程度，或取混凝土保护层小孔芯样进行化学分析，根据混凝土的碳化速度求其剩余寿命。

（2）统计调查法

这种方法是通过调查已拆除的建筑产品的实际技术寿命或者现有建筑产品的建成年龄（经过年数），求出其分布规律，来推算建筑产品的平均技术寿命或平均剩余寿命。具体的方法有以下四种：

1）数学期望法

采用这种方法时，调查对象是已拆除的建筑产品的实际技术寿命。若以 N 表示调查对象的数目，T_i 表示实际技术寿命（$i=0, 1, 2, \cdots, n$），μ_i 表示技术寿命为 T_i 的建筑产品的个数（显然，$\mu_1+\mu_2+\mu_3+\cdots+\mu_n=N$），则 $\frac{\mu_i}{N}$ 为技术寿命为 T_i 的频率。设 P_i 为技术寿命为 T_i 的概率，由概率论的知识可知，当调查对象 N 很大时，$\frac{\mu_i}{N}$ 就接近于 P_i。也就是说，随机变量 X 和观察值的算术平均值 $\sum_{i=0}^{n}x_i\frac{\mu_i}{N}$ 接近于它的数学期望 $\sum_{i=0}^{n}x_iP_i$。若以 $E(T)$ 表示建筑产品技术寿命的数学期望，则有

$$E(T)=\sum_{i=0}^{n}T_iP_i=\sum_{i=0}^{n}T_i\frac{\mu_i}{N} \quad (4-11)$$

式（4-11）是将 T_i 作为离散型随机变量得出的数学期望。若将 T_i 看作连续型随机变量，并能求出它的概率密度 $f(t)$，则建筑产品技术寿命的数学期望为

$$E(T)=\int_0^{\infty}tf(t)\mathrm{d}t \quad (4-12)$$

用数学期望法推算建筑产品的技术寿命，从方法上说并不难，只要调查对象的数据可靠且数据量大，其结果就比较可靠。但是，要保证数据的可靠性却并非易事。原因在三个方面：一是历史数据的调查方法、分类标准等背景资料往往不清楚；二是现有调查

数据和历史数据对建筑产品的实际使用寿命往往未区分其拆除原因究竟是技术因素还是经济因素；三是未考虑不同时期设计规范的修改和变更。因此，用数学期望法推算建筑产品的技术寿命，要求以因技术原因（或自然原因）而拆除的建筑产品的寿命为依据，并且不宜将不同时期（尤其是间隔年数较长）的统计调查数据综合在一起进行分析。

2）平均值法

采用这种方法时，调查对象是现有建筑产品的建成年龄（经过年数）。根据现有建筑产品的年龄分布，求出各年龄层建筑产品的剩余寿命，从而推算出其技术寿命。若以 t 表示建筑产品的建成年龄，$f(t)$ 表示建筑产品的年龄分布密度，$m(t)$ 表示 t 年龄建筑产品的平均剩余寿命，则有

$$m(t) = \frac{1}{f(t)} \int_t^w f(n) \, dn \quad (4-13)$$

式（4-13）中，w 为建筑产品使用年限的极限值，只要求出适当的分布函数，取无穷大也未尝不可。建筑产品的平均技术寿命即可表示为现有年龄 t 与平均剩余寿命 $m(t)$ 之和或现有年龄为 0（$t=0$）时的平均剩余寿命，也就是

$$T = t + m(t) = t + \frac{1}{f(t)} \int_t^w f(n) \, dn \quad (4-14)$$

或

$$T = m(0) = \frac{1}{f(0)} \int_t^w f(n) \, dn \quad (4-15)$$

如果难以求出建筑产品年龄的连续型分布密度函数，就不能应用式（4-13）~式（4-15）。若以 $F(t)$ 表示建筑产品年龄的离散型分布密度，则近似的有

$$m(t) = \frac{1}{F(t)} \sum_{n=t}^w F(n) \quad (4-16)$$

$$T = m(0) = \frac{1}{F(0)} \sum_{n=0}^w F(n) \quad (4-17)$$

这种方法并没有严格的理论依据，其关键在于求出建筑产品年龄的分布密度。一般来说，建筑产品的现有年龄与剩余寿命之间的关系，如图 4-1 所示。

3）拐点法

这种方法也是通过调查现有建筑产品的建成年龄来推算典型建筑产品的技术寿命。应用前提是所调查地区每年新建和拆除

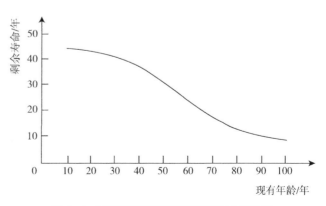

图 4-1 建筑产品现有年龄与剩余寿命的关系

的建筑产品基本上处于均衡状态。若以 t 表示建筑产品建成年龄，$f(t)$ 表示建筑产品年龄分布密度，$g(t)$ 表示建筑产品技术寿命分布密度，则 $g(t)$ 与 $f(t)$ 之间存在如下关系：

$$g(t) = -\frac{df(t)}{dt} \qquad (4-18)$$

此关系用图表示则如图 4-2 所示。$g(t)$ 曲线的最大值在 $f(t)$ 曲线的拐点处。因此，若能得到建筑产品建成年龄分布曲线，求出拐点，就相当于求得了典型建筑产品技术寿命。

显然，应用拐点法时，一定要求出一个连续型的建筑产品年龄分布函数，并且该函数要存在拐点。常用分布函数中指数分布能满足这一要求。

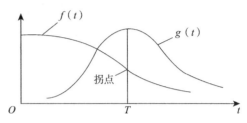

图 4-2 建筑产品的年龄分布曲线和技术寿命分布曲线

前述影响建筑产品技术寿命的因素很多，上述三种方法均未考虑地区、产品类型、结构类型等差异，使得统计调查所得的数据缺乏针对性，求出的技术寿命亦无代表性。因此，在运用统计调查法推算建筑产品技术寿命时，应按地区、产品类型、结构类型整理调查数据，分门别类地进行测算，所得结果较准确，亦较有代表性。

以上三种方法的依据各不相同，即使采用同样的统计调查数据，三种方法求出的结果也可能存在较大差异。在运用统计调查法推算建筑产品技术寿命方面尚缺乏足够的实践，难以直接比较，不能简单地说某种方法更可靠或更准确。应用中可以考虑将三种方法计算结果的算术平均值作为建筑产品的技术寿命，这虽然不失为一种折中方法，但很难在理论上加以解释。

4）假定分布函数法

上述三种方法均未假定技术寿命的分布函数，只是从现有建筑产品的年龄分布函数间接求得（平均值法和拐点法），原因在于年龄分布函数较易通过统计调查得到。当然，也可以考虑从假定的技术寿命分布函数类型出发。通过调查由于技术原因已拆除的建筑产品实际寿命，求出分布函数的参数，导出具体的分布函数。艾希勒（C.Eichler）认为，建筑产品技术寿命的分布函数因破坏原因而异，建议按表 4-1 所列的破坏原因采用相应的分布函数。

建筑产品破坏原因及其分布函数　　　　表 4-1

破坏原因	分布函数型	破坏原因	分布函数型
磨损腐蚀	维布尔（Weibull）分布，正态分布正态发布	老化突发事件	维布尔发布，对数正态分布指数分布

希罗斯拉夫斯基（W.Schiroslawki）指出，运用不同类型的分布函数推算建筑产品的技术寿命，其结果有一定的差异。如维布尔分布和正态分布结果相差 3%~4%，维布尔分布和对数正态分布结果相差 3.5%~5%。谷重雄则认为，可以不区分建筑产品的破坏原因而按照结构类型来运用维布尔函数测算建筑产品的技术寿命。

不言而喻，采用这种方法测算建筑产品的技术寿命，首先取决于假定的分布函数是否恰当，其次则取决于能否求出该分布函数适当的参数。如果这两个问题都能得到解决，可以认为，这种方法比通过现有建筑产品的年龄分布函数间接地求出其技术寿命更合理，结果的偏差也较小。而且可以随着统计调查数据的积累不断修正分布函数的参数，使技术寿命的预测结果更为可靠。

4.3 建筑产品的经济寿命

一般而言，建筑产品的经济寿命比它的技术寿命短。只有在特殊情况下，例如，由于地震、山崩、洪水、战争等原因而破坏或摧毁的建筑物，它的实际使用寿命才短于其经济寿命。当代社会，建筑产品的技术寿命在社会经济中的意义已越来越小。大多数建筑物远在达到其自然破坏的年龄之前，早已被拆除，取而代之以一座新的建筑物或已经改建另作他用。在社会经济迅速发展时期，许多建筑产品的经济寿命远远短于其技术寿命。因此，对影响建筑产品经济寿命的各种因素进行客观分析并运用定量分析方法来确定其经济寿命就显得更为重要。当经济寿命大幅度短于技术寿命时，以经济寿命为出发点进行设计无疑可以带来明显的经济效益。这表明，经济寿命亦可反作用于技术寿命，从而缩小二者之间的差异。

4.3.1 影响建筑产品经济寿命的因素

决定建筑产品经济寿命长短的影响因素很多，如其定义所言，主要是经济因素。但有必要指出，有些经济因素与技术因素密切相关，如使用费，一定程度上是由技术因素决定的。正是从这个意义上说，建筑产品的经济寿命与其技术寿命是相关联的。具体地说，影响建筑产品经济寿命的因素主要表现在以下几个方面：

1. 需求变化

以住宅建筑为例，随着社会经济的发展，人民生活水平的提高，人们对住房面积、内部装饰、起居室面积、卫生间和厨房的面积、设施等要求越来越高，原来的低标准住宅已不适应新的需求，虽然按照技术寿命标准仍能继续使用，却不得不改建或拆除重建。

2. 建筑环境变化

这是指某建筑物与其周围其他建筑物相互之间关系所发生的变化。例如，新建一家工厂或商店，新建一条道路并延伸原有的公交线路，或邻近建筑重新装修门面等，都可能使该建筑物提早结束其使用寿命。这并不一定意味着原建筑物已贬值，可能恰恰相反，是升值效应促使其加速更新。

3. 技术进步

建筑领域技术进步涉及的面很广,这里仅指那些能提高结构安全性和可靠性、改善使用功能、降低建造费用或使用阶段费用等与经济性直接或间接有关的技术进步。例如,在地震频发地区,采用抗震性能好的新结构形式取代原来不安全的结构形式;以节能性能好的建筑(门窗密封性能好、墙体保温性能好等)取代原来耗能高的建筑等。

4. 地价(地租)上涨

土地是有限的、不可再生的资源,土地价格的上涨趋势是不可避免的。地价的上涨一方面表现为绝对值增加;另一方面则表现为相对值增加,即地价与该土地上建筑产品价格比值增加。二者比较而言,后者是决定建筑产品经济寿命的主要方面。地价上涨也与建筑环境的变化有关,但它毕竟是一个非常独特的因素,而且又是较易定量分析和计算的,所以应对其作专门的考虑。

5. 使用费用增加

使用费用包括运行费用和维修费用,运行费用又包括能源费、管理费、地租、房产税等。运行费用中的有些费用,如地租、房产税,基本是不变的,有些费用则随着使用年数增加而增加,如能源费、管理费等。维修费用一般总是逐年增加。当使用费用增加到一定程度乃至影响建筑产品使用的经济效果时,也就达到了它的经济寿命。

6. 其他

其他原因可能包括决策失误、设计不周等,都可能导致功能不合理,影响使用,影响经营,导致效益不佳,经济寿命提前结束,国内这方面的案例并不少见。

4.3.2 确定建筑产品经济寿命的方法

通过以上分析可以看出,影响建筑产品经济寿命的因素是很复杂的,要合理确定建筑产品的经济寿命并非易事,实践中难免会有凭经验、凭直觉来决策的情况。运用定量分析方法确定建筑产品的经济寿命,基本上是从考虑使用阶段费用入手,其他因素较难进行定量分析和评价。常用的方法有以下两种:

1. 年度综合费用法

年度综合费用是指资金恢复费用与年度使用费用之和。年度使用费用可以粗略地分为运行费用和维修费用。为简明起见,一般认为建筑产品的残值与拆除费用相当,可以不予考虑。若以 C 表示年度综合费用,Q 表示年度使用费用,O 表示年度运行费用,M 表示年度维修费用,P 表示建造价格,n 表示使用年限,当不考虑货币的时间价值时,则

$$C = \frac{P}{n} + Q = \frac{P}{n} + O + M \qquad (4-19)$$

式(4-19)中,$\frac{P}{n}$ 为建筑产品的资金恢复费用。不难看出,随着使用年限增加,资金恢复费用逐渐变小。而一般来说,建筑产品的年度使用费用总是逐渐增加的,尤其是维修费用,随着建筑产品在使用过程中磨损日益加剧而必然呈增加趋势。建筑产品的年度

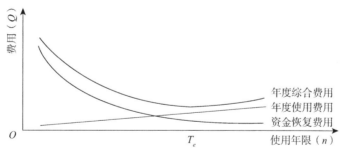

图 4-3　建筑产品的年度综合费用

综合费用的变化如图 4-3 所示。

如果把建筑产品的经济寿命定义为年度综合费用最小的使用年限，则图 4-3 中 T_e 点即为建筑产品的经济寿命。如果能进一步找出年度使用费用的变化规律，例如，$Q=f(n)$，就可用数学方式解得经济寿命的确切年数。现假定第 1 年使用费用为 Q，以后逐年增加 q，不计利息，则

$$C = \frac{P}{n} + Q + \frac{q + 2q + \cdots + (n-1)q}{n}$$
$$= \frac{P}{n} + Q + \frac{n(n-1)q}{2n}$$
$$= \frac{P}{n} + Q + \frac{(n-1)q}{2} \quad (4-20)$$

若要使 C 为最小，可求式（4-20）对 n 的导数，令 $dC/dn=0$，即

$$\frac{dC}{dn} = -\frac{P}{n^2} + \frac{q}{2} = 0$$

$$n = \sqrt{\frac{2P}{q}} \quad (4-21)$$

若以 T_e 表示建筑产品的经济寿命，式（4-21）可改写为

$$T_e = \sqrt{\frac{2P}{q}} \quad (4-22)$$

若某建筑产品造价为 40 万元，每年的运行费用为 1000 元，从第 2 年起，维修费用每年增加 2000 元，按式（4-22）计算，可求得其经济寿命为

$$T_e = \sqrt{\frac{2 \times 4 \times 10^5}{2 \times 10^3}} = 20 \text{（年）}$$

按式（4-22）求解建筑产品的经济寿命，未考虑时间因素。若要考虑时间因素，则一般均要列表进行计算。仍以上述数据为例，再假定年利率取 8%，计算结果列于表 4-2。因已按不计利息的条件求得经济寿命为 20 年，估计考虑利息后经济寿命变化不会很大，因而不必从头计算，表 4-2 只列出使用寿命为 16~25 年的有关数据，足以满足需要。

年度综合费用计算表 表4-2

年数	年末使用费用 A/元	现值系数 (P/F, 8, n) B	使用费用在第一年初的现值 ($A \times B$) C/元	现值之和 (ΣC) D	资金恢复系数 (A/P, 8, n) E	年度综合费用 (4×10^5+D) EF/元
...						
16	31000	0.2919	9048.9	9048.9	0.1130	46222.5
17	33000	0.2703	8919.9	17968.8	0.1096	45809.4
18	35000	0.2502	8757.0	26725.8	0.1067	45531.6
19	37000	0.2317	8572.9	35298.7	0.1041	45314.6
20	39000	0.2145	8365.5	43664.2	0.1019	45209.4
21	41000	0.1987	8146.7	51810.9	0.0998	45090.7
22	43000	0.1839	7907.7	59718.6	0.0980	45052.4
23	45000	0.1703	7663.5	67382.1	0.0964	45055.6
24	47000	0.1577	7411.9	74794.0	0.0950	45105.5
25	49000	0.1460	7154.0	81948.0	0.0937	45158.5
...						

从表4-2的计算结果可知，该建筑产品的经济寿命为22年。从表4-2还可看出，使用年限20~25年的年度综合费用差异很小，考虑到年度使用费用本身就是估计的，并不绝对准确，这样的细微差异在实践中并不能作为判别建筑产品经济寿命的决定因素。另外，采用式（4-22）算出的经济寿命越长，考虑利息后算出的经济寿命相应的综合费用与前者差异就越细微。这说明，不考虑利息直接采用式（4-22）计算建筑产品的经济寿命在实践中是可行的，并非不合理。

由于建筑产品的技术寿命一般都较长，而资金恢复系数在利率为8%时，50年以后就基本上没有什么差异，从而使年度使用费用成为比较综合费用的决定因素。这就表明，用年度综合费用法计算建筑产品的经济寿命有一定的局限性。再者，这种方法对建筑产品的年度使用费用考虑得过于简单，未反映建筑产品的许多特殊问题，所以，在应用这种方法时，要注意分析建筑产品的具体情况。一般来说，在建筑产品技术寿命较短、年度使用费用较为明确时，年度综合费用法不失为确定建筑产品经济寿命的一种简单可行的方法。否则，就要考虑采用其他方法。

2. 年度收益法

所谓年度收益，是指在建筑产品使用过程中每年所能得到的收入与为维持建筑产品正常使用所必需的支出之间的差值，或者说是建筑产品的年度净收入。由于在一定时间范围内从建筑产品所能得到的收入往往是不变的或是相对稳定的，而所需要的支出却总是不断增加的，且增加的幅度或速度总是超过收入增加的幅度或速度（如果收入也增加的话），因此，建筑产品的年度收益总体上可能是逐年减少的。若以 V_t 表示建筑产品第 t 年度的收益，V 表示年度收入，O 表示年度运行费用，M 表示年度维修费用，则建筑产品的年度收益可表示为

$$V_t = f(t) = V(t) - O(t) - M(t) \tag{4-23}$$

当建筑产品的支出逐渐增加以致超过所得到的收入时，建筑产品的年度收益即表现为负值。这表明再继续使用该建筑产品将越来越不经济。所以，可以把建筑产品的经济寿命定义为年度收益为零的使用年限。如果能分别求得年度收入、年度运行费用、年度维修费用以时间 t 表示的函数关系式，就有可能通过解析方法求出建筑产品的经济寿命。从以上三方面内容来看，年度收入和年度运行费用一般比较明确，也比较容易建立函数关系，而年度维修费用涉及的影响因素很多（在本书第 14 章将对此作深入分析），较难建立函数关系，尤其难以建立易于解析的连续型函数关系。

为便于分析，作如下假定：

$$V = 常数（扣除地租或土地使用费）$$
$$O = f(t) = c_1 + b_1 t$$
$$M = f(t) = c_2 + b_2 t + a t^2$$

则有

$$V_t = V - (c_1 + b_1 t) - (c_2 + b_2 t + a t^2)$$

整理后得

$$V_t = -a t^2 - (b_1 + b_2) t + (V - c_1 - c_2) \tag{4-24}$$

式（4-24）所表示的曲线图形如图 4-4 所示。

图 4-4 中 B 点的收益值为 $(V - c_1 - c_2)$。图中曲线的顶点不在纵轴上的 B 点，却在位于横轴负方向上的 A 点，从实际经济意义上来说，是难以使人接受的。其原因之一在于存在 c_1 和 c_2 两个

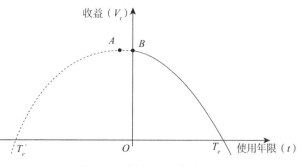

图 4-4 建筑产品的年度收益

初始常数值。对于 c_1 和 c_2，不要理解成在使用年限 $t=0$ 时的支出，而要理解成与使用年限无关的每个年度所必需的支出，这样的经济解释应当是能够成立的。由于建筑产品的技术寿命和经济寿命均较长，当 c_1 和 c_2 相对于 V 很小时，c_1 和 c_2 对经济寿命的计算结果影响也很小。

令 $V_t = 0$，很容易得出

$$t = \frac{-(b_1 + b_2) \pm \sqrt{(b_1 + b_2)^2 + 4a(V - c_1 - c_2)}}{2a} \tag{4-25}$$

式（4-25）中的所有参数均为正数，则按式（4-24）求得的建筑产品经济寿命只有唯一解，即

$$T_e = \frac{-(b_1 + b_2) + \sqrt{(b_1 + b_2)^2 + 4a(V - c_1 - c_2)}}{2a} \tag{4-26}$$

例如，若某建筑产品的年度收入为 10000 元，年度运行费用 $O = 500 + 100t$，年度维修费用 $M = 50t + 5t^2$，则按式（4-26）可求得该建筑产品的经济寿命为

$$T_e = \frac{\sqrt{(100+50)^2 + 4 \times 5 \times (10000-500)} - (100+50)}{2 \times 5} = 31 \text{（年）}$$

这里，有必要专门谈谈年度运行费用。这一部分费用包括的内容很多，如管理费、保险费、房产税、清洁费、水电费或其他形式的能源费等。这些费用大多数均有明确的计算依据，数据也较准确可靠。不过，其中有些费用涉及有关规定，未必呈逐渐增加趋势，甚至反而逐年减少。例如，保险费不一定以建筑产品的原值为基础再按一定的费率交纳，可能以其净值或重置价值为基础。因此，可以根据年度运用费用中各专项费用的具体特点，分别建立函数关系式（包括作为常数的不变支出），再合并为综合式。在大多数情况下，年度运行费用都可以归纳成一次函数式 $O = c_1 + b_1 t$，采用线性回归分析方法，一般都能得到比较令人满意的结果。

对于诸如旅馆、出租式公寓或办公楼这类可以直接获得收益的建筑产品，采用年度收益法确定其经济寿命没有什么困难。即使无法得出年度运行费用和年度维修费用连续型函数关系式，但只要掌握可靠的离散型数据，仍然可由式（4-23）求出经济寿命。对于不能直接从建筑产品获得收入的厂房、商店等以及作为消费资料的私人住宅，支出费用客观存在，也可能建立起函数关系式，但收入却没有来源。在这种情况下，可按第3章所提及的"假定房租"方式考虑，其收入的高低要参照尽可能相近的建筑产品的实际收入（租金）。

年度收益法可以用来预测新建建筑产品的经济寿命，依据是同类建筑产品（尽可能与预测对象一致）的年度收入、年度运行费用、年度维修费用等历史数据；也可以用来预测使用若干年（大于10年）的建筑产品的剩余经济寿命，这时所依据的是该建筑产品的历史数据。对于刚投入使用不久（小于10年）的建筑产品，还是按同类建筑产品的历史数据来预测比较恰当。按年度收益法求得的建筑产品经济寿命是否合理、可靠，关键在于能否收集到大量准确可靠的历史数据并对这些数据进行正确的处理。

思考题

1. 何谓建筑产品的使用寿命？它有哪几种具体形式？
2. 影响建筑产品技术寿命的主要因素有哪些？
3. 为了预测建筑产品的技术寿命，可采用哪几种具体的统计调查方法？
4. 影响建筑产品经济寿命的主要因素有哪些？
5. 在采用年度收益法确定建筑产品经济寿命时，要注意哪些问题？

第 5 章　建筑产品的价值

价值的概念，在政治经济学中表达为"凝结在商品中的一般的无差别的人类劳动或抽象的人类劳动"。实际上，人们对"价值"的理解往往并不是这么抽象的。人们判断某一物品有无"价值"，常常是从物品的"有用性"（注意，不要与使用价值相混淆）来考虑的。例如，在价值工程中，把价值定义为功能与费用之比。价值又总是与具体的物质联系在一起的，物质和价值是两个不可分割、互相补充的概念，经济价值的承担者始终是物质。从一般的经济意义来看，某一物品有无价值，取决于对该物品的需求、该物品所具有的效用及其相对稀缺性。

本书就是从一般经济意义出发来阐述建筑产品的价值，请读者注意将其与政治经济学中的"价值"概念相区别。这并不意味着否定政治经济学中关于"价值"的定义，只是阐述的角度不同。

5.1　建筑产品的价值形态

建筑产品的价值形态，可以根据不同分类目的和方法来划分，如果以建筑产品的"有用性"作为划分标准，建筑产品的价值形态有使用价值、交换价值和收益价值三种。

1. 使用价值

建筑产品的使用价值，是指建筑产品直接用于满足某种需求所表现出来的价值。对建筑产品的使用价值，不要局限于从物质生产和日常生活需要的范围来理解，而要从建筑产品具有的一切功能来分析。建筑产品的使用价值是通过它所具备的功能体现出来的。不同的建筑产品，具有不同的功能，但这些功能都可以归纳为使用功能和形象功能两大类。使用功能为满足技术或经济目的的所有功能；形象功能则是指那些非技术、非经济的功能，例如美学、代表性（显示拥有者或使用者的地位、身份、权力）等。建筑产品的使用功能又可以按照功能级别划分为必要功能和非必要功能。必要功能又称主要功能，如建筑物的坚固性、内部技术设施的可靠性等；非必要功能是指一些可有可无的功能。

各种建筑产品满足以上功能的程度各不相同，正是由于这种差异性，才显示出建筑产品使用价值的差异。一般来说，同类建筑产品的使用价值较易比较。而不同类建筑产品之间则较难比较。如果把某一建筑产品的使用价值看做常数，其形象功能与使用功能就显出此起彼落的状况。如图 5-1 所示为不同类型建筑产品形象功能和使用功能的相对比例的定性描述。

2. 交换价值

建筑产品的交换价值，是指建筑产品用于交换其他产品所表现出来的价值。

建筑产品的交换价值首先取决于在社会（部门）平均的劳动熟练程度和劳动强度情况下生产该建筑产品所需要的必要劳动时间。简言之，取决于社会必要劳动时间。显然，这就是政治经济学中定义的"价值"。为区别起见，这里称之为"创造价值"。假设生产某种建筑产品的建筑企业有 n 个，各企业产量为 Q_i，单位产品消耗时间为 t_i（表 5-1），则生产该建筑产品的社会必要劳动时间为

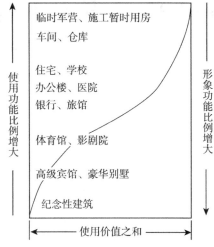

图 5-1 不同类型建筑产品的使用功能和形象功能

$$\bar{t}=\frac{Q_1t_1+Q_2t_2+Q_3t_3+\cdots+Q_nt_n}{Q_1+Q_2+Q_3+\cdots+Q_n}=\frac{\sum_{i=1}^{n}Q_it_i}{\sum_{i=1}^{n}Q_i} \qquad (5-1)$$

建筑产品的社会必要劳动时间　　　　　　　　表 5-1

企业	产量（Q）	单位产品耗时间（t）	总时间（Qt）
1	Q_1	t_1	Q_1t_1
2	Q_2	t_2	Q_2t_2
3	Q_3	t_3	Q_3t_3
⋮	⋮	⋮	⋮
n	Q_n	t_n	Q_nt_n
合计	ΣQ	Σt	ΣQt

对表 5-1 和式（5-1）需要作以下四点说明：

（1）建筑产品具有多样性的特点，一般建筑产品不能按照最终产品的劳动时间来确定它的社会必要劳动时间，通常是按照分部分项工程所消耗的时间来确定，表 5-1 和式（5-1）虽已大大简化，但其确定社会必要劳动时间的原理仍然是适用的。

（2）建筑产品的必要劳动时间也包括生产该建筑产品所需要的物化劳动时间，这部分劳动时间不是直接表现为建筑企业所消耗的劳动时间，而是通过转移价值的形式间接反映出来。

（3）建筑产品价值量往往与其生产费用相关联，有时从表面上看似乎是由生产费用决定的，实际上这是一种错误的观念，混淆了社会必要劳动时间和生产费用。虽然劳动消耗总以工资、利润等形式表现出来，但真正体现建筑产品交换价值的是凝聚在不同产

品中的"无差别的劳动",而工资、利润等则受到许多非客观因素的影响,有时在不同部门之间存在人为因素产生的较大差异。

（4）建筑产品交换价值取决于其社会必要劳动时间的结论,基于这样一个假设的前提——各部门生产出的产品都是人们所需要的商品。换句话说,社会总劳动在各生产部门的分配是完全符合社会需要的。这一假定是任何经济系统都难以真正实现的,充其量只能达到动态平衡。

因此,建筑产品的交换价值还取决于它的效用。建筑产品的效用表示人们对建筑产品的需要的满足程度。建筑产品的效用是客观和主观的统一。说其是客观的,这是因为：第一,建筑产品的自然属性本身是客观的,也就是说,能提供效用的建筑产品必然具有一定的使用价值,同时,能满足人们需要的建筑产品又客观存在;第二,人们对建筑产品欲望的满足,虽然表现为意识,但是欲望本身并不决定意识,只是借助于意识间接地表现出来,真正决定人对建筑产品的欲望是否满足和满足程度如何的,是他所处的历史条件和经济地位。说建筑产品的效用是主观的,是因为建筑产品能否满足人们的欲望以及满足的程度如何,必须以人的心理意识为中介反映出来。只有客观的一面或只有主观的一面都不能反映建筑产品的效用。

建筑产品所能提供的效用,会因人们的经济条件、文化素养、民族传统、习惯爱好等不同而有所不同,因而较难对其进行定量描述。建筑产品的效用可采取不同的方式来表达。一般可以通过建筑产品的需要量与供给量之间的比例确定建筑产品的效用。假定 U 表示效用, Q_d 表示需要量, Q_s 表示供给量,则建筑产品的效用为

$$U = \frac{Q_d}{Q_s} \tag{5-2}$$

式（5-2）既可用于建筑产品的总体,又可用于某一类建筑产品。在后一种情况下,效用的意义更直接、更具体、更易于感受。当人们对某种建筑产品的需要量一定时,这种建筑产品供给量越少,其效用就越大;反之,其效用就越小。当某种建筑产品的供给量一定时,人们对它的需要量越大,其效用就越大;反之,其效用就越小。也就是说,建筑产品的效用与其需要量成正比,而与其供给量成反比。当某种建筑产品的需要量和供给量不成比例增减时,其效用值亦将随之变动,其变动规律不难推断。

综上所述,建筑产品的交换价值由生产该建筑产品的社会必要劳动时间和该建筑产品所具有的效用两方面因素决定。若以 V_e 表示建筑产品的交换价值,综合式（5-1）和式（5-2）,有

$$V_e = \bar{t} U = \bar{t} \frac{Q_d}{Q_s} \tag{5-3}$$

当 $U>1$ 时,建筑产品的交换价值大于其创造价值（社会必要劳动时间所表现出来的价值）;当 $U<1$ 时,建筑产品生产中创造的价值有一部分不能实现;当 $U=0$ 时,则表明该建筑产品的创造价值根本无法实现,也不具备任何使用价值。

3. 收益价值

建筑产品的收益价值，指建筑产品通过一系列价值转换过程所得到的收益的价值。如第 3 章所述，建筑产品具有资本和资产功能，这一功能是通过在使用过程中产生的收益表现出来的。人们在取得建筑产品（建造、购置或租赁）之前，除了考虑它的使用功能之外，还有一个很重要的出发点是考虑能否收回用于该建筑产品投资并从中得到所期望的收益。

建筑产品在使用过程中的收益一般是按年计算。由于这些收益发生在不同年份，因而要采用现值法统一折算到取得建筑产品时的年份。这样，建筑产品的收益价值就可以表示为建筑产品各年度收益的现值之和。若以 V_r 表示建筑产品的收益价值，V_t 表示建筑产品第 t 年度的收益，i 表示利率，T_e 表示建筑产品的经济寿命，则建筑产品的收益价值可用下式表示：

$$V_r = \sum_{t=1}^{T_e} \frac{V_t}{(1+i)^t} \tag{5-4}$$

如果 V_t 和 t 之间具有可积分的函数关系，则式（5-4）可写成

$$V_r = \int_0^{T_e} \frac{V_t}{(1+i)^t} dt \tag{5-5}$$

例如，若不考虑资金的时间价值，当建筑产品的年度收益具有图 4-4 所示曲线特征时，则

$$V_r = \int_0^{T_e} V_t dt = \int_0^{T_e} [-at^2 - (b_1+b_2)t + (V-c_1-c_2)] dt$$
$$= -\frac{1}{3} a T_e^3 - \frac{1}{2}(b_1+b_2) T_e^2 + (V-c_1-c_2) T_e \tag{5-6}$$

如果建筑产品在经济寿命中各年度的收益能保持固定不变，即 $V_t = V$ 时，则式（5-4）的计算可变为如下简单的形式：

$$V_r = \frac{(1+i)^{T_e} - 1}{i(1+i)^{T_e}} V \tag{5-7}$$

以上都是针对新建建筑产品来计算收益价值。对已经使用若干年的建筑产品，也可以按同样的原理来求收益价值，这时所求得的收益价值从严格意义上来说是建筑产品的剩余收益价值，因而在计算时，对使用时间要相应地改用剩余寿命。若以 T_s 表示建筑产品的剩余寿命，n 表示取得建筑产品时它已经使用过的年数，则式（5-4）可改写成如下形式：

$$V_r = \sum_{t=1}^{T_e} \frac{V_t}{(1+i)^t} = \sum_{t=n+1}^{T_e} \frac{V_t}{(1+i)^{t-n}} \tag{5-8}$$

从式（5-8）可以看出，建筑产品收益价值的大小取决于它的剩余寿命、年度收益和利率。下面分别对这三个因素作些说明。

在计算建筑产品收益价值时，它的剩余寿命是按照经济寿命而不是按照技术寿命来

考虑的，这与投资者避免投资风险的要求相吻合。当不能确定其经济寿命长短时，一般可取平均技术寿命的 70%~90% 作为估计的经济寿命。显然，对于新建建筑产品，剩余寿命就是它的经济寿命。已经使用若干年的建筑产品，其剩余寿命应当符合某种分布函数，建筑产品已使用年数与剩余寿命的关系参见图 4-1。虽然图 4-1 是按技术寿命考虑的，但基本原理也适用于经济寿命。也就是说，建筑产品的现有年龄与剩余经济寿命之和不为常数。这一点在应用式（5-8）决定对 T_e 的取值时尤其要注意。

如前所述，年度收益为年度收入与年度使用费用之差额，反映了建筑产品取得者对其收益的期望。在计算建筑产品收益价值时，建筑产品年度收入和年度使用费用一般是参照同类建筑产品的历史数据和现实数据来估计。由于建筑产品的经济寿命相当长，这种估计值与将来实际发生值可能会有较大差异。这样，年度收益的可靠程度不是很高。从建筑产品取得者的角度出发，一般会估计得较为保守，但要注意避免估计得过于保守。否则，所求出的建筑产品的收益价值可能失去应有的客观性，从而对建筑产品所具有的收益价值产生错误的评价。

利率的高低主要是参照银行贷款利率，也可取自有资金平均盈利率或收益率。当不完全采用自有资本时，要考虑外来资本比例和提供条件，可将自有资本的利率取值与外来资本的利率相一致，也可分别确定自有资本和外来资本的利率，再根据二者比例取一个综合利率作为计算收益价值的依据。

另外，在计算建筑产品的收益价值时，没有考虑它的残值和拆除费用，或者说，是假定其残值和拆除费用相当。这既简化了计算，也与实际情况相差不大，因而是合理可行的。

按式（5-4）~式（5-8）计算的结果反映的是建筑产品本身所具有的收益价值，而不能反映取得相应建筑产品所需要支出的费用（投资），也不能反映二者的相对差额或比例。从投资者的角度出发，还需要了解其投资的效率。为此，必须确定取得建筑产品所支出的费用。这对新建建筑产品来说没有困难，通常取其建设费用，即工程造价加上设计费、监理费、业主管理费等。但是，对于已经使用若干年的建筑产品来说，就显得比较复杂，这涉及第 7 章将要阐述的建筑产品流通价格，这里不拟深入讨论。假定取得建筑产品的费用已经确定，就可以将投资作为负收益，按工程经济学中净现值法求出投资的净收益，按内部收益率法求出投资的收益率。

5.2 评价建筑产品价值的影响因素

以上分别对建筑产品的使用价值、交换价值和收益价值进行了分析。作为一种客观存在，建筑产品各种形态的价值表现出它内在的、不以人的意愿为转移的属性。作为相对于人而存在的客体，建筑产品各种形态价值量的高低总是通过人对它的评价而表现出来。在评价建筑产品价值时，往往要受到许多因素的影响，这些影响因素可归纳为主观因素、社会因素、地区因素、环境因素、市场因素和科技因素等六个方面，现分述如下：

1. 主观因素

主观因素包括价值观念、道德观念、消费能力、消费观念、消费心理等因素。既然人作为主体对作为客体的建筑产品进行评价，人的主观因素必然影响到评价结果。例如，人所处的社会阶层和消费能力不同，对建筑产品使用价值的追求就不同。大多数人满足于使用价值中的使用功能，少数人则看重建筑产品的形象功能；人的职业、思想境界、文化素养和习惯爱好等各不相同，所能接受的价值评价方法和标准就会有差异，评价建筑产品价值的出发点也就不同；即使在消费能力相同或基本相同的条件下，由于存在消费观念和消费心理的差异，对建筑产品价值的评价也会产生截然不同的结果。

由于人的主观因素相对来说是不稳定的，在很短的时间内也可能发生很大的变化，因而对建筑产品价值评价的影响不持久，这也使得对建筑产品价值的评价产生一定的不确定性。因此，在评价建筑产品价值时，要注意避免由于主观因素产生的差异性、不稳定性和不确定性，尽可能使评价结果客观、合理。

由于主观因素所存在的差异，同一使用价值的建筑产品会产生不同的效用。即使是同一种建筑产品，对于同一个人，也会因该建筑产品提供的时间和数量不同而发生变化。一个人消费同一建筑产品（例如住宅），消费后一单位建筑产品所产生的效用，总是比消费前一单位建筑产品所产生的效用来得少，这就是经济学所说的边际效用递减规律。之所以会产生边际效用递减，是因为人们对某一产品的消费欲望会随其不断被满足而递减。在现实社会中，一方面，由于消费能力限制，人们不可能在建筑产品的消费得到充分满足后才去消费其他产品；另一方面，由于生产能力的限制，社会不可能为每个人提供足够的、适合他们消费欲望的建筑产品。

在现有生产能力和消费能力的条件下取得最大总效用，是每一个经济系统都希望努力达到却又难以真正实现的目标。根据边际效用递减的基本原理，优先安排供给量与需求量差距较大的建筑产品的生产，应当是能够做到的。如果能确实做到这一点，就可以在对建筑产品总投入不变的前提下，提高建筑产品总的价值量，并产生良好的社会效用。在某种建筑产品供给量小于需求量的同时，往往存在其他建筑产品供大于求的现象。在增加供小于求的建筑产品的供给量时，虽然降低了该种建筑产品的效用，但同时将减少供大于求建筑产品的供给量，从而提高其效用，使得各类建筑产品的效用趋于平衡，实现总效用最大。

2. 社会因素

社会因素包括政治、经济、法律和文化等因素。一个国家的政治制度、经济制度、所有制形式、与建筑产品有关的税收制度和技术规范或条例、社会经济发展的状况和水平等，都直接影响到对建筑产品价值的评价。例如，在公有制条件下，尤其是当土地和建筑产品无偿使用或低价使用时，建筑产品的效用均较高，它的收益价值却显得很低；在社会经济状况不够稳定时，建筑产品的交换价值和收益价值一般都会提高；而当房产税、土地使用税（费）提高时，似乎直接导致降低建筑产品的收益价值，事实很可能恰恰相反。

社会因素对评价各类建筑产品的价值均有影响，其影响力比较持久。当社会因素发生变化后，原有的影响仍将在相当长的一段时间内起作用。在这种新、旧社会因素交替的时期内，由于各种社会因素同时存在多种状态，使得对建筑产品价值评价的影响复杂化，也直接影响到评价结果。另外，社会因素的各个方面是相互联系、相互影响的有机整体。如果仅仅其中某一方面发生重大变化，其他方面却基本维持原状，则对建筑产品价值的评价一般不会产生太大的影响。这意味着，如果想通过改变社会因素的现状来改变原来对建筑产品价值评价的方法和标准，必须对社会因素的各个方面进行综合考虑，才可能取得预期的效果。

3. 地区因素

地区因素是指由于建筑产品所处的地理位置不同而对其价值评价所产生的影响。"地区"这个概念范围很广，可指世界各国、各地区，也可指某确定的建筑区域（如住宅小区）内的具体位置。分析评价建筑产品价值的地区影响因素时，这里主要是从国家和城市两个方面来考虑，也可以包括大型城市的不同区域。

任何一个国家，都存在经济发达地区和经济不发达地区，都存在城市和农村之别。同一建筑产品在不同地区所表现出的交换价值和收益价值就有很大差异。例如，在偏僻的农村，一个使用功能良好、创造价值较高的建筑产品所产生的交换价值和收益价值很低，有时甚至可能无法实现其交换价值和收益价值；类似的建筑产品在城市尤其是大城市，其交换价值和收益价值则将成倍乃至成十倍、百倍地增长。

从一个城市来看，无论是自然形成还是通过城市规划有计划地建设，城市都是由许多不同的功能区域构成。建筑产品要适得其所，才能充分发挥它固有的功能并充分实现其价值。同一建筑产品在城市不同的功能区域所表现出的价值也不同。例如，在工业区建造住宅虽有便于职工上下班的优点，但仅限于对该工业区的职工有一定吸引力，总体上则价值较低；在繁华商业区建造住宅，虽可以提高住宅的交换价值和收益价值，却远不如建造商业建筑更合适；如果在生活区建造对环境有污染的工业建筑，则将大大降低生活区建筑的价值。

地区因素对建筑产品价值的影响是显而易见的。尽可能将建筑产品建造在能产生较大交换价值和收益价值的地区，符合一般的经济要求，是无可指责的，但要注意避免急功近利的思想和做法。就国家范围而言，片面追求建筑产品短期的交换价值和收益价值，有可能导致地区间经济不平衡的状况日益加剧。因此，不但要充分考虑建筑产品在不同地区所表现出的价值差异，还要从长远考虑和利用地区因素对建筑产品价值的影响。

4. 环境因素

环境因素是指建筑产品的外部环境，主要包括建筑产品周围的商业、文化、教育、医疗设施、公共交通和一般交通条件、绿化用地和休息场所等。

外部环境，是相对于作为评价对象的建筑产品而言。大多数"外部环境"本身也是建筑产品。"外部环境"对建筑产品价值的影响，实际上也可以看作是建筑产品之间的相互影响或相关作用。"外部环境"的条件如何，主要影响到建筑产品的交换价值和收益价值。在建筑产品本身使用功能和创造价值一定的前提下，改善其"外部环境"，将提高其交换价值和收益价值，提高的幅度在确定的时间内与"外部环境"改善的程度成正相关，但也存在与边际效用类似的递减规律。

与建筑产品"外部环境"有关的因素对评价建筑产品价值的影响是错综复杂的。在多种外部环境因素并存时，一般都表现为综合作用，很难逐一分解，也很难确立普遍认可的定量化评价标准。但是，只要能使每个建筑产品都具有必要的、尽可能好的"外部环境"，就可以在总投入不变的前提下，提高建筑产品总的价值量。

环境因素与地区因素既有区别又有联系，当"地区"所指的范围较小时，尤其要注意这二者之间的区别。这时的"地区因素"，可以认为是以"外部环境"既确定且相对稳定为前提，对特定的建筑产品的价值进行评价，它强调该建筑产品要与"外部环境"相适应，才能最大限度地体现其价值；而环境因素所考虑的"外部环境"则相对不稳定、不完善，尚处在不断开发的过程之中，它侧重于强调通过改善"外部环境"来提高已有建筑产品的价值。

5. 市场因素

这里所说的市场因素，主要是指资金市场和土地市场。

首先，在不完全以自有资金建造建筑产品时，资金市场首先影响到建筑产品的"创造价值"。即使完全使用自有资金，也要参照资金市场的利率来计算"创造价值"。其次，如前所述，在计算建筑产品收益价值时，资金市场的利率是起决定作用的参数之一。资金市场本身也受很多因素影响。就国内资金市场而言，利率的高低往往是多种因素的综合体现。

我国已废除了土地私有制，城市土地归国家所有，农村土地归集体所有，因而土地市场具有相应的特点。在土地公有制的条件下，在土地市场中实现的不是土地所有权的转移，而是土地使用权的转移。土地的使用权可以转让、继承、抵押，这样就出现了"地尽其用"，即最佳利用土地资源的问题。土地市场开放程度越高，对建筑产品价值影响越大、越深、越久。在经济快速发展时期，城市土地价值增长速度一般都高于建筑产品本身价值增长速度。在评价建筑产品时，应尽可能合理地将土地增值而产生的影响予以扣除。不同地区、城市、同一城市的不同区域，土地市场对建筑产品价值的影响甚为悬殊。只要认真研究，客观分析，是可以加以区分的。

资金市场和土地市场是两类性质不同的市场，各有其自身的运动规律。但是，对评价建筑产品价值的影响来说，二者具有一定的共性，主要表现在以下两方面：①都具有资源有限性，常常表现为需求大于供给，尤以土地市场为甚；②都可以进行定量计算，容易找出其变化规律。不过，土地价值计算的数学模型涉及有关的经济理论，观点不尽一致，也就显得更为复杂。

6. 科技因素

毋庸置疑，建筑领域科学技术的任何发展都会对建筑产品的价值产生影响，其中影响力较大的有以下四个方面：①新型建筑材料，包括结构材料、围护材料、装饰材料；②新的建筑设计、结构设计理论和新的结构形式；③新型施工机械和施工工艺；④科学地确定建筑产品技术寿命和经济寿命的理论和方法。

不同的科技因素，对建筑产品价值的影响作用也不同。有的可以改善建筑产品的使用功能，例如，保暖、隔热、隔声、采光、通风、内部空间的利用和灵活安排等，使建筑产品更适合人的使用要求，提高其使用价值；有的可以降低建造费用，或者加快施工进度，直接提高建筑产品的收益价值；有的可以提高结构耐久性，或者减缓建筑产品及其组成部分的老化过程，减少维修费用和其他使用费用，从而延长技术寿命和经济寿命，也就相应地提高了收益价值；有的则可以加深人们对建筑产品技术寿命和经济寿命的认识，更客观地反映它们的运动规律，使建筑产品价值计算的结果更为准确可靠。

同一科技因素对建筑产品价值的影响往往是多方面的。例如，某种新型建筑材料既改善了使用功能，又具有便于施工操作的优点，还可以减少维修费用；某种新的结构形式可能既提高了结构耐久性，又具有便于灵活安排内部空间的优点，而且可以降低建造费用，加快施工进度。这种多方面的影响反映了科技因素的综合作用，也反映了分析科技因素对评价建筑产品价值影响的复杂性。

不同科技因素，往往要相互结合才能实现对建筑产品价值的影响。例如，新结构常常需要采用新型高强和轻质材料才能变为现实；新材料、新结构可能需要研制开发新型建筑机械或施工工艺才能用于建造建筑产品；新的结构设计理论又常常与确定技术寿命和经济寿命理论和方法密切相关。不同科技因素之间的相互结合、相互作用在许多情况下又是互为条件、互为前提的。因此，在分析各种科技因素对评价建筑产品价值的影响时，要尽可能客观，不要片面强调或突出某种科技因素的影响。

以上分析可以看出，这六个方面的影响因素对建筑产品不同的价值形态所产生的影响不尽相同。例如，主观因素和社会因素是影响建筑产品形象功能的主要因素；环境因素主要影响交换价值和收益价值；科技因素这对使用价值、交换价值和收益价值都能产生影响；地区因素和市场因素主要影响建筑产品的交换价值和收益价值；社会因素虽然影响面最广，但对使用功能的影响却相对较小。明确对建筑产品某一价值形态进行评价时，为简单起见，可着重考虑与此价值形态密切有关的影响因素，对其他因素则不予考虑。评价建筑产品各种价值形态的主要影响因素汇总于表5-2。

评价建筑产品价值的影响因素　　　　　　　表 5-2

价值形态 影响因素	使用价值		交换价值	收益价值
	使用功能	形象功能		
主观因素	—	√	√	√
社会因素	—	√	√	√
地区因素	—	—	√	√
环境因素	—	—	√	√
市场因素	—	—	√	√
科技因素	√	√	√	√

以上分别对影响建筑产品价值评价的六个方面因素进行了分析，对各因素的主要影响作了归纳。有必要特别指出，这六个方面的影响因素不仅各含有多种因素，而且相互之间存在着交互作用，不能截然分开。例如，人的价值观念往往在相当程度上与社会政治制度和经济制度密切相关；社会经济发展状况决定了科技水平、市场条件、地区状况和消费能力；科技水平发展不仅会改变建筑产品的使用功能、技术寿命和经济寿命，而且可能逐步改变人的消费观念乃至价值观念。总之，这些影响因素总是综合发挥作用，难以区分主次，且大多难以进行定量分析。在评价建筑产品价值时，尤其是在对其进行定量分析时，对以上各方面因素进行客观分析（尽管是定性的），会使评价结果更为合理。

应当看到，这六个方面的影响因素本身也在发展变化。在一定时期内，各种影响因素发展变化速率不可能完全相同，也会影响到建筑产品价值的评价结果。例如，在一般情况下，科技因素的影响相对稳定，当科学技术或有关的理论研究取得突破性进展时，对建筑产品价值的评价就会产生重大影响。

5.3　建筑产品价值形态之间的关系

建筑产品的使用价值、交换价值和收益价值是三个相互区别而又相互联系的概念。分析建筑产品这三种价值形态之间的关系，有助于加深对它们的理解。

首先，建筑产品的使用价值是其交换价值和收益价值的物质承担者。如果某一建筑产品没有使用价值，就是无用之物。无用之物就根本不具有价值，严格地说，也就不能称其为建筑产品。尽管人们在生产建筑产品时花费了大量劳动，但这些劳动被白白浪费掉了，不能形成价值。其次，建筑产品的使用价值是实现其交换价值和收益价值的前提条件。对于期货生产的建筑产品来说，总是为满足某种特定需要而生产的，一般都能实现其交换价值和收益价值。但是，对于现货生产的建筑产品，如果它的使用价值不符合社会的需要，就不能实现其交换价值和收益价值，它的价值就不会被社会所承认；即使它的使用价值符合社会需要，但生产的数量超过了社会对它的需要量，多余部分的建筑产品就不能实现其交换价值和收益价值，也就"丧失了"其所具有的使用价值。

从另一角度来分析，建筑产品的交换价值在建筑产品三种价值形态中处于一种核心的地位。如前所述，建筑产品交换价值由社会必要劳动时间和效用两方面因素所决定。其中效用这一因素既能反映建筑产品的使用价值，也能反映建筑产品的收益价值。社会必要劳动时间这一因素则在一定程度上决定着建筑产品的使用价值和收益价值。如果某一建筑产品不具有交换价值，也就意味着它没有使用价值，也没有收益价值；如果某一建筑产品消耗了许多社会必要劳动时间，所具有的效用却很低，则意味着它所具有的使用价值要么不能全部实现，要么不符合社会的需要，很难实现其收益价值。这里，尤其要注意建筑产品交换价值和收益价值二者之间的区别：前者反映了建筑产品客观上具有的价值量，虽然也受主观因素影响，但客观性占主导地位，后者所反映的建筑产品的价值量，固然不能脱离客观实际，但却带有强烈的主观判断性（估计）；前者主要体现了建筑产品总体或某类建筑产品所具有的价值量，后者则体现的是具体的建筑产品所具有的价值量；前者是对建筑产品价值量的一种定性、抽象的描述，后者则是通过一系列参数对建筑产品的价值量进行具体的、实实在在的计算。

  从建筑产品所具有的资本和资产功能属性来看，正是由于建筑产品具有收益价值，才会产生对建筑产品的投资行为。建筑产品的收益价值是建筑产品投资者所追求的目标。建筑产品的收益价值不能脱离使用价值和交换价值而独立存在，在确立建筑产品收益价值目标时，必须同时确定与收益价值相适应的使用价值，并考虑交换价值中社会必要劳动时间和效用两个因素对收益价值的影响。对建筑产品的投资者来说，重要的是收益价值，也可包括交换价值；对建筑产品的使用者或消费者来说，重要的是使用价值。如果建筑产品没有收益价值，则建筑产品的投资者就不会投资；如果建筑产品没有使用价值，建筑产品的使用者或消费者就不会购买建筑产品，这样，建筑产品的投资者进行投资所期望得到的收益价值就无法实现。另外，对于建筑产品的生产者来说，主要考虑的是建筑产品的交换价值，而且主要考虑其中的社会必要劳动时间。

  从价值量大小来看，在一般情况下，建筑产品的三种价值形态往往表现出某种一致性。例如，以交换价值为出发点，如果某种建筑产品的交换价值较高，就意味着它具有较高的使用价值；其使用价值之所以较高，是因为凝聚在建筑产品中的社会必要劳动时间较多，并且充分体现在使用价值之中，意味着它具有较高的收益价值，其收益价值之所以较高，是因为它具有较高的效用，能够产生较高的年度收益，因为它投入了较多的社会必要劳动时间，技术寿命和经济寿命均较长。很难设想，某种交换价值很低的建筑产品会有很高的收益价值，如果某种建筑产品具有很高的交换价值，却只得到很低的收益价值，同样使人感到不可思议。再如，以使用价值为出发点，如果某建筑产品的使用价值较高，就意味着它有较高的交换价值，其交换价值之所以较高，除了是因为使用价值与社会必要劳动时间之间在正常情况下所存在的正相关性之外，更主要的是因为在建筑产品供给量一定的条件下，使用价值的提高总是促使建筑产品需要量的增加，从而提高建筑产品的效用，也意味着它可能具有较高的收益价值，其原因毋庸赘述。当然，建筑产品三种价值形态的价值量之间的这种一致性只是相对的，不是绝对的，更不存在某种比例关系。

建筑产品三种价值形态的价值量之间也可能出现不一致的情况。出现这种情况的主要原因，一是使用价值与社会需要不相适应，要么落后于社会需要的发展，要么高于当时社会普遍实际需要；二是所消费的社会必要劳动时间与所创造出的使用价值未同步增长，甚至出现社会必要劳动时间增加而使用价值却下降的不正常现象；三是建筑产品的供给量大于其需要量，导致其效用下降。以上几种情况，都将导致社会资源的极大浪费，应当尽力加以避免，也是能够避免的。

思考题

1. 建筑产品具有哪几种价值形态？其含义是什么？
2. 建筑产品的使用价值包括哪两方面功能？这二者之间有何联系？
3. 建筑产品的交换价值取决于什么因素？试对此进行分析。
4. 建筑产品的收益价值取决于什么因素？试对此进行分析。
5. 哪些因素会影响对建筑产品价值的评价？
6. 试述建筑产品三种价值形态之间的联系。

第6章 建筑产品的价格

广义的建筑产品价格涉及生产价格和流通价格两个价格范畴。生产价格，是指建造新建建筑产品的价格。流通价格，是指建成后乃至使用过的建筑产品在流通时所表现出来的价格。如果没有加以特别说明，建筑产品价格通常仅指生产价格而言，或者说狭义的建筑产品价格就是指生产价格。本章所阐述的建筑产品价格有关问题都是针对新建建筑产品而言，以下不再另作说明。

6.1 建筑产品的价格特点

由于建筑产品具有许多不同于一般工业产品的技术经济特点，不仅使建筑产品的生产具有相应的特点（第三篇将对此作深入阐述），也使建筑产品的价格在许多方面明显不同于一般工业产品的价格。建筑产品的价格特点主要表现在以下四个方面：

1. 分别计价

如第3章所述，一般工业产品都是按照同一种设计图纸、工艺方法和生产过程进行加工制造，一般都是进行批量生产。同一种产品的价格都是相同的，或者说是统一计价。在经济发展和物价水平相对稳定时期，某种产品价格可以在较长时期内保持不变。而建筑产品从总体上来看千差万别，在建筑、结构、构造、功能、规模和标准等方面都有所不同，不可能统一计价，必须根据每个建筑产品具体情况分别计价。即使对于可能采用标准（同一）设计图纸的住宅建筑来说，由于地基条件、现场位置和交通条件、施工期间的天气条件、安排的施工机械和人员、组织管理等方面存在的差异，也会使建筑产品的价格产生较大差异，需要分别计价。

另外，工业产品是以最终产品为对象进行统一计价，而建筑产品则不是以最终产品为对象直接计价。建筑产品之间的差异性，主要是从整体而言，即从最终产品的角度而言。如果将建筑产品分解到分部分项工程，不同建筑产品之间的差异性减少，共性增加，正是这种不同建筑产品构成要素的相似性，形成了建筑产品分别计价的基础。在对建筑产品分别计价时，不应片面强调、夸大其差异性和特殊性，应以分部分项工程为基础，进行认真、客观的分析，这样确定的建筑产品价格才可能是合理的。

建筑产品价格的这一特点也使其价格计算复杂化，这集中反映在成本计算方面。从某种意义上讲，建筑产品价格的计算主要是成本计算。为避免分别计价引起同类建筑产品价格的不合理差异和不可比性，需要对建筑产品的成本内容和计算方法作统一的规定。这种统一规定是以建筑产品成本构成要素的共性为前提的，仍然是一种原则性的规定，因而只能使建筑产品价格的计算纳入"有章可循"的轨道，而不可能改变建筑产品分别计价的特点，使其与工业产品一样统一计价。

2. 定价在先

工业产品的价格通常是在综合考虑产量、成本、利润水平、销售预测等因素的基础上，在产品生产出来后才确定的。实践中，存在着企业根据市场上已经形成的产品价格安排生产的情况，由于同一工业产品可以反复生产而显得似乎是先定价、后生产。实际上，对于任何一种新的工业产品来说，总是要先生产、后定价。即使对于投入市场已经很长时间的工业产品来说，企业仍然可以将自己生产出来的产品以高于或低于已经形成的价格在市场上出售，从而影响生产同一产品的企业对产品的定价。

对于期货生产的建筑产品来说，在没有开始生产之前就要先确定价格，即定价在先，生产在后。这一定价特点使得所确定的建筑产品价格带有很强的不可靠性和不确定性。首先是由于建筑产品所具有的多样性，在生产开始之前确定其价格难以充分考虑各种成本要素，难以充分考虑由于拟建建筑产品所具有的特点对其价格所产生的影响；其次，定价先于生产，难以充分考虑生产过程中各种与成本有关的因素，即使考虑得很全面、很周到，但实际发生的情况与预计的情况总不可能完全一致；再次，在生产之前所确定的价格只是对建筑产品价格的一种事先估计或期望，在很大程度上取决于定价人员的判断，带有一定的主观性，可能出现同一建筑产品由于定价人员不同而价格不同的情况。

生产之前所确定的建筑产品价格实际上只是一种暂定价格，实际价格要等建筑产品建成交付使用之后才能最终确定。在绝大多数情况下，建筑产品的实际价格总是与其暂定价格有所不同，有时甚至相差悬殊，一般实际价格总是高于暂定价格。但是，并不能因此而否定建筑产品定价先于生产的必要性，也不能因此而导致建筑产品定价的随意性。恰恰相反，这对建筑产品生产之前的定价提出了更高的要求，不仅要求定价人员具有认真负责的工作态度，而且要掌握技术、经济、经营管理等多方面的知识，从而提高建筑产品定价的客观性、科学性和准确性。

3. 供求双方直接定价

一般工业产品是由供给者决定产品的价格，而需求者则根据价格进行选择（当然，还要考虑产品质量、自己的消费能力等因素），对产品价格没有决定权。产品的价格与成本之差决定了产品利润的大小，而需求者对其所购买的产品的利润额究竟多高是根本不知道的。从这个意义上看，一般工业产品的价格和成本是相互分离的，独立发挥其作用。对需求者来说，起作用的只是产品价格；对供给者来说，在价格一定的前提下，起作用的是产品的成本。需要说明的是，需求者对产品价格并非没有作用，需求者对某一产品的需求程度往往影响到该产品供求关系的平衡，也就会对该产品的价格产生影响。但是，这是从需求者总体的角度分析的结果。个别需求者对产品价格没有影响，更没有决定权。

而建筑产品在生产之前定价时，并不是由供给者单独定价。通常，建筑产品的供给者根据需求者的要求对拟建建筑产品的生产成本进行估计并在此基础上附加一定的利润，向需求者提交一份该建筑产品价格的估算书。需求者通过对若干份估算书的分析、比较，从中选择一份他认为合理并可以接受的估算书，从而确定拟建建筑产品的暂定价格。从这个意义上讲，建筑产品的价格是由供求双方共同决定的，需求方在某种程度上对确定建筑产品的价格起着主导作用。

由于供给者所提出的建筑产品价格估算书列出了成本和利润，使需求者不仅了解了建筑产品的价格（尽管是暂定价格），而且也了解了相应的成本和利润，这是一般工业产品需求者所不可能了解的。但是，估算的成本和利润只是供给者的预期成本和利润，实际成本和利润要在建筑产品建成之后才能较精确地计算出来。需求者仍然不可能真正了解建筑产品的实际成本和利润，从这方面看，又与一般工业产品的需求者没有什么差别。在正常情况下，建筑产品实际成本和利润不会与估算书中的预期成本和利润有悬殊的差异。可以认为，建筑产品的需求者在选定建筑产品价格的同时，已经在一定程度上了解了它的成本和利润。

需要说明的是，在国际工程承包中最常采用的是单价合同。过去，供给者（承包商）通常仅在工程量清单中报出各分部分项工程的单价和总价，并不列出单价组成的各种费用比例。这使需求者（业主）无法了解其价格构成，难以判断其价格是否合理，尤其是在处理工程索赔（在国际工程承包中几乎是无法避免的）时，往往引起争议，对及时、合理地处理索赔造成一定困难。鉴于此，要求承包商在报价书首页列出报价汇总表，标明报价各个组成部分的比例和款额及报价的总款额，现已成为国际工程承包的通行做法。

由此看来，建筑产品的成本和价格对供求双方均起作用。对需求者来说，供给者所提出的价格只有在成本构成合理的前提下才是可能被接受的；对供给者来说，既要考虑提出的价格能被需求者接受，又要考虑确实能按预期成本建成建筑产品，获得一定利润。这意味着，建筑产品供求双方从总体上对建筑产品的价格均起作用，而且建筑产品供求双方的个体亦对其价格直接起作用。

建筑产品供求双方通常在产品生产之前按总价或单价来确定价格。当不能预先确定建筑产品总价或单价时，可由供求双方先确定计价方法。例如，规定直接费按实计算，明确间接费和利润计算方法（计算基数、费率等）。在这种情况下，建筑产品的成本和价格仍然对供求双方均起作用。

4. 差价形式不同

商品差价是指同一种商品由于流通环节、地区或季节不同以及质量差别形成的价格差额。一般工业产品，尤其是消费品，主要有购销差价、批零差价、地区差价、季节差价和质量差价等五种。购销差价是指同一种商品在同一市场、同一时间内购进价格和销售价格之间的差额；批零差价是指同一种商品在同一市场、同一时间内批发价格和零售价格之间的差额；地区差价是指同一种商品在同一时间、不同地区的收购价格（或销售价格）之间的差额；季节差价是指同一种商品在同一市场、不同季节的收购价格（或销售价格）之间的差额；质量差价是指同一种商品在同一市场、同一时间由于质量高低不同而产生的价格差额。

建筑产品也存在价格差异。建筑产品的差价是指设计图纸相同或基本相同的建筑产品由于某种原因而形成的价格差额。由于建筑产品所具有的多样性，很少有完全相同的建筑产品，因而建筑产品的差价常常不是用最终产品总价来反映，而是用单位价格来反映。由于建筑产品生产和流通所具有的特殊性，建筑产品的差价形式亦有所不同。一般来说，建筑产品没有购销差价和批零差价，从购销的角度来看，也没有季节差价。从生产的角度来看，由于建筑产品的生产周期均较长，同一地区的建筑产品由于生产季节不同对建筑产品价格的影响较小，可以不予考虑；不同地区由于气候条件不同生产条件也不同，会对建筑产品价格产生较大影响，但这已不属于季节因素。建筑产品的差价形式主要有地区差价、质量差价和工期差价。即使是相同的差价形式，建筑产品差价与一般商品差价相比较，也有所不同。

建筑产品的地区差价是指由于地区不同而客观存在的生产条件、生产要素的差异所导致的价格差异。例如，由于气候寒冷、实际工作时间和工效下降，需要采取特殊的防寒保暖措施，从而增加成本；或由于雨季长、降雨量大，或台风影响次数多，破坏严重，导致施工经常中断；或由于地方建筑材料缺乏、交通运输条件差，导致材料费用和运输费用增加等。由于我国不同地区的技术条件、经济条件、自然条件、资源条件等方面均有较大差异，因而建筑产品地区差价的幅度较大。导致建筑产品地区差价的各种因素是客观存在的，也是可以定量测算的。所以，建筑产品的地区差价在产品生产之前就可以确定。表 6-1 和表 6-2 所列分别为我国部分地区冬期施工和雨期施工所要增加的费用。

冬期施工增加费用　　　　表 6-1

平均气温	冬季天数/天	增加费用/%	代表地区
-1℃左右	70~80	0.40	郑州、洛阳、西安、青岛、济南
-4℃左右	96~131	0.73	北京、石家庄、太原、兰州、大连、邯郸、张掖
-7℃左右	131~151	1.26	沈阳、锦州、鞍山、大同、酒泉、承德
-10℃左右	151~168	1.94	长春、吉林、乌鲁木齐、通化、延吉、辽源
-14℃左右	178~183	2.63	哈尔滨、佳木斯、齐齐哈尔、牡丹江

雨期施工增加费用　　　　表 6-2

雨季月数/月	增加费用/%	代表地区
1~2	0.075	北京、天津、沈阳、兰州、大连、包头、宝鸡
2.5~3	0.13	郑州、洛阳、西安、抚顺、长春、哈尔滨、牡丹江
4.5~5	0.23	南京、上海、武汉、成都、广州、厦门、昆明
6	0.27	南昌、重庆、福州、南宁
7	0.32	长沙、株洲、湘潭

建筑产品的质量差价是指由于施工质量等级不同造成的价格差异。建筑产品价值巨大、使用寿命长，且关系到使用者的健康和安全，因而不允许出现不合格产品，凡是不合格的产品，都必须修补到合格后才能交付使用。我国自21世纪初以来对建筑产品取消了原来的优良等级，并严格了质量合格的标准，这只是从工程验收的角度所作出的规定，而建筑产品的实际质量还是有优良和一般合格之分。建造质量优良的建筑产品与一般合格品相比，首先对原材料、半成品的质量要求较高；其次，对所采用的技术人员、施工人员的技术熟练程度也有较高要求；再次，对管理人员的组织、协调、计划和控制的能力亦有较高要求。总之，质量优良的建筑产品所消耗的社会劳动量高于一般合格品，质量优良的建筑产品技术寿命和经济寿命一般都有所提高，其使用价值、交换价值和收益价值亦相应提高，其价格高于一般合格品是顺理成章的。与一般商品相比，建筑产品质量差价的幅度较小，这是因为提高建筑产品质量标准所增加的成本与一般合格品成本相比较小的缘故。就建筑产品本身而言，以使用功能作为评价使用价值主要指标的建筑产品，质量差价较小。建筑产品的质量差价可以在产品生产之前明确，也可以在产品建成之后确定。其关键，一是在于确定评价建筑产品质量的具体标准，二是在于确定质量差价的幅度，后者较难定量把握。

建筑产品工期差价是指建造工期的提前或推迟而形成的价格差异。工期提前或推迟是相对于正常生产条件下的工期而言。所谓正常工期，即在投入适当的机械和人力的情况下，通过科学的施工组织，从而使工效最高、成本最低的工期。仅就建筑产品的生产而言，应按正常工期组织施工。但是，有时需求者从建筑产品的收益价值出发希望缩短建造工期，或由于生产过程中发生意外情况而使工期延长。在绝大多数情况下，工期提前或推迟都会使建筑产品的成本增加，从而提高建筑产品的价格。要缩短工期，通常要增加机械和人员，增加工作日或延长工作时间（加班），一方面，降低了工效，另一方面，又增加了直接费。需要注意的是，缩短工期既可能降低间接费，也可能增加间接费，要具体情况具体分析，一般可认为间接费率有所降低。工期延长通常都将导致机械闲置或利用率降低，人员窝工，直接费和间接费均增加。由于不同地区的生产条件不同，正常工期也因地区而异，故建筑产品的工期差价总是在同一地区比较才有意义。建筑产品工期差价的幅度也较小，这一方面是由于缩短工期受到客观技术条件的制约，不可能无限制地缩短工期；另一方面是由于如果工期缩短到不合理的程度，将会使增加的成本超过因缩短工期所得到的收益。

6.2 建筑产品的价格形式

价格形式，是指由于制定价格的方式或条件不同而形成的不同价格类型。不同的价格形式，既相互区别、独立地发挥其作用，又相互联系，有时还相互影响、相互制约，客观上构成了一个价格体系。建筑产品的价格形式与一般工业产品相比也有所不同，即使是同一种价格形式，其具体的表现形式也总是与建筑产品的特点相适应，不同于工业产品的价格形式。

建筑产品的价格形式有理论价格、计划价格、浮动价格、自由价格、通用价格和成本价格等六种。下面就对建筑产品的这六种价格形式逐一加以阐述：

1. 理论价格

理论价格是以社会（部门）必要劳动时间和社会平均利润为基础的产品价格。建筑产品的理论价格由部门平均成本和按社会平均利润率计算的利润两部分构成，未包括税金。税金往往是作为国家调节、控制价格的一种重要手段，不同产品价格中，税金所占比例差异较大。如果考虑税金，将使理论价格测算复杂化。但是，不同产品价格中的税金又有相同或基本相同的部分。这部分税金，可以考虑作为理论价格的构成部分。

理论价格是以价格与创造价值相一致的要求为出发点，不考虑由于国家与价格有关的政策和供求因素所引起的价格同创造价值的背离。因而，理论价格并不是实际执行的价格，从某种意义上讲，只是一种定价原则。确定建筑产品的理论价格，可以较客观地反映建筑业在国民经济中的地位和作用，可以正确确定建筑产品与其他产品的比价，使不同部门、企业之间真正实现等价交换，从而为正确评价建筑企业的经济效益提供合理的基础。建筑产品的理论价格虽然不是实际执行价格，但它对于制定计划价格有重要的指导意义。

有必要指出，提出理论价格是由于客观上存在包括建筑产品在内的商品比价不合理现象，商品价格"既不反映价值，又不反映供求关系"，不能发挥价格应有的作用。因此，建筑产品的理论价格不可能孤立的存在，必须对包括建筑产品在内的所有商品的价格进行统一测算后才能确定。由于各种商品生产成本千差万别，商品之间又存在互为原料的技术经济联系，因而各种商品价格之间存在着极为复杂的关系。一种或一批商品价格变化，必然引起一系列的商品价格发生连锁反应。这就需要采用类似投入产出法那样的数学模型，综合反映商品价格之间的相互联系和相互影响。为此，必须确定所需基础数据、数据的采集和预处理方法、选用的利润率形式等，要作一些基本的假定。

虽然测算建筑产品理论价格与测算其他商品理论价格的方法和要求一致，但由于建筑产品所具有的技术经济特点，使得其在生产和核算上也有不同于其他商品的特点。为了适应全面测算理论价格对财务成本数据的统一要求，需要对建筑业提供建筑产品生产周期的方法作一些调整，对财务成本数据作一些转换或分摊处理。

例如，由于建筑产品生产周期长，多数产品要跨年度、有时要跨若干个年度才能完成，消耗的材料品种多、数量大，一些露天堆放的地方材料（如砖、瓦、灰、砂、石等），很难在年末盘点清楚，所以，建筑产品不容易做到按会计年度提出确定的产品数量，也难以提供相应财务成本数据资料。鉴于此，建筑产品可以各类竣工单位工程的人工、机械台班、材料、费用等消耗数量及相应的价格为基础提供成本数据。至于竣工的单位工程所占资金或其他财务资料，都按竣工单位工程工作量占当年建筑企业全部竣工工程工作量的比例计算。这种方法基本上与其他商品按企业一个会计年度内生产的全部产品所发生的财务成本提供数据的方法相适应。

又如，为了克服由于建筑产品用途、结构体系、标准和建筑地区等方面不同所引起的物化劳动消耗和活劳消耗间的差异，避免因此而影响建筑产品理论价格测算的准确性，可以按地区、按建筑产品类型及其结构体系和标准等指标分门别类地采集有关成本、价格资料以及相应的企业年度财务成本资料。这样做，实际上是把建筑产品分成若干大类和小类，能反映建筑产品多样性的特点。

2. 计划价格

计划价格是由国家统一制定的价格。国家可以利用价值规律和供求规律使价格背离创造价值，达到兼顾国家、集体和个人三方面的利益。这并不意味着国家有无限权力任意规定某种商品价格。国家权力只有在符合客观经济规律的时候才能充分发挥效力，因为国家权力最终要受经济条件限制。国家在制定价格时，一般要使各商品价格大体上符合其创造价值或相应的转化形态，同时适当考虑国家的经济政策，在可能的条件下，要考虑供求关系。

我国建筑产品的计划价格是以建筑安装工程概算或预算定额为基础制定的建筑产品价格。建筑安装工程概算或预算定额是确定一定计量单位的分项工程或结构构件的人工、材料、机械台班消耗量以及各种间接费、利润等取费标准，是由国家和地方政府（通常是授权有关机构）统一编制并经过审批颁发的。为了简化建筑产品价格的计算方法，加强对建筑产品价格的控制和管理，自 20 世纪 80 年代初以来，先后出现了概算包干、施工图预算加系数包干、平方米造价包干、小区综合造价包干、新增单位生产能力造价包干等多种定价形式。这些定价形式的基础仍然是概算或预算定额，可以说是由原来施工图预算加签证定价方式派生发展而来的，仍然属于计划价格的范畴。

我国建筑产品计划价格的一个显著特点是利润水平远远低于一般工业产品。我国建筑产品计划价格中的利润水平经历了以下四次变化：1958 年以前，法定利润为预算成本的 2.5%；1959~1979 年，法定利润被取消；1980 年，恢复 2.5% 的法定利润；1988 年开始改为 7% 的计划利润，同时取消原有的 3% 的技术装备费。总的来看，建筑产品计划价格长期处于低利或无利水平。对建筑产品采取这样的价格政策并无令人信服的经济依据，利润水平的确定也带有很大的随意性。主要原因在于我国长期否认建筑产品是商品，否认建筑业是物质生产部门，认为压低建筑产品价格有利于保证固定资产投资规模。这种理论的谬误不言自明。在固定资产投资以国家预算内计划投资为主的历史条件下已经暴露出许多问题。在投资主体多元化的新形势下，仅从对国家财政收入的影响来看，对建筑产品采取无利或微利价格政策所造成的财政收入损失额将超过由此给作为财政支出的固定资产投资所带来的节约额。

建筑产品的计划价格总与指令性生产计划（表现为固定资产投资计划）和行政手段分配生产任务的计划管理方式相联系。建筑产品的计划价格作为实际执行价格，既可以用于暂定价格，也可以用于实际价格（即结算价格）。在实际执行过程中，可能出现的主要问题表现在以下两个方面：

（1）在采用行政手段分配生产任务的条件下，虽然先进企业能够以低于社会必要劳动时间的消耗量建成建筑产品，从而获得较高利润，但由于采用计划价格，企业不会主动提出降低价格；而落后企业付出的消耗量高于社会必要劳动时间，不能够以收抵支，由于采用的计划价格既可以作为暂定价格，也可以作为结算价格，就为企业要求提高结算价格提供了极大的便利。这样一来，建筑产品价格就出现了预算超概算、结算超预算的现象，且有越来越严重的趋势。建筑产品计划价格最终就可能变成实报实销价格，失去了计划价格所应有的计划指导作用。

（2）从作为制定建筑产品计划价格依据的定额来看，可以认为它反映的是一定技术和经济条件下为生产建筑产品所要消耗的社会必要劳动量。但是，编制定额时，考虑的是正常的施工条件和综合后抽象化的建筑产品，以此来确定具体的建筑产品价格，不适应建筑产品多样化的特点，不能反映产品固定性所引起生产条件的差异。由于定额编制和实施的周期较长，一般少则五六年、多则十年以上，在实际执行过程中，不能反映经济条件的变化。例如，由于通货膨胀引起的人工费和材料费上涨，因为无法在定额中反映，从而会使建筑产品价格失实。这种情况虽然可以采取由政府公布调整系数的办法来解决，但由于制约因素很多，既不可能及时，又难以准确。现代社会技术发展日新月异，以定额为依据确定的建筑产品价格，不能及时反映技术进步对价格的作用。建筑领域的新技术和新工艺常常在出现多年、甚至已经较广泛应用之后，在定额中仍然是"缺项"。有些定额中，原有的项目由于新机械、新技术和新工艺的出现而降低劳动消耗量的情况也不能及时得到反映。这些情况只有采用修订或重新编制定额的办法才能解决，也只不过是暂时解决。由于修订或编制定额需要投入相当多的人力，需要一定的时间，还要有一段相对稳定的实施期，因此，定额总是滞后于社会技术和经济的发展，不能及时、灵敏地反映由于技术和经济条件变化对建筑产品价格所产生的影响，使得建筑产品的计划价格虽然派生出许多新的形式，却依然不能去除其根本的缺陷。

3. 浮动价格

浮动价格是由国家规定基价（亦称中准价）和浮动幅度，允许企业根据市场供求情况和本企业实际情况，在规定的幅度内浮动的价格。浮动价格有三种形式。第一种形式，以国家规定的价格为最高限，允许向下浮动。这种价格形式，使消费者的利益受到保护，一般运用于成本降低潜力较大的产品。采用这种价格形式，可以促进企业之间的竞争，对推广新技术、改善经营管理、降低产品成本有好处。第二种形式，以国家规定的价格为下限，允许向上浮动。这种价格形式能够保障生产者的物化劳动和活劳动消耗得到补偿，使生产者取得合理的利润。这种价格形式一般适用于国家重点发展的产品、新开发的产品。第三种形式，以国家规定的价格为中准价，允许在中准价上下一定范围内浮动。这种价格形式兼顾了生产者、销售者、消费者三方面经济利益，一般适用于花色品种较多、消费弹性较大的产品。

我国建筑产品的浮动价格采用上述第三种形式，浮动幅度由地方政府决定。对建筑产品采用浮动价格是在理论上肯定社会主义经济是公有制基础上有计划的商品经济之后才出现的。之所以采用在中准价上下一定界限内浮动的价格形式，出发点在于以上限保护建筑产品需求者的利益，以下限保护建筑产品生产者的利益。建筑产品的浮动价格既具有灵活性，又具有稳定性；既体现了国家计划对于价格形成的指导作用，又反映了价值规律对于市场价格的指导作用。

建筑产品的浮动价格虽然具有一定的灵活性，但它毕竟不同于完全受市场调节的自由价格，要受国家计划的指导和制约。建筑产品的浮动价格是在中准价上、下限界内浮动，而中准价则是以国家规定的概算或预算定额、材料单位估价表和各种取费标准为基础制定的。也就是说，中准价就是计划价格。所以，建筑产品的浮动价格不能脱离计划价格，必须围绕计划价格进行浮动。从建筑产品浮动价格的实现来看，在相当程度上受到国家计划的制约。因为我国固定资产投资规模和投资方向是由国家计划控制的，建筑产品总造价是由国家批准的投资概算或预算框定的。在采用投资包干制的条件下，建设单位只能在包干总额内发包工程。所以，建筑产品价格浮动的上限往往直接由国家计划所限制，也往往导致建筑产品价格实际上是单向向下浮动，至少是向上浮动少，幅度小；向下浮动多，幅度大。可以看出，国家计划对建筑产品浮动价格起着决定性的作用。因此，建筑产品的浮动价格实质上仍然是一种计划价格。相对于固定计划价格来说，建筑产品浮动价格具有一定的灵活性，是一种浮动计划价格。

建筑产品采用浮动价格有助于改变投资预算和建筑产品价格混为一谈的管理制度。长期以来，我国一直将建筑安装工程概算和预算作为确定计划投资额、工程造价和办理工程价款结算的依据，使建筑产品无法形成自己独立的价格体系。所谓建筑产品的计划价格，只是投资概算和预算的别名而已。建筑产品采用浮动价格有利于在建筑领域内引入竞争机制，促进企业扬长避短，努力降低成本，提高经济效益，扩大先进企业的市场占有额，缩小落后企业的市场占有额，乃至淘汰少数极落后的企业，从而降低社会必要劳动时间，提高建筑业全行业的劳动生产率水平。建筑产品采用浮动价格虽然仍然受到国家计划的制约，但毕竟使企业在一定范围内有了定价权，使企业通过竞争实践不断修正定价的基础数据，逐步形成和建立企业内部"定额"，为企业对建筑产品自主定价创造了条件，使建筑产品价格真正独立于投资预算成为可能。因此，建筑产品的浮动价格是计划价格与自由价格相衔接的一种重要价格形式，它在我国改革开放初期至20世纪末起到了十分重要的作用，自21世纪初之后应用逐渐减少。

4. 自由价格

自由价格是企业根据市场供求情况和本企业实际情况确定的价格。自由价格是最适应市场经济本性的价格形式。它随着市场供求关系的变化而变化，不受国家计划制约，能够灵敏地反映市场信息。自由价格总是在竞争中形成的，从一个侧面反映了企业竞争能力的差异。在市场经济的条件下，不存在国家制定的计划价格和规定的浮动价格，自由价格亦称为竞争价格或市场价格。

建筑产品的自由价格不是绝对自由的，它是以企业的个别劳动消耗时间作为最基本依据而制定的价格。从综合生产能力来看，不同企业的个别劳动消耗时间虽然存在差异，但相对较小；如果从具体的建筑产品对象来看，不同企业的个别劳动消耗时间差异较大，这种差异的幅度完全可能超过浮动价格所规定的浮动幅度。因此，对建筑产品采用自由价格有利于充分发挥各企业的特长和优势，有利于引导企业通过降低个别劳动消耗时间来提高自身的竞争能力，既降低社会必要劳动时间，又降低建筑产品的价格。

确定建筑产品自由价格的另一个重要因素是市场的供求状况。由于建筑产品的生产以期货生产为主，建筑市场的供求状况不是以建筑产品直接反映的，而是以建筑生产能力相对于需求方的多寡来反映的。当建筑生产能力供不应求时，建筑产品的自由价格会出现上扬态势；当建筑生产能力供过于求时，建筑产品的自由价格将趋于下跌。这表明，建筑产品的自由价格与交换价值是基本一致的，但自由价格并不是交换价值的转化形态。因为自由价格的定价基础是企业的个别劳动消耗时间，是针对具体的建筑产品而言的；而交换价值则是以社会必要劳动时间为基础，是针对某类建筑产品乃至建筑产品总体而言的。当市场机制充分起作用时，如果建筑产品自由价格上扬，意味着企业能获得高于社会平均水平的利润，就会吸引社会其他部门的资金和力量流向建筑业，使原来供不应求的状况趋于供求平衡；反之，如果建筑产品自由价格下跌，意味着企业获得的利润低于社会平均水平，就会使过剩的资金和力量流出建筑业，使原来供过于求的状况趋向供求平衡。只有当市场供求状况达到平衡时，才能使供求双方在比较平衡合理的价格基础上进行交换。这时，建筑产品自由价格主要是以企业个别劳动消耗时间为依据，使其趋近于理论价格。当然，不能因此而将建筑产品供求平衡时的自由价格与理论价格混淆起来，二者之间的区别，读者应当能自行分析。

建筑产品采用自由价格的必要前提是建筑企业有自己内部的消耗定额或经验数据。唯其如此，才能真正体现企业当时以具体建筑产品为对象的个别劳动消耗水平，才能及时反映建筑领域和相关领域新技术、新工艺、新材料的发展情况，才能灵敏地反映社会经济条件和对建筑产品需求情况的变化，并及时、准确地反映这些因素对建筑产品价格的作用。这样，建筑产品的价格就能完全独立于投资预算，充分发挥价格作为一种经济杠杆对国民经济的宏观活动和微观活动的调节作用。这种作用的一个重要方面是为国家编制固定资产投资计划提供可靠依据，使建筑产品的投资预算更切合实际。

在由计划经济向社会主义市场经济过渡阶段，建筑产品的自由价格与计划价格可同时存在。建筑产品自由价格的出现和存在，对及时修正计划价格有着积极作用，可以减少和避免因采用计划价格使建筑产品价格严重失实的情况，最终可使计划价格趋近于理论价格。建筑产品的自由价格究竟能否起到上述作用或上述作用究竟能发挥到什么程度，取决于这种价格形式在建筑产品价格体系中占有多大的比重。在采用建筑产品自由价格的初期阶段，一般只能用于面广量大的普通民用建筑产品，对于关系国计民生的重大建筑产品和较重要的工业与民用建筑产品，则可能基本采用计划价格形式（包括浮动价格）。这一阶段，建筑产品自由价格的作用较小，对计划价格所起的作用只是借鉴或参考。随着自由价格应用范围的不断扩大，计划价格的应用范围必然相应缩小，计划价格的作用亦相应淡化，最终有可能变为指导价格而不再作为实施价格。

建筑产品自由价格这种作用的发展过程，一方面取决于社会主义市场经济体制自我完善的进程，另一方面也取决于自由价格本身的合理化，需要较长的时间。在建筑产品自由价格出现的早期，它的价格构成、定价方式甚至价格水平等方面都不可避免地带有计划价格的痕迹，反映出计划价格在建筑产品价格体系中的主导作用和深刻影响，使建筑产品的自由价格显得名不符实，不能发挥其应有的作用；或者暴露出一些缺点，显得不合理，不能被社会所承认和接受。因此，在应用建筑产品自由价格的早期阶段，一定要慎重行事，不能超越当时的社会经济体制大环境的特定条件，尤其在价格水平上，不能片面强调社会平均利润水平，而应考虑部门平均利润水平。这样有利于建筑产品自由价格的存在和发展，逐步显示、发挥和扩大它的作用。随着我国社会主义市场经济体系的建立和完善，建筑产品的自由价格将逐渐占据主导地位。

5. 通用价格

通用价格是建筑产品价格的一种特殊形式。它不是由供求双方直接定价，而是由作为供方的建筑企业在不考虑产品特定需求者的情况下对其生产的建筑产品按价目表形式所确定的价格，按德文直译，即为价目表价格。虽然需求者作为个体对建筑产品的通用价格基本上没有影响，但从需求者总体来看，对通用价格的影响却是至关重要的。

建筑产品的通用价格可以按最终产品来确定，也可以按中间产品来确定，可用于现货生产的建筑产品，也可用于期货生产的建筑产品。现货生产的建筑产品，一般是需求量较大、适用性和通用性较强的建筑产品，如住宅、通用厂房、办公楼、标准游泳池等。对这类建筑产品，可采用通用价格以整个建筑产品为对象按总价出售；也可以以部分建筑产品为对象，如一个楼层、一个房间等，按合价或单价出售。如果期货生产的建筑产品采用通用价格，一般也要求是较为通用的工业与民用建筑产品。在这种情况下，大多以单价为基础确定最终产品总价。如果规模、标准和功能等指标与建筑企业所能提供的现货生产建筑产品相接近，亦可参照其销售价格确定现货生产建筑产品的价格（总价）。就确定建筑产品的通用价格而言，所谓中间产品，是指建筑产品的分部分项工程，而且大多是指分项工程，例如装一扇门、贴一个房间的墙纸、铺一平方米木地板等。之所以按分项工程而不按整个建筑产品确定价格，其原因一是有关建筑企业规模小，不具备生产完整建筑产品的能力，但具有专业优势；二是需求者在建筑产品使用过程中产生的特定需要，如维修、翻新等。

对建筑产品采用通用价格，使得建筑产品的定价方式与一般商品的定价方式基本接近，甚至完全相同。这样，需求者就不必再了解建筑产品成本和价格的构成，也不必了解生产者获得利润的水平，对其起作用的仅是建筑产品的价格。这有助于改变把建筑业看成单纯提供劳务的部门的观念，也有利于在建筑市场中确立供求双方的平等地位。采用通用价格，大大简化了建筑产品的定价和结算方式，对供求双方均有利，更有利于国家对建筑产品价格的管理，充分发挥价格的经济杠杆作用。容易理解，通用价格主要适用于现货生产的建筑产品。这意味着，生产者从被动地适应需求者需要的状态改变为主动地适应需求者的需要，而且可以通过不断开发新产品引导需求者对建筑产品的消费。为此，需要现货生产的建筑产品朝多样化、多层次方向发展，以满足不同需求者的需要。

通用价格与自由价格的定价基础虽有相似之处，但亦有明显的区别。自由价格以具体的单个建筑产品为出发点，通用价格则主要以企业生产为出发点；自由价格着眼于企业的近期利益，而通用价格则着眼于企业的中长期利益，能体现企业的经营策略和发展战略。采用自由价格时，表现为供求双方直接定价，需求者了解建筑产品的成本和价格构成以及相应的利润水平。采用通用价格时，建筑企业在确定产品价格时并不受具体需求者的影响，由供方直接定价。

建筑产品采用通用价格需要具备一定的前提条件。其一，通用价格中的利润水平要合理，不能太低。在采用通用价格时，建筑产品的价格不再是暂定价格，对于现货生产的建筑产品是销售价格，对于期货生产的建筑产品是实际价格。这意味着，定价方式是按照常规生产条件来确定产品的成本和价格，不再考虑由于建造时间、地点不同（在同一地区内）使建筑产品生产成本不同的影响。因此，如果没有合理的利润水平，当生产条件劣于常规生产条件时，增加的生产成本就无法得到补偿，建筑企业就不具有承担这种风险的能力，也就不会按照低利水平的通用价格生产建筑产品。其二，建筑企业要具有一定的经济实力。在采用通用价格时，尤其是对于现货生产的建筑产品来说，其生产资金完全是由生产者先投入（当然可以采取多种筹措资金的措施），产品出售以后再将销售收入转化为生产资金。建筑产品价值巨大，占用的生产资金数量大、时间长，如果建筑企业没有足够的经济实力，就无法按通用价格先生产再出售建筑产品，就不可能形成批量生产或系列生产的能力，不能取得规模生产的经济效益，使通用价格更具吸引力和竞争力，也就没有能力自主开发新产品，开拓新的市场。总之，不具备以上条件，建筑产品就难以采用通用价格，即使采用，应用范围也很局限，难以扩大。

从世界各国建筑产品的发展情况看，现货生产的建筑产品所占的比例还很小，但呈缓慢增加的趋势。有理由认为，建筑产品的通用价格会逐步扩大应用范围，被越来越多的建筑产品生产者和需求者所接受。但是，由于建筑产品所具有的特点，通用价格只能运用于中小型常规建筑产品，不可能取代其他价格形式。不过，作为一种特殊价格形式，通用价格在建筑产品价格体系中有着不容忽视的作用。

6. 成本价格

必须说明，成本价格不是数值等于成本的价格，而是指成本基本按实计算，适当考虑管理费和利润水平的一种计价方式，按德文直译，为成本价格，按英文译为成本加酬金计价方式。其中，"成本"并不是严格意义的成本，"酬金"不能理解为利润。成本价格的一种特殊形式是计日（或计时）工资价格。这种价格形式一般只能用于以人工费为主的某些工作，如清理场地、实物工程量难以计量的零星工作，或拆除、维修等工作，这些工作都不是以完整的新建建筑产品为对象，在此不予深入讨论。以下所阐述的成本价格有关问题都是以整个建筑产品或部分建筑产品为对象。

成本价格有多种表现形式，其最基本的计价方式为：凡有确切证据或凭据证明确实是在某个建筑产品上发生的费用作为"成本"（一般为直接费和现场管理费）按实计算，其他费用（一般为企业管理费和利润）作为"酬金"按"成本"的一定比例计算，比例由供求双方商定。从成本价格计价方式看，似乎不符合建筑产品价格定价在先的特点。但如果从先确定定价原则和方法的角度来理解定价在先的话，也还是符合的。与前述几种价格形式相比较，成本价格难以引入竞争机制，对建筑产品的需求者不利，对生产者有利。这种价格形式的定价基础往往没有社会必要劳动时间作为参照，很难判别个别劳动消耗水平的高低。在实际应用中，成本价格对产品的生产成本没有限制。生产者不会主动、有效地控制成本、降低成本，容易导致建筑产品价格的提高。

尽管成本价格有明显缺点，但作为建筑产品价格的一种形式，仍有存在的必要。不难理解，采用前述几种价格形式，需要具备一定的条件，如设计达到一定深度、工程范围明确、工程量准确、施工方案和技术措施已选定、各种费用能够较准确地估算，等等。但是，有时在确定建筑产品价格时并不具备以上这些条件，或者说，无法在产品生产之前确定建筑产品价格，充其量只能确定计价原则和方式，这时就需要采用成本价格。有两种特殊情况需要考虑采用成本价格：一是采用新结构、新工艺的建筑产品，尤其是首次采用或刚开始应用的结构和工艺，没有先例可参照，无法较准确地估计生产成本。例如，澳大利亚悉尼歌剧院的薄壳结构和德国慕尼黑奥林匹克体育场的膜结构就是这种情况最典型的实例。二是在设计图纸深度不够甚至尚没有设计图纸的条件下急于开工的建筑产品。对于第一种情况，成本价格形式可限制在整个建筑产品中与新结构、新工艺直接有关和有密切联系的部位，即整个建筑产品采用不同的价格形式，已决定采用成本价格的部位和方法是不可更改的；对于第二种情况，成本价格形式可限制在早期工作，在施工过程中，随着设计的不断深化，逐步以其他价格形式替代，成本价格形式的应用范围在产品生产之前未必完全明确。

由于成本价格难以实现通过降低个别劳动消耗来降低建筑产品价格这一目标，因此，从建筑产品价格管理的要求出发，要限制成本价格的应用范围，对成本项目的划分及计算方式和格式可以加以统一规定，利润水平一般要从严掌握。在确定成本价格计价原则和方法之前，要尽可能引导企业之间展开竞争。在已经采用成本价格的情况下，要尽可能创造条件，尽早地改用其他价格形式或缩小成本价格形式在整个建筑产品价格中所占的比例。

6.3 建筑产品的价格构成

建筑产品的价格构成,指形成价格的各个要素(即生产成本、销售费用、利润和税金)在价格中的组成情况。建筑产品的销售费用在价格中所占比例很小,通常并不单独列出,而是将其并入生产成本,统称成本。这样,建筑产品的价格就由成本、利润和税金构成。对照马克思的价格形成理论,$C+V$ 构成成本,m 构成利润和税金。从建筑产品价格的基本构成来看,与一般商品无差别。但是,从建筑产品价格构成的具体要素来看,却有其自身的特点,需要逐一进行分析。

6.3.1 建筑产品成本

建筑产品成本是建筑企业用于生产和销售产品的各项费用总和。建筑产品在生产过程中所发生的费用名目繁多,并受许多因素影响。例如,劳动生产率的高低、原材料消耗程度、机械设备利用程度、施工组织和管理水平等。另外,一个建筑企业往往同时生产若干不同建筑产品,许多费用很难精确地计算到具体的建筑产品上。另一方面,建筑产品的各项成本都有确定的经济内容,存在客观的内在联系,有可能将成本中的各项费用进行适当的分类,测算出成本中主要费用之间的比例关系。这对于正确分析建筑产品成本和合理确定建筑产品价格都有十分重要的意义。

1. 按费用计入成本的方法划分

按费用计入成本的方法划分,在国际上将建筑产品的成本分为直接费、现场(工地)管理费和企业(总部)管理费;按我国建设部和财政部 2003 年联合发布的 206 号文件规定,将建筑产品的成本分为直接费和间接费。所谓直接费,是指在产品生产过程中直接耗用的、能够直接计入成本对象的费用。所谓间接费,是指企业在组织生产活动和经营管理方面所发生的费用,这些费用无法直接计入某一产品,必须按一定标准在若干产品之间进行分配。

(1)直接费

直接费由直接工程费和措施费组成。

直接工程费是指施工过程耗费的构成工程实体的各项费用,包括人工费、材料费和施工机械使用费。

人工费是指直接从事建筑安装工程施工的生产工人开支的各项费用,包括基本工资、工资性补贴、生产工人辅助工资、职工福利费和生产工人劳动保护费。

材料费是指施工过程中耗用的构成工程实体的原材料、辅助材料、构配件、零件和半成品的费用,包括材料原价(或供应价格)、材料运杂费、运输损耗费、采购及保管费、检验试验费等。

施工机械使用费是指使用施工机械作业所发生的机械使用费及机械安拆费和场外运费,包括折旧费、大修理费、经常修理费、安拆费及场外运费、人工费、燃料动力费、养路费及车船使用税（含保险费和年检费）等。

措施费是指为完成工程项目施工，发生于该工程施工前和施工过程中非工程实体项目的费用，包括环境保护费、文明施工费、安全施工费、临时设施费、二次搬运费、大型机械设备进出场及安拆费、混凝土和钢筋混凝土模板及支架费、脚手架费、已完工程及设备保护费、施工排水、降水费等。

（2）间接费

间接费由规费和企业管理费组成。

规费是指政府和有关权力部门规定必须缴纳的费用，包括工程排污费、工程定额测定费、社会保障费（即养老保险费、失业保险费和医疗保险费）、住房公积金、危险作业意外伤害保险费。

企业管理费是指建筑安装企业组织施工生产和经营管理需发生的费用，包括管理人员工资、办公费、差旅交通费、固定资产使用费、工具用具使用费、劳动保险费、工会经费、职工教育经费、财产保险费、财务费、税金和其他费用。

财务费用是指建筑企业为筹集资金而发生的各项费用，包括企业经营期间发生的短期贷款利息支出、汇兑损失、金融机构手续费等。

税金是指企业按规定缴纳的房产税、车船使用税、土地使用税、印花税等。

其他费用包括技术转让费、技术开发费、业务招待费、绿化费、广告费、公证费、法律顾问费、审计费、咨询费等。

间接费由于无法直接计入具体的建筑产品，因而通常是按直接费的一定比例分别计入各个建筑产品。由于间接费与直接费的比值实际上是因建筑产品而异的，例如，技术复杂程度、施工进度快慢等都对间接费比例的高低有很大影响，统一按固定的费率计算间接费就不能合理地确定建筑产品价格。另外，不同建筑产品直接费的构成往往有很大差异，例如，机械使用费增加使人工费相应降低，材料费中预制构配件费用增加使一般材料费降低，等等。直接费构成比例的变化反映了建筑产品施工工艺的差异，必然导致间接费比例的变化，固定的间接费率显然不能适应这种差异和变化。

因此，从分别计价和合理确定建筑产品价格的要求出发，有必要重新构造间接费或间接费率的计算函数。作为一种选择，可以考虑将间接费或间接费率与直接费的费用项目一一对应，分别计算或折算成综合费率再计算。设 C_d 为直接费之和，C_1 为人工费，C_2 为机械使用费，C_3 为一般材料费，C_4 为预制构配件费，即

$$C_d=\sum_{i=1}^{4}C_i=C_1+C_2+C_3+C_4 \tag{6-1}$$

再设与 C_i 对应的单项间接费率为 α_i，与 C_d 对应的间接费率为 α，间接费之和为 C_{id}，则

$$\alpha=\sum_{i=1}^{4}\alpha_i\frac{C_i}{C_d} \tag{6-2}$$

$$C_{id}=\alpha C_{d}=C_{d}\sum_{i=1}^{4}\alpha_{i}\frac{C_{i}}{C_{d}}=\sum_{i=1}^{4}\alpha_{i}C_{i} \qquad (6-3)$$

式（6-3）中 C_i 和 C_d 都是可以准确计算的，确定 C_{id} 的关键在于 α_i。为保证 α_i 的合理性和可靠性，可分别对专业化程度较高企业的间接费进行测算，求出社会平均的单项间接费率。例如，选择专门生产装配式建筑产品的企业测算预制构配件费的间接费率，选择机械化施工公司测算机械使用费的间接费率，等等。当然，企业应根据自己的实际情况测定或确定各单项间接费率。

式（6-2）的间接费率以正常生产条件、合理工期为前提。如果生产条件和工期发生变化，就会影响间接费和间接费率。由于生产条件的变化难以定量表示，这里仅考虑工期的变化。一般来说，在合理工期的条件下，直接费和间接费均应最低。这意味着，无论缩短工期还是延长工期，都会引起成本的增加，但直接费和间接费的变化方向和比例不完全相同，需要分别进行考察。当工期缩短时，直接费中人工费增加，机械使用费也可能增加，一般材料费和构配件费则不变；间接费一方面由于单位时间内组织和管理工作加强而有所增加，另一方面，由于总的工作时间缩短而相应减少。可以认为，间接费率随工期的缩短有所降低，但间接费未必减少。当工期延长时，直接费中人工费和机械使用费均增加。一般材料费和预制构配件费也基本不变，间接费肯定随之增加，间接费率可能略有上升。因此，在工期缩短和延长时，尤其是工期变化幅度较大时，应对式（6-2）所确定的间接费率进行调整。

设 $\overline{T}$ 为合理工期，T 为计划工期，γ 为修正系数，α' 为考虑工期变化因素调整的间接费率，则

$$\alpha'=\gamma\frac{T}{\overline{T}}\alpha \qquad (6-4)$$

式（6-4）中，γ 和 $\gamma\frac{T}{\overline{T}}$ 满足以下条件：

当 $\frac{T}{\overline{T}}<1$ 时，$\gamma\geqslant 1$ 且 $\gamma\frac{T}{\overline{T}}\leqslant 1$；

当 $\frac{T}{\overline{T}}>1$ 时，$\gamma\leqslant 1$ 且 $\gamma\frac{T}{\overline{T}}\geqslant 1$；

按式（6-4）确定 α' 的困难在于如何合理确定 γ 的取值。根据经验确定修正系数的值，虽然缺乏足够的理论依据，却是可行的。当工期变动幅度较大时，γ 的值不应等于1。

按式（6-2）或式（6-4）确定间接费率与采用固定的间接费率相比显然要复杂得多，只要能合理地确定 α_i 和 γ（实用中不考虑修正系数 γ 也是可以的），增加的工作量并不大，因而是可行的。采用单项间接费率组合方式计算间接费，使建筑产品的成本能较准确地反映生产过程中所发生的各项费用，为正确分析建筑产品成本和合理确定建筑产品价格创造了条件。

2. 按费用变化的特征划分

按费用变化的特征划分，建筑企业的成本分为固定成本和变动成本。正确划分固定

成本和变动成本，对于正确分析建筑产品成本和产量之间的关系、合理确定建筑产品的"单位成本"有重要意义。

（1）固定成本指总成本中不随企业经营状况、施工工期、产量变化而变化的一类成本，例如租金、折旧费等。固定成本往往与一定的生产条件和生产规模相联系。当有关条件超过某一限度时，固定成本有时会发生突变，这种情况在计算建筑产品成本时要特别加以注意。

固定成本与产量无关，产量越高，则固定成本在每个产量单位上分摊的比例就越低。为了使单位产量中的固定成本尽可能低，就要在固定成本不发生突变的界限内尽可能扩大生产能力。图6-1表示固定成本及相应的单位成本。

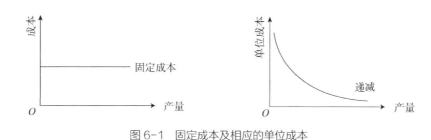

图6-1　固定成本及相应的单位成本

在将总成本划分为固定成本和变动成本时，要注意以下两个问题：

一是有些费用往往可能既与产量有关，又与时间有关，还受企业本身的机构影响，表现出固定成本与变动成本相混合的特征。例如，企业管理费中的许多费用很难说是绝对固定的。这时，要采取适当的方法，明确划分标准，尽可能将这种混合型成本分解成固定成本和变动成本两部分。

二是有些费用从表面上看是属于固定成本，实际上可能是属于变动成本。例如，固定工或长期合同工的基本工资似乎与企业的生产经营情况无关，在企业生产任务不足时，甚至在企业亏损的情况下，也可能要照常支付。但是，如果企业除了固定工或长期合同工之外，同时还聘用短期合同工和临时工，则在任务来源不足时，通常是以减少短期合同工和临时工的数量来调整施工力量与生产任务之间的平衡，一般不至于出现固定工或长期合同工无事可做的局面。也就是说，人工费（包括固定工或长期合同工的基本工资）与工程量基本成比例关系，因而应将其作为变动成本。当然，如果确实出现短期合同工和临时工全部辞退、固定工或长期合同工部分窝工的现象，则另当别论。

（2）变动成本指总成本中随产量或时间变化而变化的一类成本。变动成本又分为线性变动成本和非线性变动成本。

线性变动成本是变动成本中的一种特殊形式，它表明在成本和有关变量之间存在按相同比例变化的关系。变动成本可能与产量的变化呈线性关系，如材料费、构配件费等；也可能与时间的变化呈线性关系，如机械台班费、施工现场管理人员工资等。图6-2表示线性变动成本及相应的单位成本。

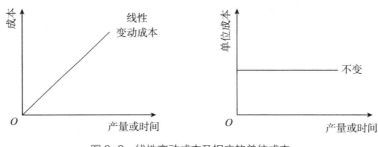

图 6-2 线性变动成本及相应的单位成本

非线性变动成本指随产量增加而增加，并不按同样比例增加的一类成本。非线性变动成本按变化的特征又可分为累进递减成本和累进递增成本。所谓累进递减成本，指成本增加的比例或速率小于产量增加的比例或速率的一类成本。例如，如果采用计时工资，当某一工作多次重复操作时，由于劳动熟练程度提高，每单位劳动时间所完成的工作量增加，相应地，

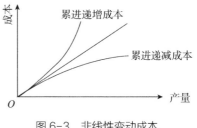

图 6-3 非线性变动成本

每单位产量所需要的人工费下降。所谓累进递增成本，指成本增加的比例或速率大于产量增加的比例或速率的一类成本。例如，当按资源最优配置确定合理工期后，若要进一步缩短工期，就必须通过加班加点或增加机械来实现。这时，一方面需要多支付加班费，另一方面，往往工效下降，使得在完成工作量不变的情况下成本增加，即单位成本增加。图 6-3 表示非线性变动成本的两种特征。

固定成本和变动成本合起来即为总成本。总成本曲线即固定成本曲线和变动成本曲线的叠加。在正常生产条件下，可以认为变动成本以线性变动成本为主，则总成本曲线如图 6-4 所示。

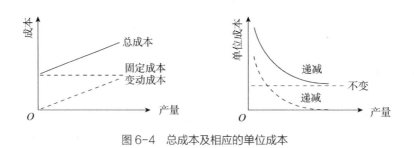

图 6-4 总成本及相应的单位成本

3. 特殊成本概念

成本是价格的最低限度，为了使所确定的价格既有竞争力又不致低于成本，有时在成本分析和计算时，需要引入一些特殊成本概念，由此而产生一些新的成本分析和计算方法。建筑产品所涉及的特殊成本主要有边际成本、沉没成本和非变动成本。

(1) 边际成本

边际成本是指增加一单位产量所引起总成本的增加值。为了更好地理解边际成本这个概念，有必要先分析一下平均成本或单位成本。用 T_c 表示总成本，F_c 表示固定成本，V_c 表示变动成本（为简化起见，假定变动成本均为线性变动成本，若以 q 表示产量，其比例常数 $k=V_c/q$），A_c 表示平均成本或单位成本，则

$$A_c = \frac{T_c}{q} = \frac{F_c + V_c}{q} = \frac{F_c}{q} + k \tag{6-5}$$

若再以 Δq 表示产量增量，ΔC 表示成本增量，M_c 表示边际成本，则

$$M_c = \frac{\Delta C}{\Delta q} = \frac{dC}{dq} = \frac{dC_c}{dq} = k \tag{6-6}$$

从式（6-5）和式（6-6）可以看出，单位成本随产量的增加而减少，边际成本则是固定不变的，且 $M_c<A_c$。设在产量为 q 时，单位价格为 p，单位利润为 m，则

$$p = \frac{T_c}{q} + m = \frac{F_c}{q} + k + m \tag{6-7}$$

如果以不降低利润总额（$M=mq$）为出发点，则当产量 q 增加到 q'（$q'=q+\Delta q$）时，单位利润 m' 下降为

$$m' = \frac{M}{q'} = \frac{M}{q'+\Delta q} < m \tag{6-8}$$

这意味着，单位价格 p' 随着产量的增加而下降为

$$p' = \frac{F_c}{q'} + k + m' \tag{6-9}$$

当产量增加很多时，$\frac{F_c}{q'} \to 0$，$m' = \frac{M}{q'} \to 0$，甚至可以考虑按 $p'=k$，即边际成本来确定单位价格。当然，一般来说，单位利润都有一个可接受的最低值，这就限制了产量不能无限扩大。另外，如前所述，固定成本总是与一定的生产规模相适应的，当产量增加超过一定限度时，固定成本可能发生突变，或者线性变动成本变成累进递增成本，这将导致单位成本和单位价格上升。

(2) 沉没成本

沉没成本是指由以往所决定而非现在所能灵活调剂的那部分成本。以沉没成本为出发点选择生产方案或分析产品成本时，不考虑过去实际发生的损益情况，而主要是着眼于将来。例如，企业的机械设备每年需提取折旧费，中间无法摆脱，折旧费就是一种沉没成本。当某种机械由于技术过时、工效下降需要由技术先进、工效高的新机械所取代或未达到折旧年限即已报废不能使用而不得不更新时，其过去的投资额已失去了回收的可能性。这种不能回收的成本实际上已无价值，因而也是一种沉没成本。在这种情况下，如果不肯舍弃沉没成本，而要将其摊销到今后产品的成本中去，必然使产品成本和价格相应提高，这就可能导致决策错误。沉没成本对企业未来的决策一般不再发生重大影响。

将沉没成本概念引入盈亏平衡分析，就产生一种新的成本分析方法，即付现盈亏平衡分析。应用这种成本分析方法，企业可以对某一建筑产品按保本原则定价，甚至使价格低于成本，使企业在特殊情况下仍然能取得潜在的利益。图 6-5 表示付现盈亏平衡分析的基本方法和有关概念。

从图 6-5 可以看出，如果把固定成本中的折旧费看做是沉没成本，就可用付现成本作为下限来确定建筑产品价格。这意味着，即使产量低于盈亏平衡点，只要高于付现盈亏平衡点，企业的收入虽然不能补偿固定资产的折旧摊销，仍然能支撑下去。当企业现有生产任务量低于盈亏平衡点时，如果以付现成本定价来确保争得新的生产任务，可能不仅不会扩大亏损，反而可能由于生产任务大大超过盈亏平衡点的产量而获得盈利。

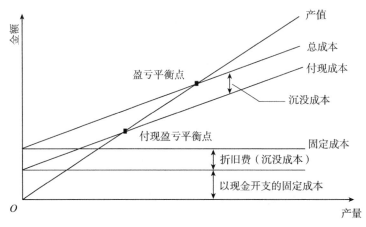

图 6-5 付现盈亏平衡分析

（3）非变动成本

首先必须说明，非变动成本不是"成本"，也不是固定成本的别名。非变动成本的德文是 Deckungsbeitrag，英文是 contribution margin 或 profit contribution。我国对此有边际毛益、边际贡献、边际利润和贡献毛益等多种翻译，但似乎都不准确，特别是"边际"一词的应用与其基本内涵不符，故本书未采用上述翻译。非变动成本是在成本分析和计算中的一个特殊概念，这里将其定义为产值和变动成本之差，如图 6-6 所示。

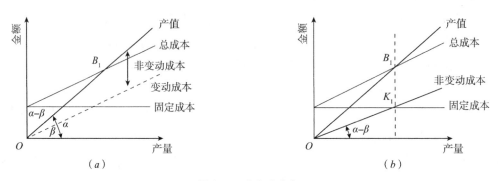

图 6-6 非变动成本

图 6-6（b）系由图 6-6（a）变换而来，从图中可以看出，B_1 与 K_1 的横坐标相同，K_1 点的非变动成本与固定成本相等。在 K_1 点左方，非变动成本小于固定成本，即形成亏损；在 K_1 点右方，非变动成本大于固定成本，即赢得利润。由图 6-6（b）还可以得到下面一个重要的关系式：

$$非变动成本 - 固定成本 = 产值 - 总成本 = 盈利（或亏损）$$

由此可见，非变动成本的高低、恰当与否决定着建筑企业盈利或亏损的可能性和程度，也是合理确定建筑产品价格的一个重要依据。利用非变动成本这一特征，可以在确定建筑产品价格时首先考虑补偿全部变动成本，然后再根据企业现有的生产任务和所面临的市场竞争情况，考虑适当补偿非变动成本，这一方法称为非变动成本分析法。如果在运用非变动成本分析法时舍弃固定成本中所有的沉没成本，就与付现盈亏平衡分析殊途同归。但是，与付现盈亏平衡分析相比，非变动成本分析显得更为灵活，可以把前者看做是后者的一种特殊情况。不难理解，一个企业在某一时期内生产任务越多，固定成本在每个建筑产品（或单位产品）上的摊销比例越小。相应地，单位价格下降，竞争能力提高，扩大生产规模的可能性越大。运用非变动成本分析法，在正常的竞争条件下，可以把固定成本合理地摊销到每个建筑产品上，一定程度上降低了单位价格；在激烈的竞争条件下，可以考虑在某一建筑产品上放弃利润、部分沉没成本、全部沉没成本乃至全部非变动成本，即按边际成本确定产品价格。

需要说明的是，非变动成本分析法产生于工业企业管理理论，用于工业产品定价时，放弃非变动成本的数额和比例是较小的，企业实际上不可能放弃所有的非变动成本，按边际成本确定产品价格。由于建筑产品分别计价的特点，在运用非变动成本分析法时具有更大的灵活性，可以根据具体情况对不同的建筑产品放弃不同数额和比例的非变动成本，在极端情况下，是可能对个别建筑产品按边际成本定价的，既提高了在特定建筑产品上的竞争能力，又实现了企业效益最大化的目标。

运用非变动成本分析法，有可能较大幅度地降低建筑产品价格，为企业在特殊情况下有目的、有依据地降低建筑产品价格和提高竞争能力提供了分析依据和计算方法。但是，如果过多地按上述方法确定建筑产品价格，将会使企业在完成同样产量时的产值降低，即图 6-6 中的产值曲线的斜率将降低。

由图 6-7 可以看出，当虚线所表示的产值曲线斜率比原产值曲线略有降低时，不仅盈亏平衡点 B_1 右移的幅度很大，而且虚线所表示的产值曲

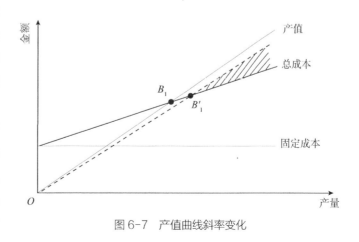

图 6-7　产值曲线斜率变化

线与总成本曲线所构成的盈利区变得狭窄。这意味着，如果要保持企业的利润总额不变，必须大幅度增加产量，如果要保持企业的利润率不变，则必须更大幅度地增加产量，而这一点往往是难以实现的。

运用非变动成本分析法确定的建筑产品价格较有竞争力，有可能使企业大幅度地提高产量，但切不可错误地认为产量越多越好。企业的生产能力都有一个合理的限度，超过这一限度，企业的成本结构和特征会发生变化，图6-7中的曲线形态也将发生变化。如图6-8和图6-9所示表示了两种最典型的变化。

由图6-8可知，当产量超过一定限度后，固定成本发生突变，总成本亦相应增加（如图6-8中虚线所示），盈亏平衡点由B_1右移到B_1'，盈利区变得狭窄。这意味着，要确保盈利，就需大幅度增加产量，要保证利润总额不变，需增加的产量很多；要保证利润率不变，需增加的产量则更多。在很多情况下，增加的固定成本可能超过由降价增产而带来的收益。

由图6-9可知，当产量超过一定限度后，变动成本中累进递增成本增加，成本增加的速率超过产量增加的速率，使利润额逐渐下降，直至亏损。这样，就出现了第二个盈亏平衡点B_2。图6-9中，B_1和B_2两个盈亏平衡点之间是盈利区，其中总成本曲线上直线和曲线的转折点M所对应的产量为最大产量q_{max}。采用非变动成本分析法时，应力求使产量稳定在q_{max}附近。

当然，当产量超过一定限度后，图6-8和图6-9所示的两种情况也可能同时发生，其后果自然也就更为严重。

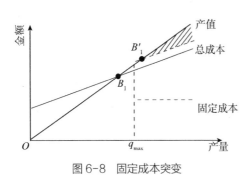

图6-8 固定成本突变

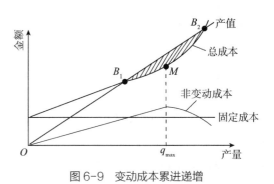

图6-9 变动成本累进递增

在采用非变动成本分析法确定建筑产品价格时，还要慎重考虑企业资金周转情况和现金支付能力。如果把固定成本分为近期支付费用和远期支付费用，在一般情况下，近期支付费用必须考虑予以补偿，远期支付费用可考虑部分或全部予以放弃。

6.3.2 建筑产品的利润

成本仅仅是价格的最低经济限界，商品价格的内涵除了产品成本之外，还应当有利润。合理确定建筑产品价格中的利润，涉及两个方面的问题：一是以何种利润率作为定价的依据,即利润的确定方法问题;二是究竟是以社会平均利润还是以部门平均利润为依据,即利润的水平标准问题。这不仅仅是建筑产品价格需要解决的问题,而且体现了整个国民经济价格体系赖以建立的基础。假定以社会平均利润水平作为定价标准,则采用不同的利润率计算方法对建筑产品的利润有不同影响。

1. 成本利润率

设社会产品成本总额为 $\sum (C+V)$,利润总额为 $\sum m$,社会平均成本利润率为 α,则

$$\alpha = \frac{\sum m}{\sum (C+V)} \qquad (6-10)$$

如果建筑产品的部门平均成本为 $(C+V)$,则部门平均利润额为 $\alpha(C+V)$,产品价格为 $(1+\alpha)(C+V)$。

按成本利润率确定建筑产品的利润额,符合建筑产品分别计价特点。每个建筑产品的成本(包括物化劳动和活劳动)都要分别计算,以此为依据乘上社会平均成本利润率,计算简单、方便。由于定价的成本利润率是社会平均水平,实际成本越低,则实际成本利润率越高;反之亦然。所以,采用成本利润率,可以促进企业努力降低实际成本。

但是,按成本利润率来确定建筑产品的利润额也存在一些缺点。首先表现在这种方法缺乏理论依据,不符合马克思的劳动价值学说。按照这种方法来确定产品价格,意味着物化劳动在生产过程中会自行增值。建筑产品中的物化劳动所占比重越大,利润也越大,容易导致滥用贵重材料,提高建筑标准。其次,这种方法未考虑资金占用,容易使企业忽视资金运用的效果,还可能导致资金的积压和浪费。再次,由于不同建筑产品的成本构成不同,单位成本高,则获利亦高;而费工费时、单位成本低的建筑产品,则获利甚微。客观上会促使企业只愿生产价高利大的建筑产品,不愿生产价低利少的建筑产品,使建筑市场不同领域出现反向的供求不均衡局面。

2. 工资利润率

设整个社会的工资总额为 $\sum V$,利润总额为 $\sum m$,社会平均工资利润率为 β,则

$$\beta = \frac{\sum m}{\sum V} \qquad (6-11)$$

如果建筑产品的部门平均物质消耗是 C,部门平均工资是 V,那么,部门平均利润额为 βV,产品价格为 $C+(1+\beta)V$。

按工资利润率确定建筑产品的利润额,符合马克思的劳动价值学说,只承认从事建筑生产的劳动者创造利润,靠提高劳动生产率和节约劳动消耗创造利润。由于按这种方法确定的利润额与成本中的物化劳动消耗量没有直接关系,不会出现任意增加物化劳动消耗以追求利润的偏向,有利于节约物化劳动。采用这种方法时,虽然要专门计算人工费,一定程度上增加了工作量,但这一工作实际上迟早都是要做的,因而还是简单而适用的。

按工资利润率确定建筑产品的利润额,虽然符合马克思的劳动价值学说,但必须具备一个前提,那就是工资要能够正确反映活劳动消耗中劳动者为自己劳动的部分。而实际上,工资水平往往取决于国家的经济政策、产业政策、价格政策等因素,很难真正符合这一要求。采用这种方法确定利润额,会出现哪个部门工资水平越高则利润越高的现象。由于利润以工资为基础计算,这意味着资金有机构成低、手工劳动比重大的部门创造的利润多。资金有机构成高、机械化程度高的部门创造的利润少。这就导致技术越落后利润越高的错误结论,不利于对落后的部门进行技术改造,不利于高新技术、机械化水平高的部门的发展。同样,由于这种方法未考虑资金占用,对合理使用资金、加强对资金运用的管理都是不利的。

3. 资金利润率

设整个社会生产占用资金总额为 $\sum W$,利润总额为 $\sum m$,社会平均资金利润率为 γ,则

$$\gamma = \frac{\sum m}{\sum W} \tag{6-12}$$

如果建筑产品的部门平均占用资金为 W,则部门平均利润额为 γW,产品的价格为 $C+V+\gamma W$。

按资金利润率确定建筑产品的利润额,有利于促进建筑业的技术进步。随着技术的不断进步,物质技术装备在生产中发挥越来越重要的作用。企业只有通过采用先进技术和设备,才能提高生产效率,而企业为此所投入的资金可从利润中得到经济上的合理补偿。另外,按资金利润率定价,有利于节约和合理使用资金,提高资金运用效果。为了提高实际的资金利润率,企业必须积极采取措施,提高机械设备利用率,迅速处理闲置的固定资产,合理添置机械设备,力争加快工程进度,减少资金占用,加速资金周转。从全社会来看,这种方法有利于社会资金在各部门之间按比例分配。随着市场经济和社会化大生产的发展,资金总是流向既满足社会需要又能取得较高经济利益的部门,客观上存在着按等量资金取得等量利润的趋势。也就是说,按资金利润率确定产品利润,将使社会各生产部门的利润水平趋于平均化。

当然,按资金利润率确定建筑产品的利润是有缺点的,主要表现在以下两个方面:其一,建筑业属于劳动密集型部门,资金有机构成低,按资金利润率定价,将使建筑业的利润水平低于其他资金有机构成高的部门,不利于建筑业的发展。其二,按资金利润率定价,计算起来较为复杂,存在一些实际困难,难以适应建筑产品分别计价的特点。建筑产品类型复杂,占用的资金差别很大,即使对同一个建筑产品,由于采用的施工方法不同,合同条件的具体规定不同,占用的资金也就不同。要具体计算某一建筑产品上的资金占用量有一定的困难,由于建筑产品定价在先的特点,这一点显得尤为突出。

4. 双渠利润率

设社会利润总额为 $\sum m$,其中,活劳动(或工资)创造的利润为 $\sum m_V$,资金创造的利

润为 $\sum m_W$，社会工资总额为 $\sum V$，社会生产占用资金总额为 $\sum W$，社会平均工资利润率为 ξ_1，社会平均资金利润率为 ξ_2，则

$$\left. \begin{array}{l} \xi_1 = \dfrac{\sum m_V}{\sum V} \\ \xi_2 = \dfrac{\sum m_W}{\sum W} \end{array} \right\} \qquad (6\text{-}13)$$

如果建筑产品的部门平均工资是 V，资金占用额是 W，则部门平均利润额为 $\xi_1 V + \xi_2 W$，产品价格为 $C+V+\xi_1 V+\xi_2 W$。

按双渠利润率确定建筑产品的利润，综合反映了活劳动和资金的作用，既反映了建筑业活劳动消耗比重大的特点，又强调了技术装备的作用。这种方法能够兼顾各生产部门的特点，使各生产部门的综合利润水平比较接近。例如，以工业、建筑业、农业三个部门来比较，由于工业产品资金占用量最大，建筑业次之，农业最小，故产品利润中按工资分配的比例，工业最小，建筑业次之，农业最大；而产品利润中按资金分配的比例工业最大，建筑业次之，农业最小。这就避免了由于采用单一利润率而使不同部门之间利润水平差异悬殊的现象。

虽然采用双渠利润率确定建筑产品的利润显得较为合理，但需要具备一个重要前提，即把社会利润总额合理分成由活劳动和资金分别创造的两部分利润。而这二者比例的确定不仅缺乏理论依据，也难以找到令人信服的计算方法，实际上，在相当程度上受主观因素的影响。以此为基础所计算出的社会平均工资利润率和社会平均资金利润率也未必合理，这意味着这种方法本身未必合理。另外，这种方法较为复杂而繁琐，不适应建筑产品分别计价的特点。建筑产品在生产之前确定产品的工资消耗和资金占用，很难做到准确可靠，难以保证定价的合理性。

6.3.3 税金

税收是国家取得财政收入、实现积累的主要形式。税收也是一种调节国民经济活动的重要经济杠杆，能使利润均衡化、适度化。税金是商品价格的组成部分，在商品价格既定的前提下，税率的高低直接决定产品的盈利水平。因此，国家可以通过税收杠杆与价格杠杆的结合，对不同产品盈利水平进行调节。例如，对利润较高的产品征收高额税金，对利润较低的产品减征或免征税金，以解决因利润高低悬殊带来的苦乐不均问题。在价格允许有一定程度浮动的条件下，税收还可以对消费起一定的调节作用。因为通过税率变动可以引起价格的涨落，从而影响商品的供求。税收不但可以在生产、流通、消费领域起调节作用，还可以在经济生活和社会生活许多方面起调节作用，如对资金占用、资源开发、土地利用、环境保护等，都能起到有力的调节作用。税收作为一种经济杠杆，与其他经济杠杆相比，具有针对性强、灵活性大的特点，其涉及面不像价格杠杆那样广，使用起来较为方便。

税收的作用，是通过一整套税收制度实现的。税收制度由课税对象、纳税人、税率等基本要素构成。

1. 课税对象

课税对象又称课税客体，是征税的依据。按课税对象的不同，我国的税收划分为以下四类：

（1）流转税类

流转税类是以商品流转额和非商品营业额为课税对象的税，增值税、消费税、营业税（已取消）、关税、盐税等都属于此类。流转税的特点是税额的大小与商品或劳务的价值直接相关，与商品的成本水平无关。它对保证国家财政收入、促进企业加强经济核算及配合价格调节生产和消费等方面有重要意义。但是，按流转额课税，往往会出现对部分转移价值重复课税的现象，不利于平衡负税和发展专业化协作生产。

（2）增值税

增值税是以商品（含应税劳务）在流转过程中产生的增值额作为计税依据而征收的一种流转税。增值额是商品的销售价格扣除已经纳税的物质消耗价值，基本上相当于 $V+m$，即国民收入。

增值税征收通常包括生产、流通或消费过程中的各个环节，是基于增值额或价差为计税依据的中性税种，理论上包括农业各个产业领域（种植业、林业和畜牧业）、采矿业、制造业、建筑业、交通和商业服务业等，或者按原材料采购、生产制造、批发、零售与消费各个环节。

在实际当中，商品新增价值或附加值在生产和流通过程中是很难准确计算的。因此，中国也采用国际上普遍采用的税款抵扣的办法。即根据销售商品或劳务的销售额，按规定的税率计算出销售税额，然后扣除取得该商品或劳务时所支付的增值税款，也就是进项税额，其差额就是增值部分应交的税额，这种计算方法体现了按增值因素计税的原则。

（3）收益税类

收益税类是以纯收益（利润）或总收益为课税对象的税。例如，企业所得税、工商所得税、个人所得税等，都属于这类税。收益税的特点，一是课税直接依据收益额，即课税多少决定于收入的多少和有无，因而不如流转税类那样可靠经常；二是便于采取累进制计征，直接调节社会各阶层的收入。

（4）财产税类

财产税类是以财产数量或财产价值额为课税对象的税。例如，房地产税、车船使用税、资源税等，都属于这类税。财产税的特点是，课征对象易于查清，税收收入最为稳定。由于它课征的依据不是商品流转额或收益额，所以一般不影响生产和流通。

2. 纳税人

纳税人，是指负有纳税义务的单位或个人。纳税人包括法人和自然人，是纳税的主体。这里，必须区分纳税人和税金的实际负担者。纳税人并不一定是税金的实际负担者。因为纳税人可以把税金转嫁给他人负担。税金转嫁对象可能是一个，也可能是多个，税金转嫁的实现与商品和劳务的供求存在着密切的关系。在我国现行税收制度下，收益税类和财产税类的大多数税种，一般不会发生税金转嫁问题，而增值税和流转税类的许多税种，就会发生税金转嫁问题。在许多情况下，税金转嫁的实际负担者往往是产品的消费者。

3. 税率

税额与课税对象之间的比例关系称为税率，是计算税额的尺度。在课税对象既定的条件下，税率的高低直接关系到财政收入的高低和纳税人负担的大小。所以，它是税收制度中体现国家政策的中心环节。我国现行的税率主要有比例税率、定额税率和累进税率三种。比例税率是指不分课税对象数额的大小，都按同一比例课税。它一般适用于流转税类和增值税。定额税率是指对单位课税对象直接规定固定税额，而不考虑课税对象的价值差异，如我国的盐税、车船使用税等就采用这种税率。累进税率是指按课税对象数额的大小分成若干个等级，每个等级有与之相适应的税率。累进税率又分为全额累进和超额累进。前者指课税对象的全部数额按照与之相应的税率征税；后者是把课税对象的数额分成大小不同的等级，各等级按与之相应的税率征税，然后将各等级税额相加。全额累进比较简便易行，但负担不尽合理；超额累进比较烦琐，但负担较为合理。个人所得税一般采用累进税率，我国的土地增值税也采用累进税率。

4. 建筑业"营改增"

我国在相当长的一段时间内把建筑产品定为免税产品，使建筑产品价格成为不完整的价格，根本原因在于不承认建筑产品是商品。由此产生的结果是：一方面，建筑产品的价格不能正确体现建筑业对国民经济的作用，建筑业所创造的一部分价值被转移到其他生产部门；另一方面，这在一定程度上助长了对建筑产品的过度需求，往往导致决策失误。在以国家投资为主的历史条件下，这样的价格政策对国家税收的不利影响尚不突出；而在投资主体多元化条件下，这种政策除了原有的弊端之外，对国家税收的不利影响日益突出。因此，合理确定建筑产品价格中的税种和税率就成为建筑产品价格研究的一个重要课题。

在2016年5月1日之前，我国税法规定应计入建筑产品价格的税种有营业税、城市维护建设税及教育费附加，三者均属于流转税，因为城市维护建设税及教育费附加都是以营业税额作为课税对象的。

由于建筑产品成本中包含有大量的物化劳动的转移价值，这部分转移价值在投入之前已经含有税金。按照营业税的计征方式，显然对这部分转移价值存在重复征税问题，也在一定程度上提高了建筑产品价格。因此，对建筑产品以增值税取代营业税更为合理。这样，有利于促进建筑生产向社会化大生产方向发展，尤其是有利于建筑生产的专业化协作，也有利于建筑业的技术进步。

按照改革后的建筑产品计税办法，建筑安装工程费用的税金是指国家税法规定应计入建筑安装工程造价内的增值税销项税额。增值税的计税方法，包括一般计税方法和简易计税方法。一般纳税人发生应税行为适用一般计税方法，小规模纳税人发生应税行为适用简易计税方法。一般计税方法的应纳税额，是指当期销项税额抵扣当期进项税额后的余额。应纳税额计算公式：

$$应纳税额 = 当期销项税额 - 当期进项税额$$

当期销项税额小于当期进项税额不足抵扣时，其不足部分可以结转下期继续抵扣。

销项税额是指纳税人发生应税行为按照销售额和增值税税率计算并收取的增值税额。销项税额计算公式：

$$销项税额 = 销售额 \times 税率$$

进项税额是指纳税人购进货物、加工修理修配劳务、服务、无形资产或者不动产，支付或者负担的增值税额。

当采用一般计税方法时，建筑产品增值税税率为11%。计算公式为：

$$增值税 = 税前造价 \times 11\%$$

税前造价为人工费、材料费、施工机具使用费、企业管理费、利润和规费之和，各费用项目均以不包含增值税可抵扣进项税额的价格计算。

简易计税方法的应纳税额，是指按照销售额和增值税征收率计算的增值税额，不得抵扣进项税额。应纳税额计算公式：

$$应纳税额 = 销售额 \times 征收率$$

当采用简易计税方法时，建筑产品增值税税率为3%。计算公式为：

$$增值税 = 税前造价 \times 3\%$$

建筑业实行"营改增"改革，将对建筑企业产生重要影响：能在一定程度上减轻企业的税负，减少重复交税；可促进建筑企业增加固定资产投入，扩大生产规模，提高利润率；促进会计核算工作的规范，但工作量增加，难度增大；能促使总包企业选择规范、正规的分包商，规范分包行为；可杜绝个人挂靠经营、转包等行为，更加规范建筑企业之间的总分包关系，更加有利于建筑行业的健康发展。

建筑业实行"营改增"改革，将对施工承包项目成本产生重要影响：

（1）纳税人身份不同对项目成本的影响

"营改增"后，材料、机器设备的采购以及工程项目的分包都是工程项目中的重要抵税部分，由于增值税纳税人存在一般纳税人和按简易征收方式征收的小规模纳税人（征税率为3%）之分，因此供应商和分包商的纳税人身份识别会对企业实际成本控制产生影响，在价格相同的情况下，若选择小规模纳税人，即使获得由税务局代开的增值税专用发票，其成本也将高于从一般纳税人处采购的成本，从而影响项目利润。

（2）发包模式的不同对项目成本的影响

建筑企业项目成本构成主要是材料费、人工费、机械使用费等，"营改增"后，增值税因为税目的不同而使税率具有差异（目前建筑企业常用的增值税税率如表6-3所示），显然项目在施工过程中采用不同的发包模式将导致成本上的差异。

建筑企业常用增值税率　　　　　　　　　表 6-3

项目	税率（%）
材料、有形动产租赁、加工修理修配劳务、电费	17
绿化苗木、水	13
提供外包劳务、专业分包、运输	11
提供安保、设计、咨询、审计、审价等服务	6
预拌混凝土、简易征收	3

（3）日常管控对项目成本的影响

增值税区别于营业税的最大特点是进项抵扣，而进项抵扣的依据就是增值税发票，需要注意的是，不是所有的增值税发票都可以进项抵扣，如增值税普通发票是不可作为代扣凭证的；不是拿到了增值税专用发票就都能进项抵扣，如果超过了180天的认证期限，增值税专用发票不可以抵扣。

由此可见，"营改增"工作涉及财务部、合约预算部、材料采购与现场管理等企业经营管理的各个部门，对企业管理和施工项目管理都将产生影响。

需要特别指出的是，建筑企业缴纳的房产税、土地使用税、车船使用税、印花税等，属于建筑产品成本的范畴（前已述及，属间接费中的企业管理费的"税金"内容），不属于建筑产品价格构成中与成本、利润并列的税金范畴。

建筑产品种类繁多，涉及各行各业，既涉及固定资产投资，也涉及个人消费。加之建筑产品价值巨大，税率稍有变动，对建筑产品价格绝对数额影响较大。因此，国家可以根据不同时期建设需要、产业政策等，利用税率来调节建筑产品价格。一般而言，对紧缺的建筑产品，宜采取低税率，对供过于求的建筑产品，应采取高税率。例如，对于诸如市政工程这类为社会服务却又不能直接取得收益的建筑产品，可以采取低税率政策，以改善基础设施条件；而对高级宾馆、办公楼这类收益价值较高的建筑产品，则可以采取高税率政策，一定程度上限制其发展。可见，利用税率来调节建筑产品价格，从深层意义说，可在一定范围内调整投资方向和投资结构，使其趋向合理化，更适应国民经济发展的需要。

6.4 建筑产品的价格指数

6.4.1 建筑产品价格指数的基本概念

1. 价格指数的类型

建筑产品价格指数是反映不同时期建筑产品价格变动情况的相对数。在计算建筑产品价格指数时，作为对比基础的时期称为基期，反映建筑产品价格实际变动情况的时期称为报告期。习惯上把基期指数取为100。所取基期不同，同一报告期指数的数值就不同。应根据分析研究的目的选择适当的基期。按照采用基期的方法，建筑产品的价格指数可分为定基指数和环比指数。各期指数都以同一固定时期为基期的，称为定基指数；各期指数都以前一期为基期的，称为环比指数。例如，根据《中国统计年鉴1991》中竣工房屋造价，可计算出1978~1990年各期的住宅建筑造价定基指数和环比指数，具体数据列于表6-4；又如，根据1997~2006年各年《中国统计年鉴》有关数据，可计算出1997~2006年各期的房地产开发建设房屋造价的定基指数和环比指数，具体数据列于表6-5。

住宅建筑造价的定基指数和环比指数（造价单位：元·m^{-2}）　　表6-4

年份	造价	定基指数	环比指数	年份	造价	定基指数	环比指数
1978	89	100.0	—	1985	177	198.9	110.6
1979	100	112.4	112.4	1986	196	220.3	110.7
1980	113	127.0	113.0	1987	213	239.3	108.7
1981	128	143.8	113.3	1988	241	270.8	113.1
1982	135	151.7	105.5	1989	290	325.8	120.3
1983	151	169.7	111.9	1990	316	355.1	109.0
1984	160	179.8	106.0				

房地产开发建设房屋的定基指数和环比指数　　表6-5

年份	竣工房屋造价/(元·m^{-2})	定基指数	环比指数
1997	1175	100.0	
1998	1218	103.7	103.7
1999	1152	98.0	94.6
2000	1139	96.9	98.9
2001	1128	96.0	99.0
2002	1184	100.8	105.5
2003	1273	108.3	107.5
2004	1402	119.3	110.1
2005	1451	123.5	103.5
2006	1564	133.1	107.8

分析和研究建筑产品价格变动情况时，应用较多的是定基指数。如果没有特别说明究竟是定基指数还是环比指数，所谓建筑产品价格指数均是指定基指数。若已经确定了某一段时间内一系列的建筑产品价格指数，要求出其中任意两个报告期之间建筑产品价格的变动幅度（以 PI_{j-i} 表示），可采用下式：

$$PI_{j-i} = \frac{j\text{期定基指数} - i\text{期定基指数}}{i\text{期定基指数}} \times 100\% \qquad (6-14)$$

或

$$PI_{j-i}=\left(\frac{j\text{期定基指数}}{i\text{期定基指数}}-1\right)\times 100\% \quad (6-15)$$

对于 $j=i+1$ 的特殊情况，PI_{j-i} 改用 PI_{i+1} 表示，这时，用环比指数表示更为简单：

$$PI_{i+1}=(i+1\text{ 期环比指数}-100)\% \quad (6-16)$$

如果需要专门分析和研究各相邻两个报告期之间建筑产品价格变动幅度及其变动规律，有必要求出各报告期环比指数。如果仅需要了解特定的两个相邻报告期之间的价格变动幅度，则可按式（6-17）先将已知定基指数转换成环比指数，再按式（6-15）计算即可。这实际上与式（6-15）殊途同归，也是较少采用环比指数的原因。

$$i+1\text{ 期环比指数}=\frac{i+1\text{ 期定基指数}}{i\text{ 期定基指数}}\times 100\% \quad (6-17)$$

2. 建筑产品价格指数的价格形式

由于建筑产品所具有的多样性，不同建筑产品在规模、结构、用途等方面存在着显著的差异，其价格之间的差异和变化也就缺乏直接的可比性，因而不能像一般商品那样以整个产品的价格来计算其价格指数。通常采用单位价格来反映其价格的变动情况。例如，对于一般工业与民用建筑产品，以平方米造价表示；对于道路工程，以延长米（或千米）造价表示；对于影剧院，以每座位造价表示等。其中，以平方米造价适用性最广。这里，要注意不要把工业建筑产品的单位价格与工业项目的单位生产能力投资混淆起来，后者的内涵比前者宽得多，包括设备投资及其他与项目建设有关的费用，前者仅指工业建筑产品本身的价格。

3. 建筑产品价格指数的数据来源

如前所述，建筑产品具有定价在先的特点。因而总存在暂定价格（即合同价格或承包价格）和实际价格（即结算价格）之别。在统计测算建筑产品价格指数时，必须首先明确是采用承包价格还是结算价格。造成结算价格不同于承包价格的因素是多方面的，有时甚至是错综复杂的，如人工费和材料费上涨、设计变更、生产条件异常（场地条件、天气条件等）、管理不善等。建筑产品的生产周期较长，常常是跨年度的。以上这些影响价格的因素并不是都作用于竣工结算之时，也不是平均作用于每一个建筑产品，因而不宜以结算价格作为建筑产品价格指数的依据。合同价格虽然不是实际价格，却是承发包双方共同接受的价格，对双方均有约束力。它的确定，主要是以签订合同时的生产、技术、经济、市场等方面的条件为基础（有时适当考虑了生产过程中不可预见的风险），可以认为是假定当时或短期内建成建筑产品（尽管实际的生产周期长得多）所形成的价格。至于生产过程中所出现的各种影响价格的因素，对价格指数的作用则由相应时间内其他建筑产品的合同价格来反映。当然，合同价格也有缺陷。例如，可能由于考虑不周而使定价不够客观合理，当发生重大设计变更修改时，合同价格就与将要建成或实际建成的建筑产品相背离。但是，就与结算价格比较而言，还是以合同价格作为建筑产品价格指数的依据较为适宜。从统计数据来源来看，合同价格的获得较为及时而可靠，而实际价格则可能由于索赔未及时解决或拖欠工程款等原因在建筑产品建成以后很长时间才能真正形成。

6.4.2 建筑产品价格指数的表现形式

建筑产品的价格特点之一是分别计价。这一特点使统计测算建筑产品价格指数的工作量和复杂性大大增加，不可能像一般商品那样通过调查同一产品市场价格和相应的市场占有量求得该产品某一时期的平均价格，求得相应的价格指数。因此，建筑产品价格指数的统计测算方法就不同于一般商品，而且有多种不同的表现形式，常用的有以下四种：

1. 总价格指数

这种指数的测算方法是以统计期内全部已开工的建筑产品的建筑面积之和去除相应的合同价格之和，得到该期所有建筑产品的单位价格（平方米造价）。再将报告期建筑产品的单位价格与基期建筑产品单位价格之比扩大100倍，即为总价格指数，以下面两式表示：

$$单位价格 = \frac{统计期全部建筑产品价格之和}{统计期全部建筑产品建筑面积之和} \qquad (6-18)$$

$$总价格指数 = \frac{报告期建筑产品单位价格}{基期建筑产品单位价格} \times 100 \qquad (6-19)$$

总价格指数实际上并不适用于所有的建筑产品，一般用于可用平方米造价表示单位价格的各类房屋建筑。对于房屋建筑，要真正包括"全部"建筑产品也是难以实现的。这里只能从与其他价格指数统计范围的相对意义理解。总价格指数不需要考虑建筑产品规模、结构、标准、用途等方面的差异以及地区差异对价格的影响，统计测算较为方便。但该指数只反映建筑产品价格变动总的趋势，不能通过总价格指数深入分析建筑产品价格变动的原因，对建筑经济领域的理论工作者和实际工作者的指导意义较小。

2. 同类建筑产品价格指数

采用这种价格指数，首先要将建筑产品按一定的原则进行分类。例如，按结构材料分为木结构、砖混结构、钢筋混凝土结构、钢结构等；按用途分为住宅、学校、商店、厂房、办公楼等；也可以将两种因素结合起来划分建筑产品的类型。可以按照分析和研究的目的采用不同的分类方法，上述两种分类方法最为常用。然后，按总价格指数的测算方法分别求出各类建筑产品价格指数。

不难看出，建筑产品类型分得越细，对分析和研究建筑产品价格变动的原因和规律就越有利，但要保证基础数据详细、具体、可靠，调查统计、数据处理工作量相当大。实用中可选择有代表性的建筑产品作为"价格指数建筑"进行调查统计。例如，联邦德国在1954年以前以每层两户的三层住宅建筑（每户有客厅、卧室、厨房、洗澡间和厕所，总建筑面积为1970m^2）作"价格指数房屋"测算住宅建筑的价格指数。我国许多大中城市，可以以每层四户的六层砖混住宅建筑作为"价格指数房屋"，居住条件差别较大的地区，可以因地制宜地选择本地的"价格指数房屋"。

按建筑产品类型分别统计测算价格指数,可避免总价格指数的局限性。对道路、桥梁、机场、码头等土木工程,可选择与工程特点相适应的单位价格形式,所求得的价格指数更符合实际情况。如果有了各类建筑产品的价格指数,可用平均或加权平均的方法求出总价格指数。这样,所求出的总价格指数就不一定局限于房屋建筑。

3. 综合指数

采用这种价格指数的基本出发点,一是上述总价格指数和同类建筑产品价格指数的统计测算工作量太大,难以保证基础数据的可靠性,而且耗时太长,不能及时发挥统计测算结果的作用;二是虽然建筑产品的整体差异性使其价格缺乏可比性,但从建筑产品的基本构成——分部分项工程来看,却具有相当程度的共性。因此,通过调查统计常规工程有代表性的分部分项工程价格变动情况测算建筑产品的价格指数就显得既实用又有一定的理论依据。例如,联邦德国在1989年统一以前是根据大约2500个建筑公司(总计约有6万个建筑公司)定期(每季度)呈报的约150种有代表性的分部分项工程合同价格分别计算其价格指数,再将计算结果取一个平均指数作为建筑产品的价格指数,由联邦统计局每季度编辑一次并公开发布。

采用综合指数法测算建筑产品的价格指数要注意以下几方面问题。首先,要保证数据来源具有广泛性、代表性、可靠性。要求所选择作为调查对象的建筑公司的规模、技术装备、专业方向、经营管理水平等方面有所不同,但又都必须具有一定的基础管理水平。其次,所选择的分部分项工程数量上不宜太少也不宜太多。太少了,可能影响数据的广泛性、代表性;太多了,则大大增加统计测算的工作量。从内容上看,要与调查期建筑领域的生产和技术发展情况相适应,在一定时期内是相对稳定的,要适时地作一些必要调整。再次,不论合同价格采用什么价格形式,分部分项工程都要以单位价格形式表示。这就要将合同价格中的间接费、利润等费用分摊到各分部分项工程的直接费上。为此,需要统一分摊计算的原则和方法。最后,要确定统计测算的机构。这一点尤为重要,因为上述三方面内容都要由这个机构决定,该机构要有一定的权威性。

4. 生产费用指数

这种方法是根据建筑产品各种生产费用的变动情况经过适当的加权来测算建筑产品的价格指数。例如,可以将建筑产品的生产费用分为人工费、材料费(还可进一步分为结构材料费和装饰材料费,或者按具体的材料分为钢材、水泥、木材等费用)、施工机械使用费、建筑设备费等。由于在建筑产品生产费用中人工费和材料费占绝大部分,因此,从测算建筑产品价格指数的实际需要出发,往往只考虑人工费和材料费。

采用生产费用指数法测算建筑产品价格指数的最大优点是简便易行。由于人工费、材料费的变动情况一般都有专门机构定期或不定期地进行统计、测算,使得测算建筑产品价格指数的任务转化成如何合理地确定这两种费用的权数。这并不十分复杂和困难,工作量显然比上述三种方法小得多。这种方法的缺点亦是显而易见的。首先,这种方法把生产费用指数与价格指数混淆起来,往往把成本当做价格的决定因素。诚然,在大多数情况下，成本与价格呈同向消长趋势，但一般并不呈同比例消长。更何况，国民经济和建筑市场供求关系变化，不同时期建筑产品价格构成中利润和税金的比例往往有较大甚至很大差异，生产费用指数则不能反映这种差异。其次，这种方法只考虑了人工费用的变化，却未考虑作为人工费主体的劳动者的素质变化（提高或降低）及由此而产生劳动效率变化，这对建筑产品价格的影响是不应该忽视的。最后，这种方法没有考虑技术进步，尤其是以机械代替手工操作对建筑产品价格的影响，因而不能正确反映建筑产品价格的变化趋势。

用上述四种不同方法统计测算建筑产品价格指数所得到的结果肯定存在一定差异。即使采用同一种方法，如果由不同机构调查统计，测算结果也会有所不同。因此，在引用建筑产品价格指数时，必须注意是由什么机构采用哪种方法统计测算的。

6.4.3 建筑产品价格指数的作用

建筑产品价格指数能反映不同时期建筑产品价格变动情况，但用不同方法测算的指数作用并不完全相同。因此，应根据运用建筑产品价格指数的目的，选用不同的指数。例如，当各级政府制定中长期固定资产投资计划时，可以选用总价格指数或综合指数。根据建筑产品价格指数变化趋势和规律，预测计划期内建筑产品价格变化幅度，根据经济发展需要和资金来源的可能性合理确定总投资规模。当业主或设计单位进行投资匡算时，可根据已确定的项目类型，选用相应的同类建筑产品价格指数，为正确进行项目决策提供依据。需要说明的是，随着计算机技术不断发展，同类建筑产品价格指数统计测算工作量大这一矛盾逐渐淡化，随着建筑产品不断分类细化，其应用前景相当宽广。当承包商投标报价时，可对照同类建筑产品价格指数和生产费用指数判断自己投标价有无竞争力，是否需要适当调整投标策略和投标价。

思考题

1. 建筑产品的价格有何特点？试逐一加以简要说明。
2. 建筑产品的价格形式有哪几种？试时各种价格形式作较为具体的说明。
3. 按费用计入成本的方法划分建筑产品成本时，如何确定间接费较为合理？
4. 若将建筑产品成本分为固定成本和变动成本，应注意什么问题？
5. 在分析建筑产品成本时，涉及哪些特殊成本的概念？试分别作概要的说明。
6. 如何利用非变动成本分析的方法来确定建筑产品的价格？在应用中应注意什么问题？
7. 计算建筑产品的利润有哪几种常用的方法？试逐一分析其利弊。
8. 在确定建筑产品价格中的税金时，应注意哪些问题？
9. 建筑业"营改增"的具体内容是什么？其影响将是怎样的？
10. 建筑产品价格指数有哪几种？试分析各种价格指数的区别及其作用。

第7章 建筑产品的流通

流通是社会再生产的一个重要环节，对保证社会再生产的顺利进行有重要意义。生产是流通的基础，没有生产，就没有流通；反之，流通过程所反映出的社会消费要求和趋势，又影响着生产。流通作为生产和消费的中间环节，既为生产部门提供物质条件，满足生产需要，又为社会提供消费品，满足个人和集体的消费需要。在流通过程中，一方面，实现了生产部门和流通部门所创造的全部价值；另一方面，又将消费基金转化为生产基金，从而促进社会扩大再生产不断发展。

建筑产品同其他商品一样，在流通中不断变换其形态，既实现其使用价值，也实现其交换价值和收益价值。当然，建筑产品毕竟不同于一般商品，建筑产品的流通与其他商品流通相比，有许多不同之处。下面就从建筑产品流通的一般特点、流通形式、流通渠道、流通价格几个方面分别加以阐述。

7.1 建筑产品流通的一般特点

如第3章所述，建筑产品具有许多不同于其他工业产品的技术经济特点。这使得建筑产品的流通不仅与一般消费资料的流通明显不同，而且与一般生产资料的流通亦有着显著的区别。建筑产品的流通的一般特点主要表现在以下四个方面：

7.1.1 区域性

一般商品的流通过程是商品从生产领域向消费领域转移，生产与消费地点的差异通过商品运输解决。但是，建筑产品总是与大地相连，不能移动，不能运输，它建在哪里，就只能在哪里实现它的功能，不能像一般商品那样在市场上流通。也就是说，建筑产品的生产地点和消费的地点是一致的。这一特点容易使人产生"建筑产品没有流通"的误解，甚至由此而导出建筑产品不是商品的错误结论。实际上，物体的定向空间只是商品流通的表面现象。从流通的经济实质来说，是商品所有权或使用权的转移。就一般商品而言，所有权与使用权是紧密相连、不可分割的，通常只强调所有权而不特别强调使用权。而建筑产品在流通过程中，使用权有可能与所有权分离。因此，建筑产品的流通不是通过把它从生产所在地运到消费所在地来实现，而是通过商品形态的变化或不同的流通形式来转移它的所有权和/或使用权实现的。建筑产品所有权或使用权的转移，受到其固定性的限制，往往只能在一定的区域或范围内才可能实现。这就要求在建筑产品生产之前要考虑生产所在地（亦即消费所在地）的各方面情况，充分考虑流通过程中可能出现的问题。

7.1.2 分解性

一般商品的使用功能总是在产品完整的形态下才能实现，因而总是以完整的产品形态进行流通。建筑产品往往由许多功能相同、相似或不同的部分组成，这些组成部分可以独立地发挥作用。作为建筑产品的消费者，常常不是以整个建筑产品为消费对象，因而建筑产品的流通不一定以整个产品形态来实现，往往是以其具有独立使用功能的组成部分为单元来实现。例如，码头可以按泊位，停车场可以按车位，办公楼可以按房间或楼层，公寓可以按套间，通用厂房可以按楼层或其他形式实现流通。一个完整的建筑产品，可以分解后进行流通，这就使同一建筑产品各部分所有权或使用权转移的时间、条件和具体内容可能有所不同（尽管其各组成部分的使用功能可能完全相同）。也就是说，同一建筑产品的不同组成部分可以通过不同的流通形式实现流通，使建筑产品的流通比其他商品显得更为灵活。

7.1.3 反复性

许多商品的使用期短，流通往往是一次性的。耐用消费品与生产资料虽然使用期较长，具有反复流通的可能性，在大多数情况下，仍然只实现一次流通，即使多次流通，流通次数也不会太多。建筑产品，尤其是房屋建筑，在使用寿命期内，由于消费者的需求变化、消费地点改变等原因，都会引起建筑产品所有权或使用权的再转移，其中使用权转移的可能性更大。这说明，可将建筑产品使用寿命分割成若干区段进行流通，至于如何分割建筑产品的使用寿命，分成多少个区段，取决于是转移所有权还是只转移使用权。如果转移所有权，则由建筑产品所有者和消费者共同决定；如果只转移使用权，则主要由建筑产品的消费者决定。由于建筑产品可以反复流通，一方面，增加了建筑产品流通的复杂性，需要认真研究同一建筑产品在不同时期流通的条件、规律等问题；另一方面，也为消费者在不同时期选择与消费能力和需求最相适应的建筑产品提供了可能性，从而充分体现出建筑产品的流通是联结建筑产品生产和消费的中间环节这一重要作用。

7.1.4 流通费用的不明确性

对于一般商品，商业部门和运输部门执行着商品流通环节的流通任务，产值为流通费用与相应的利润、税金之和。这里所说的流通费用，是指商品从生产领域向消费领域转移过程中为收购、运输、分类、包装、整理、保管以及销售支付的全部费用。这些费用都是一定量物化劳动与活劳动消耗的货币表现，要追加到产品的价值上去。建筑产品种类繁多，流通形式和流通渠道与一般商品相比有显著的差异（下面将专门对此作深入阐述），没有一个统一的部门执行流通任务。从一般商品流通费用的内容来看，在建筑产品流通过程中大多不发生，但并不意味着建筑产品不出现流通费用。不难理解，既然建筑产品也有流通环节，必然要发生相应的费用（即流通费用），只是这部分费用的内容、计算方法尚缺乏统一明确的规定。一方面是因为不同建筑产品的流通费用差别很大，其经济范围难以作统一的界定；另一方面是因为建筑产品初次流通的费用与生产价格相比显得微不足道，往往不把流通费用严格地划分出来。至于建筑产品在使用过程中反复多次流通所发生的费用，更缺乏直接计算的依据。例如，不能因为流通过程要发生费用而认为流通三次的建筑产品比流通两次的同一建筑产品价格更高。在建筑产品流通过程中，更能准确体现其价值量的是流通价格。即使对于初次流通的建筑产品来说，也不能简单地把流通价格与生产价格的差额理解为流通费用。对反复多次流通的建筑产品，流通价格则是一个需要专门研究的课题。

7.2 建筑产品的流通形式

一般商品的流通形式较为单一，建筑产品的流通形式则相对较多，主要有与生产并行、出售、租赁、使用四种形式。可以根据建筑产品类型的特点选用不同的流通形式，对同一建筑产品，可以在不同时期或对其不同的组成部分分别采用不同的流通形式。

7.2.1 与生产并行

与生产并行的流通形式是针对新建建筑产品而言。建筑产品常常是由使用单位直接向生产单位订货，生产单位（即建筑企业）既是建筑产品的生产者，又是建筑产品的销售者，执行双重职能。因此，建筑产品的生产和流通是同时进行的。正因为如此，就可能使建筑产品的流通过程被其生产过程所掩盖，造成一种错觉，认为建筑产品没有流通过程。实际上，流通是生产与消费的中间环节，流通过程是商品从生产领域向消费领域的转移过程，从这一根本属性来看，尽管流通所发生的时间基本上与其生产时间重叠，流通过程所发生的经济关系与生产过程中的某些经济关系交织在一起，但建筑产品的流通过程显然与只反映生产单位内部经济活动的生产过程有着本质的区别。

由于大多数建筑产品都是采用订货生产的方式，因而与生产并行的流通形式是建筑产品流通的基本形式。在这种情况下，建筑产品的生产可以按不同的部位或不同的时间由不同的生产单位来完成，建筑产品流通的分解性不是表现在消费者方面，而是表现在生产单位方面。另外，流通过程中所实现的是建筑产品所有权的转移，这种转移并不是建筑产品的所有权由生产者转移到所有者，而是指随着建筑产品实物形态的逐步形成，所有权逐步由部分到全部转移到所有者方面。所有权的转移不是一次性的，表现为一个很长的过程。尽管这种形式的流通过程很长，由于流通是与生产同时进行的，故并不发生专门的流通费用。

7.2.2 出售

建筑产品建成之后的流通形式与一般商品有某种相近之处，但仍有其显著的特征。

出售是建筑产品建成之后的一种流通形式。出售所实现的是建筑产品所有权的转移，即从原所有者转移到新的所有者。这种所有权转移可以从建筑产品的整体来实现，也可以从建筑产品的局部来实现。如果出售的是建筑产品的某一组成部分，其所有者的所有权就会受到一定的限制，不能影响和损害同一建筑产品其他组成部分所有者的权益。例如，不能随意改变该建筑产品的使用功能，不能随意改变内部结构形式乃至危及该建筑产品的整体安全性，等等。

用于出售的建筑产品主要是房屋建筑，包括一般工业与民用建筑，例如，住宅、办公楼、通用厂房等。其中最常见、最有代表性的是住宅建筑。建筑产品可以以崭新的实物形态出售，也可以陈旧的实物形态出售。可以说，在建筑产品使用寿命中的任何时候，都可以将其出售。建筑产品的出售方式较为灵活。对于多次流通的建筑产品，无疑是先有实物形态的建筑产品再出售。对于新建建筑产品，则存在多种可能性。除建造后再出售这种方式之外，常常由买方先预付部分或全部价款，待建筑产品建成后再出售给已预先付款的买主。当然，采用这种出售方式时，售价往往较为优惠，或是因为该建筑产品特别紧俏。由于建筑产品价值巨大，为了促进建筑产品的销售，往往采用分期付款的方式，这在个人消费的住宅销售中是极为普遍的。不过，分期付款的方式一般用于新建建筑产品的初次出售，而较少用于陈旧建筑产品的再次出售。

7.2.3 租赁

租赁是建筑产品建成之后的另一种广为应用的流通形式。租赁实现的不是建筑产品所有权的转移，而仅仅是使用权的转移，所有权仍归建筑产品的所有者，使用权则由建筑产品的所有者转移到使用者。在建筑产品以租赁形式反复流通的过程中，使用权虽然表现为在不同的使用者之间转移，但实质上使用权并不能在使用者之间直接转移，必须将使用权退回给所有者再由所有者将使用权转移到新的使用者。尽管在使用权再转移的过程中所有者可能并不利用使用权，再转移的过程几乎不占用时间。

以租赁形式转移建筑产品的使用权，可以从建筑产品的整体来实现，也可以从建筑产品的局部来实现，在多数情况下，是以后一种方式实现的。对建筑产品的使用权而言，租赁比出售具有更多的限制。不仅在租赁建筑产品某一组成部分时显得突出，而且在租赁整个建筑产品时也不能完全按照使用者的意愿使用该建筑产品。例如，不能改变其整体结构和使用功能，甚至不能改变其内、外装饰的材料或颜色，或者虽然允许使用者在租赁期内对该建筑产品作某些方面的变动，但在租赁期结束之前必须恢复原样等。

以租赁形式转移建筑产品的使用权，还可以通过对其使用寿命的分割来实现。由于建筑产品的使用寿命一般都很长，常常可能比使用者的生理寿命还长，这就为不同的使用者分阶段使用建筑产品提供了可能性。从使用者的角度看，对建筑产品的需求总是随着消费能力和环境变化相应变化的，一般不可能终身租用同一建筑产品。长期租用某一建筑产品超过一定时间后，从经济上讲也不如购买该建筑产品有利。因此，采用租赁这种流通形式时，反复性比出售更频繁。这一特点使租赁比出售显得更灵活，应用亦更广泛，不仅可以用于一般的房屋建筑，还可以用于某些构筑物，如码头、停车场等。

7.2.4 使用

使用是建筑产品建成之后一种容易被人们忽略的流通形式。使用所实现的是建筑产品使用权的转移。这种流通形式通常用于那些既不能转移所有权（譬如，归国家所有）又不能以租赁方式转移使用权的建筑产品。

使用作为建筑产品的一种流通形式，其重要特征之一是可以对建筑产品的使用寿命进行无限分割。当然，这里所说的"无限分割"，只是相对于出售和租赁的反复性而言，而不是绝对意义上的"无限"。在以使用这种形式流通时，对建筑产品的使用权不是按年、月、日计算，较多的是按次计算，有时亦按时、分或秒计算。例如，高速公路对通过的汽车按次数或行驶的里程收费，桥梁对通过的汽车按次数收费，停车场按停车时间收费等。另外，对那些作为游览对象的建筑产品来说，通常是以购买门票的方式取得使用权，也可以认为是采用了使用这种流通形式。尽管这些建筑产品的使用功能发生了异化，例如，长城、故宫现在在流通中实现的使用功能已经与当初建造时的使用功能不同；某电视塔上部的观光厅最多只能说是该电视塔的辅助功能，实现使用这种流通形式的只是其观光厅，而不是该电视塔。

无论是出售还是租赁，这两种流通形式都需要有书面的经济文件，以此来规定所有权或使用权转移双方的权利和义务。采用使用这种流通形式时则没有书面的经济文件，但并不意味着对于使用者没有任何约束和限制。在这种情况下，一般是以与使用该建筑产品有关的法规或社会公德来约束使用者的使用行为。例如，在高速公路上行驶对最高车速和最低车速有限制，对通过桥梁的车辆的载重量有限制等。不过，从总体上来看，使用这种流通形式对于使用者来说确实更为便利灵活。

7.3 建筑产品的流通渠道

消费资料的流通都是通过商业渠道实现的，而生产资料的流通，则要根据产品在国民经济中的重要程度和供求情况，分别通过国家计划直接调配、物资部门经销或生产企业自销等渠道来实现。建筑产品建成以后的流通渠道，不仅与消费资料根本不同，与生产资料相比，亦有显著的差异。建筑产品建成后的流通主要有经营部门经销、生产企业自销、企事业单位自营、产品所有者转让四种渠道。由于建筑产品流通的反复性，同一建筑产品在使用寿命中的不同时期可以经过不同的流通渠道。而在同一使用阶段，同一建筑产品的不同组成部分一般不会采用不同的流通渠道。

7.3.1 经营部门经销

经营部门经销是建筑产品流通的专门化渠道。建筑产品的经营部门并不生产建筑产品，只是把生产部门建造出来的建筑产品出售或出租给建筑产品的消费者，作用类似于一般商品流通中以商品交换为专门职能的商业部门。但是，建筑产品的经营部门的流通业务与一般商业部门有许多不同之处，主要表现在以下三个方面：一是建筑产品的经营部门不是简单地购进卖出，往往是先以建筑产品需求者的角色向生产单位订货，再以产品所有者的身份向消费者转移所有权或使用权；二是由于建筑产品的价值巨大，经营部门经销的产品种类较为单一，数量也不可能很多，同时对经营部门的经济实力有相当高的要求，因而能从事建筑产品经营的单位的数量亦较少；三是由于建筑产品的流通具有反复性和分解性，在建筑产品反复流通过程中，作为建筑产品所有者的经营部门或单位同时兼有对合理使用建筑产品的管理职能，其经济问题远较一般商品复杂。

建筑产品经营部门经销的产品大多是房屋建筑。房地产开发公司是我国在20世纪80年代后期逐渐兴起的专业化房屋经营单位，采用的主要流通形式是出售和租赁。房屋出售和租赁的对象既可以是企事业单位，也可以是个人。这一流通渠道对于加速住宅建设资金周转和缓解城市住宅供求矛盾起了一定作用。随着我国住房制度改革的深入发展，这方面的业务将会有较大的发展。房管所是我国传统的房屋经营单位，采用的主要流通形式是租赁。房管所经营的建筑产品所有权属于国家，我国长期实行低租金制度，房管所的业务往往较多地表现为管理职能，较少表现出经营职能。从发展趋势看，这方面的业务将会逐步缩小，而且房管所将逐步强化经营特色，逐步变为名副其实的房产公司。

7.3.2 生产企业自销

生产企业自销是建筑产品生产和流通相结合的渠道，生产企业把建造出来的建筑产品直接出售给消费者，不经过中间流通环节，作用类似于一般商品流通中的工业生产企业自销渠道。建筑企业自销建筑产品有利于充分发挥企业的专业特长，有可能在合理利用自有资金、机械设备、人员的基础上缩短建设周期、降低成本，加之减少了流通环节，因而自销建筑产品的价格具有较强的竞争力。另外，由于建筑企业具有接受订货生产的传统，对消费者的需求有较客观和深刻的了解，因而一旦与设计单位结合起来或者拥有自己的设计力量，建造出来的建筑产品往往更符合消费者的需求，更具吸引力。

生产企业自销的建筑产品大多是新建房屋建筑，而且主要是住宅建筑。在经济发达国家，建筑企业自主开发和销售住宅建筑有逐渐扩大的趋势。主要原因之一是独户住宅的需求量逐渐增加，建筑企业可以因地制宜地开发多种住宅供消费者选择。

建筑企业自销建筑产品，客观上要求建筑企业必须具有土地开发权、自主定价权和经营销售权。由于体制上的原因，我国建筑企业在这些方面都受到严格限制，很难在自销产品方面有所作为。自 20 世纪 80 年代后期以来，有些地区的建筑企业经过有关部门同意已经开始在住宅自主开发和销售方面作了有益的尝试，取得了一定的成效，从而证明建筑企业自销建筑产品在我国也是行得通的。随着我国经济体制的进一步改革和建筑企业自主权的进一步扩大，生产企业自销这一建筑产品的流通渠道将会逐步有所扩大。

7.3.3　企事业单位自营

企事业单位自营住宅是我国长期沿用的方法，过去只将其看作是分配问题，不认为有流通问题。实际上，单位分配给职工的住宅虽然是作为社会主义国家的职工福利，但也要收取租金，也是以租赁形式流通的。只是由于大多数单位自营住宅所收取的租金普遍太低，使这种流通渠道失去了本来意义。企事业单位自营住宅与房管所的流通业务有相近之处，也存在明显的区别：前者的所有权归企事业单位，后者的所有权归国家；前者的使用权只能在本单位内部职工之间转移，后者的使用权则可以在社会上不同单位和个人之间转移。在这种流通渠道中，企业单位与事业单位之间也有一定的区别，其中最主要的一点就是住宅建设资金的来源不同。

在住房制度改革中，如何合理地处理企事业单位的自营住宅，使其既与全社会大系统中住宅流通的各种形式和各种渠道相协调，又在本单位内部保持一定的政策连续性，是需要认真研究和妥善解决的重要问题。从全国各地已实施的改革方案来看，存在着较大的差异。在初始阶段，对探索适合我国国情的住房制度应当说是有益的。但随着改革方案的不断完善，应当在全国范围内逐步形成一个总体上协调一致的住房新制度。当然，也应当允许各地根据本地具体情况作适当的调整或细化。从总的发展趋势来看，住宅建筑的流通应当逐步社会化。企事业单位自营住宅的比例应当逐步缩小，至少在实现流通的经济关系方面要有根本性的变化。

7.3.4　产品所有者转让

产品所有者转让这一流通渠道是指上述三种流通渠道之外的建筑产品所有者实现所有权或使用权转移所形成的流通渠道，实际上是对许多不同情况的一种综合。就所包含的内容而言，所有者可以是国家、企事业单位或个人；转让对象可以是企事业单位或个人；流通形式可以是出售、租赁或使用。其中最主要的是以下两个方面：一是国有建筑产品使用权的转移，二是私有建筑产品所有权或使用权的转移。对国有建筑产品的流通，首先要注意将所有权和使用权分离，让使用者能正确运用使用权，管好用好建筑产品；其次，要根据建筑产品类型的特点选择适当的流通形式，避免简单化和绝对化；再次，在流通过程中，既要充分体现社会效益，又要尽可能合理地考虑经济效益；最后，还要注意与其他流通渠道的相互联系，使建筑产品的各种流通渠道形成一个统一的、相互协调而又相互补充的体系。至于私有建筑产品，主要是私人自建自购的房产，这是受到我国法律保护的。随着住房制度改革的进一步发展，私人房产在城市房产中的比重会逐步提高。

这样，私人房产以出售或租赁形式转移所有权或使用权的再流通活动亦将逐步增加。因此，应当对私有建筑产品的流通渠道予以足够重视，制定出合理可行的政策，引导并促使其走上健康发展的轨道，使之成为建筑产品流通渠道中的一条补充渠道。

7.4 建筑产品的流通价格

第 6 章已对建筑产品的生产价格作了深入阐述。这里所说的流通价格，是指建筑产品以出售这种流通形式转移所有权所表现出来的价格。而以租赁这种流通形式转移使用权所出现的租金，可以按确定的流通价格采用一定的方法进行折算。当然，在确定流通价格时，又在相当程度上取决于租金的大小，二者往往是不能截然分开的。至于使用这种流通形式转移使用权所表现出来的使用费，往往涉及一系列的政策，影响因素较复杂，不作深入讨论。下面，以在使用寿命中反复流通的建筑产品（主要是整体建筑产品）为对象，阐述建筑产品流通价格的有关问题。

7.4.1 建筑产品流通价格的特点

建筑产品的流通价格与生产价格相比，具有如下一些特点：

1. 变动幅度大

这一特点是由于建筑产品流通的反复性引起的。一个建筑产品可以在使用寿命中的任何时候进行流通，发生在不同时期（尤其是间隔期较长时）的流通价格无疑有较大幅度的差异。这里考虑新建和报废两个极端情况。新建的建筑产品流通价格可以等于其建设费用（生产价格加上设计费、监理费、建设期间业主管理费等）。如果新建的建筑产品流通价格比建设费用还低，对建设的需求就会减少，而对购买的需求将增加，这将导致建筑产品的流通价格上升到与建设费用水平相等；反之，如果新建建筑产品的流通价格高于建设费用，则对购买的需求减少，而对建设的需求增加，最终亦达到二者相互平衡。当建筑产品使用寿命终止而报废时，一般尚具有一定的残值，由于拆除该建筑产品需要一定的费用，尤其是对于常见的钢筋混凝土结构的建筑产品，拆除费用相当可观，可能抵消甚至超过其残值，因此，一般都将建筑产品报废时的流通价格取为零。当然，建筑产品的流通实际上极少发生在报废时刻。这表明，不论建筑产品在使用寿命中什么时候进行流通，其流通价格一般总是在建设费用和零之间变动。要说明的是，虽然建筑产品的流通价格随其实际使用年数的增加总体上呈逐渐下降趋势，但并非一定是逐年下降的。

2. 形式单一

如前所述，建筑产品的生产价格有多种价格形式，这些价格形式大多不适用于建筑产品的流通价格。建筑产品在流通过程中无法按定价买卖的方式进行交易，而是由当事人之间在交易中个别形成双方均能接受的价格，这是一种市场价格。由于买卖双方各自在数量上的变化，二者之间的地位也会发生强弱变化，可能形成买方市场或卖方市场，从而对建筑产品的流通价格产生重要影响，甚至可能出现由当事人的个别原因控制着实际交易价格的情况。例如，由于迁居或需要资金，卖主急于出售，就会降低建筑产品流通价格；与此相反，若为了开业等某种原因急于购买的买主，建筑产品的流通价格就会提高。这种现象是典型的市场机制，但与一般的市场机制仍然有明显的区别，主要原因在于建筑产品流通的区域性。不难理解，城市和农村的建筑产品流通市场有很大差异，即使是同一城市的不同区域的建筑产品，流通市场的供求关系也可能不尽相同。由于市场价格是建筑产品流通价格的基本形式，因而也就没有必要再严格区分其价格构成。或者说，在建筑产品流通市场中，对供求双方起主要作用的只是价格，而成本既难以考察，也较少有实际的经济意义。

3. 主要以收益价值为基础

建筑产品的流通价格虽然变动幅度大，但并非无原则地波动，而总是围绕一个中心，根据给定的条件波动，这个中心就是建筑产品的收益价值。由于建筑产品流通的反复性，所实现的流通发生在使用寿命中的不同时间，因而不可能像其生产价格那样以生产过程中所实现的创造价值为基础。另外，在建筑产品的使用过程中，虽然以折旧方式逐年折减价值，但不论采用怎样的折旧函数，由于建筑产品在结构、用途、实际使用、维修保养等方面存在差异，所以，建筑产品的折余价值往往并不能反映其实际尚具有的价值。从建筑产品实现流通的原因和目的来看，常常是从其收益价值进行考虑的，以此作为确定其流通价格的基础是很自然的了。这一点从建筑产品流通市场中的买方角度则显得尤为突出。建筑产品的收益价值具有一定的客观性，可以通过一定的方式定量计算。但与创造价值相比，收益价值又带有一定的主观性，以此为基础所确定的流通价格也不可避免地具有一定程度的不确定性，这也是建筑产品在使用过程中能反复多次实现流通的原因之一。

4. 在一定程度上取决于其经济寿命

在计算建筑产品的收益价值时，关键在于对年度收益的估计和使用寿命的确定。为保证从建筑产品取得预期的收益，实现其资本和资产的功能，建筑产品的购买者往往都是按经济寿命估算收益价值，再以此为基础确定其能够接受的流通价格。就建筑产品本身而言，不能忽视由于社会经济环境变化、技术进步等原因而使建筑产品产生无形损耗的情况。例如，由于建筑技术的进步和发展，原有建筑产品的性能相对地降低了，或由于人们爱好的变化而对原有建筑产品需求相应地减少等。这都促使人们加速建筑产品的更新。当然，在一般商品市场中，也存在类似情况，尤其是机械设备一类的生产资料，也有无形损耗问题，通常是以开发新产品、淘汰旧产品的方式来适应这种变化。但是，建筑产品的使用寿命远远长于常用的机械设备，不可能在短期内完全从实物形态上淘汰原有的建筑产品，因而一般是采用经济寿命原则或改善其原有功能方式加速建筑产品的更新。这样，以经济寿命为出发点确定建筑产品的流通价格就不仅仅是购买者的个别意愿，实际上也反映了加速建筑产品更新、更好地适应人们需求变化的一种客观需要。

建筑产品流通价格的上述特点是相互联系、相互影响的，同时又是相对于生产价格而存在的，并且需要具备一定的前提条件，否则，就可能出现与上述特点相违背的情况。例如，从建筑产品无形损耗的结果看，必然缩短其使用寿命（采用经济寿命），从而导致其流通价格下降。而实践中，投入使用年数不长的建筑产品的流通价格却有可能高于其生产价格乃至建设费用。出现这种情况的原因可能在于以下四个方面：一是新建建筑产品的建设费用逐年上升速度过快，流通价格相应提高。二是新建建筑产品手续复杂，建设周期长，不仅风险大，而且可能因此而错过稍纵即逝的良好投资机会。因而从需求者的角度看，新建不如购置，愿意出高于建设费用的流通价格买进已建成甚至已使用过的建筑产品。三是对于以建筑产品作为投资对象的投资者来说，总是期望从中得到较高的收益，这正是建筑产品资本和资产功能以及收益价值的体现。四是建筑产品流通市场供求关系不平衡，出现卖方市场，导致流通价格大幅度上升。因此，不能把建筑产品流通价格的上述特点简单化和绝对化。

7.4.2 建筑产品流通价格的估算方法

由于建筑产品的流通价格受很多因素影响，变动幅度大且带有明显的个人判断色彩，因而难以建立精确的计算模型和方法。即使建立了严格的计算模型，往往要作一些基本的假定，结果又在一定程度上降低或动摇了所建立的计算模型的严密性和科学性，使得用估算的方法来确定建筑产品的流通价格显得更为实用，也更符合建筑产品流通价格的特点。当然，在估算建筑产品流通价格时，必须对建筑产品的流通市场进行深入、客观的分析，所需要的是估算经验，而不是计算技巧。常用的建筑产品流通价格的估算方法有以下五种：

1. 折余价值法

这种方法的基本出发点是认为建筑产品的流通价格随其使用年数的增加而逐年降低，以其建设费用扣除发生流通时累计折旧额后的差额即折余价值作为流通价格。采用这种方法时，折旧基值应采用建设费用而不是生产价格，折旧年限应作出统一规定而不得随意计取。

采用这种方法的优点是排除了由于当事人不同而导致建筑产品流通价格随之变化的差异性，不论建筑产品的流通在什么时候以及什么条件下发生，都能较准确地确定其流通价格。但是，采用这种方法所考虑的因素过于简单，与建筑产品流通及其流通价格的特点不相适应，以此所确定的流通价格也难以正确反映建筑产品实际尚具有的价值。因此，这种方法主要用于那些很少改变所有权的建筑产品，通常是国有建筑产品，诸如医院、学校、政府机关办公楼等。这些建筑产品的所有权总是归国家所有，在流通中实现的是使用权的转移，其流通价格很少或不能以市场价格的形式出现。

2. 重置价值法

这种方法的基本出发点是考虑建设费用逐年上升对原有建筑产品流通价格的影响，

以建筑产品流通时新建同样建筑产品所需要的建设费用（即重置价值）扣除原建筑产品累计折旧额后的差额作为流通价格。

采用这种方法的优点是使建筑产品的流通价格与新建建设费用的变化（主要是增加）之间保持某种一致性，避免过低地估计原有建筑产品在流通时实际具有的价值。但是，这种方法本身就存在着矛盾：重置价值以新建建筑产品的建设费用为基础，折旧额以原建筑产品的建设费用为基础，其差额的经济意义在理论上说不清楚，在实践中也很难说是合理的。另外，如果建筑产品在流通时实际已经使用的年数较长，一般很难再找到与原建筑产品相同或基本相同的建筑产品，而且建筑技术的发展也可能在相当程度上改变了建设费用的构成，从而给重置价值的合理确定带来困难。作为一种简单的选择，可以按建筑产品的价格指数来推算原建筑产品的重置价值，但价格指数表示的是综合平均的价格上涨水平，不可能完全符合特定建筑产品的个别情况。重置价值法主要用于较少改变所有权的建筑产品，而且往往因为在流通的同时出于某种原因（如政府规定）需要对原建筑产品的价值进行重新评价。

3. 比较法

这种方法是以建筑产品流通市场中其他相似的建筑产品已实现的流通价格作为比较对象，估算待流通的建筑产品的流通价格。采用这种方法，要求作为比较对象的建筑产品在结构、规模、功能等方面与待流通的建筑产品基本上相似。然而，由于建筑产品的多样性，很难找到两个完全相似的建筑产品，使用这种方法时，常常发生许多困难。例如，两幢相邻的办公楼可能在结构形式、规模、高度等方面颇为相似，但二者的建筑造型、内部布局、房间大小、装修类型以及其他许多方面却存在明显的差异，从而不能以其中一幢办公楼的流通价格作为确定另一幢办公楼流通价格的依据。因此，这种方法虽然应用较为普遍，但主要是用于住宅建筑，因为住宅建筑量大面广，彼此之间的差异性相对来说不是十分显著。即使对于住宅建筑，在应用比较法估算流通价格时，也要十分注意选择适当的比较对象，对有差异的方面可以通过折减或增加系数的方式加以调整。这种方法虽没有什么理论依据，却具有直观、简单、迅速的优点，容易被供求双方接受。这种方法对估价人员的经验和专业知识有相当高的要求，在缺乏合适的比较对象时，不宜轻率采用。

4. 收益价值法

这种方法是以建筑产品的收益价值为基础来确定流通价格，确切地说，就是建筑产品的流通价格在数值上与收益价值相等。第 5 章已对建筑产品收益价值的计算作了推导和分析，式（5-4）~ 式（5-8）均适用于建筑产品流通价格的计算。这种方法反映了建筑产品流通市场中买方最基本的投资要求。为了减少投资的风险，在估算时，往往采用较短的剩余寿命或较高的利率。这也是建筑产品流通价格的一种常用估算方法，尤其适用于那些具有直接收益能力的建筑产品，如旅馆、公寓、办公楼、电影院、舞厅等。这类建筑产品的收入和支出在多数情况下均能作出较准确的估计，估算结果比较可靠。对其他不具有直接收益能力的建筑产品，也可以采用收益价值法来估算流通价格，但在运用这种方法时，要作一些适当的假定或转换。有必要指出，收益价值法的计算看似严谨，其实未必绝对可靠，故对其计算结果不能过于迷信。在有些情况下，同时采用比较法和收益价值法分别估算，再对两种方法的估算结果进行比较分析，会对合理确定建筑产品的流通价格起到相当积极的作用。

5. 改建挖潜法

这种方法也是以建筑产品的收益价值为基础来确定其流通价格，实际上仍然属于收益价值法，只是考虑的角度与收益价值不同，可以把它看作是收益价值法的一种变体。

这种方法反映了建筑产品流通市场中卖方尽可能提高建筑产品流通价格的要求。在采用这种方法时，建筑产品的收益价值不是按照其现存状态下的使用功能计算，而是按照改建后所改善甚至改变了的使用功能计算。当然，必须扣除改建所花的费用，并考虑改建者的风险和改建投资应有的收益。这样计算的结果不是建筑产品现存状态下的收益价值，而是潜在的、可能因改建而实现的收益价值。因此，这种方法适用于那些可以通过改建而充分发挥其潜在收益的建筑产品，例如，把沿街住宅改建为商业用房。

改建挖潜法虽然主要是从卖方角度考虑，但由于建筑产品确实具有潜在的收益价值，因而可能被买方接受。尤其是在卖方对买方动机能作出正确分析和判断时，这种方法就显得相当有效。既然现有建筑产品具有潜在的较高的收益价值，为什么作为所有者不自己改建后再出售呢？从卖方角度看，可能有以下几方面原因：一是缺乏资金，无法自己来实现现有建筑产品的潜在价值；二是现有建筑产品具有多种改建可能，结果显然会有较大差异，很难作出最佳选择，不能轻率改建；三是急需资金以作他用，或求近利，或解近忧；四是对改建后的经营方向缺乏专长和兴趣，难以实现其潜在的收益价值。

7.4.3　土地价值对建筑产品流通价格的影响

建筑产品总是固定于土地之上，土地与建筑产品有着十分密切的关系。在建筑产品的流通领域，这种关系就更为突出。

土地价值的表现形式有地价和地租两种。关于土地的经济问题，是房地产经济学研究的重要内容，由于土地与建筑产品的密切关系，往往又很难把二者截然分开。前面在阐述建筑产品流通价格的特点和估算方法时，实际上已经在某些方面体现了土地价值对建筑产品流通价格的影响。这里，再对这种影响作进一步的专门分析。

（1）土地价值对建筑产品流通价格的影响表现在地基条件上。建筑地基条件的好坏会直接影响到基础工程费用，当然也就影响到工程造价（生产价格），对于高层建筑和超高层建筑，这种影响比较明显。建筑产品的流通价格在一定程度上取决于它的建设费用，当采用折余价值法或重置价值法时，这一点是确定无疑的。即使采用收益价值法或改建挖潜法，也不能说丝毫未考虑它的建设费用。

（2）与其他产品（包括建筑产品）的价值量变化的趋势不同，土地价值不会随着使用年数的增加而逐年降低，不存在折旧问题。事实上恰恰相反，在使用过程中对土地的投入总是不断增加的，从而使土地价值也相应地不断提高。对土地的这些投入基本上是政府投资，而且往往不能及时（实际上很难做到）以提高地租或土地使用费的形式扣除土地价值的增值部分。这部分价值就可能转移到建筑产品的收益价值中去，从而提高了它的流通价格。

（3）随着土地的不断开发，土地之间的地理位置虽然不会发生变化，但经济位置却肯定要发生变化。这种变化对土地本身来说，不仅导致其绝对价值的提高，而且导致其相对价值的变化即级差地租的变化。对建筑产品来说，这种变化创造了增加收益价值的可能性，也有可能改变不同建筑产品之间的相对价值，必然影响到建筑产品的流通价格。

（4）土地与其他产品的又一不同之处是总量不变。现代社会，虽然可以采用围湖、填海、治沙、开山造地等途径增加实际可供人类使用的土地数量，但若从广义上理解，水面、沙漠、山丘等都可以看做是土地。退一步说，用人工手段增加的可供使用的土地数量是极其有限的，增长速度也相当缓慢。因此，对土地的需求总是呈相对增长的趋势，使土地显得日益相对稀缺，从而土地价值不断提高。与此成为鲜明对照的是，地租或土地使用费却是相对稳定的，通常是几十年不变。在建筑产品流通过程中，土地价值实际上已提高，却并未以增加地租或土地使用费的形式表现出来，可能表现为建筑产品流通价格的提高。

通过以上分析，不难看出，土地价值的变化与建筑产品收益价值的变化相互交织在一起。在研究建筑产品流通价格时，应注意扣除土地价值的影响，即使不能从定量上较准确地扣除，也要从定性上较为客观地估计。这样，才不至于把土地价值的增加与建筑产品收益价值的增加混为一谈，不至于过高地估计建筑产品的收益价值，在建筑产品收益价值为估价出发点时，避免不恰当地判断建筑产品的流通价格。虽然作为建筑产品流通市场中的买方来说，未必关心二者的区别，但作为经济问题加以研究，则必须对二者加以严格的区分。

思考题

1. 建筑产品流通的一般特点表现在哪些方面？
2. 建筑产品有哪几种流通形式？试逐一作简要说明。
3. 建筑产品有哪几种流通渠道？试逐一作简要说明。
4. 建筑产品的流通价格与其生产价格相比，具有哪些特点？试作简要分析。
5. 建筑产品的流通价格有哪几种估算方法？怎样估算？
6. 土地价值对建筑产品流通价格的影响表现在哪些方面？

第8章 建筑产品的消费

生产的目的是为了满足人民的需要。人民的需要有生产方面，也有生活方面，但归根结底是为了生活的需要，也就是为了消费的需要。就生产与消费的关系而言，生产决定消费，消费也反作用于生产。因为只有生产出了产品，才使消费成为可能，才有了消费对象；另一方面，只有产品被消费了，再生产循环的一个过程才真正完成，才能开始新的再生产循环过程。而消费的新要求，是新的生产发展的动力。从这个意义上说，没有消费，就没有生产，否则，生产就变成没有目的的生产。建筑产品的消费也具有同样的意义。一条铁路，如果不通车，没有被磨损，不被消费，它仅仅是可能性的铁路，而不是现实的铁路。一间房屋，如果没有人居住，事实上就不称其为房屋。因此，对建筑产品在消费领域中的经济问题加以研究，就显得十分重要。

8.1 建筑产品的消费特点

8.1.1 长期性

建筑产品的消费特点首先表现在它的长期性。这一特点可以从两个方面来理解：一是由于建筑产品的技术寿命和经济寿命都相当长，属于耐用消费资料，可以被人们长期消费。对同一建筑产品的消费需要在消费过程中不断深化，然而建筑产品本身的再生产过程一般都较长，投入亦相当大，不可能随时以重新生产的方式来适应消费需要的变化，因此要从短期消费与长期消费相结合的角度来安排建筑产品的生产。例如，一条道路，近期只要两车道就能满足通车流量的需要，中期需要四车道、远期需要六车道才能满足通车流量的需要，在建造这条道路时，可能首先按四车道考虑，并为拓宽成六车道留有余地。二是从消费主体来看，建筑产品是人们消费时间最长的产品。现代社会人们在工作、学习、休息和娱乐的同时，几乎都伴随着对建筑产品的消费过程，而且对建筑产品的消费需求会不断变化，从而对建筑产品的生产和流通产生重大影响。

8.1.2 普遍性

建筑产品的消费特点也表现在它的普遍性。衣、食、住、行是人类的基本消费需要，其中"住""行"两个方面消费的都是建筑产品。此外，工作、娱乐、旅游等亦都要消费建筑产品。可以毫不夸张地说，任何人，不论其职业、收入、社会地位、爱好等有何不同，都要消费建筑产品，而且不止一种建筑产品。建筑产品消费的普遍性，不仅反映在与人们生活有关的各个方面，而且反映在生产方面，国民经济中绝大多数物质生产部门的生产过程都同时表现为对建筑产品的消费过程。

8.1.3 多层次性

建筑产品的消费特点还表现在它的多层次性。第3章已经提及，消费资料可以分为生存资料、享受资料和发展资料三类。大多数消费资料，只具有其中一种功用或两种功用，而建筑产品则可以具有三种功用。建筑产品消费的多层次性包含两个方面的内容：其一，在同一时间，社会上存在具有三种功用程度不同的建筑产品，适应人们不同层次的消费需要；其二，对于同一消费主体来说，既可以在不同时期改变对建筑产品的消费需要，又可以在同一时期消费具有不同功用的建筑产品。对于一般商品来说，也有不同的消费层次，但这种层次性主要是由消费主体的消费能力所决定。而建筑产品消费的多层次性，除了在一定程度上受消费能力影响外，其显著特征是同一建筑产品可以同时具有不同程度的不同功用。建筑产品消费的多层次性本身也在不断变化，不仅各消费层次之间的比例在变化，而且各消费层次的基本要求和内涵也在变化。这样，客观上就要求建筑产品的生产尽可能适应消费层次的不断变化。

8.1.4 公共性

建筑产品消费的又一特点是在一定范围内具有公共性。除了企业和个人所有的建筑产品之外，还有相当多的建筑产品属于国家或地方政府所有。这些国有建筑产品是以全体消费者为对象，对消费者没有选择和限制。这类建筑产品的供给量对全体消费者来说都是一样的，或者说是对消费者的综合体提供等量的可供消费的建筑产品，这就是所谓的非排他性。这类建筑产品的消费，可以采用支付使用费的形式，也可以是免费的。从消费者方面来看，虽然消费或不消费是个人的自由，但个人消费不得妨碍他人消费，也不得因某人的消费而减少他人的消费机会，且消费者之间没有竞争。其实，不同消费者之间的消费机会有时并不是完全平等的。例如，有私人汽车者比无私人汽车者消费道路的机会多，受过高等教育的人比只受过初等教育的人利用图书馆的时间要多。但是，在考虑建筑产品消费公共性这一特点时，消费者是一个抽象的集合，包括实际消费者和可能的消费者。

当然，上面所说的国有建筑产品消费的非排他性只是相对于一般私有建筑产品消费而言。事实上，对于这类建筑产品，也常常会由于某人的消费而在一定程度上影响他人的消费，但这里的"某人"是泛指不是特指，在某种情况下的"影响者"可能在另一种情况下则变为"被影响者"，这种非排他性应当说是能够成立的。一般来说，不同消费者对国有建筑产品的消费水平差异较小，对私有建筑产品的消费水平差异则较大。因此，这种公共性消费的比例越大，不同消费者对建筑产品总体的消费水平差异就越小。

8.1.5 在消费结构中比例逐步增大

建筑产品消费的另一重要特征是在消费结构中的比例逐步增大。消费结构是指各类消费支出在总消费支出中所占的比重。消费结构受多种因素制约并且在经常变化之中，这种变化的总趋势是随着收入的增加，人们用于购买食物的支出占全部消费支出的比例会越来越小。这就是恩格尔定律。根据这个定律，可以计算恩格尔系数：

$$恩格尔系数 = \frac{食物支出额}{消费支出总额}$$

我国在 20 世纪 80 年代初的恩格尔系数虽然比 50 年代有所下降，但仍然超过 60%，下降速度较慢，主要原因有以下三个方面：一是由于产品结构的变化，工农产品比价中农产品有了较大的提高，购买同量的食品需要支出较多的费用；二是由于食物消费水平的提高，以碳水化合物为主的粮菜食品比重下降，含蛋白质、脂肪成分较多的鱼、肉、蛋、禽和精细食品比重上升；三是由于我国长期对城镇居民住房实行低租金制度，用于住的支出基本上没有增加。至 20 世纪 90 年代，国家在全国范围内逐步实行住房制度改革，对城镇居民住房逐步减少乃至取消财政补贴，大幅度提高房租和出售住宅的比例，居民在住的方面的支出显著增加，在总消费支出中的比例也相应提高。

到 20 世纪末 21 世纪初，这一发展趋势明显加速。随着我国经济的迅速发展，人民生活水平不断改善和提高，人们不仅要求住得宽敞，而且还会要求环境舒适、优美。虽然在住的方面消费比重上升到一定程度后会逐渐减缓上升速度，然后逐渐稳定，甚至还可能略有下降，但这需要经历一个相当长的发展过程。对于我国来说，估计要到 21 世纪中叶才可能达到这一状况。

另外，要特别强调指出，对建筑产品的消费并不仅仅限于住宅的消费。随着国民经济的发展，公共性消费的建筑产品在数量、比例上会逐渐增加，在质量上也会不断提高，人们对这类建筑产品的消费无论是在数量上还是在比例上都会不断增加。对于这类建筑产品的消费，一部分需要支付使用费，从而表现出用于建筑产品消费支出的增加；另一部分则可能是免费的，并不直接表现为消费者支出的增加，而实质上仍然是消费者支付的，只不过不是由具体的、个别的消费者支出，而是由抽象的、总体的消费者支付。因此，对建筑产品消费在消费结构中比例逐步增大这一特征，不应仅仅从消费的直接货币支出角度来理解，还应从实际消费的内容来理解。对于免费公共性建筑产品的消费，可以考虑采用一些转换或折算的方式来定量计算。

8.2 建筑产品消费的经济影响因素

建筑产品的消费受到一系列因素的影响和制约，其中经济因素也很多，这里仅对建筑产品价格和居民收入这两个因素作分析。

8.2.1 建筑产品价格对建筑产品消费的影响

在一定的生产力条件下，人们的收入水平是有限的。因此，人们不能无限制地消费每一种产品，必须有所选择，量入为出。在一定时期，人们消费某种商品的数量，受许多因素影响，其中价格因素最为突出和敏感。一般来说，价格越高，需求越减；价格越低，需求越增。这是需求的一般规律，它表明，产品的价格与需求量成反方向变动。但价格变动幅度引起的需求量变动幅度因产品而异。需求价格弹性就是反映价格变动一定比率而引起的需求量的变动率，它表示需求量变动对价格变动的敏感程度。需求价格弹性可用公式表示如下：

$$E_d = \frac{-\frac{\Delta Q}{Q}}{\frac{\Delta P}{P}} = -\frac{\Delta Q}{\Delta P} \cdot \frac{P}{Q} \qquad (8-1)$$

式中 Q，ΔQ——分别表示需求量和需求变动量；

P，ΔP——分别表示价格和价格变动量；

E_d——需求价格弹性，又称需求价格弹性系数。

因为价格与需求成反方向的变动关系，故 E_d 为负数。为了使用方便，也可以取它的绝对值，不取负数。

建筑产品需求的价格弹性小于1，如图8-1所示，表明建筑产品需求量的变动幅度小于价格变动幅度。因为建筑产品是人们最基本的消费，没有什么替代物。例如住宅，人们不会因价格上涨幅度过大而不住房，充其量只会减少住宅面积，而且少住也有一定的限度，至少要保证起码的生活需要。这样一来，建筑产品的价格提高往往就意味着用于建筑产品消费的支出数额和比例增加。在收入水平较低的条件下，这将影响其他方面的消费水平（包括其他的基本消费）。因此，在制定有关建筑产品价格的政策时，要充分考虑这一特点。

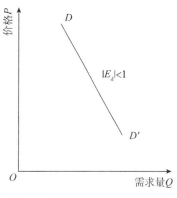

图8-1 建筑产品需求的价格弹性

例如，我国在住房制度改革中，在大幅度提高房租的同时，将过去国家对居民住房"暗补"的资金以"明补"的形式进入职工工资，从而既保证了居民消费水平稳定，又能较合理地体现建筑产品价格变动对消费需求的影响。

8.2.2 居民收入对建筑产品消费的影响

居民收入水平也是影响消费的最基本因素。无论何时何地，不同的收入水平总会有不同的消费需求。总体上来看，收入水平提高，总的消费水平肯定亦随之提高，但收入变动幅度引起的需求量变动幅度并不是平均起作用，而是因产品而异的。需求收入弹性就是反映收入变动一定比率而引起的需求量的变动率，即需求量变动对收入变动的敏感程度。需求收入弹性可用公式表示如下：

$$E_m = \frac{\frac{\Delta Q}{Q}}{\frac{\Delta M}{M}} = \frac{\Delta Q}{\Delta M} \cdot \frac{M}{Q} \qquad (8-2)$$

式中 Q，ΔQ——分别表示需求量和需求变动量；

　　　M，ΔM——分别表示收入量和收入变动量；

　　　E_m——需求收入弹性，又称需求收入弹性系数。

建筑产品需求的收入弹性变化较为复杂，不能一概而论，它主要取决于收入水平的高低。当收入水平较低时，建筑产品主要是作为生存资料，这时，建筑产品需求量的变动幅度小于收入的变动幅度，即需求收入弹性小于1，如图8-2中 M_1M_1' 线所示。当收入水平较高时，建筑产品不仅作为生存资料，而且作为享受资料和发展资料的成分相应提高，这时，建筑产品需求量的变动幅度可能大于收入的变动幅度，即需求收入弹性大于1，

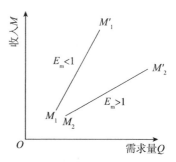

图8-2　建筑产品需求的收入弹性

如图8-2中 M_2M_2' 线所示。当然，作为特殊情况，需求收入弹性也有可能等于1。

8.2.3　建筑产品需求价格弹性和需求收入弹性的联系

建筑产品需求价格弹性和需求收入弹性分别反映了价格和收入对需求的作用，二者是有区别的，同时，二者之间又有着十分密切的联系。如上所述，需求价格弹性的前提条件是收入水平一定，若收入水平变化，需求价格弹性亦随之变化；另一方面，需求收入弹性反映的是在既定的价格体系条件下需求变动与收入变动的相关关系，各种产品的绝对价格和相对比价的变化会使需求收入弹性相应地发生变化。因此，对建筑产品的消费需求必须同时从价格和收入两个方面进行考虑，并考虑价格和收入对需求的相关作用。在多数情况下，价格与收入呈同方向变动。由于建筑产品价格相对于收入而言属于高价消费品，所以建筑产品价格较小幅度的变动所产生的消费支出绝对数额的变化较大，从而对建筑产品需求的变动产生较大影响。这也是使建筑产品需求收入弹性变化较为复杂的重要原因。

无论是建筑产品的需求价格弹性，还是需求收入弹性，都受建筑产品消费与其他消费的比例和建筑产品消费占收入比例的制约。当恩格尔系数较高时（如大于50%），建筑产品消费的相对比例较小，其需求价格弹性远小于1，需求收入弹性亦小于1；当恩格尔系数较低时（如小于30%），建筑产品消费的相对比例较大，其需求价格弹性虽然仍小于1，

但有可能向接近1的方向变化，而需求收入弹性才可能大于1。因此，建筑产品的需求价格弹性和需求收入弹性又与人们总的消费结构密切相关，这二者既能引起消费结构产生一定程度的变化，又受到消费结构的制约，不可能在短期内发生突变。

除了价格和收入两个因素之外，建筑产品的消费还直接受到建筑产品生产和供给情况的影响。从生产决定消费的角度出发，生产和供给也在一定程度上决定着建筑产品的需求价格弹性和需求收入弹性。上述建筑产品需求价格弹性和需求收入弹性的有关内容，都是以建筑产品生产供给量与消费需求量大体上相适应为前提，以建筑产品价格与居民收入水平和消费水平亦大体上相适应为基本出发点。因此，如果建筑产品的生产和供给与其消费需求之间存在严重不平衡状况，就使需求价格弹性和需求收入弹性出现不同的变化规律。

8.3 建筑产品的消费效益

建筑产品的消费效益，指一定数量和质量的建筑产品在使用期间使用者实际接受到的功能与其所具有的或应发挥的功能之间的比率。

人们消费一定的建筑产品是否能取得最大的消费效益，与建筑产品生产和消费过程中的各种主观和客观因素密切相关。从某种意义上讲，这不仅是经济问题，也是社会问题。因此，如何提高建筑产品的消费效益，是一个应当引起重视并加以研究的重要课题。

研究建筑产品的消费效益，要考虑以下五个方面的问题：

1. 使用率的高低

建筑产品生产的目的就是为了满足消费的需要。如果建筑产品建成之后不被使用，就无法实现它所具有的功能，其消费效益就无从谈起。在一般情况下，建筑产品的消费效益与其使用率的高低成正比，即使用率高，消费效益亦高；使用率低，消费效益亦低。例如，有的城市职工住宅离工作地点很远，上下班途中耗费时间很多，每天早出晚归，对住宅的实际使用时间较短，住宅本身所具有的功能被消费者利用的时间就较短。在这种情况下，住宅被利用的主要是它作为生存资料的功能，而它作为享受资料和发展资料的功能没有得到充分利用，其消费效益自然就比较低下。这时，如果能通过再流通的方式（例如互换住宅）使职工居住地点离工作地点近一些，就能使职工在工作之余多一些自由支配的时间，可以更好地休息、学习、恢复和提高劳动能力，从而使社会生产力得到更好的发展。这样，在现有建筑产品不变的情况下提高了它们的实际使用率，也就提高了它们的消费效益。

2. 同类建筑产品之间使用的均衡性

从数学上不难证明，在建筑产品总量一定、使用时间总量也一定的条件下，以各建筑产品使用率相等时所取得的消费效益为最大。当然，这一点实际上是不可能达到的。但至少说明，各建筑产品使用率相对均衡时的消费效益比使用率畸高或畸低时要大。而且，使用率也不是越高越好，当使用率超过一定限度后，其消费效益有可能下降。例如，道路交通流量太大以致超过了它的通行能力，这时的使用率可以说达到了极限。但由于造成交通堵塞，行车速度下降，它的设计时速较高的功能没有实现，消费效益就下降。这种情况也可以认为是由于使用率计算的条件不充分引起的。最能说明使用均衡性可提高消费效益的例子是住宅的消费。在住宅消费总体水平尚比较低下的情况下，一间 $30m^2$ 的住房对于新婚无房户来说，无疑是雪中送炭。而同一间住房对于已有 $100m^2$ 住房的三口之家来说，不过是锦上添花。因此，在城市住宅建设中，优先为住房特困户、困难户提供房源，可以改善住宅消费的均衡性，从而在住宅总量相同的条件下提高住宅的总体消费效益。

3. 不同类建筑产品消费的综合性

不同类建筑产品消费的综合性也可以说是建筑产品总体消费的均衡性。不同类建筑产品之间消费的均衡性较为复杂，涉及的因素较多，如是否具有替代性等。这里主要从两方面进行考虑：其一，现有建筑产品是否与消费需求（包括不同层次的消费需求）相适应；其二，消费者对消费对象能否作出主动选择。只有在对这两个问题作出肯定回答的情况下，才有可能提高建筑产品总体消费的均衡性。例如，歌舞厅、卡拉OK厅、影剧院、音乐厅、体育馆、美术馆、图书馆和博物馆等建筑产品，有的属纯娱乐类，有的属纯文化类，有的则二者兼而有之。既可能出现娱乐类的供大于求，而文化类的供小于求；也可能图书馆虽然可以容纳大量的读者，藏书亦甚丰，但不能适应不同文化水平消费者的需要，因而利用率甚低；还可能由于某种原因使消费者不得不放弃某种选择。这些情况，都会导致不同建筑产品之间消费的不均衡性。至于使用功能差异很大的建筑产品，出现消费不均衡的可能性就更大。

4. 建筑产品消费的社会性

建筑产品的消费效益除了表现为直接取得的效益（不仅仅是经济效益）外，还常常表现为间接效益，或称社会效益，这是评价建筑产品尤其是公共性建筑产品消费效益时不可忽视的重要方面。例如，对通过高速公路的汽车收取使用费，可以取得直接经济效益，有利于收回投资。但是，因此需要增设收费站，减少进入高速公路的通道，从而导致平均行车速度下降，使用率降低，而且在停车交费后再次启动的排气污染远高于正常行车时的排气污染，社会效益就较差。如果考虑社会效益在内的消费效益，可能不收取使用费更好些。又如，一座水坝除了发电取得直接的效益外，还可能对不付电费的人们起防洪作用，这种社会效益当然要考虑。但同时又可能因此而提高上游水位，从而影响下游现有或可能建造的水坝的发电能力，还可能破坏邻近的自然景观乃至生态平衡。评价建筑产品消费的社会效益一般采用费用—效益分析的方法。一般来说，建筑产品消费的直接效益相对来说较为稳定，而社会效益变动的可能性较大，常常受有关政策、规定甚至价值观念的影响。因此，在建筑产品消费直接效益既定的条件下尽可能提高其消费的社会效益，是提高建筑产品消费效益的重要途径。

5. 对建筑产品正确合理的使用

正确使用建筑产品是使建筑产品发挥其应有功能的基本要求。例如，随意改变房屋建筑的内部结构可能危及其整体安全性，不能正常使用并提早报废。又如，占用道路作为集市贸易市场，将使通行能力下降，交通事故增加。显然，使用不当，可能导致建筑产品的消费效益大幅度下降，必须坚决予以制止。合理使用建筑产品是提高现有建筑产品消费效益的有效途径。例如，在不改变和损坏房屋承重结构的前提下，适当改变住宅内部的隔断或进行内部房间的重新组合，使之更适合住户的特定需要，可以在一定程度上提高其消费效益。再如，对城市现有道路系统进行重新规划，增辟一些汽车专用道、单行线、自行车专用道、行人专用道（步行街），有可能较显著地改善城市交通状况，提高道路的消费效益。

总之，提高现有建筑产品消费效益是大有潜力可挖的，只要采取可行有效的方法和措施，处理好上述五个方面的问题，就能较大幅度地提高建筑产品的消费效益。这无疑应当是我们努力追求的目标。

思考题

1. 建筑产品的消费具有哪些特点？试就其中一点作较深入的阐述。
2. 试对影响建筑产品消费的经济因素进行分析。
3. 研究建筑产品的消费效益，要考虑哪几方面的问题？

第 3 篇

建筑生产

第 9 章 建筑生产概述

建筑产品不同于一般工业产品,建筑生产也与工业生产有很大不同。本章阐述建筑生产的特点以及建筑生产的要素,为后续深入分析建筑生产建立基础。

9.1 建筑生产的特点

建筑生产的特点,在很大程度上是由建筑产品的特征所决定的;同时,又是相对于工业生产的特点而存在的。本节结合第 3 章对建筑产品特征的分析,采取一一对应的方式阐述建筑生产的特点。

1. 单件性

由于建筑产品具有多样性的特点,从而使建筑生产表现出单件性的特征,这与工业生产常用的大量生产、批量生产、系列生产方式形成鲜明的对照。建筑产品都是在特定的地理环境中建造的,受建筑性质、功能技术要求、地形地质、水文气象等自然条件和原料、材料、燃料等资源条件以及人口、交通、民族、风俗习惯和社会条件等的影响。由于客观条件及建设目的的不同,常常需要对建筑产品从内容到形式进行个别设计,并且因工程而异编制施工组织设计,并个别地组织施工。即使是采用同一种设计图纸的建筑产品,由于上述条件的不同,在建造时也需要对设计图纸、施工方法和施工组织等作适当的修改或调整。

建筑生产的单件性还表现在设计与施工的分离,也与工业生产明显不同。在工业生产中,设计与制造是统一考虑、密切联系的。因为设计不仅包括产品设计,而且包括生产工艺设计,二者相互依存、相互作用,不能仅孤立地考虑某一方面。有些工业产品甚至可以说是生产工艺设计决定了产品设计。在设计与施工分离的条件下,建筑产品的设计一般较少考虑施工,也就是说,仅仅是产品设计,而不进行"生产工艺设计"。有时设计中也在一定程度上考虑施工,但那只不过是考虑产品实现的可能性,而并不具体、详细地规定如何实现。这使建筑产品单件生产的特点显得更为突出。

建筑生产之所以表现出设计与施工分离的特点,很重要的原因在于建筑产品的施工方法具有多种选择的可能性。对于既定的产品设计,在满足设计要求的前提下,施工单位可以根据自己的施工经验、技术优势、可供使用的施工机械的数量和性能、可投入的施工人员的数量和素质等方面的情况,选择相应的施工方法。施工方法既不是唯一的,也不是不可取代的。但由于不同的施工方法将导致生产周期、产品成本和价格的较大差异，因而在产品设计阶段，往往不能或不宜对施工方法作出具体、详细的规定，从而给施工单位留下选择施工方法的余地，也为建筑产品的施工方法与产品设计的最佳组合创造了条件。

2. 流动性

由于建筑产品具有固定性的特点，从而使建筑生产表现出流动性的特点，它与工业产品的流动性、生产的固定性截然不同。建筑生产的流动性不仅表现在施工的人员、机械、设备和材料等围绕着建筑产品上下、左右、内外、前后地变换位置，即施工力量在同一建筑产品不同部位之间的流动，还表现在施工力量在同一地区不同建筑产品之间乃至不同地区不同建筑产品之间的流动。许多不同工种的人员和机械在同一建筑产品上进行作业，不可避免地产生施工空间和时间上的矛盾，因而必须科学地组织施工。若同时生产多个不同的建筑产品（同一地区或不同地区），则对建筑企业管理的各个方面都提出了更高的要求。

建筑生产的流动性对于同一产品的生产来说并不是无章可循的，必须遵循严格的施工顺序，与工业生产有所不同。在工业生产中，生产可以在各个阶段上同时展开，产品的各个部件可以分别在不同的地点同时加工制造，完成之后进行装配，成为最后的产品，没有十分严格的程序性。当然，对于以流水线方式生产的工业产品来说，其生产的程序性是十分严格的。在生产建筑产品时，生产一般不可能在各个阶段上同时展开，只能由许多不同的工种在同一建筑产品的不同部位按照严格的程序交叉地进行施工，而且必须具备一定的条件。例如，按流水法组织施工时，虽然在不同的施工段上同时进行着不同工种或阶段的施工，但在同一施工段上，则必须按严格的施工顺序进行。况且，恰恰是因为不同的施工工序之间存在着这种严格的顺序关系，才使划分施工段成为可能。另外，划分施工段的数目也是很有限的，即同时进行不同工种或阶段施工的可能性仍然是很小的。至于装配式建筑产品，其构件、配件的生产和制作的顺序性不再严格，但在现场安装时，则必须严格按照装配式结构所要求的施工顺序进行。

如上所述，建筑产品固定性是导致建筑生产流动性的原因。如果从另外一个角度来考虑，则可认为建筑生产流动性是由作为生产者的建筑企业不能决定生产地点引起的。工业产品的生产地点是由生产企业选择决定的，或是接近原料产地，或是接近消费市场，或是便于原料和产成品的运输，以求节省运费、降低产品成本或便于销售。而建筑产品的所在位置就是生产地点，它是由需求者根据使用目的和需要决定的，而不考虑或较少考虑建筑产品生产本身的要求。因此，可以把建筑生产的流动性看做是建筑产品生产者适应消费者需求的一种特有的方式。

3. 不均衡性

由于建筑生产的总规模受国民经济状况和固定资产投资总规模的制约，建筑生产从总体上来说处于相对被动的地位。20世纪90年代初以前，我国尚处于社会主义初级阶段，还缺乏成熟的社会主义建设经验，经济体制也处在不断探索和完善的过程之中，固定资产投资规模膨胀和压缩的现象反复多次出现，直接导致建筑生产严重的不均衡性，多次产生大上大下的局面，严重影响了建筑生产的总体效益。20 世纪 90 年代中期以来，我国经济走上持续、稳定发展的轨道，但固定资产投资在地区、部门之间发展不均衡的状况仍然存在，这是整个国民经济发展不平衡的必然结果，也是使建筑生产不均衡所无法排除的宏观影响因素。

另一方面，由于建筑产品形体庞大，一般不具备室内生产的条件，只能在露天条件下进行生产，必然会受到风、雨、雪、温度等气候条件的影响，难以做到全年均衡生产，其中最突出的是雨季、冬季和夏季高温期间生产的实际有效时间和效率大幅度下降。与此相反，在一般的工业部门中，由于产品体积较小，生产大多在室内进行，因而生产一般不受气候条件的影响，或虽受气候条件影响，但可采取适当的措施来防止或减轻这种影响，从而可以在全年内均衡或较均衡地组织生产。建筑生产的这种不均衡性在同一地区对所有的建筑产品都产生不利影响，往往使施工费用和材料消耗增加（参见表 6-1 和表 6-2），这也给建筑企业的生产计划增加了困难和复杂程度。与此同时，也在客观上提供了通过改善建筑生产均衡性来提高建筑生产效率的可能性。

导致建筑生产不均衡性的原因还在于建筑产品生产过程本身的不均衡性。任何建筑产品，在生产开始阶段所消耗的人力、机械、材料都较少，以后随着工程的进展，生产投入逐渐增加，待达到最高峰之后，又逐渐减少，直至结束。而工业产品各加工工序所消耗的时间虽然不尽相同，但由于其生产可以在各个阶段上同时展开，从而可以通过安排适量的加工设备或调整生产工艺来避免生产过程的不均衡性。如前所述，由于建筑生产具有严格的程序性，因此，建筑生产的这种不均衡性对于个别的建筑产品来说是无法改变的，充其量只能在一定程度上有所改善。但是，对于有能力同时生产多个建筑产品的建筑企业来说，这种不均衡性由于各建筑产品开、竣工时间和生产周期的不同而不复存在。或者虽然仍在一定程度上存在，但有可能通过主动的计划调整而将其排除。因此，由建筑产品生产过程本身的不均衡所导致的建筑生产不均衡性相对来说不十分重要。

4. 周期长

所谓生产周期，是指从劳动对象开始投入生产过程一直到生产出成品为止的时期。一般的工业产品，按照其生产周期的长短，大致可以划分为四类。电力工业产品是生产周期极短的产品，在生产时完全没有在制品的问题；纺织工业、制鞋工业等的产品，属于生产周期较短的产品，在生产过程中，在制品所占的比重很小；汽车工业、机器制造工业等的产品，属于生产周期较长的产品，在制品所占的比重一般在 25%~30% 之间；造船工业产品是生产周期最长的产品，在很长的生产过程内，直到生产出最终的产品之前，只有在制品而没有产成品。建筑产品在生产周期方面类似于造船工业产品，生产周期相当长，少则几个月，多则几年、十几年。

由于建筑产品生产周期长，在生产过程中占用的资金多，资金周转慢，加之建筑产品一般都耗资巨大，这就决定了建筑产品不能像一般工业产品那样，在产品销售之后才收回成本并获取利润。因此，建筑产品的生产往往由需求者先预付部分工程价款作为生产资金，再由生产者每月按点交的已完工程与需求者进行结算，竣工后再最后结算。也就是说，在建筑产品的生产过程中，一直伴随着较为经常的结算付款工作，也显然比工业产品"一手交钱、一手交货"的交换方式复杂得多。

建筑产品价值巨大，保证质量显得尤为重要。不合格的建筑产品不但无法完全实现预期的功能，对需求者是一个重大损失，对社会同样也是损失，而且，这种损失往往是无法弥补和挽回的。再则，建筑产品的生产周期长，使用寿命亦长，其质量的好坏不能仅仅看最终产品的表面结果。建筑生产过程中每个工序、每个分项工程、每个分部工程的质量都在不同程度上影响甚至决定着最终产品的质量。因此，为了保证建筑产品的质量，必须在建筑生产全过程中自始至终地加强检查和监督，尤其要注意做好对隐蔽工程的验收工作。与一般工业产品主要是生产者自行检查（检验）质量的做法不同，建筑产品生产过程中的质量控制工作包括三个方面：一是生产者的自检；二是需求者或需求者代表的监理；三是政府有关机构的监督。

建筑产品生产周期长，相应地增加了建筑生产的风险性，不仅对生产者有风险，而且对需求者也有风险。在建筑产品生产过程中，会受到社会、政治、经济、自然、技术和人为等多方面因素的影响，出现一些在开始生产之前难以预见到的情况，造成一些意外的损失，使预定的费用、工期和质量目标难以实现。因此有必要采取一些相应的措施，力求减少和避免可能出现的风险。例如，对在建的建筑产品进行保险，或对可能由于建筑产品生产而直接导致的第三方损失进行保险，等等。尽管如此，在建筑产品生产过程中可能产生技术、经济或法律等方面的问题仍远比工业生产多得多。

5. 为订货生产

由于建筑产品的用途有很大的局限性，从而使建筑生产表现出为订货生产的特点。这与工业生产不是为特定的消费者而是为广义的消费者即为市场生产的情形有着根本的区别。建筑生产为订货生产的特性，具体地说，就是先确定使用者再进行生产，客观上造成建筑产品由生产者直接出售给使用者，而不经过实物的流通市场。建筑生产的为订货生产与工业生产中采用的"以销定产"有着重要区别。"以销定产"主要是确定产量，至于产品本身的质量、规格和价格等，仍然是由生产者决定，仍然是先生产再销售。而"为订货生产"则要求产品从形式到功能均由使用者决定（价格由双方共同决定），从某种意义上来说，是先销售再生产。为订货生产固然不再需要一般工业生产中推销产品的工作，但由于合同的制约，在合同规定的期限内，建筑生产者不再具有灵活性和选择性。

建筑生产为订货生产的特点要求在产品生产之前就详细、具体地明确与产品生产有关各方之间的经济关系以及权利、义务和责任。在一般建筑产品的生产中，通常涉及建设单位、勘察设计单位、施工单位、材料设备供应单位、监理单位等，其中，设计单位和施工单位还可能有总包和分包之分。这使得建筑生产过程中的生产关系比工业生产复杂得多，协调各方之间的关系就显得尤为重要。另外，与工业生产所不同的是，生产关系的复杂性集中体现在建筑产品的需求者方面，而不是生产者方面，这就使得建筑产品开始生产之前的许多工作变得更为重要。

建筑生产为订货生产的特点还要求在产品生产之前就确定价格。第6章在谈到建筑产品价格"定价在先"的特点时，对此已有较详细的阐述，此不赘述。这里仅补充一点，尽管在生产之前所确定的建筑产品价格只是一种暂定价格，实际价格在建筑产品生产过程中和结束后是可以调整的，但这与工业产品由生产者自主决定销售价格仍然不能相提并论。

6. 外部约束多

由于建筑产品不仅仅联系着需求者和生产者两个方面，而且具有强烈的社会性，因而使建筑生产受到的外部约束条件特别多。这些约束不仅针对生产者，而且有许多是针对需求者的。例如，拟建建筑产品固然要满足需求者的要求和愿望，但必须首先符合城市建设和地区发展的总体规划以及有关的规定。因此，建筑产品在设计阶段要经过有关主管部门的多次审批，也就有可能使设计工作出现反复和周折，甚至可能由于设计水平低劣而导致取消拟建建筑产品。又如，从环境保护的要求出发，不仅要通过设计审查对建筑产品建成后使用阶段可能造成的环境污染加以严格控制，而且对建筑产品生产过程中可能造成的环境污染亦要严格控制，如对施工过程中产生的噪声、振动、道路污损、地下水污染、建筑垃圾堆放和处理等都有限制。

外部约束多有可能影响建筑生产的连续性，增加生产成本，损害建筑产品生产者和需求者的经济利益。但从宏观效益和社会效益的角度出发，这些外部约束条件是不可缺少的。

建筑生产的上述特点增加了建筑生产管理工作的困难，在计划、生产（施工组织）、成本和资金管理等方面都与一般工业生产存在明显的区别，需要加以客观的分析和研究。当然，建筑生产的特点并不是一成不变的，随着技术条件和社会条件的发展和变化，这些特点也会相应地发生变化。但从目前情况来看，上述特点在短期内不可能发生根本性的变化。因此，对于建筑领域内的管理人员来说，正确认识它们是十分必要的。

9.2 建筑生产的要素

生产力是在生产过程中由生产的各个要素相结合所形成的总体能力。它反映人类改造自然、控制自然、进行物质资料生产的能力或程度。不论社会形态如何，生产力总是由劳动力和生产资料共同构成的，没有劳动力的生产资料或者没有生产资料的劳动力都不能形成生产力。

进行建筑生产，必须具备生产资料和劳动力，并使它们有机地结合，才能构成生产力。生产资料由劳动对象和劳动资料构成，它是生产力中物的要素。劳动力是生产力中人的要素。因此，劳动对象、劳动资料、劳动力又统称生产要素。在资本主义国家，还常常把资本和土地看做是生产要素。其实，资本作为生产要素的主要作用是形成固定资产，即创造劳动资料。若从这个意义上来理解资本是生产要素，也是能够成立的，但若以此来否定剩余价值的存在，则是应当加以批判的。至于把土地作为生产要素所涉及的问题较为复杂，需要作具体的分析。下面，分别对建筑生产的各个要素进行阐述。

9.2.1 劳动对象

所谓劳动对象，是指人们在生产过程中将劳动加于其上的一切东西，包括原材料和各种配套产品。劳动对象的数量和质量直接影响到产品的数量和质量，如新型材料和配件就是新兴工业发展、产品更新换代和劳动生产率迅速提高的基础条件。劳动对象范围的不断扩大和品质的不断改进，推动着生产力水平的迅速提高。

1. 建筑材料

建筑材料是建筑生产的劳动对象，它包括未经建筑业加工的原材料和经过建筑业或其他行业加工的构件和配件两大类，而构件和配件大多是由上述原材料加工而成的。故从分析劳动对象的角度出发，一般不把构件和配件作为一个专门的类别。按照建筑生产中的不同作用，建筑材料可划分为主要材料、辅助材料和其他材料三类。所谓主要材料，是指在建筑生产过程中一次性消耗并构成工程实体的原材料和构配件，如钢材、木材、水泥、石灰、砖瓦、砂石等以及门、窗、水池、预制梁、板、柱和楼梯等。所谓辅助材料，是指建筑生产过程中必不可少但并不一次性消耗的材料，主要是周转使用的材料，如模板、竹脚手、钢脚手、轻轨、枕木和跳板等。其他材料是指在建筑生产过程中一次性消耗但并不构成工程实体的材料，如早强剂、减水剂、动力、燃料、氧气等。

作为劳动对象，建筑材料的特性对其在建筑生产中的使用起着极其重要的作用。从实用需要出发，一般可将建筑材料的特性分为美学性能、几何特征、材料性能和加工难易程度四个方面。美学性能包括材料的色彩、纹理、质地、外观等内容，其好坏一般没有绝对的尺度，在一定程度上受个人喜好、社会时尚等主观和客观因素影响。几何特征指的是材料的外形，包括长、宽、高、厚、直径等尺寸。材料性能是建筑材料特性最重要且内容最多的方面，它可分为物理性能和化学性能两个方面。属于物理性能的有力学性能、热学性能、电学性能、光学性能等。力学性能又包括强度、硬度、弹性模量、耐久性等，其中强度还可进一步分为抗压强度、抗拉强度、抗弯强度、抗剪强度、抗扭强度等。化学性能主要包括耐酸、耐碱、耐腐蚀等方面。材料加工的难易程度与其几何特征、材料性能有密切关系，但鉴于其在建筑生产过程中的实际意义，故作为一个独立的方面，主要包括运输、制作、安装的难易程度等。

研究建筑材料特性的目的，在于根据建筑产品的建筑、结构、使用功能等方面的要求选择最适宜的建筑材料（当然，除了材料特性之外，还必须考虑费用因素）。对于确定的功能要求，可以采用一种材料或两种以上材料的组合来实现。这不仅涉及同种材料之间的比较和选择，还涉及不同种材料之间的比较和选择。对于经长期实践，证明为最适用于某一功能但却由于特殊原因供不应求的材料，就产生了材料代用问题。例如，以粉煤灰砌块或混凝土空心砌块取代标准砖，以钢代木或以塑代木制作门、窗或其他配件。

2. 土地

土地也是劳动对象，从这个角度来理解它也是生产要素之一。土地作为劳动对象有三种情况：一是作为种植对象，如农业、林业等；二是作为采掘对象，如作为建筑材料来源的采石场、砂场等；三是作为建筑对象，即作为建筑产品（如住宅、厂房等）的地基。后两种情况对于建筑生产来说，无疑具有重要意义。与建筑材料相比，作为劳动对象的土地对建筑生产具有重要影响。这种影响不仅取决于与土地有关的地质、水文等条件，还取决于它的位置，如与其他建筑产品的相对位置、交通位置，与构配件加工场所和原材料供应地点的相对位置等。因此，也存在建筑地基比较和选择的问题，即尽可能使所选择的建筑地基与建筑产品的要求相适应。

9.2.2 劳动资料

所谓劳动资料，又称为劳动手段，是人们在生产过程中用于改变或影响劳动对象的形状、性质、位置所需要的一切物质资料和物质条件。它包括设备、工具、容器、检验手段以及厂房、生产用房屋等设施。在劳动资料中，设备等生产工具起决定作用。有些物质资料在生产过程中的地位和作用不是固定不变的，有时作为劳动资料，有时作为劳动对象。例如，机床厂内正在装配之中的机床，是劳动对象；用来加工产品的机床，是劳动资料。

1. 劳动资料的作用

随着新型的劳动资料代替陈旧的劳动资料，劳动资料的种类不断增多，结构愈加复杂，性能也日益完善。特别是以电子计算机为中心的现代化劳动手段的发展和运用，不仅使人的体力得到了广泛的延伸，而且使人的智力得到了积极的拓展，这是劳动资料的一次根本性飞跃。劳动资料作为物的要素的重要内容，是人类支配与控制自然、创造物质财富的强大手段。它的质量和效率，在很大程度上决定着人类改造自然和创造财富的能力。劳动资料不断完善、不断进步，也是生产力不断发展和向前推进的动力和源泉。

同其他物质生产一样，劳动资料是建筑生产发展必要的物质前提。从现代建筑生产的要求来看，能不能把劳动对象转化为符合人类需要的建筑产品，在很大程度上取决于生产工具发展的水平。随着建筑生产机械化水平的日益提高，机械性劳动资料在建筑生产过程中的作用日益突出，生产效果的好坏和工程质量的优劣，越来越多地取决于使用什么样的生产工具。建筑生产的劳动资料自20世纪40年代后期以来有了迅猛的发展，机械化程度已经相当高，如大型土石方工程、基础工程、起重吊装工程、运输装卸工程、地下工程和混凝土工程等。但从发展的总体水平来看，建筑生产劳动资料的发展还很不平衡，仍然存在许多十分薄弱的方面。因而，与其他大多数物质生产相比，建筑生产的劳动资料仍然处于比较落后的状态，还需要不断发展和提高。

就劳动资料的重要程度不断提高而言，建筑生产与工业生产是一致的；但就劳动资料的形态、构成和相对作用而言，建筑生产则与工业生产有所不同。

为便于分析比较，将劳动资料分为直接劳动资料和间接劳动资料两类。所谓直接劳动资料，是指直接介入生产过程的劳动资料，包括机械、装置、车辆、其他运输工具、仪器、备品等；所谓间接劳动资料，是指为维持正常生产所必需的但并不直接介入生产过程的劳动资料，主要包括房屋和构筑物。

在劳动资料中，机械设备起着决定性的作用。在一般工业生产中，为了使机械设备能有效地发挥作用，厂房、仓库等建筑物是必不可少的。而建筑生产主要是在露天条件下作业，厂房不是那么重要。当然，如果包括间接部分的作业，如机械修理、配件制作等，没有厂房也是不行的。但是，这部分工作占整个建筑生产的比例毕竟很小，厂房就显得不十分重要。比其更重要的倒是运输类机械。与工业生产相比，建筑生产的间接劳动资料比例较小，且有逐渐缩小的趋向；在直接劳动资料中，车辆、运输工具的比重特别大；在机械设备中，简单作业用的机械多，中小型机械多，专用机械多，而通用机械少；在使用过程中，有形损耗占有主导地位，技术发展造成的无形损耗较为次要；在有形损耗中，风、雨、雪、空气等自然条件造成的损坏程度较为严重，由于使用造成的磨损则显得相对比较轻微。

2. 反映建筑生产劳动资料利用的指标

（1）资本装备率

建筑生产的劳动资料又可统称为有形固定资产，在价值形态上则称为固定资本。根据劳动资料和劳动力相互作用、相互联系的性质，除了从总体和数量上考察建筑生产的劳动资料之外，还有必要引入资本装备率的概念。如果以 K 表示建筑生产劳动资料的价值，即固定资本，以 L 表示劳动力的数量，则 K/L 就是资本装备率，它表示投入建筑生产过程的人均劳动资料的价值，或者说劳动资料与劳动力的相对比例。资本装备率的高低，在一定程度上反映了建筑生产机械化程度的高低。如果考虑到生产工具的决定性作用，把固定资本即劳动资料限定在直接劳动资料，即机械设备方面，则 K/L 就表示机械设备装备率，它所反映的建筑生产机械化程度就更为准确。

（2）机械设备利用率

机械设备装备率仅仅反映了机械设备的占用情况，还不能反映机械设备的实际利用情况，而后者对于准确分析机械设备对建筑生产的作用有着十分重要的意义。为此，需要采用机械设备利用率和完好率两项指标。其中，机械设备利用率是指在一定时期（月、季、年）内机械设备实际工作台日数与制度台日数的比率，其计算公式如下：

$$机械设备利用率 = \frac{报告期实际工作台日数}{报告期制度台日数} \times 100\% \qquad (9-1)$$

如果有节假日加班，式（9-1）中的分子和分母都要加上加班的台日数。式（9-1）

仅适用于计算单台机械设备利用率。对于分类或综合机械设备利用率，则需要把各种单台机械设备利用率的分子和分母分别加权计算。机械设备利用率反映了机械设备在数量、时间、能力方面的实际利用程度，也从一个方面反映了机械设备利用的变动规律。

（3）机械设备完好率

所谓机械设备完好率，是指在一定时期内机械设备完好台数或台日数与总台数或总台日数的比率，其计算公式为

$$机械设备完好率 = \frac{报告期完好台数}{报告期总台数} \times 100\% \quad (9-2)$$

或

$$机械设备完好率 = \frac{报告期完好台日数}{报告期总台日数} \times 100\% \quad (9-3)$$

式（9-3）计算中的有关问题同利用率，不再另作说明。唯一要说明的是，完好的机械设备是指达到完好条件并处于完好状态的在用、在库的机械设备。机械设备完好率反映了机械设备技术状况和维修管理情况，从另一个侧面反映了机械设备利用的变动规律。

3. 建筑生产劳动资料的变化趋势

作为固定资本或资产，建筑生产的劳动资料在价值形态上还有原值和净值的区别。有关概念在第3章分析建筑产品的资本和资产功能时已作了阐述，不再赘述。从价值形态来看，建筑生产劳动资料的发展具有以下规律或趋势：一是按原值或净值计算，资本装备率均持续提高，反映出建筑生产机械化程度在不断提高；二是原值和净值的增长率都高于一般工业，反映了建筑业扩大再生产的速度快于一般工业，也是由于建筑业原有的技术基础较差的缘故，这将逐渐缩小建筑业与一般工业的技术差距；三是净值增长率高于原值增长率，即净原比逐渐增大，反映了在建筑生产劳动资料中"新"的比例增大，"老"的比例下降，技术更新和发展的速度加快。我国建筑生产劳动资料的发展虽然具有上述趋势，但从总体上来看，速度较为缓慢，不同时期波动较大，各地区的发展也很不平衡。这固然说明我国建筑生产劳动资料的发展存在一些问题，但同时也表明仍然有十分广阔的发展前景和巨大的发展潜力。

9.2.3 劳动力

所谓劳动力，是指人的劳动能力，即生产过程中存在于劳动者身体中的体力和脑力的总和。人们在劳动过程中，一方面按照一定的目的，运用自己的劳动能力（体力和脑力），借助一定的劳动资料作用于劳动对象，使之发生预期的变化，创造出适合人类需要的物质产品；另一方面，人们在劳动过程中，也作用于自己，发展劳动技能，积累生产经验和提高熟练程度。随着生产的发展和科学技术的进步，在新的生产资料和新的管理方法的研究和应用中，劳动者体力的支出会越来越少，脑力的作用会越来越重要，从而对劳

动者智力的要求也会越来越高。与此相适应，体力劳动者的数量和比例将逐步下降，劳动者的知识水平会日益提高，这是人类劳动变化的必然趋势。劳动力是生产力中最活跃的、起决定作用的因素。任何生产资料无论其多么先进、多么自动化，都是由人研究、开发、制造和控制的。因此，提高劳动者的素质是推动生产力发展的最根本动力。

这里，首先要分清生产过程和劳动过程的区别和联系。一般来说，劳动过程必然是生产过程，但生产过程并不都是劳动过程。劳动过程是劳动者使用劳动资料作用于劳动对象的过程，必须有人的介入。而生产过程除了劳动过程之外，还包括劳动对象必须接受的自然力作用的过程。如混凝土浇筑之后必须经过养护，这时，劳动过程可能停止，但生产过程仍在继续进行。此外，生产过程还包括因机器修理、工人休息等引起的劳动中断时间。因此，生产过程往往长于劳动过程。

另外，还需要分清劳动和劳动力这两个概念的区别和联系。劳动是劳动力的使用和消耗，是人通过自身的活动来引起、调整、控制人和自然间的物质交换过程。人的劳动过程，是劳动力、劳动资料、劳动对象相结合的过程，是劳动力和原有物质资料消耗的过程，同时也是创造新的物质财富和精神财富的过程。

1. 建筑业劳动的特点

由于建筑产品和建筑生产的特点，建筑业的劳动，尤其是体力劳动，形成了与一般工业劳动不同的特点。在分析建筑业劳动特点时，尤其要注意建筑业劳动与建筑生产的区别，前者是针对劳动力这个主体而言，后者则不涉及劳动力主体。

（1）劳动条件艰苦

由于建筑产品具有固定性且体量巨大，因而不可避免地要在室外作业。建筑施工的主要内容，如土方与基础工程、结构安装工程、墙体砌筑工程、屋面工程、外墙装修工程，以及室外给水、排水、煤气、电信、供电、供暖等各种管道铺设工程，都要在露天条件下操作；只有楼地面工程、室内工程和室内的煤、电、暖、水管道工程可以在室内条件下施工。即使是工厂化的预制构件生产，大多数也是在露天预制场进行。露天作业多，要保持良好的劳动环境十分困难，因而要把建筑业的劳动像工厂化生产一样与恶劣的自然条件隔绝是不可能的，建筑业的劳动条件比工业生产艰苦得多。

另外，建筑业的重体力劳动相对较多，高空作业和地下作业亦较多，易于受难以预测的地基塌方和其他自然环境变异的影响。不仅增加了建筑劳动的艰苦性，而且相应增加了危险性。因此，建筑劳动的死、伤事故比例也较大。

（2）劳动的间断性

建筑劳动的间断性主要表现在以下三个方面：①在同一建筑工程中，各工序之间必须严格按一定的顺序组织施工。虽然各工种的作业可以分组先后衔接，但每一工种的作业未必能连续进行，经常不得不在中途停歇等待其他工种作业的完成。②在组织流水施工时，相邻工种工人可以在同一工程的不同施工段或不同工程之间按照施工顺序依次流水进行施工，却也有可能前一施工段或工程的某一工种作业已经完成，而下一施工段或工程还没有其工作面，从而使该工种无法转移而造成劳动间断。③由于建筑劳动主要是室外作业，在很大程度上受气候条件影响，在雨季或冬季不能进行室外工程作业时，许多工种劳动的间断性就显得更为突出。

（3）劳动技能要求的不均衡性

建筑业的劳动受到许多因素的制约，不少工种难以分解成简单劳动，即使在经济发达国家，建筑劳动手工操作的比重仍然比较大。需要手工操作的分部分项工程大多是由于材料和工艺的限制，如墙体砌筑工程、装修工程、屋面工程、管道安装工程等。有的手工操作对劳动技能的要求较高，但也有的手工操作对劳动技能要求不高，如绑扎钢筋、捣实混凝土以及机械施工时辅助性的手工操作等。另外，新的施工工艺和施工方法一方面可能减轻了劳动者的体力消耗或简化了操作；另一方面也可能对劳动技能提出新的或更高的要求。

（4）劳动的流动性

本章9.1节已对建筑生产的流动性作了分析，这里仅从同一地区或不同地区的不同建筑产品之间的流动对劳动者的影响的角度来说明劳动的流动性。劳动地点不固定，首先引起劳动者上下班交通的不稳定，而且劳动地点往往是在交通不便之处或是由于工程施工而使原有的交通条件变差，增加了劳动者上下班途中消耗的时间。其次，建筑生产的流动性还引起劳动者生活的不稳定，尤其是在不同地区之间流动时，由于建筑产品生产周期长，劳动者或者长期与家人分居，或者举家迁入施工工程所在地，这都会对劳动者的正常生活产生不利影响。

2. 建筑业劳动结构的特点

与劳动密切相关的一个概念是劳动结构。所谓劳动结构，是指在劳动力总数中各种人员的构成及其比例关系。所谓"各种人员"，可以从不同的角度进行分析。由于建筑业劳动的特点，使建筑业的劳动结构相应地具有以下特点：

（1）长期工少，短期工多

这是由于建筑劳动的流动性和间断性引起的。尤其是在不同地区之间流动生产时，在拟建建筑产品所在地招募普通工人较为经济。招募的工人都是短期的合同工或临时工，雇用期最长为该建筑产品的整个施工期。常规是按各分部分项工程的技术要求雇用不同工种和不同技术等级的工人，雇用期就更短，有时甚至可能按工作日或工时临时雇用工人。另外，我国建筑业的劳动力有相当一部分来自农村，在农忙时要回乡务农，具有明显的季节性，采用短期合同工或临时工的形式较为适宜。对于管理人员、技术人员和各工种的技术骨干，聘用期或雇用期相对较长。在市场经济的条件下，虽然这些人员也是以合同的形式聘用或雇用，而且每次签约的有效期并不长（普遍为一年），但连续聘用或雇用的可能性较大，因此可以认为他们是被长期聘用或雇用的。

（2）技术工少，普通工多

这是由建筑生产总体技术水平不高和劳动技能要求不均衡决定的。建筑劳动的许多方面，如土石方挖掘、材料和构配件的制作和运输等，普通工即可胜任。即使对技术要求较高的工种，也常常需要一定数量的普通工做一些辅助工作。只有少数工种，如木工、装饰工、水电管线工等，技术工人的比重相对高一些。另一方面，技术要求很高的工种大多数是手工操作，其劳动技能的提高需要一个相当长的过程，有些能工巧匠的技艺面临着失传的危险。

（3）老年工人少，中青年工人多

一方面，由于建筑业的劳动条件艰苦，室外作业、高空作业、重体力劳动比重较大，不适宜老年工人承担。即使是技术要求较高的工种，往往也需要一定的体力，老年工人虽身怀绝技，却又力不从心，这在客观上要求老年工人提早退出建筑劳动。另一方面，正是由于建筑业的劳动条件艰苦，收入和福利待遇又不高，在经济条件日趋改善的情况下，建筑业对城市青年缺乏吸引力，又客观导致青年工人的比例下降。因此，这两方面存在矛盾的现象。但是，以上分析主要是对长期工而言。由于建筑业短期工的比例较大，这部分工人绝大多数来自农村，年龄构成较年轻，从而使中、青年工人的总数和比例增加。

（4）女性工人少，男性工人多

一般认为，建筑业劳动条件艰苦，与矿业或采掘业相似，是不适宜妇女从事的行业。当然，妇女在建筑业并不是完全没有就业的可能。例如，一些辅助性工种和后勤服务工作适宜妇女从事，但这些工作的比例毕竟有限，一般不超过10%，与全社会妇女的平均就业率相差甚远，更何况其中有些工作完全可能社会化。另外，不仅工人如此，工程技术人员也是如此。建筑业工程技术人员虽然不从事体力劳动，但要经常在施工现场处理问题，也要随着工程地点的变化而流动，工作条件比其他行业艰苦得多，因而女性工程技术人员的比例相对较小。

3. 建筑业的工资形式

工资的实质是社会总产品中用做个人消耗的部分，也就是劳动者的劳动为自己所创造的那部分产品的价值表现。工资等级和工资形式是与劳动密切相关的两个方面。工资等级主要反映劳动的质量，体现劳动者技术能力和工作复杂程度的差别，但不能完全反映劳动者在生产过程中实际消耗的劳动量和所取得的劳动成果。因此，为了使工资能够正确反映劳动者实际投入的劳动，还必须采用恰当的工资形式。

建筑业的工资形式是多种多样的，常用的工资形式主要是：计时工资、计件工资、包工工资、奖金和津贴。

（1）计时工资

计时工资是按照劳动者工作时间的长短计算劳动报酬的工资形式，即单位时间支付的工资相同。计时的单位可以是时、日、周、月等。

计时工资简单易行，适应性较强，也是其他工资形式的基础。因为时间是劳动的天然尺度，劳动本身的量可以用劳动持续时间计量。但是，计时工资也有不足之处，它侧重于以劳动的外延计算工资，不能准确反映劳动的内涵即劳动的强度和复杂程度，不能与劳动者的劳动成果（数量和质量）、劳动强度和难度等直接联系，劳动报酬与劳动消耗可能因此失去应有的联系。在采用计时工资时，很难预先确定一项明确的工作应支付的工资，然而工作量总是要在一定时间内完成的。

计时工资虽然有上述缺陷，但毕竟是一种基本的工资形式，在下列情况下，值得推荐采用：

①质量要求高的工作；

②花费时间难以确定的准备工作；

③有特别危险的工作；

④工作过程不明确的工作；

⑤以机械作业为主，在其运行时间内工人影响甚微的工作；

⑥其他不能以计件工资代替的工作，如工作任务或劳动条件交替变化的工作。

（2）计件工资

计件工资是在一定时间内按照完成合格产品的数量计算劳动报酬的工资形式，即单位数量、质量合格的产品支付相同的工资。计件工资与劳动者的劳动成果（数量和质量）紧密结合，因而更能体现按劳分配的原则，有利于调动劳动者的积极性。

计件工资可以采用直接计件和间接计件两种方法。

所谓直接计件，是预先规定单位数量合格产品的应得工资，即计件单价，劳动者在一定时间内所得的工资额与其生产的合格产品数量成正比，即

$$\text{工资额} = \text{实际生产的件数} \times \text{计件单价} \tag{9-4}$$

所谓间接计件，预先规定的是单位产品的生产时间，并依此确定单位时间标准工资。劳动者在一定时间内所得的工资额与其生产的合格产品数量成正比，但计算方法与直接计件有所不同：

$$\text{工资额} = \text{实际生产的件数} \times \text{每件预定的生产时间} \times \text{计时标准工资} \tag{9-5}$$

从以上两种计算方法可以看出，直接计件较为简单明了，劳动者可以根据自己的劳动成果直接计算出应得的工资额。但也有其缺点，就是当工资标准或水平发生变化时，必须重新计算计件单价（不是简单地按工资标准或水平变化的幅度作相应地调整）。间接计件则不必改变预先给定的单位产品生产时间，只要调整计划标准工资即可。在经济发达国家，以上两种方法均有应用，而我国只采用直接计件。

计件工资的具体形式有以下五种：

1）无限计件工资

这种计件工资形式，无论劳动者完成多少数量，一律按计件单价计算工资。这种工资形式，有利于充分调动劳动者的积极性，最大限度地发挥劳动者的劳动能力。但也可能导致机具设备超负荷运转、材料消耗增加、质量下降，甚至损害劳动者的身体健康。

2）有限计件工资

有限计件工资是规定劳动者在一定时间内所得的工资限额，超过限额时，超过部分

少发或不发工资。这样可以限制劳动者收入差别并保护劳动者身体健康,但同时也限制了劳动者积极性的充分发挥。因此,为使这种工资形式得到有效利用,关键在于确定一个合理的限额。

3)超额计件工资

采用超额计件工资时,劳动定额以内的数量,按实际劳动时间和劳动者的计时标准工资计算,超额部分按规定的计价单价计算超额工资。它是计时工资与计件工资相结合的一种工资形式,也可认为是介于直接计件和间接计件之间的一种工资形式。

4)累进计件工资

累进计件工资规定一个或多个限额,每超过一个限额,计件单价相应提高。它对调动劳动者的积极性有显著作用,在工期十分紧迫的情况下可以考虑采用。但是这种工资形式也具有无限计件工资所有的缺陷,而且可能更为严重。另外,由于采用分段计算的方式,比较复杂,实用性差,因而通常极少采用。

5)保证底限计件工资

采用这种工资形式时,要规定一个最低的工资保证限额。即使按劳动者生产的数量计算的工资额低于此保证底限,也按此保证底限支付劳动者报酬。保证底限的确定,可以参照计时工资的起码要求,例如不低于计时标准工资的70%。之所以采用这种工资形式,是因为建筑劳动的间断性常常不是由于劳动者自身的缘故造成的,而劳动间断引起工作量的损失往往又比较大,如果按其他计件工资形式计算,难以保证劳动者的基本收入。因此,这种工资形式对于保护建筑劳动者的利益十分必要。实践中可采用变通方法:能够计件时,采用一般计件工资形式;不具备计件条件时,采用计时工资形式,将计时工资与计件工资相结合,也是保证低限计件工资的一种特例,即取计时标准工资为保证底限。

计件工资还可分为个人计件和班组计件或集体计件。建筑业劳动大多适宜采用班组计件,或在班组计件的基础上再采用个人计件。采用计件工资,需要具备一定的前提条件,例如,工作量受劳动者技术熟练程度、工作强度和工作效率的影响比较大,生产任务比较饱满而且比较稳定,劳动定额和计件单价比较合理,材料能够保证及时供应,等等。

(3)包工工资

采用包工工资,多以综合性的生产任务为对象,按照总工程量和劳动定额确定人工耗用量、工期要求、质量要求,并确定相应包工工资额。只要承包者按规定完成任务,不论实际用工多少,都可以取得全部预定的包工工资。有人认为,包工工资是计件工资中集体计件的一种形式,这种看法是不恰当的。因为包工工资的计算依据未必是计件工资,而可能是计时工资和计件工资的结合,甚至可能以计时工资为主。劳动者所得工资额不一定与付出的劳动量一致。另外,在确定包工工资时,往往把质量、工期指标作为必要条件,例如,要求质量达到优良(而不是合格)、工期提前若干天等,与主要以工作量确定工资额的计件工资不同。再次,采用包工工资时,确定的是劳动者在预定时间内可能得到的工资额,而计件工资确定的是计件单价,事后才能确定实际所得。这种工资形式若运用得当,可取得独特的良好效果。不过,在应用中,尤其要注意所确定的包工工资额的合理性。

(4)奖金和津贴

奖金和津贴是按劳分配的一种形式,与工资本质是相同的,是工资的补充形式。

1)奖金

奖金的作用在于弥补计时工资和计件工资的不足。计时工资和计件工资都是按照平均劳动水平计算报酬,奖金则是对高于平均劳动水平的超额劳动的报酬。奖金具有两个特点:一是灵活性,即对颁发时间、奖金数额、计奖单位和得奖条件,都可以灵活地按照具体情况作具体规定;二是针对性,即可以根据时间、对象、工程项目等不同方面的要求,确定设置奖金所要达到的目标,因而可用以解决某些关键性的问题。奖金形式分为单项奖和综合奖两类。单项奖是针对某一项指标而设置的奖金,目标明确,针对性强,容易取得明显的效果,如材料节约奖、质量奖、节能奖等。但生产的各个方面是有机联系、互相制约的,所以在设置单项奖时,应考虑到其他因素,不可顾此失彼。综合奖以全面完成各项指标为条件,指标可以包括产量、工期、质量、费用、材料消耗、管理等方面。综合奖的评定较为复杂,要解决好各指标的权数,即各指标的相对重要性,防止面面俱到,目标不明确,无所侧重。

2)津贴

津贴的作用在于补偿劳动者的额外劳动消耗和特殊劳动消耗。建筑生产活动在不同条件、不同地区和不同环境中进行,劳动者的劳动消耗和生活费用支出存在一定差别,在计件工资和计时工资中不能得到完全反映。这就有必要运用津贴的形式来反映这些差别,因此,津贴也是计件工资和计时工资的一种补充形式。

津贴主要有以下三种:

一是与劳动条件有关的津贴,如污浊、噪声、水下、井下、高空、高温津贴等,其目的在于保障劳动者的身体健康,为在有害健康环境中工作的劳动者提供货币形式或实物形式的保健津贴,以解决他们的特殊营养需要。

二是与劳动时间有关的津贴,如夜班、周末或节日加班津贴等,其目的在于补偿劳动者的额外劳动消耗。随着经济条件的改善,劳动者越来越重视业余时间的各种活动,如文化、体育活动、学习等。因而,对各种形式的加班仅按计时工资或计件工资的方式计算报酬就不能弥补对劳动者造成的损失,需辅以必要的津贴。

三是与劳动地点有关的津贴。由于建筑劳动的流动性,劳动者的居住地点与工作地点时常不一致,二者之间的距离也经常变化,因而劳动者的生活费用亦会随之浮动。为补偿劳动者的额外支出,需要给予相应的津贴,如地区津贴、交通津贴、探亲津贴等。

津贴标准应视具体情况规定。对于保证劳动者实际工资和生活的临时性津贴,一般按本人工资规定一定的比例;其他性质的津贴,则按绝对数额规定其标准。

以上对建筑生产的劳动对象、劳动资料和劳动力三个要素分别进行分析。最后，要特别强调指出，科学技术对生产力的物的要素和人的要素的发展变化起着重要的作用。科学技术来源于生产实践，又不断地应用于生产实践，转化为生产力。随着科学技术日新月异的发展，其成果被运用于生产过程的内容越来越多，速度也越来越快。现代的科学技术已经成为推动生产力发展的巨大动力。正是从这个意义上说，"科学技术是第一生产力"。关于科学技术对生产的作用，后续将作进一步的分析。

9.3 建筑生产要素的合理配置

9.3.1 资源有限性及其分配选择

生产中所必需的各种要素又常称为资源。由于生产力的发展，科学技术和信息也日益成为不可缺少的资源。随着生产的发展，人们对物质文化生活的需求也不断发展，现实经济生产出来的产品总是不能完全满足人们的需要。因此，与人们的需要相比，生产的产品总有不足，其原因就在于资源的有限性。资源的有限性，又称资源的稀缺性，它表明发展生产所需的各种资源条件相对于需要而言是有限的、稀少的。

在一定时期内，资源数量是既定的，一种资源用于生产某种产品的数量多了，用于生产另一种产品的数量就会减少。另外，每一种资源都具有不同的特性和用途，这就产生了如何将有限资源进行合理配置的问题，即如何以有限的资源生产出尽可能多的产品，以满足社会日益增长的需要。研究资源的合理配置，首先遇到的问题就是资源的分配选择，即如何将资源分配用于各种产品的生产之中。为了说明问题，

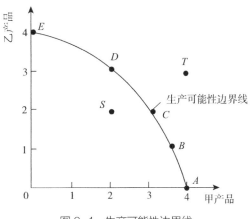

图 9-1 生产可能性边界线

举一个生产可能性的例子。生产可能性是指在一定的资源条件下可能生产的各种产品的最大产量。假定现有资源用于生产甲、乙两种产品，有多种不同的生产方案，相应的甲、乙产品的产量列于表 9-1 中，并可绘出图 9-1。

不同生产方案中甲、乙产品的产量　　　　　表 9-1

生产方案	甲产品产量	乙产品产量
A	4	0
B	3.5	1
C	3	2
D	2	3
E	0	4

图 9-1 中的生产可能性边界线把图形分成两部分，边界线里面的部分，是可行的产品生产组合；边界线外面的部分是不可行的产品生产组合，如 T 点。边界线里面的任何一点，如 S 点，虽然是可行的产品生产组合，但是并不理想，因为该点只能生产甲产品和乙产品各 2 个单位，说明有些资源被闲置没有得到有效的利用。如果把闲置的资源都加以利用，就可以得到更多的产品。例如，可以把 S 点推向 D 点，这时，产量组合就是甲产品 2 个单位和乙产品 3 个单位，多了 1 个单位的乙产品。生产可能性边界线上的各点，是经济活动追求的最大可能成果。它既充分利用了现有的资源条件，提供了多种现实的生产方案，又避免了不顾资源条件、盲目追求高指标从而可能造成资源损失和浪费的不现实方案。

从图 9-1 的形状上看，生产可能性边界线是向右下方倾斜的，说明为了获得更多的产品甲的产量，必然要部分或全部放弃产品乙的产量。同时，生产可能性边界线向外凸出，说明为了获得产品甲的相对增加量，必须放弃越来越多的产品乙的数量，这种现象叫作相对成本递增现象。

上例仅考虑了最简单的情况，即资源在两种产品上的分配选择。在现实生活中，资源的用途一般都有几十种甚至上百种，因而可供选择的产品也就有几十乃至上百种之多，而可供选择的生产方案则难以计数。不过，上例中所阐明的原理可适用于各种不同种类产品的选择。

图 9-1 中的生产可能性边界线仅表明充分利用资源条件的可能性，却并没有告诉人们在分配资源时应如何选择方案才能保证资源最合理的利用。由于每种资源的用途不同，其效果也大不一样，因此，要合理地利用资源，就必须弄清资源的性能和用途，了解不同用途的经济效果，按照最优化的方法进行择优分配，防止大材小用、优材劣用，充分发挥各种资源的有效作用。

9.3.2 要素替代

对资源在产品之间分配选择问题进行的分析，没有涉及资源中各要素之间的变动关系。同一种产品，可以选择不同的生产方案和工艺，采用不同的材料、不同的资源结构来实现，所以，为了有效地利用现有资源，需要研究要素的替代问题。例如，某建筑物的施工，是采用以机械化操作为主的方案，还是采用以手工操作为主的方案，常常需要通过比较进行选择，实际上就是机械设备和劳动力两生产要素之间的替代问题。从宏观上看，这个问题实际涉及的是建筑业究竟是以资金技术密集型行业为发展方向，还是以劳动密集型行业为发展方向。因此，它不仅仅是建筑企业自身的事情，而且关系到整个社会行业发展道路的战略问题。为了更好地说明要素的替代关系，可以用等产量曲线作为分析工具。

假定某建筑产品的土方工程可以采用机械设备和劳动力两种可以相互替代的生产要素来完成，并假定不采用其他要素或其他要素不变。完成该土方工程有五种不同的机械设备和劳动力的组合，如表 9-2 和图 9-2 所示。

机械设备和劳动力组合方案　　　　　　表 9-2

方案	要素 K（机械设备）	要素 L（劳动力）	边际替代率 以 K 替代 L	边际替代率 以 L 替代 K
A	0	10	—	1/4
B	1	6	4	1/3
C	2	3	3	1/2
D	3	1	2	1
E	4	0	1	—

图 9-2 中的曲线 AB 称作等产量曲线，它表示生产一定量的产品所需的两种要素可能出现的各种组合。

在产量不变的条件下，用一种要素去替代另一种要素时，因增加 1 个单位前一种要素所能替代的后一种要素的数量称为边际替代率。表 9-2 的第四栏为生产要素机械设备替代生产要素劳动力的边际替代率，第五栏为劳动力替代机械设备的边际替代率。从表 9-2 中的数据可以看出，边际替代率呈现逐渐

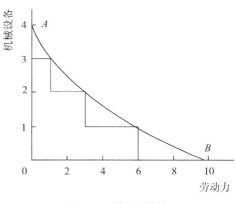

图 9-2　等产量曲线

递减的规律。图 9-2 中等产量曲线是向内凹入的，是边际替代率递减规律变化趋势的反映。这是经济过程中经常发生的现象。应当说明，边际替代率递减规律并不排斥在某些情况下要素边际替代率在开始时保持常数甚至出现上升的情况。例如，A，B 两个要素，当 A 要素很少时，增加 1 个单位 A 要素所能替代的 B 要素数量可能为常数甚至会增加。但是，如果继续增加 A 要素，则边际替代率肯定会减少。也就是说，边际替代率尽管在开始时可能为常数或上升，但就整个过程而言，下降则是它的必然趋势。

在各种组合方案中，由于两种要素的相互替代程度不同，边际替代率递减的速度也互不相同，从而使等产量曲线表现出不同的形状。在各种组合中，两种要素的替代程度是多种多样的，有的完全可以替代，有的完全不能替代，大部分情况是可以部分替代。如果两种要素可以完全替代，则要素的边际替代率就会保持不变，从而等产量线表现为一条直线。如果两种要素完全不能替代，则要素的边际替代率就无法确定，从而等产量线就表现为某一特定的点，这一点完全是由生产一定量的某产品所需两种要素的具体技术比例所决定的。如果两种要素是属于部分替代型的，则边际替代率将随着要素比例的变动而变动，逐渐递减而趋近于零，从而等产量线就表现为一条向内凹入的曲线。两种要素越容易替代，则边际替代率减少的速率就越小，从而等产量线的弯曲程度就小，即曲线越接近于直线。

以上分析是就两种要素而言。实际生产中，一般都需要使用多种生产要素，而且生

产要素的划分也有粗细之别。但是，无论需要多少要素，每两种要素都有各自的边际替代率、等产量曲线和要素组合问题。上述的分析方法适用于任何两种要素，也适用于所有的要素。了解要素替代的原理和变化规律，对于从微观上和宏观上合理利用资源，做到人尽其才、物尽其用、地尽其利，充分发挥现有资源的潜力，都有着重要的作用和意义。

9.3.3 要素的最佳组合

为了一定的生产目的，可以采取不同的生产方案，选取不同的要素组合。问题在于哪个方案最能体现生产的目标，它涉及要素的最佳组合问题。要素的最佳组合取决于生产目标，如利润额最大、销售额最大、成本最小等。生产目标改变，要素的最佳组合也随之改变。从这个意义上说，要素的最佳组合不是唯一的。

举例说明，现以最小成本生产出既定的产量为生产目标，并继续用上述土方工程为例。假定要素机械设备的单位成本为 1000 元，要素劳动力的单位成本为 400 元，其他费用不变。求出机械设备成本和劳动力成本之和的总成本为最小，即所要求的最佳组合。将该土方工程可能的不同组合成本列于表 9-3。

某土方工程生产要素组合 表 9-3

方案	机械设备 （1）	劳动力 （2）	机械设备成本 （3）=（1）×1000	劳动成本 （4）=2×400	总成本 （5）=（3）+（4）
A	0	10	0	4000	4000
B	1	6	1000	2400	3400
C	2	3	2000	1200	3200
D	3	1	3000	400	3400
E	4	0	4000	0	4000

从表 9-3 中可以找出完成该土方工程的最佳要素组合是方案 C，采用 2 个单位的机械设备和 3 个单位的劳动力时的总成本最低。

除了采用上述表格法求最佳要素组合之外，还可以采用图形法。从等产量曲线入手，选定等产量曲线上成本的最低点，就能得到要素的最佳组合。为了找出成本最低点，引进等成本线。等成本线表示的是同样的总成本支出所购买的两种要素数量的可能组合。例如在本例中，要素机械设备的价格是每单位 1000 元，要素劳动力的价格是每单位 400 元。假定生产者投入 2000 元使用两种要素，如果只用机械设备，可用 2 个单位；如果只用劳动力，可用 5 个单位；如果两种要素都使用，可用机械设备 1 个单位，劳动力 2.5 个单位。只要假设要素的价格不因购买数量而变动，等成本线必定为一条直线，如图 9-3 所示。由于生产者可以投入各种数目不等的金额，相应地可以有许多条等成本线，但每条等成本线的斜率都相同，即各条等成本线均为平行线，斜率是两种要素价格的比值。在本例中，

斜率 $= \dfrac{400}{1000} = \dfrac{2}{5}$（严格地说，应加上负号）。

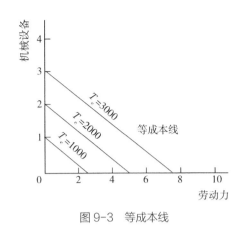

图 9-3　等成本线

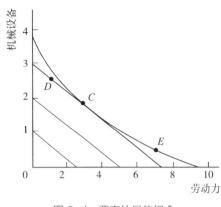

图 9-4　要素的最佳组合

把图 9-2 的等产量线与图 9-3 的等成本线结合起来，最小成本就是等产量线与等成本线的切点，即图 9-4 中的 C 点是要素最佳组合的点。除了此点之外，其他一切点要么不能生产出既定的产量，如 D 点；要么必须支出更高的成本，如 E 点。

由于在等产量线与等成本线的切点上，二者的斜率相等，因此，要素的最佳组合就在等产量线与等成本线斜率相等之处。如果能求出等产量线的数学表达式，将等成本线的斜率作为已知条件，即可用解析法求出最佳的要素组合。

要素最佳组合的基本出发点是根据资源情况合理使用资源。不仅企业需要考虑较多使用价格便宜的要素，较少使用价格昂贵的要素，整个社会在制定技术发展战略时，也应注意扬长避短，尽量采用本国较丰富的资源，发展有利于发挥本国优势资源的技术结构和行业结构。我国劳动力资源非常丰富，且建筑业又是适合于发展劳动密集型的行业，因此，在资金和技术资源比较缺乏的条件下，充分利用丰富的劳动力资源扩大建筑业的生产能力，不仅有利于解决就业问题，使建筑业得到适当的发展，也有利于使整个社会以较小的代价生产出较多有用的产品，促进宏观经济效果的不断提高。

需要说明的是，要素的最佳组合总是以一定条件为前提，如生产目标、要素价格、技术水平等，因而不是一经确定就不可改变的。一旦这些条件发生变化，要素的最佳组合亦随之改变。例如，如果要素的相对价格发生变化（要素价格的等比例变化除外），将改变等成本线的斜率，在等产量线不变的前提下，等产量线与等成本线的切点必然改变，即要素的最佳组合改变。类似地，在某产品领域出现技术进步时，等产量线随之改变，这时，即使要素的相对价格未发生变化，即等成本线不变，等产量线与等成本线的切点也将改变，即要素的最佳组合改变。

思考题

1. 建筑生产具有哪些主要的技术经济特点？试从与工业生产的比较加以阐述。
2. 正确认识建筑生产的特点对于建筑管理人员来说有何意义？

3. 建筑材料有哪些特性？根据其在建筑生产中的作用，如何进行分类？

4. 建筑生产劳动资料的发展有何规律？

5. 生产过程和劳动过程、劳动和劳动力有何区别和联系？

6. 建筑业的劳动有何特点？这些特点对建筑生产有何影响？建筑业的劳动结构有何特点？

7. 试述建筑业的主要工资形式及其应用条件。

8. 合理配置建筑生产要素应考虑哪些问题？试作概要说明。

第 10 章 建筑生产的生产率

建筑生产非常重要的问题是生产率问题。毋庸置疑,在国民经济各生产部门中,建筑生产的生产率一直处于较低水平,其原因是什么?如何提高呢?

10.1 生产率的概念

所谓生产率,是指某一生产过程的产出量与投入量的比率,即

$$\text{生产率} = \frac{\text{产出量}}{\text{投入量}} \tag{10-1}$$

一般生产过程中的投入量都是针对生产要素而言,因而可以把生产率看做是某种生产要素的效率。按照投入要素种类的不同,生产率可以分别称为资本生产率、劳动生产率、原材料生产率等,其中最常采用的是劳动生产率。在计算生产率时,如果产出量和投入量均以实物量的形式表示,其结果称为实物生产率;如果产出量和投入量均以货币价值的形式表示,则结果称为价值生产率。

实物生产率是计算生产率的原始形态。它的产出量以建筑安装工程或其分部工程(如土方工程、砌筑工程、混凝土工程、装饰工程等)的实物工程量表示,可以采用的单位有立方米、平方米、延长米、吨等;它的投入量根据投入的要素不同,有更多的实物量表示方法,如机械设备以台数、动力数、台班或台日数等表示,劳动力以人数、人年数等表示,原材料以吨、块等表示。按实物量计算生产率是最简单也是比较准确的方法,在直观上易于理解,而且在不同时间的同类产品之间进行比较时,可以免除因价格因素影响而造成的不可比性。但是,实物生产率也存在明显的缺点。由于对不同的生产要素采用不同的计量单位,不仅使不同建筑产品之间难以综合,而且同一建筑产品的各个分部工程也无法综合,难以全面评价生产率的情况。就立方米或平方米等实物量形式的产出量来说,往往掩盖了不同建筑产品建筑结构上的差异,对于不能以立方米或平方米表示实物工程量的建筑物、构筑物及其分部工程就不能进行汇总。因此,实物生产率的应用范围较窄。

价值生产率以货币作为共同尺度反映产出量和投入量,对不同结构和不同计量单位的实物工程量,可以最大限度地进行综合和比较。它不仅可以用来计算企业和部门的生产率,而且可以用于行业之间和国家之间的生产率比较。在应用价值生产率时,产出量

必须采用价值指标，但投入量并不一定要用价值指标。例如在计算劳动生产率时，投入量习惯上仍采用人数、人年数等形式表示。价值生产率的主要缺陷是受价格因素影响，这一影响可以通过将现行价格折算成不变价格在一定程度上加以克服，但对于价格体系不合理所造成的影响则无法克服。

价值生产率的产出量可以采用总产值或净产值两种形式。用总产值计算价值生产率，往往不能真实地反映出生产率的实际水平和发展动态。因为总产值内不仅有活劳动创造的价值，而且包括物化劳动，即转移价值。用货币表现的产品价值，不仅取决于活劳动的消耗，而且还取决于物化劳动的消耗。由于建筑产品类型不同、结构形式不同、材料消耗量占总产值的比重不同、投入的机械设备和劳动力消耗量不同，都会直接影响到总产值的增加或减少，从而影响到生产率的水平。

用净产值计算价值生产率，可以去除转移价值的影响。所谓净产值，就是建筑产业在生产过程中新创造出来的价值，也就是用货币形式表现的生产活动的净成果。在我国，计算净产值的方法有两种，即生产法和分配法。按生产法计算，净产值等于从总产值（即建筑安装工作量总值）中减去生产过程中所消耗的材料价值、构配件价值、对外支付的运输费用、外加工费用、生产用固定资产折旧等转移价值，其计算公式为

$$净产值 = 自行完成的工作量 - 物化劳动转移价值 \quad (10-2)$$

按分配法计算净产值是从国民收入初次分配的角度出发，净产值等于企业职工的劳动报酬（包括工资、奖金和津贴）加上利润、税金等其他费用，其计算公式为

$$净产值 = 工资总额 + 利润 + 税金 + 利息 + 保险费 + 职工福利基金 +$$
$$工会经费 + 其他 \quad (10-3)$$

建筑业的净产值反映了建筑业在一定时间内（如一年）为国家提供的国民收入。为了与国民生产总值相对应，还需要从生产总值的角度反映企业的产值。企业的生产总值等于净产值加上固定资产折旧。要特别注意的是，不要把企业生产总值和总产值混淆起来。净产值生产率能够较客观地反映建筑业生产率的实际水平及其发展状况，使不同地区、不同时间、不同企业之间的生产率水平更具有可比性。

从价值生产率的投入量来看，如果以资本作为投入量，即计算资本生产率，涉及对固定资产或固定资本采用原值还是净值的问题。如前所述，原值和净值所反映的情况不同，要根据计算资本生产率的目的和需要适当选用，并没有必要作非此即彼的选择。但有一点可以肯定：对不同地区、不同时间、不同企业之间的资本生产率进行比较，必须采用统一的固定资产价值形态。

另一方面，如果以劳动作为投入量，即计算劳动生产率，涉及对劳动量如何计算的问题。最简单的办法是以人数或人年数表示。由于建筑业劳动结构的特点，短期的合同工、临时工占有相当大的比例。尤其是临时工，其工作时间往往是按月、日计算的，有时甚至是按时计算的。如果不把这部分劳动量在投入量中反映出来，所得到的劳动生产率就不真实，没有实际意义；如果要把这部分劳动量反映在投入量之中，就要采用适当的方

式折算成人年数或干脆采用人日数或人时数作为劳动投入量的计量单位。另外，由于自然条件的影响，各地区实际有效的劳动时间也存在很大差异，加之建筑生产过程中经常会有各种形式的加班，且地区之间、企业之间在加班时间上差别很大，更显得以人数或人年数反映劳动投入量是不合理的，有必要改用较小、较精确的计量单位，否则，不同地区、不同企业之间的劳动生产率就缺乏可比性。当然，即使劳动量的计量单位很精确，也还存在忽略了劳动质量的问题，这是由于熟练劳动和不熟练劳动在单位时间内的劳动质量是难以定量表示的。另外，在正常作业时间内的劳动生产率与加班作业时间（尤其是夜班）内的劳动生产率也存在一定差别，如有必要，应尽可能加以区别。

10.2 劳动生产率

如上所述，劳动生产率只是生产率的一种形式，但无疑是最重要、占有核心地位的一种生产率形式。即使在经济发达国家，也把劳动生产率作为主要的研究对象。对于具有劳动密集型行业特征的建筑业来说，劳动生产率就显得格外重要。因此，有必要进一步分析和阐述建筑业劳动生产率问题。

10.2.1 社会劳动生产率

劳动生产率反映了人们在生产中的劳动效率，即劳动者在一定时间内创造物质资料的能力；也是反映社会生产力发展水平的重要的相对指标。由劳动生产率的定义不难理解，劳动生产率与单位时间生产的产品数量成正比，与单位产品消耗的劳动量成反比。单位时间内生产的产品越多，单位产品所消耗的劳动量越少，劳动生产率越高；反之则越低。

劳动生产率根据计算范围的不同，可以分为个别劳动生产率和社会劳动生产率。个别劳动生产率又可分为按直接生产者劳动效率计算的个人劳动生产率和按企业人均劳动效率计算的企业劳动生产率。在多数情况下，个别劳动生产率指的是企业劳动生产率。社会劳动生产率是按部门或行业全部从业人员计算的劳动生产率。各部门的社会劳动生产率可以相互比较，但一般不计算全社会各部门的平均社会劳动生产率，而采用人均国民生产总值或人均国民收入间接地加以反映。

建筑业的社会劳动生产率，属于部门或行业劳动生产率，是反映建筑生产先进与落后的基本尺度。个别劳动生产率高于社会劳动生产率时，生产建筑产品的个别劳动消耗量低于社会必要劳动消耗量，企业才有盈余；反之，企业就要亏损。劳动生产率的提高，意味着劳动时间的减少或有目标的节约劳动消耗，在一定时间内可以生产出更多的建筑产品。劳动生产率是反映人们在物质生产过程中认识和利用自然界能力的一个综合性指标。因此，劳动生产率所达到的水平，也是社会发展和进步的一个重要标志。

社会劳动生产率的高低，取决于企业的劳动生产率，二者在总体上保持着基本一致的变化关系。但是，社会劳动生产率变化的幅度有可能超出个别劳动生产率变化的幅度。这是在分析社会劳动生产率与个别劳动生产率关系时要特别注意的一个现象。举例如下，假定建筑业由两个建筑企业构成（理解上可按两类企业考虑），与劳动生产率（个别劳动生产率和社会劳动生产率）变化有关的数据列于表 10-1 之中。

社会劳动生产率与个别劳动生产率的关系　　　　表 10-1

	净产值 / 万元		劳动量 / 人数		劳动生产率 / （元·人$^{-1}$）		劳动生产率发展速度（v_1/v_0）/%
	上年 V_0	本年 V_1	上年 L_0	本年 L_1	上年 v_0	本年 v_1	
甲企业	660	400	1320	808	5000	4950	99
乙企业	1110	1980	1850	3000	6000	6600	110
建筑业	1770	2380	3170	3808	5584	6250	112

从表 10-1 可以看出，乙（类）企业的劳动生产率本年比上年提高了 10%，而甲（类）企业则下降了 1%，但从全社会（部门）来看，建筑业的劳动生产率却比上年增加了 12%，似乎有些反常。其实，这恰恰说明了社会劳动生产率的变化取决于以下两个因素：一是各（类）企业劳动生产率的变化，二是各（类）企业产出量构成比重的变化。在上例中，虽然乙（类）企业劳动生产率仅提高了 10%，且甲（类）企业还下降了 1%，但由于劳动生产率水平较高的乙（类）企业年度的产出量有了大幅度的提高，而劳动生产率水平较低的甲（类）企业年度的产出量却有了大幅度的压缩，表明生产结构有了较大的变化，从而使整个社会劳动生产率比上年增长 12%，超过了乙（类）企业个别劳动生产率的增长幅度。

如果具体分析各企业劳动生产率水平和劳动量结构变动的影响，需要分别计算劳动生产率结构指数和劳动量结构影响指数。前者是指假定劳动量不变（取报告期数）的条件下，由于劳动生产率变化导致报告期与基期产出量的变化幅度；后者是指假定各企业个别劳动生产率不变（取基期数）的条件下，由于劳动量结构的变化导致社会劳动生产率变化的幅度。二者可分别用下式表示：

$$\text{劳动生产率结构指数} = \frac{\sum v_1 L_1}{\sum v_0 L_1} \quad (10-4)$$

$$\text{劳动量结构影响指数} = \frac{\dfrac{\sum v_0 L_1}{\sum L_1}}{\dfrac{\sum v_0 L_0}{\sum L_0}} \quad (10-5)$$

用表 10-1 中的数据可得到如下结果：

$$\text{劳动生产率结构指数} = \frac{\sum v_1 L_1}{\sum v_0 L_1} = \frac{4950 \times 808 + 6600 \times 3000}{5000 \times 808 + 6000 \times 3000}$$

$$= 108.0\%$$

$$\text{劳动量结构影响指数} = \frac{\dfrac{\sum v_0 L_1}{\sum L_1}}{\dfrac{\sum v_0 L_0}{\sum L_0}} = \frac{\dfrac{5000 \times 808 + 6000 \times 3000}{3808}}{\dfrac{5000 \times 1320 + 6000 \times 1850}{3170}}$$

$$=103.7\%$$

两因素的共同作用 $=108.0\% \times 103.7\% = 112\%$

与由表10-1中直接计算的建筑业社会劳动生产率的数据结果完全一致。可见，要使建筑业的社会劳动生产率取得较高的增长，一方面要努力提高各建筑企业的个别劳动生产率；另一方面则要在建筑业内部作必要的调整，大力发展先进企业，限制及淘汰落后企业，从而使建筑业总体的劳动生产率水平不断提高。

10.2.2 劳动生产率与资本生产率的关系

劳动生产率以劳动量作为投入量，充分体现了活劳动的作用。在现代社会，没有劳动资料的劳动几乎不再存在。因此，不考虑劳动资料即固定资产或固定资本对生产的作用显然是不现实的。在计算劳动生产率时，如果两个企业的劳动投入量基本相同，但固定资产拥有量相差悬殊，对它们的劳动生产率水平进行比较就没有实际意义。

劳动生产率与资本生产率虽然是从不同的投入量来考察生产率，但二者并不是完全独立的，而是有着非常密切的内在联系。为说明它们之间的关系，设某生产过程的劳动量为 L，固定资本为 K，产出量为 V，则下列等式成立：

$$\frac{V}{L} = \frac{V}{K} \cdot \frac{K}{L} \tag{10-6}$$

根据生产率的定义，式（10-6）中的 V/L 为劳动生产率，V/K 为资本生产率，K/L 为单位劳动量占用的资本数额，称为资本装备率。式（10-6）表明，劳动生产率等于资本生产率乘以资本装备率。也就是说，劳动生产率的变化直接取决于资本生产率和（或）资本装备率的变化。可见，要使建筑业或建筑企业的劳动生产率持续增长，就要努力使资本生产率和资本装备率一方或双方持续增长。实际上，资本生产率上升时，往往伴随着资本装备率的下降，或资本装备率的上升往往伴随着资本生产率的下降，一般极少出现二者同时升降的现象。由于随着生产力的发展，机械设备逐步取代手工操作是建筑业发展的必然趋势，因而资本装备率总是在不断提高。另一方面，建筑业的劳动生产率总体上呈逐渐上升的趋势。因此，由式（10-6）可以认为，建筑业劳动生产率的提高主要原因在于资本装备率的提高。而且，由于在资本装备率提高的同时，资本生产率有所下降，因而劳动生产率提高的幅度总是低于资本装备率提高的幅度。式（10-6）还表明，只有当资本装备率提高的速率大于资本生产率下降的速率并使二者乘积大于1时，劳动生产率才可能提高。图10-1为根据日本建筑业1952~1965年间的劳动生产率、资本生产率、资本装备率的有关资料，以1955年为标准的时间系列指数化的三条曲线图，从中可明显看出上面所分析的变化规律。

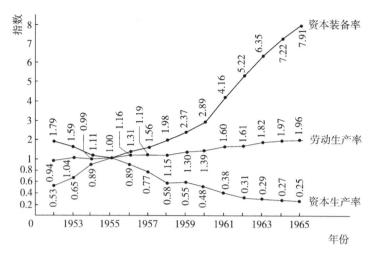

图 10-1 劳动生产率、资本生产率和资本装备率的时间系列指数

需要说明的是，图 10-1 是以每年的劳动时间（日数或时数）固定不变为前提的。实际上，由于国民经济状况的波动和自然条件变化的不均衡性，各年实际有效劳动时间可能会出现较大的差异。为了考虑年劳动时间对劳动生产率的影响，设就业者人数为 L，年劳动时间为 H，则式（10-6）可改写为

$$\frac{V}{L}=\frac{V}{K}\cdot\frac{K}{H}\cdot\frac{H}{L} \tag{10-7}$$

式中，H/L 为每个劳动者的平均劳动时间；K/H 为单位时间内运转的固定资本的数额，即单位固定资本运转时间的倒数。对劳动生产率的影响因素因此可以分解为三个方面。实际上，在建筑生产过程中，劳动者的劳动时间与机械设备的运转时间不一致，而且还会有闲置的固定资产，因而仅以 K/H 来考虑固定资本的运转时间就显得不够充分。为此，可设固定资本运转时间的比例（或称系数）为 α，则式（10-7）可进一步改写为

$$\frac{V}{L}=\frac{V}{\alpha K}\cdot\frac{\alpha K}{H}\cdot\frac{H}{L} \tag{10-8}$$

有必要指出，式（10-6）揭示了劳动生产率与资本生产率的内在联系，把影响劳动生产率的因素分解成两个方面，式（10-7）进一步分解成三个方面，以便于分析。但是，决不能由此而把式（10-6）简单化和绝对化，从而导出错误的结论。因此必须明确以下四点：

（1）式（10-6）并不意味着否定活劳动的作用，也不意味着劳动生产率的提高完全取决于资本装备率的提高。事实上，影响劳动生产率的因素很多，不仅式（10-6）无法完全反映这些影响因素，而且也很难用其他单一的数学表达式来反映。可以认为，式（10-6）是在假定劳动质量和其他固定资本以外的因素不变的前提下，对劳动生产率变化与固定资本变化之间相关性的一种反映。例如，通过简单的变换，可以把式（10-6）改写为

$$\frac{V}{K}=\frac{\dfrac{V}{L}}{\dfrac{K}{L}} \qquad (10-9)$$

式（10-9）表明，资本生产率与劳动生产率成正比、与资本装备率成反比。同样，不能由此而认为资本生产率随着劳动生产率的提高而提高。

（2）式（10-6）仅仅反映了劳动生产率与资本生产率和资本装备率之间的相关性，而不能反映劳动和固定资本的相互作用。因此，仅仅分析和研究生产率是不够的，还必须研究劳动和固定资本的合理配置问题，这在第9章对要素替代和要素最佳组合的阐述中已经说明，此不赘述。

（3）根据投入的生产要素的不同，为了便于分析，把生产率分为劳动生产率和资本生产率。但实际上，劳动生产率中包含着固定资本的作用；资本生产率中也包含着劳动的作用。从生产率分析的角度看，包括上面提到的式（10-6），也无法将劳动和固定资本各自的功能区分开来，即不能明确劳动和固定资本各自对产出量的作用。要把二者的作用各自独立，就必须采用其他的定量计算方法，即生产函数法。把劳动和固定资本作为两个各自独立的变量，把产出量作为从属于两个变量的函数的一种解析方法为生产函数法。如果能建立起这样的函数关系式，可以把劳动和固定资本的作用区分清楚，还有可能求出劳动和固定资本的最佳组合。关于生产函数的问题，将在后面专门阐述。

（4）式（10-6）说明劳动生产率受资本生产率和资本装备率两方面因素影响，图10-1进一步说明劳动生产率的提高依赖于资本装备率的大幅度提高。建筑业资本装备率提高的幅度远超过一般的工业部门，但这并不意味着建筑生产的机械化程度已经很高，而恰恰说明建筑业原有的技术装备基础条件太差，建筑业在总体上仍然是国民经济中技术相对落后的劳动密集型行业。另一方面，建筑业资本生产率下降的幅度大于一般工业，也并不意味着建筑业资本生产率水平低。事实上，与一般工业部门相比，建筑业资本生产率仍处在相对较高的水平。与其说是因为建筑业机械设备性能好、使用效率高，不如说是因为建筑业资本装备率的绝对水平仍然较低的缘故。在提高资本装备率的同时，努力提高机械设备的利用率和完好率，减缓资本生产率的下降速度，是提高建筑业劳动生产率的一个非常重要的方面，应当引起足够的重视。

10.2.3　劳动生产率的变化趋势

1. 劳动生产率有均衡化趋势

作为劳动者在一定时间内创造物质资料能力的一种反映，劳动生产率无疑将随着社会生产力水平的发展而不断提高。同时，由于人们认识自然、改造自然的过程是无止境的，所以劳动生产率的水平也就不会停滞不前。尽管在一定时间和范围内劳动生产率可能出现徘徊不前，甚至短期内出现倒退的现象，但在总体上是持续增长的。建筑业是如此，其他行业也是如此。这就是劳动生产率变化的总趋势，是任何人改变不了的。

这里所要讨论的不是劳动生产率变化的总趋势，而是建筑业劳动生产率与其他行业劳动生产率相比变化的趋势。当以总产值作为产出量计算劳动生产率时，国民经济各部门的劳动生产率水平相差悬殊，建筑业内部不同企业之间的劳动生产率水平也有较大差异。这主要是由于不同行业、企业的总产值中所包含的转移价值比例高低不一的缘故。因此，在对不同企业、不同行业进行劳动生产率比较时，应以净产值作为产出量。这时，各企业、各行业的劳动生产率水平呈现出差距逐渐减小的趋势，这称为劳动生产率的均衡化。

2. 劳动生产均衡化的原因

劳动生产率均衡化的原因，在于净产值或新创造的价值的主要部分是由工资和利润形成的。从工资水平来看，各行业之间差距不大。在经济发达国家中，各行业之间的工资水平存在差距缩小、逐渐均衡化的趋势。另一方面，就利润水平而言，各行业之间确实存在较大的差距。但从国民经济各部门协调发展的要求出发，各行业的利润水平终将趋近于社会平均利润水平，即各行业的利润水平亦将均衡化。因此，各行业之间劳动生产率均衡化是劳动生产率发展的必然趋势。

必须指出，劳动生产率均衡化虽然是必然趋势，但只有在具备以下条件时才可能出现这种现象。首先，国民经济中的价格体系比较合理，各行业产品价格构成中的利润水平不会出现畸高畸低的显著差距，国家尽可能少地通过价格政策调节产品利润水平。其次，国民经济中的初次分配和再分配比较合理，各行业劳动者的工资水平比较接近，其他"劳动者为自己创造的价值"也能合理地反映在各行业的分配中。再次，技术装备水平较为接近。社会平均利润水平按资金利润率考虑，使资金在国民经济各部门之间合理地流动成为可能，取得最好的资金效率。如果不具备上述条件，不仅不会出现劳动生产率的均衡化，反而使各行业劳动生产率差距加大；或者，虽然出现劳动生产率均衡化的现象，但均衡化的进程非常缓慢，均衡化的结果较差，各行业之间的劳动生产率仍有较大差距，事实上仍不均衡，只是在一定程度上改善了原来的不均衡性。

3. 建筑业劳动生产率水平较低的原因

建筑业原有的劳动生产率水平较低，与一般工业部门存在较大的差距。在建筑生产机械化发展的初期和中期，随着机械生产逐步代替手工操作，劳动生产率有了较快的提高，与其他部门的差距逐渐缩小。但是，当建筑业劳动生产率达到一定水平后，劳动生产率均衡化的进程变得相当缓慢，建筑业的劳动生产率水平在总体上还处于相对较低的水平。这主要是由于以下五方面的原因：

（1）建筑产品的价格不合理，利润水平太低，使得建筑业劳动者新创造的价值比例大大降低；或者说，建筑产品价格中转移价值的比例太大，而附加价值比例太小。这是我国长期存在的问题，短期内难以改变，但从长远看，有可能逐步改变。

（2）建筑业是劳动密集型产业，与工业部门相比，生产投入的活劳动比例高，资本比例低。而利润均衡化是从资金利润率考虑，即使建筑产品的利润达到社会平均利润的水平，以较少的资本投入计算的利润被较多的劳动投入分摊，净产值劳动生产率自然相应降低。从式（10-6）可以得到证明，由于建筑业资本装备率 K/L 低，劳动生产率水平受其制约，不可能大幅度提高。

（3）由于建筑生产的流动性，机械设备的安装、拆除、运输时间相应增加；加之露天生产受自然条件影响，缺乏均衡性，使得建筑机械设备的利用率大大降低，运转时间远小于工业机械设备。另外，建筑机械设备的功能一般较为单一，配套化和系统化的程度较低，都会降低建筑机械设备的使用效率。这意味着，同样价值的固定资本，建筑业所能创造的附加价值较少，对劳动生产率的作用较低。

（4）建筑业的劳动条件艰苦，劳动者能得到的津贴较多，加之建设工期和进度的要求往往比较紧迫，使生产过程中各种形式的加班比较多，从而使建筑劳动者的实际收入达到较高的水平。但是，在通常情况下，加班时间内的劳动效率比正常工作时间内的劳动效率有所下降，更不可能使劳动生产率按加班工资增加的幅度提高。

因此，加班在一定程度上增加了产出量的同时更大幅度地增加了成本。如果按人日或人时为单位计算劳动生产率，加班不仅不能提高劳动生产率，相反会导致劳动生产率的下降。另一方面，由于建筑生产技术的总体水平在国民经济中处于相对落后的地位，体力劳动、简单劳动的比例较大，脑力劳动、复杂劳动的比例较小；管理人员、技术人员的比例较低，工人、勤杂人员的比例较高；技术工的比例较低，普通工的比例较高。对建筑劳动者素质的要求相对较低，使得建筑劳动者的平均工资水平低于一般工业部门。建筑劳动者"为自己创造的价值"较少，从而影响建筑业劳动生产率的水平。

（5）在比较不同行业劳动生产率水平时，劳动投入量通常是按人·年数计算，一般不考虑有效劳动时间的差异。由于生产的特殊性，建筑业不仅全年有效工作日数明显偏少，而且每个工作日的有效劳动时间也明显少于其他室内作业的行业。而且受自然因素影响，建筑生产过程中工序搭接、工种配合、劳动力和机械设备的配合等方面都不如工业部门的效率高。建筑劳动者在一年中实际有效的劳动时间大大少于工业部门，也大大降低了建筑业的产出量，影响建筑业劳动生产率的进一步提高。

综上所述，除第（1）点之外，第（2）点至第（5）点都是由建筑生产和劳动的固有特点决定的，短期内不可能发生根本性的变化。因此，建筑业与一般工业部门劳动生产率水平的差距虽然在逐步缩小，在一定程度上表现出均衡化的趋势，但是进展相当缓慢。建筑业劳动生产率总体水平低于工业部门的状况将在相当长的时期内继续存在。

10.3 边际生产率

1. 边际生产率概念

以上讨论的生产率，都是指每投入一个单位生产要素（如劳动力、固定资本等）所能产生的产出量，即生产要素的平均效率。严格地说，这样计算出的生产率应称其为平均生产率。若以 A_V 表示平均生产率，V 表示产出量，F 表示生产要素的投入量，则式（10-1）可以表示为

$$A_V = \frac{V}{F} \tag{10-10}$$

一般所讲的生产率，不论是资本生产率还是劳动生产率，大多是指平均生产率。为了对生产率进行较深入的研究，还需要了解边际生产率概念。

假定建筑生产的产出量取决于某种生产要素投入量，以 F 表示生产要素投入量，作为自变量，以 V 表示产出量，作为因变量，V 随 F 的变动而变动，其函数关系式为 $V=f(F)$。V 的边际值即边际生产率，以 M_V 表示为

$$M_V = \frac{\Delta V}{\Delta F} \tag{10-11}$$

这里，ΔF 表示某种生产要素投入量的增量，ΔV 表示产出量的增量，边际生产率 M_V 表示每增加 1 个单位的投入量所引起的产出量的增量。严格地说，它实际上是假定在其他生产要素保持不变的前提下增加某种生产要素所引起的产出量的增量。

2. 边际生产率与平均生产率的关系

为了说明平均生产率和边际生产率的相互联系及变动规律，假定有表 10-2 中的一系列数据，据此绘出图 10-2。

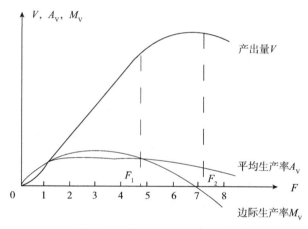

图 10-2 平均生产率和边际生产率

平均生产率和边际生产率的关系　　　　　　　表 10-2

要素投入量 F	产出量 V	平均生产率 A_V	边际生产率 M_V
0	0	0	—
1	10	10	10
2	24	12	14
3	40	13.33	16
4	55	13.75	15
5	67	13.40	12
6	74	12.33	7
7	75	10.71	1
8	70	8.75	−5

随着生产要素投入量 F 的不断增加，产出量 V、平均生产率 A_V、边际生产率 M_V 都是先上升，后下降，但三者的变化情况又各不相同。当边际生产率 $M_V>0$ 时，产出量 V 上升；

当 $M_V<0$ 时，V 开始下降。所以，当 $M_V=0$ 时，V 曲线处于最高点的位置；当 $M_V>A_V$ 时，A_V 上升；当 $M_V<A_V$ 时，A_V 下降；当 $M_V=A_V$ 时，A_V 达到最大。所以，M_V 曲线必定通过 A_V 曲线的最高点。

这是由表 10-2 和图 10-2 所反映出来的产出量、平均生产率、边际生产率三者的变化规律和相互之间的关系，只是理性化、抽象化的说明。下面再以建筑生产中的砌砖工作为例，作一感性说明。例如，刚开始工作时，只有一人砌砖，既要砌砖，又要搬砖，还要运灰浆，效率大大降低，该工人的劳动技能不能充分发挥出来。这时，如果增加一名辅助工来搬砖和运灰浆，则砌砖效率可能会提高一倍以上，第二个工人的边际生产率就会增加，两人的平均生产率也有所提高。但是，这时，可能瓦工的劳动效率得到了充分发挥，而辅助工却显得过于清闲。如果再增加一名瓦工，三名工人的配合更为合理，砌砖效率又可提高一倍，第三个工人的边际生产率进一步增加，三人的平均生产率也继续提高。这时，边际生产率仍然大于平均生产率。

但是，边际生产率递增情况不会长久继续下去。当生产要素增加到足以使其得到有效利用或饱和那一点后，生产要素继续增加，就不能得到充分利用，边际生产率就会下降，甚至出现增加的生产要素越多，边际生产率下降的幅度越大的现象。仍以上面砌砖工作为例，若增加第三名瓦工，由于辅助工搬砖运灰浆的量只够两名瓦工使用，则第三名瓦工的边际生产率为零；若同时增加一名瓦工和一名辅助工，劳动生产率也比原先两名瓦工和一名辅助工时有所下降；若使劳动者人数增加到五名瓦工和两名辅助工，则可能由于工作面狭小，妨碍了生产要素的有效利用，每个人的劳动效率均将大幅度下降，可能使边际生产率出现负值。

3. 边际生产率递减规律

将以上情况加以归纳，可以发现存在如下规律性现象：在正常情况下，如果某种生产要素的数量连续增加（为与其他要素相区别，称之为可变要素），其他要素的数量不变（称之为固定要素），则每单位可变要素所引起的产出量开始时可以增加，或保持常数，但过了某一点之后，每单位可变要素所引起的产出量变动一定会递减。这就是边际生产率递减规律，也可以称为边际产出量递减规律。在变动过程中，不同阶段具有不同的特点，参照图 10-2，一般可以分为三个不同的区域，即

第一区域（0—F_1）：平均生产率持续上升，边际生产率为正数，产出量也递增；

第二区域（F_1—F_2）：平均生产率持续下降，但边际生产率仍为正数，产出量仍然递增；

第三区域（F_2 以后）：平均生产率继续下降，边际生产率变成负数，产出量递减。

由此说明，当只有一种要素变动而其他要素不变时，增加变动要素的最低限界在 F_1 点，这时，平均生产率为最大。由此之前，边际生产率虽然高，但是变动要素太少，固定要素太多，从而造成固定要素的浪费，经济效果不能得到很好发挥。增加可变要素的最高限界在 F_2 点，这时，边际生产率为零，产出量最大。在此之后，如果再增加可变要素，

则总产量反而会下降。所以，从提高产出量的要求出发，增加变动要素的合理区域在 F_1 和 F_2 之间；从保持较高的平均生产率水平的角度出发，增加的变动要素量要尽可能稳定在 F_1 点附近。

应当指出，边际生产率递减规律是建立在一定科学技术基础之上的。如果生产技术进步了，出现了更高效率的新材料、新设备、新工艺，效率作用超过边际生产率的作用，就不会直接呈现出边际生产率的递减情况。但如果生产技术不变或基本不变，那么，边际生产率递减规律会发挥作用并直接显示出来。因此，在生产过程中，必须注意各投入要素之间量的制约关系，考虑到一定量的某种要素投入，只能容纳一定量的另一种要素投入。这说明增加可变要素具有数量界限，这个界限对于宏观经济决策分析具有重要意义。比如，我国资金相对不足，而劳动力资源非常充裕，对于建筑业这样的劳动密集型行业来说，可以通过吸收大量的劳动力来扩大生产能力。在生产设施一定的条件下，增加劳动力也有一个数量界限，不能任意无限制地增加劳动力，这个界限就是劳动力的边际生产率为零。我国有些建筑企业的劳动生产率（平均）水平不高，很重要的一个原因在于存在人浮于事、一个人的工作几个人干的现象，劳动力边际生产率出现负值，处于图10-2中的第三区域。在这种情况下，如果削减冗余人员，不仅可直接提高平均劳动生产率水平，还可能提高总的产出量。因此，掌握边际生产率的原理和规律，对于提高建筑业的劳动生产率水平具有非常现实的意义。

10.4 提高劳动生产率的其他途径

研究生产率，尤其是劳动生产率的影响因素和变化规律，主要目的在于提高劳动生产率。当然，这里指的是平均劳动生产率。在以上对劳动生产率和边际生产率的分析中，实际上已经涉及如何提高劳动生产率的问题，如提高技术装备率，改善各企业产出量的构成比例，通过合理的要素替代形成要素最佳组合，使可变要素的边际生产率尽可能保持在与平均劳动生产率相等的水平等。但是，以上都是通过生产要素数量的增加或构成的变化（要素构成变化往往同时在一定程度上有要素增加）来提高劳动生产率的，不能解决在生产要素数量和构成不变或基本不变的条件下如何提高劳动生产率的问题，这是建筑生产过程中需要解决的重要问题。

因此，要提高劳动生产率，还可以从以下四个方面着手：

1. 改进生产资料效能

改进生产资料效能是建立在科学技术基础之上的，从劳动工具和原材料两个方面影响劳动生产率的提高。一方面，从劳动工具来说，大功率、高效率、新功能的建筑机械的出现，不仅可代替人的繁重体力劳动，而且可以取代原有陈旧的、低效率的设备，使人的劳动效率大大提高；同时，由于新功能建筑机械设备的出现，也可能随之出现建筑生产的新工艺，使原有的建筑生产方法和工艺发生革命性变化，大大提高劳动生产率。

另一方面，从劳动对象来说，随着科学技术的发展，自然资源利用范围不断扩大，建筑生产所需要的原材料品种迅速增多，质量不断改进，利用效率不断提高，使建筑生产过程中的活劳动消耗降低，为建筑生产工艺的不断完善创造了条件。随着新的技术革命的深入，许多新兴学科和技术将会取得重大突破，众多生产资料必将发生根本性变化，从而也将引起劳动生产率新的飞跃。

生产资料效能的改进，尤其是作为劳动工具的建筑机械设备效能的改进，有时需要投入必要的固定资本，这会提高资本装备率。但是，在添置高效率、新功能建筑机械设备的同时，往往要淘汰一些陈旧机械设备；再则，新型机械设备的使用价值大大提高，其价值量并不一定按相同比例提高，有时反而可能出现价值量下降的现象。因此，不能把改进生产资料效能等同于提高资本装备率。当然，绝不是说，提高资本装备率仅仅是在数量上增加固定资产。实际上，在一个较长时期内，资本装备率提高总是同时伴有生产资料效能改进。但这二者的出发点毕竟不同，对提高劳动生产率的作用也应当加以区别。

2. 改善生产的组织和管理

劳动生产率的高低，不仅取决于每个劳动者个人的因素和每台机械设备的技术状况，而且还取决于生产过程的合理组织和科学管理。在建筑业中，就每个劳动者技术状况和技术装备程度来说，有些企业之间差别并不大，而它们的劳动生产率水平却相差很大，主要原因就在于对生产过程组织和管理方面存在着较大差别。因此，在现有生产要素条件下，努力改善建筑生产过程的组织和管理，也是提高劳动生产率十分有效和重要的途径。应当说，在这方面，我国建筑业还比较落后，大有潜力可挖。

改善建筑生产过程的组织和管理涉及许多方面，其中最主要有以下几个方面：首先是运用科学的管理方法制订合理的生产计划，避免计划工作的主观性和随意性，加强建筑生产的均衡性。例如，在运用网络计划技术编制年度、季度、月度生产计划时，要充分考虑劳动力、机械设备等生产要素的平衡，尽可能减少冬、雨季室外作业，制订出优化的计划。其次，采用先进的施工组织方法，如流水作业，加强建筑生产的连续性和节奏性，减少由于生产环节之间衔接不好而造成的生产停顿及劳动时间浪费，从而增加劳动者的有效劳动时间和机械设备有效运转时间，并提高机械设备使用效率。要充分发展建筑生产的社会化，即发展建筑生产专业化和联合化，有利于充分发挥各企业的优势，提高各企业劳动生产率。这方面的问题将在以后的章节中专门阐述。

改善生产的组织和管理，虽然着眼点在生产过程，如加强各工序之间的衔接和节奏性，减少非生产时间损失等，但是，从生产组织和管理主体来说，也有组织和管理问题。现代管理技术的发展和应用，加强了管理过程的劳动分工，要求把管理人员从繁琐、机械、辅助性的工作中摆脱出来，扩大他们创造性劳动的时间，提高管理质量，更加有效地利用现有的生产要素和提高社会劳动生产率。为此，需要采用现代化的管理手段即电子计算机来辅助管理。

3. 提高劳动者的素质

劳动生产率的投入量只反映了劳动者的数量，而无法反映劳动者的质量，即劳动者的素质。事实上，在劳动者投入数量和机械设备投入量相同的情况下，由于劳动者素质的差异，会使产出量出现较大差异。这说明，劳动者的文化水平、技术水平和熟练程度是影响劳动生产率的重要因素。建筑业劳动者总体素质较差，提高劳动者的素质不仅是提高劳动生产率的一个重要途径，而且是建筑业自身发展的一个长期任务。

提高劳动者的素质有多种途径，例如，可以通过劳动者自己的经验积累和现场实践逐步提高。这种完全依靠直接经验提高素质的方式耗费时间太长，效果不太好。因此，更为有效的方法是通过教育，包括正规教育和在职教育，提高劳动者的素质。建筑生产过程中直接运用的文化知识虽然不是很多，但是，一定文化水平是学习和掌握新技术、新工艺的必要前提，是劳动者技术水平不断提高的基础。如果有了先进的机械设备和生产工艺，却没有掌握新设备、新工艺的人员，再先进的设备和工艺也不能发挥应有效能。因此，提高劳动者的文化水平是提高劳动者素质的基本环节。当然，及时组织劳动者学习新技术、新工艺，互相交流经验等，也是不可忽视的方面。

提高劳动者素质并不仅仅针对建筑工人而言，对于建筑工程技术人员和管理人员也有同样问题。我国建筑业工程技术人员比例很低，这一点在施工单位尤为突出，远远不能满足建筑生产需要，应当通过各种途径充实和扩大工程技术人员的队伍。由于现代科学技术发展日新月异，知识更新周期不断缩短，对原有工程技术人员也需要进行继续教育。要特别指出，我国建筑业管理人员中有相当一部分是由工程技术人员"转岗"的，他们具有扎实的专业技术知识和丰富的实践经验，从他们的知识结构来看，管理知识、经济知识和法律知识显得相对缺乏，应当根据工作需要有针对性地补充新知识。

4. 调动劳动者的积极性

劳动者是生产力诸要素中起主导作用的因素。劳动者的劳动态度和主动精神的发挥程度直接关系到劳动生产率的高低。如果有了先进的机械设备和生产工艺，劳动者也具备了较好的素质，却不能充分发挥他们的劳动积极性和主观能动性，还是不可能达到较高的劳动生产率水平。就是说，先进的劳动工具和较高的劳动者素质仅是提高劳动生产率的可能性，要把这种可能性变为现实，就必须充分调动劳动者的积极性。要实现这一目标，除了要加强思想工作之外，还要选择适当的工资形式，正确贯彻按劳分配的原则，把劳动者的经济利益与他的生产成果紧密联系起来。此外，精神鼓励和物质鼓励也是调动劳动者积极性的有效手段，要注意二者不可偏废，只有相互协调、适当配合，才能发挥其应有的作用，促使劳动生产率更快提高。

思考题

1. 何谓生产率？在采用价值生产率时，应注意什么问题？

2. 何谓社会劳动生产率？其与企业劳动生产率有何联系？

3. 试分析劳动生产率与资本生产率的内在联系及应注意的问题。

4. 劳动生产率的变化趋势如何？为什么？

5. 为什么建筑业的劳动生产率水平相对较低？

6. 何谓边际生产率？它与产出量、平均生产率之间有何联系？认识边际生产率的规律有何意义？

7. 在生产要素的数量和构成基本不变的前提下，怎样才能提高劳动生产率？

第 11 章 建筑生产函数

11.1 生产函数的概念

在前两节对建筑生产要素和生产率的分析中,已经对建筑生产要素的投入量与产出量之间的关系作了说明,基本上还属于定性分析范畴,还不能准确地反映和区分各生产要素对产出量的作用。生产函数是从数量上反映生产力的关系,是生产力的一种数学表达形式。具体地说,生产函数是反映和分析各生产要素与生产成果之间依存关系的一种定量方法。

在一定时期,生产力发展水平可以用一定经济指标来反映,例如,国民生产总值、总产值、净产值、固定资产拥有量、职工人数等。这些指标有的反映投入,有的代表产出。一定的产品产出量和一定生产要素投入量之间总是存在着某种数量关系,用函数形式表述为

$$Y=F(X_1, X_2, \cdots, X_n) \tag{11-1}$$

这个函数就是生产函数的一般形式。其中,自变量 X_1, X_2, $\cdots$, X_n 代表各种生产要素(如机器设备、劳动力、土地、原材料等)的投入量,因变量 Y 代表产出量,一般以国民生产总值或净产值表示较为符合生产函数本身的含义。因此,生产函数就是表示一组具体比例的生产要素投入量及能生产出来最大产量之间的依存关系。必须强调,生产函数总是以既定技术水平为前提,一旦技术水平发生变动,生产函数将随之而变动。

在建立生产函数时,对式(11-1)中的自变量(即投入的生产要素)不可能面面俱到。否则,将使生产函数过于复杂而无法从数学上求解,或虽能求解,但由于过于烦琐而显得不实用。事实上,各生产要素对产出量作用各不相同,有明显主次之分。因此,在建立生产函数时,一般忽略相对次要的生产要素,以简化生产函数的表达形式,同时又能突出主要生产要素的作用,与实际经济活动基本保持一致。通常,在建立生产函数时,主要考虑资本和劳动力两种生产要素。若以 K 表示投入资本数量,L 表示投入劳动力数量,则式(11-1)可简化为

$$Y=F(K, L) \tag{11-2}$$

实现扩大再生产有两种基本形式,一种是在技术条件不变的条件下,通过追加生产资料和劳动力来实现扩大再生产;另一种是在生产资料和劳动力数量保持不变的情况下,

依靠科学技术进步实现扩大再生产。而实际的扩大再生产是两种形式交错进行的，因为生产资料总是与科学技术相结合的，是一定科学技术条件下的产物，劳动力也是掌握一定科学技术知识的劳动力。在现实经济中，科学技术进步往往具体地体现在生产要素之中。生产资料和劳动力的增加及科学技术进步这三个因素总是相互交织在一起，共同促进生产发展。这里所说的科学技术进步是广义的科学技术进步，包括改善生产资料效能、提高劳动者素质、改善管理决策水平等内容。因此，式（11-2）所表达的生产函数仅反映资本和劳动力作用就显得不够全面。现代社会，科学技术进步对生产力的促进作用越来越大，为了充分反映科学技术进步对发展生产力的作用，在生产函数中把科学技术进步从生产资料和劳动力的变化中抽象出来，单独作为一项表达出来，就显得越来越重要了。这样，才可能客观地分析科学技术进步对发展生产力的作用。至于究竟如何表达，将在下面介绍具体生产函数时加以说明。

由上可知，生产函数能比较概括地反映国家、地区、部门或企业的投入产出关系。它表明，在生产要素投入量既定的条件下，所能得到的最大可能产量。因此，运用生产函数，可以预测当投入一定量生产要素时，产量可达到多少；或预测产量要达到一定量时生产要素应增加多少。通过生产函数，还可以研究各生产要素对产出的影响份额，说明各投入要素在生产力这一系统中的作用，测定科技进步所取得的经济效果，为经济决策提供依据。

11.2 常用生产函数

上面所提到的生产函数，如式（11-1）、式（11-2）是生产函数最一般或最抽象的表达。为了使生产函数能更明确地反映现实经济的运动关系，使生产函数能用于实际的经济分析，还需建立具体的生产函数。多年来，经济学界许多学者进行了这方面的研究和探索，提出许多不同的生产函数，其中常用的有以下几种。

11.2.1 线性生产函数

这种生产函数只考虑资本和劳动力两种生产要素作为投入量，而且这两种要素对产出量作用都呈线性关系。产出量采用净产值或附加价值表示。可见，这种生产函数符合式（11-2）。

若设资金利润率为 r，平均工资为 w，净产值或附加价值为 V，并假定它由工资和利润两部分构成，则线性生产函数可以表述为

$$V=rK+wL \tag{11-3}$$

如果以利润极大化为生产原则，可以认为资金利润率 r 为资本 K 的边际产出（即边际资本生产率），工资 w 为劳动力 L 的边际产出（即边际劳动生产率）。于是，式（11-3）可以改写为

$$V = \frac{\partial V}{\partial K}K + \frac{\partial V}{\partial L}L \tag{11-4}$$

将上式两边同除以 V，有

$$\frac{\partial V}{\partial K} \cdot \frac{K}{V} + \frac{\partial V}{\partial L} \cdot \frac{L}{V} = 1 \tag{11-5}$$

$$E_K = \frac{\partial V}{\partial K} \cdot \frac{K}{V} = r\frac{K}{V} \; ; \; E_L = \frac{\partial V}{\partial L} \cdot \frac{L}{V} = w\frac{L}{V} \tag{11-6}$$

$$E_K + E_L = 1 \tag{11-7}$$

这表明，线性生产函数必须满足关于资本和劳动力产出弹性系数之和始终为 1 的条件。由式（11-6）还发现，若从整个国民经济角度分析，E_K 和 E_L 正好是利润总额（包括税金）和工资总额占全部国民收入的份额，这是可以从统计资料中获得的。

线性生产函数把资本和劳动力两个生产要素对产出量的作用分别独立开来，从而可以定量地进行计算。式（11-3）中的各参数数值均较为确定，具有计算简单、经济意义明确的优点。但是，它的缺点恰恰就在于把复杂的经济过程过于简化了。线性生产函数仅仅反映了资本和劳动力各自对产出量的作用，没有反映这二者之间的相互作用，更没有考虑技术进步的作用，因而与现实经济存在较大差距，实际应用价值不大。另外，该式实际上隐含着一个基本假定，即利润全部为资本所创造，而劳动者仅创造"为自己"的价值（广义工资），这显然在理论上是不成立的。不过，上述产出量 V 对资本 K 和劳动力 L 的偏弹性 E_K 和 E_L 却是很重要的概念，在其他生产函数中也用得到。当考察生产范围较小、时间较短时，采用式（11-3）这样的线性生产函数，也可以取得较为满意的结果。

11.2.2　柯布－道格拉斯（Cobb-Douglas）生产函数

美国数学家柯布（Charles W.Cobb）和经济学家道格拉斯（Paut H.Douglas）于 1928 年共同提出的生产函数，其函数形式为

$$V = AK^\alpha L^\beta \tag{11-8}$$

这个函数通常称为柯布－道格拉斯生产函数，简称为 C-D 生产函数。式（11-8）中，α 和 β 是待定参数，A 是表示技术进步水平的参数。

对式（11-8）分别求 K 和 L 的偏微分，有

$$\frac{\partial V}{\partial K} = AL^\beta \alpha K^{\alpha-1} = AK^\alpha L^\beta \cdot \frac{\alpha}{K} = V \cdot \frac{\alpha}{K} \tag{11-9}$$

$$\frac{\partial V}{\partial L} = AK^\alpha \beta L^{\beta-1} = AK^\alpha L^\beta \cdot \frac{\beta}{L} = V \cdot \frac{\beta}{L} \tag{11-10}$$

由式（11-9）和式（11-10）可得到

$$\alpha = \frac{\partial V}{\partial K} \cdot \frac{K}{V} = E_K \tag{11-11}$$

$$\beta = \frac{\partial V}{\partial L} \cdot \frac{L}{V} = E_L \tag{11-12}$$

由式（11-11）和式（11-12）可知，α 和 β 分别为资本和劳动力的产出弹性，是决定资本和劳动力对产出量作用大小的重要参数。

若不考虑技术进步因素，当资本投入量和劳动力投入量按同一比例增加时，设这一比例为 λ，且 $\lambda>1$，有

$$F(\lambda K, \lambda L) = A(\lambda K)^\alpha (\lambda L)^\beta$$
$$= \lambda^{\alpha+\beta} A K^\alpha L^\beta$$
$$= \lambda^{\alpha+\beta} F(K, L) \qquad (11\text{-}13)$$

故 C-D 生产函数是 $\alpha+\beta$ 次齐次函数。

由式（11-13）可知，当 $\alpha+\beta>1$ 时，产出量增长率大于资本和劳动力的增长率，经济学中称这种情况为规模报酬递增；当 $\alpha+\beta=1$ 时，产出量增长率等于资本和劳动力的增长率，这种情况称为规模报酬不变；当 $\alpha+\beta<1$ 时，产出量增长率低于资本和劳动力的增长率，这种情况叫做规模报酬递减。通常，可以取 $\alpha+\beta=1$，这时，C-D 生产函数为

$$V = A K^\alpha L^{1-\alpha} \qquad (11\text{-}14)$$

式（11-14）的经济意义在于，当生产要素 K 和 L 的投入量扩大若干倍时，产出量 V 也扩大同样倍数。换言之，当整个经济规模扩大时，每一种投入要素边际生产率和平均生产率均保持不变。这显然与现实经济情况不符，因为在一定范围内，扩大生产规模总是会产生规模经济效应。但是，这并不意味着式（11-14）不能成立。可以这样认为，式（11-14）是把扩大经济规模带来的好处归结为技术进步，这样的解释在经济上应当是能够成立的，同时又与式（11-7）的条件相一致。

若将式（11-14）两边同除以 L，则式（11-14）改写为

$$\frac{V}{L} = A \left(\frac{K}{L}\right)^\alpha \qquad (11\text{-}15)$$

式中，V/L 为劳动生产率，K/L 为资本装备率。与式（10-6）相比，式（11-15）所反映出的劳动生产率和资本装备率之间的关系有很大不同。它表明，单纯提高资本装备率不一定能使劳动生产率提高，资本产出弹性系数 α 对劳动生产率有着十分重要的作用。因此，为了提高劳动生产率，应当尽可能使资本产出弹性系数增大，至少在提高资本装备率的同时尽可能使资本产出弹性系数维持不变。

在应用 C-D 生产函数时，对其中资本要素采用资产原值或资产净值计算，生产函数所表现出来的特点有很大不同，也很难验证哪一种形式更为可靠，这是 C-D 生产函数计算和应用中的一大困难。

由于 C-D 生产函数综合考虑了资本、劳动力和技术进步对产出量的作用，并在一定程度上能够反映这三者之间的相互联系和作用，具有明确的经济意义，因而能够较好地反映现实经济的情况。此外，从函数形式来看，可通过取对数方式将 C-D 生产函数改写成一次式，不仅有利于分别考察资本、劳动力和技术进步的作用，而且有利于根据统计

资料对 C-D 生产函数进行拟合分析，能够比较合理地确定函数中各个参数。因此，C-D 生产函数为世界各国经济理论界普遍接受，是应用最为广泛的一种生产函数。

式（11-14）和式（11-15）的对数形式分别为

$$\ln V=\ln A+\alpha\ln K+(1-\alpha)\ln L \tag{11-16}$$

$$\ln\left(\frac{V}{L}\right)=\ln A+\alpha\ln\left(\frac{K}{L}\right) \tag{11-17}$$

11.2.3 固定替代弹性生产函数

1961 年，阿罗（K.J.Arrow）和索洛（R.M.Solow）等人发表了新的生产函数的分析方法和计算结果，取名为固定替代弹性（Constant Elasticity of Substitution）生产函数。简称为 CES 生产函数。CES 生产函数引入的参数很多，推导过程也很复杂，这里仅介绍其基本思路。

对于一般函数形式 $y=f(x)$，若令 $y=V/L$，$x=K/L$，当 y 与工资 w 的关系如式（11-3）所示时，则可以得出下列表达式：

$$y=rx+w \tag{11-18}$$

同时有

$$\frac{\mathrm{d}y}{\mathrm{d}x}=r \tag{11-19}$$

$$w=y-x\frac{\mathrm{d}y}{\mathrm{d}x} \tag{11-20}$$

若将 y 与 w 的关系表示为一般函数式 $y=\Phi(w)$，则有

$$y=\Phi\left(y-x\frac{\mathrm{d}y}{\mathrm{d}x}\right) \tag{11-21}$$

在 CES 生产函数中，$y=\Phi(w)$ 形式下采用下式最为适当：

$$y=aw^b \tag{11-22}$$

两边取对数，得到

$$\ln y=\ln a+b\ln w \tag{11-23}$$

将式（11-20）代入式（11-23），成为

$$\ln y=\ln a+b\ln\left(y-x\frac{\mathrm{d}y}{\mathrm{d}x}\right) \tag{11-24}$$

当规模报酬不变时，解式（11-24）可以得到下列函数：

$$y=A[\delta x^{-\rho}+(1-\delta)]^{-\frac{1}{\rho}} \tag{11-25}$$

或者

$$V=A[\delta K^{-\rho}+(1-\delta)L^{-\rho}]^{-\frac{1}{\rho}} \tag{11-26}$$

这就是固定替代弹性生产函数的表达式。式中 V、K、L 仍代表产出、资本和劳动力；A 为技术进步参数，反映技术状态；δ 为分配参数，反映资本和劳动力分配份额；ρ 为

替代参数。

可以证明，当 $y=aw^b$ 时，CES 生产函数的替代弹性为 $\sigma=\dfrac{1}{1+l}$，当 $y=a+bw$ 时，则为 $\sigma=1-\dfrac{a}{y}$。说明，当 $y=\Phi(w)$ 的表达式变化时，生产函数表达形式亦将随之变化，替代弹性的值和变化也有所不同，对于 $\sigma=\dfrac{1}{1+l}$ 的几种特殊情况，CES 生产函数将相应地发生以下变化：

当 $\sigma=1$ 时，可以证明 CES 生产函数的形式成为 $V=AK^\alpha L^\beta$，即变为 C-D 生产函数；

当 $\sigma\to 0$ 时，CES 生产函数的形式成为 $V=\min(K,L)$，称为列昂节夫生产函数，代表生产要素完全不能互相替代的一种极端情况；

当 $\sigma\to\infty$ 时，CES 生产函数的形式成为 $V=A[\delta K+(1-\delta)L]$，即与式（11-14）的形式相同，成为线性生产函数，代表生产要素完全能互相替代的一种极端情况。

以上三种情况如图 11-1 所示。

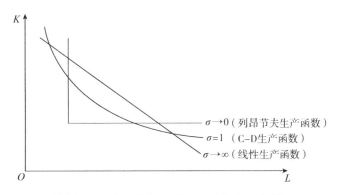

图 11-1　几种特殊情况下的 CES 生产函数曲线

由此可见，线性生产函数和 C-D 生产函数都可以看作是 CES 生产函数的特例。CES 生产函数形式虽然比较复杂，由于它包括了多种其他形式生产函数，因而更具有一般性和灵活性，这是它受到许多经济学家重视的原因。但是，CES 生产函数的一个很大缺点在于它的表达式关于参数是非线性的，参数估计相当困难。西方学者是通过利润最大化假定，从 CES 生产函数得到一个关于参数的对数化表达式，可以较方便地对参数作出估计。有人提出把 CES 生产函数在 $\rho\to 0$ 处展开，取其二阶泰勒展开式作为 CES 函数的近似，即

$$\ln V=\ln A+\delta\ln K+(1-\delta)\ln L-\dfrac{\rho(1-\delta)\delta}{2}(\ln L-\ln K)^2 \qquad (11-27)$$

可以看出，式（11-27）略去最后一项即为 C-D 生产函数的对数化形式，也就是说，C-D 函数是 CES 函数的一阶近似。但是，由于式（11-27）存在的最后一项，使估计得到的参数值随资本 K 和劳动力 L 的量纲而变化，使参数失去了明确的经济意义，这是 CES 生产

函数不如 C-D 生产函数之处。

11.2.4 超越对数生产函数

超越对数生产函数表达式较为复杂，当仅考虑资本和劳动力两个生产要素时，具体形式为

$$\ln V = a + \alpha \ln K + \beta \ln L + r \ln K \ln L + \delta (\ln K)^2 + \varepsilon (\ln L)^2 \quad (11-28)$$

式中，γ，δ，ε 为参数，其余同前。当 $\gamma=\delta=\varepsilon=0$ 时，式（11-28）就成为 C-D 函数。

从 CES 生产函数和超越对数生产函数表达式来看，C-D 生产函数都是特例。这也说明，C-D 函数确实是能被普遍接受的一种生产函数形式。

11.2.5 修正的 C-D 生产函数

在应用 C-D 生产函数时，为了求出其中的参数，需要用实际资料拟合生产函数 $V=AK^\alpha L^\beta$。由于存在随机误差，V，K，L 的实际观察值往往不能完全拟合 C-D 生产函数，有时有 $V<AK^\alpha L^\beta$，有时又会出现 $V>AK^\alpha L^\beta$。这表明，需要对 C-D 生产函数作必要的修正。为此，可以把上述情况统一写成如下形式：

$$V = AK^\alpha L^\beta e^u \quad (11-29)$$

这里，u 是随机误差，可以为正、为负或为零，但其均值为零，这是一般的理解。随机误差均值为零的生产函数称为平均生产函数。

但是，随机误差均值为零的假定似乎难以成立。有学者认为，从生产函数的严格定义（即一定投入要素组合下所能达到的最大产出）出发，实际产出不应大于理论产出，故 C-D 生产函数应表达为如下形式更为合适：

$$V \leq AK^\alpha L^\beta \quad (11-30)$$

或

$$V = AK^\alpha L^\beta e^{-u} \quad (u \geq 0) \quad (11-31)$$

式（11-31）中的 e^{-u} 可理解为效率因子。当 $u=0$ 时，$e^{-u}=1$，效率为 100%，在其他情况下，$e^{-u}<1$，效率都小于 100%，故实际产出不可能大于理论产出。

在以上的分析中，认为生产函数的边界本身是确定的，一切偏离边界变动都归入单边误差项，并称之为"效率"。实际上，一个经济实体的活动肯定会受到气候、环境等外在因素的随机影响，把这些外生的因素都归入单边误差项，并称之为"效率"，确有值得商榷之处。因此，有学者提出，误差应由两项组成：一项服从均值为零的对称分布，它包括一切外生的随机误差；另一项是单边的，它包括一切偏离边界的效率变化。这样，可将 C-D 生产函数改写为

$$V = AK^\alpha L^\beta e^{v-u} = AK^\alpha L^\beta e^v e^{-u} \quad (11-32)$$

这里，e^v 为随机边界因子，v 服从均值为零的对称分布；e^{-u} 为效率因子，$u>0$，u 服从单边分布，由于对 v 的取值没有限制，虽然 $v-u$ 在大部分情况下是负的，但存在 $v-u>0$

的可能。这时，$e^{v-u}>1$，意味着实际产出大于理论上的边界产出。其经济意义是，当各方面因素特别有利时，理论最大产出可能被突破。这就能解释现实经济中出现的特殊现象。事实上，对于时间序列中的某一年来说，究竟"随机变化"v为多少，"效率变化"u为多少，却是无法分解的。因此，式（11-32）也不过是理论上的自圆其说，并不能反映真正的经济问题。因此，对C-D生产函数的修正采用式（11-29）是可行的，只是不要规定u的均值为零即可。

当然，其他生产函数也有同样的修正问题，上述对C-D生产函数的修正方法同样适用于其他生产函数。

11.3 生产函数 α 和 β 参数的估计

如上所述，生产函数有多种表达形式，可根据不同情况加以选用。不论选用哪种生产函数，都存在确定或估计参数的问题。就我国建筑业而言，一般认为采用C-D生产函数比较适宜，因而必须首先确定资本产出弹性α和劳动力产出弹性β这两个参数。

11.3.1 回归分析

对于α和β两个参数的估计，可采用多种不同方法，但本质上可以归纳为以下三类：一是根据研究目的及地区或行业经济发展的具体情况，直接取定。例如，有些苏联学者主张α和β参数均取0.5，实际上是一种经验确定参数的方法。由于缺乏依据，很难保证α和β参数的取值能比较客观地反映现实的经济情况。二是用各种经济计量方法估计参数，如边际生产力条件、成本最小化条件等，这种方法所确定的α和β值往往取决于给定的条件，波动性较大，难以体现生产函数所应反映的经济规律。三是利用时间序列资料进行回归分析，这种方法需要引用较长时间序列的经济资料，工作量较大，但可以避免统计资料本身可能存在的误差和经济活动发展过程的不均衡性，使所确定的α和β值较有规律，能较好地体现生产函数中参数的经济意义。因此，回归分析方法是确定α和β参数广为应用的一种方法。下面，对回归分析方法作进一步阐述。

在采用回归分析方法确定α和β参数值时，首先应明确C-D生产函数的具体形式，即是采用式（11-8）还是采用式（11-14），要明确$\alpha+\beta$是否等于1。若采用式（11-8），没有$\alpha+\beta=1$的约束，这是一个二元回归问题，计算比较复杂，可能发生多元共线性问题；若采用式（11-14），有$\alpha+\beta=1$的约束，式（11-14）可改写成式（11-15），是一个一元回归问题，计算比较简单，不存在多元共线性问题，但回归方程的显著性可能不高。由于我国建筑业在生产函数的研究和应用方面资料较少，这里引用上海市全民所有制轻、重工业的数据说明对α和β进行回归分析时可能出现的问题。对于建筑业来说，这些问题应当属于共性问题。表11-1和表11-2分别为上海全民所有制轻工业和重工业的α和β参数值。

上海全民所有制轻工业 α 和 β 参数值   表 11-1

起讫年份	$V=AK^{\alpha}L^{1-\alpha}$	$V=AK^{\alpha}L^{\beta}$	
	α	α	β
1973—1983	0.4498	0.0071	0.6673
1972—1983	0.5148	−0.3115	0.8157
1971—1983	0.5663	−0.1721	0.7974
1970—1983	0.5907	0.5532	0.5347
1969—1983	0.6115	0.5915	0.5315
1968—1983	0.6554	0.7539	0.4915
1967—1983	0.7137	1.1568	0.3582
1966—1983	0.7425	1.2642	0.3260
1965—1983	0.7874	1.4687	0.2603
1964—1983	0.8630	1.2907	0.3814
1963—1983	0.9608	1.4496	0.3678
1962—1983	1.0079	0.0664	1.0193
1961—1983	1.1546	−0.7751	1.3939

上海全民所有制量工业 α 和 β 参数值   表 11-2

起讫年份	$V=AK^{\alpha}L^{1-\alpha}$	$V=AK^{\alpha}L^{\beta}$	
	α	α	β
1973—1983	0.3153	0.4894	0.1662
1972—1983	0.3692	0.5623	0.0671
1971—1983	0.4157	0.6253	−0.0275
1970—1983	0.5160	0.7784	−0.2820
1969—1983	0.6627	0.9848	−0.6192
1968—1983	0.8153	0.9494	−0.2308
1967—1983	0.9558	0.5305	1.1183
1966—1983	0.9979	0.4828	1.2806
1965—1983	1.0677	0.3342	1.7093
1964—1983	1.1570	0.0716	2.3967
1963—1983	1.2585	−0.0929	2.8229
1962—1983	1.3445	−0.1000	2.8400
1961—1983	1.3498	−0.0524	2.7751

11.3.2 回归分析的改进

从表 11-1 和表 11-2 可以看出，当采用的生产函数形式为 $V=AK^{\alpha}L^{1-\alpha}$ 时，α 的值随着参加回归的年数增加而增加，以至于最后大于 1。由于存在着 $\alpha+\beta=1$ 的约束，当 $\alpha>1$ 时，就出现 $\beta<0$ 的情况，与经济理论不符。当采用的生产函数形式为 $V=AK^{\alpha}L^{\beta}$ 时，α 与 β 均出现负值，也与经济理论不符。这说明，对 α 和 β 参数值的回归分析方法还需要作一些改进。

作为一种选择，可按下列步骤来估计表 α 和 β 的值：

首先，用函数 $V=AK^{\alpha}$ 估计出 α 的值；

其次，用函数 $V=BL^{\beta}$ 估计出 β 的值；

最后，用正则化公式求出 α' 和 β'，即

$$\alpha'=\frac{\alpha}{\alpha+\beta}, \quad \beta'=\frac{\beta}{\alpha+\beta} \tag{11-33}$$

显然，$\alpha'+\beta'=1$。

由函数 $V=AK^\alpha$ 求得的 α 显然是一种夸大了的资本产出弹性，因其中还包括了劳动力增长和技术进步的作用；同理，由函数 $V=BL^\beta$ 求得的 β 值也是一种夸大了的劳动力产出弹性，其中还包括了资本增长和技术进步的作用。因此，按上述方法所求出的 α 和 β 都不是真正的偏弹性。如果假定 α 和 β 关于真正的偏弹性的夸大百分比相同，就可以采用正则化方式得到真正的偏弹性 α' 和 β'。这样的假定具有明显的主观性，不能轻易为人们所接受。实际上，任何模型的建立都是一种抽象，需要一些基本的假定，这些假定往往都不可避免地带有一定的主观性。问题的关键在于，这种主观性的假定，能否较好地反映客观的经济事实。

根据同样的统计资料，采用上述方法所求得的 α' 和 β' 的值列于表 11-3。从中可以看出，α' 和 β' 值相当稳定，二者比例大体维持在 0.3∶0.7 的水平上。这说明，由改进后的回归分析方法所得到的偏弹性值可信度较高，因而其基本假定是可以接受的。另外，由于这种方法采用的是一元回归，简化了计算，也显得比较实用。

正则化处理的 α' 和 β' 参数值　　　　表 11-3

起讫年份	轻工业		重工业	
	α'	β'	α'	β'
1973—1983	0.3169	0.6831	0.3276	0.6724
1972—1983	0.3084	0.6916	0.3156	0.6844
1971—1983	0.2997	0.7003	0.3034	0.6966
1970—1983	0.2926	0.7074	0.2929	0.7071
1969—1983	0.2922	0.7078	0.2840	0.7160
1968—1983	0.2962	0.7037	0.2821	0.7179
1967—1983	0.2969	0.7031	0.2860	0.7140
1966—1983	0.2982	0.7018	0.2901	0.7099
1965—1983	0.3004	0.6996	0.2965	0.7035
1964—1983	0.3022	0.6978	0.3051	0.6949
1963—1983	0.3041	0.6959	0.3131	0.6869
1962—1983	0.3030	0.6970	0.3259	0.6741
1961—1983	0.3027	0.6966	0.3230	0.6770

11.3.3 差分分析

值得特别指出的是，对于 α 和 β 参数的估计，还可以通过取对数、求微分并以差分近似取代后得到：

$$\frac{\Delta V}{V}=\alpha\frac{\Delta K}{K} \tag{11-34}$$

$$\frac{\Delta V}{V} = \beta \frac{\Delta L}{L} \tag{11-35}$$

$$\alpha = \frac{\frac{\Delta V}{V}}{\frac{\Delta K}{K}} \tag{11-36}$$

$$\beta = \frac{\frac{\Delta V}{V}}{\frac{\Delta L}{L}} \tag{11-37}$$

从实际应用的角度看，V、K、L 每年的增长率 $\Delta V/V$、$\Delta K/K$、$\Delta L/L$ 是很容易掌握的资料，这样，可以很容易地计算出 α 和 β 值。在时间序列不很长时，可以对每年的 α 和 β 的值取算术平均。然后，按式（11-44）进行正则化处理，可求得资本产出弹性 α' 和劳动力产出弹性 β'。这对于估算偏弹性显然是十分方便的。必须指出，由于进行了差分近似，而且没有使用最小二乘法，计算所得到的结果肯定不是最优，与严格的回归分析结果会出现一定程度的偏差。在时间序列不长时，计算所产生的偏差一般不会太大。由于差分模型避免了计算繁复的最小二乘法，大大提高了实用性，容易推广应用。

11.3.4 有关问题分析

在采用回归分析方法确定 α 和 β 参数值时，必须明确产出量和要素投入量的具体形式。由于建筑生产所具有的特点，这对于建筑业来说，比其他工业部门更为重要。

1. 产出量表达形式

关于产出量，只能用价值量来反映，这是毫无疑问的。但究竟是按总产值还是按净产值计算，需要慎重选择。从总产值来看，我国建筑业的产出量提高很快，而从净产值来看，提高的速度显然平缓得多。采用的产出量形式不同，α 和 β 的值也肯定不同。从生产函数的经济含义出发，选用净产值可较确切地反映投入要素对产出的作用，应当优先考虑。虽然我国净产值统计工作开始较迟，缺乏相应的历史数据，但可以通过测算取得净产值的数据。这样，新得到的净产值数据与实际的净产值之间肯定有误差，这种误差对 α 和 β 值所产生的影响肯定比总产值相对于净产值所产生的影响要小。

2. 资本投入量表达形式

对于资本投入量，首先涉及是否包括流动资金问题。流动资金是建筑生产活动必不可少的物质条件，与固定资金的运动方式有根本区别，在生产过程中发挥的作用也不同。若将固定资金与流动资金结合起来作为资本投入量，在理论上还有需要进一步研究的地方。其次，涉及固定资产的计算范围，按我国习惯分类方法，固定资产分为生产性固定资产、非生产性固定资产和其他固定资产。从 α 参数意义考虑，显然应该只计算在生产过程中实际发挥作用的生产性固定资产价值。另外，还涉及是采用固定资产原值还是净值的问题。从理论上讲，固定资产净值能较客观地反映其实际生产能力，按照净值计算比较合理。由于我国建筑业的折旧制度不健全，不同系统、不同地区和不同企业间的折旧率不尽相同，采用固定资产净值会影响它们之间的可比性。因此，采用固定资产原值，能较准确地反映资本的投入量。

3. 劳动力投入量表达形式

至于劳动力的投入量，有以下两种表达方式：

（1）工资总额

在建筑生产过程中，劳动者付出的是劳动，工资反映的是劳动者劳动的价值。在我国社会主义条件下，在劳动者全部劳动时间内还包含有为社会劳动的部分，加之我国工资制度还存在某些不合理的情况，因此，工资总额并不能正确反映生产过程中实际劳动的消耗量，不适宜作为劳动力的投入量。

（2）年平均用工人数

如前所说，建筑企业在一年内的不同时期所聘用和雇用的职工人数变化较大，远不如工业企业职工人数稳定。虽然用职工人数反映劳动的投入量是一种普遍采用的方法，但用于建筑业却需要作适当处理。比较理想化的方法是先确定一名职工全年的理论（或定额）工作时间（工日或工时），再将所有职工全年实际工作时间汇总，折算成"当量职工人数"或"年平均用工人数"。这种方法可使建筑业内部不同企业之间、建筑业与其他行业之间较有可比性，但工作量大，且难以保证原始资料的可靠性。较为简单而实用的方法是：先列出全年不同时期（最好以日为单位，以月为单位较为易行）的用工人数，据此求出年平均用工人数。若根据多年统计资料发现，全年中某一有代表性时间，如3月31日、5月30日、9月30日或12月31日，用工人数基本上与用上述方法所计算出的年平均用工人数相同或非常接近，则可直接采用该时间的用工人数作为劳动投入量。要说明的是，由于我国各地区的自然条件相差很大，不同地区用工人数在全年不同时期的分布规律肯定有很大差异，这种"有代表性的时间"也肯定不尽相同。因此，若采用这种简化方法，一定要因地制宜，不应强求统一。

4. 影响 α 和 β 参数数值的其他因素

根据对我国建筑业 α 和 β 参数的回归计算和模拟分析，有学者认为，在假定规模报酬不变的前提下，我国建筑业的资本产出弹性 α 取 0.25，劳动力的产出弹性 β 取 0.75，比较符合我国建筑业的实际情况。不过，由于我国经济理论界对这一问题的研究尚不够深入，上述 α 和 β 的取值还有待建筑业的统计资料进一步验证。

最后，要特别指出，由于经济结构、经济发达程度、科学技术水平、管理水平等方面的差异，不同国家、地区、部门的 α 和 β 参数的取值会有所不同，但它们基本上是在一个不太大的范围内波动。一般来说，资本产出弹性 α 大体上在 0.2~0.4 之间波动，而劳动力的产出弹性在 0.6~0.8 之间波动。这表明，α 和 β 的值具有一定规律性，反映了不同经济系统之间具有共性的一面，确实能较客观地反映资本和劳动力对产出的作用。同时也说明，C-D 生产函数被广泛接受不是没有道理的。

另外，α 和 β 参数表征着经济系统的结构，并不是一个恒定的量，而是一个随时间变化的量。这意味着，在确定 α 和 β 数值时，时间序列长短会影响它的波动幅度。按一般方法所求出的 α 和 β 值，都是一定时间范围内的平均值，如果改变时间范围的划分界限，就可能在一定程度上改变 α 和 β 的值。如果经济发展过程中存在明显的具有某种特征的时期，如萧条期、繁荣期、低速增长期、高速增长期等，按这些不同时期分段确定 α 和 β 参数值，可能具有更深的经济意义。对于我国来说也不例外，例如，就表 11-3 中的数据而言，如果将 1961~1983 年的 23 年划分为 1961~1965 年，1966~1976 年，1977~1983 年三个时期，分别考察 α 和 β 参数的变化情况，α 和 β 的值肯定有较大变化，可能还可以从中得到生产函数之外的启示。

思考题

1. 何谓生产函数？常用的生产函数有哪几种？
2. 如何确定 C-D 生产函数的参数 α 和 β?

第 12 章　建筑生产的技术进步

科学技术是第一生产力，这一科学论断，深刻地揭示了科学技术在生产力发展中的重要作用，并已经得到社会的普遍认同，也被当代世界各国经济的发展所证实。国外统计表明，20 世纪初，一些发达国家经济增长的诸多因素中，科技进步所占比重为 5%~7%，到 20 世纪中期上升到 40%，20 世纪 70 年代以后逐步上升到 70%~80%，由此可见科技在当代经济和社会发展中的重要地位和巨大作用。

12.1　技术进步的概念

科学和技术既有区别，又有联系。科学是发现，技术是发明；科学是认识世界，技术是改造世界；科学是处于自然与技术的交点上，而技术是处于科学与社会的交点上；科学为技术提供理论、技术原理，技术成了科学知识的物化和活化；技术为科学提供研究课题、实验技术装备，科学必须通过技术才能转化为直接生产力。在人类认识自然和改造自然这个共同基础上，建立了科学和技术的统一。通常所说的科学技术，往往并不作严格区分，实际上是科学和技术两个范畴的统一。

科学、技术、经济、社会是整个社会有机体和大系统中的要素。在任何社会中，它们都是相互联系、相互制约、相互作用，推动社会历史前进，这是客观规律。科学技术只有在经济的发展与振兴中才能获得不断发展与进步。同时，现代经济也离不开科学技术的巨大推动作用。现代评价一个国家、地区、部门或企业的科学技术水平和发展速度，不仅要看其科技活动规模，投入多少人力和物力，更主要的是看科学技术对于物质生产的经济效益。离开了经济发展，科学技术进步的评价就没有实际意义。

科学技术推动社会生产力发展的因素是多方面的，不仅有属于自然科学范畴的生产工艺、制造技术，也有属于社会科学的经营方法、管理技术。社会科学作为一种现实的生产力，在经济活动中愈来愈显示出它的重要性。没有先进的社会科学，物质技术不能充分发挥应有的作用。根据我国的实际情况（包括建筑业），应当特别强调宏观经济结构的合理化、生产分工的社会化、经营管理的科学化以及劳动者素质的不断提高，即在主要不依靠增加资源投入量的条件下，争取经济的持续增长。这种技术进步，对我国来说，既是迫切需要的，也是非常现实的。因此，在考察建筑生产技术及其对经济发展的作用时，应该广义地理解科学技术的含义，既包括自然科学与技术，又包括社会科学与技术。

技术进步的概念，是经济学家在研究经济发展的各项影响因素时首先提出的，是科学技术进步的简称。长期以来，国内外众多的专家、学者从不同的角度研究技术进步的含义，作出了各自不同的解释和定义。为了给技术进步作一个恰当的定义，不妨从考察它的作用入手。技术进步的作用表现在两个方面：一个方面是创造落后技术或原有技术所不能创造的产品和劳务，例如宇宙航行技术、海底资源开发技术、

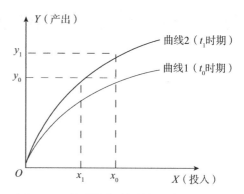

图 12-1 技术进步引起的投入产出量变化

原子能利用技术等；另一个方面是用尽可能少的生产要素投入创造出相同的产品或劳务。从这一角度出发，可以将技术进步定义为以等量的投入取得更多的产出，或以较少的投入取得等量的产出。技术进步所引起的投入产出之间数量关系的变化，可用图 12-1 加以定性说明。

在图 12-1 中，横坐标 X 代表投入量，纵坐标 Y 代表产出量。在 t_0 时期，经济系统物质生产的技术条件为曲线 1，当投入量为 x_0 时，产出量为 y_0；在 t_1 时期，由于技术进步的原因，经济系统物质生产的技术条件变为曲线 2。如果投入量仍为 x_0，产出量增加到 y_1，如果维持原来的产出量 y_0，仅需投入量 x_1。经济系统在投入量 x_0 不变的条件下能获得更多产出量（y_1-y_0）的能力，或在产出量 y_0 不变的条件下能节约投入量（x_0-x_1）的能力，就是技术进步的结果，也是技术进步对于经济发展的贡献。

技术进步是一个相对概念，它表明新技术比原有技术更为先进。技术进步的发展过程，也是经济效果不断提高的过程，技术的先进性是同它的经济合理性相一致的。凡是先进的技术，总是具有较高的经济效果；恰恰是较高的经济效果才决定了它是先进的技术。另一方面，技术的先进性和经济合理性之间有时又存在着一定的矛盾。在实际生产过程中采用的技术，不可能不受当时当地具体自然条件和社会条件的限制。应用条件不同，同一技术所带来的效果也不相同。某种技术在某种条件下体现出较高的经济效果，而在另一种条件下就不一定这样；从长远的发展方向来看，可能应该采用某种技术，而从近期的利益来看，则应该采用另一种技术，类似的例子很多。例如，许多高新技术，虽然投资巨大，但可以节约大量的活劳动，在发达国家能够取得很好的经济效果。但对于发展中国家来说，资金缺乏而劳动力资源丰富，同样的技术产生的经济效果却很差，不适宜采用。由此可见，联系到具体的自然条件和社会条件，并非一切先进的技术都是经济合理的。因此，有必要强调，不能把技术进步同技术的先进性混为一谈。只有在新技术取得较好经济效果时，才称得上是技术进步。

技术进步本身是一个不断发展的过程，有自身的发展规律。技术进步的全过程包括技术发明、技术开发和技术推广三个阶段，三者之间既相互独立又相互依存。技术进步对经济发展的贡献，也表现出一定的规律性。一是对任何一个国家、地区和部门来说，

经济增长总是超过投入要素的增长,资本和劳动的利用率总是在不断提高。它与人类生产力和科学技术水平不断发展的事实一致。技术进步对经济发展的贡献呈现出随时间逐步提高的趋势,尽管这一进程是相当缓慢的。二是对不同的国家、地区和部门来说,技术进步对经济增长的重要程度(相对于资本和劳动力投入量增长而言)较好地反映了它们之间经济发展的相对水平。一般来说,经济发达国家技术进步对经济增长的贡献较高,而发展中国家技术进步对经济增长的贡献较低。因此,提高技术进步对经济发展的作用是我国经济建设中一项非常重要的任务,也是充分体现"科学技术是第一生产力"的最好证明。

12.2 技术进步的类型

不同的技术大多体现在活劳动和物化劳动的不同组合,即活劳动和物化劳动在全部劳动消耗中所占的比重不同。例如,手工劳动生产方法所消耗的活劳动较多,所消耗的物化劳动较少,而机械化生产方法则恰恰相反。由于经济发展形式多种多样,决定了技术进步的类型也是多种多样的。在同一时期,国民经济中各部门的技术进步根据部门生产的特点表现为不同的类型;就一个部门而言,在国民经济发展的不同时期,也可能表现出不同的类型。通常,按照取得等量产出所节约的生产要素投入量的特征,可以将技术进步分为劳动节约型、资本节约型,以及劳动、资本兼节约型三种类型。

12.2.1 劳动节约型

一般认为,劳动节约型技术进步主要是由于生产资料因素作用的结果。它表现为每个劳动者平均技术装备率的提高,以机械化生产技术取代手工操作生产技术,从而节约单位产品中的活劳动消耗。由于在节约活劳动投入量的同时增加了资本的投入量,因而更严格地说,所谓劳动节约型技术进步,意味着劳动力要素边际产出的增加超过资本要素边际产出的增加。在这种情况下,等产量线的形状、曲率以及与等成本线切点的斜率都发生了变化。等产量线与等成本线切点的斜率就是等成本线的斜率,等成本线的斜率也就是资本和劳动力两个投入要素的边际替代率。

为说明这一问题,设任意的资本投入量和劳动力投入量组合的费用为 C,并以下式表达:

$$C=rK+wL \tag{12-1}$$

则

$$K=\frac{C}{r}-\frac{w}{r}L \tag{12-2}$$

当 C 值固定时,式(12-1)实际上是图 9-3 中等成本线的函数式,$-w/r$ 是等成本线的斜率,它表示增加单位资本投入量减少的劳动力投入量的数量,即资本对劳动力的边际替代率。在劳动节约型技术进步的情况下，等产量线与等成本线的特征如图12-2（a）所示。在图12-2中，K，L表示资本和劳动力的投入量，V_0和V_1分别表示t_0和t_1时刻的等产量线。

12.2.2 资本节约型

资本节约型技术进步主要是由于生产资料效能提高和组织管理改善共同作用的结果。它表现为新型生产资料质量、功能和效率的提高，或者表现为现有生产资料利用率和使用效率的提高，从而在提高劳动生产率的同时，降低单位产品中物质消耗的比例。不言而喻，对于这类技术进步，节约资本投入量的同时，也在一定程度上节约了劳动投入量。确切地说，所谓资本节约型技术进步，是指资本边际产出增加超过劳动力边际产出增加的技术进步。等产量线的形状、曲率以及等成本线的斜率也都随之发生变化，曲线特征如图12-2（b）所示。

12.2.3 劳动、资本兼节约型

劳动、资本兼节约型技术进步又称为中性技术进步，它介于劳动节约型技术进步和资本节约型技术进步二者之间。中性技术进步是各种因素综合作用的结果，其基本特征是资本边际产出的增加与劳动力边际产出的增加相等。实际上，资本和劳动力边际产出增加完全相等的情况是极少的，只要这二者相差不大，即可认为是中性技术进步。这时，等产量线和等成本线只作平行移动，形状不发生变化，曲线特征如图12-2（c）所示。

劳动节约型技术进步是技术进步的初级形式或粗放形式，一般发生在机械化、工业化初期或中期发展阶段的国家、地区和部门；资本节约型技术进步是技术进步的高级形式或集约形式，总是与比较发达的生产力水平相联系；中性技术进步介于二者之间。在一定客观条件下，初级形式的技术进步可以转变为高级形式的技术进步。这是一个渐进的过程，技术进步的速度在相当程度上决定着上述转变的进程。

以上对技术进步类型的划分有助于理解技术进步发生的原理和作用，是非常必要的。

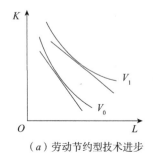
（a）劳动节约型技术进步

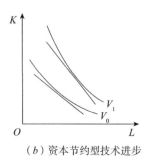
（b）资本节约型技术进步

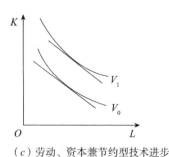
（c）劳动、资本兼节约型技术进步

图12-2 技术进步的三种类型

但是，当我们定量分析技术进步对经济发展的作用时，难以严格区别技术进步的类型，通常是假定技术进步为中性型。在采用 $C–D$ 生产函数和 CES 生产函数分析技术进步时，也是把技术进步看做是中性的。

12.3 建筑生产技术进步的内容和特点

12.3.1 建筑生产技术进步的内容

在以上两节中，技术进步还是比较抽象的概念，同时，技术进步又是非常具体的，包含非常丰富的内容。由于建筑产品和建筑生产所具有的技术经济特点，建筑生产的技术进步也有自身的规律，明显不同于其他物质生产部门。如果忽略组织管理改善引起的建筑生产技术进步，建筑生产的技术进步可归纳为以下四个主要方面：

1. 建筑设计

（1）随着社会生活和生产的发展，不断地创造新的建筑类型，扩大建筑物的使用功能。如容纳万人乃至容纳数万人的大会堂、体育馆，核电站等。

（2）利用现代科学技术（如光学、声学、热学等）的最新成就不断地改善建筑物的使用效果，提高建筑物的质量，满足社会对建筑物的更高要求，如恒温车间、恒湿车间、密闭厂房等。

（3）减少建筑用地，充分利用空间，降低工程造价，如工业建筑方面的灵活车间、通用车间、多功能车间；居住建筑方面的功能齐全、户内灵活隔断或开发空间高效利用的住宅；公共建筑方面的集文化、娱乐、休息等于一体的多功能建筑等。

（4）推广定型设计和标准设计，减少建筑构件和配件的规格和类型，为建筑生产朝大生产方向发展创造条件。

2. 建筑材料

（1）发展新型的轻质高强材料，如高强度等级水泥、轻质骨料、泡沫混凝土、石棉制品等。

（2）发展满足特殊要求的新型材料，如耐热混凝土、耐酸混凝土、抗渗混凝土、防辐射混凝土等。

（3）开发人造材料以取代天然材料，如木材、砂、石等已越来越多地被金属、硅酸盐制品、纤维板等人造材料代替，塑料等合成材料也在发展之中。

（4）广泛利用各种废料，如炉渣、矿渣、煤灰、木屑等制造建筑材料，如粉煤灰砌块等。

3. 建筑结构

（1）发展大跨度结构、薄壳结构、悬索结构、折板结构等结构形式，以满足建筑物功能的需要。

（2）采用轻质高强材料、空心薄壁构件，用空间结构代替传统的梁板式平面结构，以减轻建筑物的自重。

（3）采用装配式结构。

（4）结构形式向定型化、标准化方向发展，越来越多地采用通用构件。

4. 建筑施工

（1）采用工厂化的施工方法，建筑构件和配件的生产越来越多地从施工现场转移到固定的工厂中进行。

（2）采用机械化的施工方法，手工劳动越来越多地为机械所代替。

（3）采用各种先进的生产工艺，如钢筋混凝土构件生产的成组立模法、压轧振动法、无压蒸汽养护法、真空作业法，预应力钢筋混凝土结构制作的连续配筋法、电热法，高层建筑施工的提升法、顶升法，地下施工的冻结法、井点排水法，地基加固的砂桩法、砂化法等。

（4）采用先进的施工组织，特别是采用流水施工方法。

12.3.2 建筑生产技术进步的特点

综合上述建筑生产技术进步的四个方面的内容，再结合建筑生产技术发展的历史过程，建筑生产技术进步具有以下三个方面的特点：

1. 建筑材料的发展和材料工业的革命，促进了建筑生产技术结构发生变化，为建筑生产技术进步创造了物质技术基础。

建筑材料是建筑生产过程中的劳动对象，建筑物的形式和结构在相当程度上取决于建筑材料的性能。从一定意义上说，有什么样的建筑材料，就能创造出什么样的建筑物，才能形成什么样的建筑技术。

古代，人们从事建筑生产活动基本上是就地取材，利用现成的自然物作为建筑材料，即使是一些大规模的建筑也不例外。我国古代的建筑，由于地区自然资源不同，形成了差异很大的结构和建筑形式：东部草房、西部窑洞、南方竹楼、北方木屋。人们进行建筑生产活动的物质技术基础比较低下，技术结构也比较单一。

随着现代化大生产的发展，不断创造出新的建筑材料。钢材、水泥、沥青、玻璃及其他化工产品在建筑上的应用，引起了建筑生产技术的飞跃发展，型钢、钢索、钢筋混凝土等用做建筑物的承重材料，突破了土、木、砖、石等传统建筑材料的局限性，为实现大跨、高层、悬挑、轻型、耐火、抗震等结构形式提供了可能，同时也为发展新的建筑施工技术和工艺创造了条件。建筑材料工业的发展，不仅使其成为独立于建筑业之外的一个行业，而且促使建筑业内部的技术经济结构发生深刻的变化，以适应建筑生产技术不断发展的要求。

2. 建筑科学的发展，对建筑生产新技术的产生和运用起着决定性的作用。

物质技术基础是由包括科学在内的生产资料总体构成的。现代科学为生产技术的进步开辟了广阔的道路，科学应用到生产中产生了先进的生产技术和工艺方法，从而形成新的生产力，促进社会劳动生产率的极大提高。

在近代建筑科学的发展中，材料力学、结构力学等的发展占有非常重要的地位；建筑声学、光学、热学、美学等的发展也发挥了重要作用。建筑科学的发展使建筑生产技术产生了新的飞跃。可以这样说，没有现代建筑科学，就没有现代建筑生产技术，就没有现代建筑生产的工艺和方法，也就没有现代建筑业。

由于建筑科学的发展，改变了建筑设计、建筑施工的传统经验和法式，产生了通过定量计算和科学分析设计而成的新型桥梁、高层或超高层办公楼、大跨度厂房和体育馆等建筑。技术复杂、质量要求高的建筑，迫切需要建筑生产的技术革新和技术革命，从而使建筑生产技术结构发生重大变化，随之产生了新的结构形式、新的施工技术、新的生产工艺和新的组织方法。

3. 机械工业的发展，为建筑生产提供了新的生产手段，加强了建筑生产的物质基础。

用机械代替手工劳动，是现代化社会生产方式的重要标志，也是技术进步最基本的方面。随着建筑材料和装配式构件生产的工厂化，高层建筑、大跨度结构的发展，传统的手工工具和人的体力已不能胜任现场施工的要求，必须靠新的建筑机械才能实现。

从根本上说，建筑生产的技术装备不能靠建筑业自身来实现，而要靠机械工业来提供。因此，建筑生产的技术进步与机械工业的发展是密切相关的，机械工业的技术水平和技术进步的速度在相当程度上制约着建筑生产的技术进步。

12.3.3 国际建筑业技术发展与展望

在国际上，相较于其他产业，建筑行业在应用技术和管理创新上比较落后，行动迟缓，研发费用投入大大低于其他行业，投入不足收入的1%，而汽车和航空领域则为3.5%~4.5%，信息技术的投入同样很高。在增加投入的前提下，国际和国内建筑技术创新和进步的空间很大。

2016年，麦肯锡全球研究院提出报告，认为在今后的若干年中，有5种方式可以改变建筑业。

1. 高清晰度测量和定位技术

不可预知的地质问题是项目延期和超预算的关键原因。项目实际条件和早期勘查预计的差异，要求项目需要花费较多时间以变更项目范围和设计。新技术可以集成高分辨率图像技术、3D扫描技术、地理信息系统（GIS）技术和无人机技术等，显著提高精确度和速度。例如，激光雷达探测和测距技术比传统技术、3D图像技术、BIM技术和项目计划工具集成效果更好。借助探地雷达、磁力仪以及其他设备，激光雷达能产生项目基地地面以上和地面以下的3D图景，这能大大减少环境敏感性项目或者历史文化项目的不确定性干扰。

这些先进的勘查技术能通过GIS技术补充，使地图、图像、测距和GPS定位等综合应用。这些信息可以上载到其他分析和可视化软件以用于项目计划或者施工中。

2. 下一代 5D 建筑信息模型（BIM）

20 世纪 70 年代，大型航空公司开始使用 3D 计算机模型，这帮助航空业生产效率提高了 10 倍。然而，建筑业还没有采用覆盖项目计划、设计、施工和运维全过程的集成平台。相反，建筑业仍然依赖定制的软件工具，项目业主和承包商经常使用不同的平台，相互之间并不同步。结果，就没有了单独的数据源以提供项目设计、成本和时间管理的集成、实时的信息。

下一代 5DBIM 能为任何一个项目提供实体和功能特征的 5 维信息，即除了标准的 3D 空间设计参数以外，还包括项目的成本和进度。同时也包括一些细节，例如几何结构、规格、美学、热能和声学特性。一个 5DBIM 平台能为业主和承包商提供项目成本和进度变更影响的识别、分析和记录，也能帮助承包商更好地开展早期风险识别和决策。

如果进一步和 AR（放大现实）及可穿戴装备结合，5DBIM 技术的价值会更大。为了更好地获得 BIM 技术的丰富价值，项目业主和承包商从设计阶段就需要将用户嵌入进来，所有的利益相关者都采用和 BIM 兼容的标准化的设计和报告格式。

3. 数字化协同和移动技术

管理数字化意味着需要从现有的纸质方式迁移到在线、实时信息共享方式，以确保透明化、协同、及时跟踪和风险评估、质量控制以及最终更好的、更可靠的产出。行业表现较为糟糕的一个原因是目前仍然依赖纸质文件来管理项目，包括蓝图、设计图纸、采购和供应链订单、设备日志、日进度报告以及竣工审核。由于缺乏数字化，信息共享延迟司空见惯，业主和承包商使用不同版本的文件经常发生，这导致了变更和索赔。

业主和承包商开始应用数字化协同和现场移动解决方案。一个大的国际施工企业最近宣布，和软件公司联合开发一款基于云的现场监控平台，以开展大型工程项目计划、设计、现场控制、预算和文档管理。

长期以来，现场人员和办公室人员实时沟通是一个大问题。但同时，以下因素限制了移动解决方案的应用，包括：不同移动解决方案的兼容性问题、可靠度、高速宽带和非直观设计及用户界面不友好等。低成本的移动连接费用已经导入了新一代"移动优先"的基于云端的 APP 使用方式，即使在遥远的施工现场，也能实时更新。如在平板和智能手机上使用 APP，将施工蓝图和计划的变化实时告知现场人员，现场图片也能超级链接到项目计划中。可以提供移动时间记录、实时成本编码、工人定位和问题日志及追踪。还可以实现变更管理，时间和材料追踪，调度，生产效率测度和事故报告。

4. 物联网和高级分析技术

人、设备和大量工作在现场开展，使项目现场会变得越来越密集，他们产生了大量数据，很多数据没有被收集，更不用说测度和处理了。很多领域已经开始实际应用物联网了，传感和无线技术使设备连接起来并越来越"智能"。在工地现场，物联网能使建筑机械、设备、材料、结构甚至模板能和中央平台"会话"以获得关键性能参数。传感、近场通信（NFC）设备，以及其他设备能帮助监控工人和设备的生产效率，包括：设备监控和维修、存货管理和订购、质量评估、能量效率管理和安全管理等。

除了物联网外，高级分析技术也至关重要。伦敦大型基础设施项目采用这些方法大大节省了时间和资金，项目领导和数据分析公司一起构建了一个基于网络的适配仪器和监控系统，这一系统吸收现场传感数据、施工进度数据、工人和设备移动数据。基于这些信息，通过统计分析帮助项目团队识别异常和潜在风险，这对于人口稠密和历史文化敏感性的伦敦至关重要。启发于高级分析技术，一个大的中东施工企业和软件公司一起开发了预测分析引擎，以防止设备现场故障的发生，这节省了大量故障停机时间、燃油成本和维修开支。

5. 不过时的设计和施工技术

新的建筑材料，例如自修复混凝土、气凝胶和纳米材料，以及创新的施工方法，如3D打印和模块化拼装，都能降低成本、加快进度，同时提高质量和安全。传统的材料如混凝土、水泥和沥青是主要构成，但新的和更好的工程材料具有更大的需求，这源于以下几个趋势：绿色施工、成本效率、敏捷供应链、耐久性和强度改进、非现场施工等。这些新材料包括自修复混凝土、混凝土帆布、高渗透混合物、气凝胶、纳米材料等。

大约80%的施工工作依然依赖于现场，但很多项目开发商和承包商开始探索新的非现场方法，以帮助改进可预测性、一致性和可重复性。建筑业需要超越预制和拼装结构，进入下一代技术。潜在几个技术包括：预装配、3D打印和机器人安装等。

其他行业的经验表明，面对变革和新的发展趋势，首先采取行动的企业会建立持续的竞争优势，在建筑业同样如此。

12.4 建筑生产技术进步的评价

技术进步对经济增长作用的重要性，已为越来越多的人所认识。但是，对技术进步的作用仅仅停留在定性分析是远远不够的，还需要进一步作定量分析和测算。这对于正确评价技术进步的作用和发展状况，调整或规划技术进步的发展方向是十分必要的。为此，应当选择适当的定量分析方法并建立相应的评价指标。

12.4.1 建筑生产技术进步的评价方法

一般认为，以生产函数为基础定量分析技术进步的作用是合理可行的。由于技术进步往往表现为产值随时间而增长（即使资本和劳动力投入量不变），因此，需要在生产函数中引入时间变量参数，则生产函数的一般形式可写为

$$V = F(K, L, t) \tag{12-3}$$

对上式求微分，可以得到

$$dV = \frac{\partial V}{\partial t} dt + \frac{\partial V}{\partial K} dK + \frac{\partial V}{\partial L} dL \tag{12-4}$$

两边同除以 V，有

$$\frac{dV}{V}=\frac{\partial V}{\partial t}\cdot\frac{1}{V}dt+\frac{\partial V}{\partial K}\cdot\frac{K}{V}\cdot\frac{dK}{K}+\frac{\partial V}{\partial L}\cdot\frac{L}{V}\cdot\frac{dL}{L} \quad (12\text{-}5)$$

将式（11-11）和式（11-12）代入式（12-5），可得

$$\frac{dV}{V}=\frac{\partial V}{\partial t}\cdot\frac{1}{V}dt+\alpha\frac{dK}{K}+\beta\frac{dL}{L} \quad (12\text{-}6)$$

若令 $v=\frac{dV}{V}$，$\gamma=\frac{\partial V}{\partial t}\cdot\frac{1}{V}dt$，$k=\frac{dK}{K}$，$l=\frac{dL}{L}$，可将式（12-6）改写为如下简洁的形式：

$$v=\gamma+\alpha k+\beta l \quad (12\text{-}7)$$

式（12-7）称为生产增长速度方程，可以作为评价建筑生产技术进步的最基本方法。式（12-7）的左边为产出增长速度；等式右边第一项为建筑生产技术进步的速度；第二项为资本产出弹性和资本投入量增长速度的乘积，表示资本投入量增加给产出量带来的增长率；第三项为劳动力产出弹性和劳动力投入量增长速度的乘积，表示劳动力投入量增加给产出量带来的增长率。由此，可以分别计算技术进步、资本和劳动力对于建筑业经济发展的影响。

采用生产增长速度方程评价建筑生产的技术进步，优点首先在于它不考虑生产函数的具体形式，只要求生产函数具有式（12-3）的特征。因此，式（12-7）具有一般性，应用非常灵活，可根据部门具体情况，因时、因地、因事制宜地选择不同的生产函数。采用不同的生产函数计算出的结果会有差别，有时差异较大。为了在全国不同部门之间或部门内部企业之间具有可比性，选择确定的生产函数是必要的，通常采用 C-D 生产函数。其次，生产增长速度方程的形式简洁，经济意义明确，便于理解和计算，式中产出量、资本投入量和劳动力投入量的增长速度（v，k，l）可以根据建筑业的历史资料求得。若以差分代替微分，即令 $v=\Delta V/V$，$k=\Delta K/K$，$l=\Delta L/L$，则不仅便于计算 v，k，l，而且可以根据式（10-47）和式（10-48）确定资本产出弹性系数 α 和劳动力产出弹性系数 β，可以大大简化建筑生产技术进步速度的计算。

再分析生产增长速度方程的特殊情况。若不考虑技术进步增长，当资本和劳动力投入量按同一比例增长时，即设 $\gamma=0$，且 $\frac{dK}{K}=\frac{dL}{L}=\lambda$，即 $k=l=\lambda$，则式（12-7）成为

$$v=\alpha k+\beta l=(\alpha+\beta)\lambda \quad (12\text{-}8)$$

对于经济发展的实际情况来说，总存在 $v>\lambda$，即 $\alpha+\beta>1$，在上节中，把这称为规模报酬递增。显然，技术进步增长为零的假设不能成立。但是，要注意，不能把技术进步增长与规模报酬递增等同起来。在经济结构比较合理的条件下，规模报酬递增是常见的经济现象，是技术进步的一个方面，但绝不是技术进步的全部。或者说，在假定规模报酬不变的前提下计算出的技术进步增长，实际上包含一定程度的规模报酬递增。

必须指出，应用生产函数和生产增长速度方程定量分析建筑生产技术进步的作用时，首先要作一些基本假设和简化。对于建筑生产技术进步的评价，需要满足下列前提条件：

（1）生产投入要素仅为资本和劳动力，且二者之间可以互相替代，能够以可变的比例相结合；

（2）经济发展处于完全竞争条件之下，资本和劳动力都可以得到充分利用；

（3）技术进步对经济发展独立地发挥作用，其作用未体现在资本和劳动力之中；

（4）技术进步属于中性型；

（5）参数 α 和 β 为常数，且满足 $\alpha+\beta=1$，即规模报酬不变，把规模报酬变化的作用作为技术进步的一部分。

上述假设显然与建筑业经济系统的实际情况有一定距离，但作为数量经济分析的前提，这样的假设是允许的，也是必要的。没有这些基本假设，就不可能建立评价建筑生产技术进步的生产函数模型，不能揭示社会、经济和技术现象的联系和变化，v 与 γ，k，l 之间的数量关系也不会成立。

12.4.2 建筑生产技术进步的评价指标

建立衡量建筑生产技术进步对建筑业经济增长作用的指标体系，是较为复杂的工作。目前，在这方面还处于探索阶段，还没有形成一个完整的、统一的指标体系。此外，指标的计算方法也不尽统一。有些方法本身不够完善，有些方法难以收集有关数据，有些方法则过于复杂，暂时还缺乏实用价值。这里，仅介绍几个被普遍接受的主要评价指标。

（1）技术进步速度（%，以 γ 表示）

技术进步速度又称为技术进步率，是在一定时期内（一般是 1 年）技术进步快慢的综合指标，体现建筑生产技术水平每年平均变化的大小。在采用生产增长速度方程时，其计算公式为

$$\gamma = v - \alpha k - \beta l \tag{12-9}$$

式中各符号的意义如前所述，其中 v，k，l 的值比较容易得到，且比较准确，但 α 和 β 的确定则较难，受具体计算方法的影响。原国家计委计划经济研究所在分析国内外资料的基础上，认为 $\alpha=0.2$ 和 $\beta=0.8$ 比较符合我国情况，并规定各省市都按此计算，便于相互比较。至于是否符合建筑业的实际情况，还有待丰富的历史资料和现实资料验证。

这一指标经济意义明确，计算方法简便，数据资料也易取得，是很实用的指标。它反映了技术进步速度与产出增长速度以及资本和劳动力增长速度之间的关系。所提到的增长速度都是平均增长速度。

由式（12-9）可知，这一指标并不是对科学技术活动及其经济效益的直接测度，而是用间接方式，即以排除资本和劳动力增长因素后的剩余部分测度经济系统因技术进步而产生的变化。这里所说的技术进步，与通常理解的科学技术在概念上有一定差别，它所反映的技术进步的作用未必很客观。尤其是对 α 和 β 采用定值，在理论上难以成立，不能反映不同时期、不同地区、不同部门的资本和劳动力增长对生产增长的不同影响。

(2)技术进步对产值增长速度的贡献（%，以 E_γ 表示）

这是一项反映技术进步对经济增长影响的综合指标，表明技术进步在建筑业产值增长中的贡献大小或所占的比重。其计算公式为

$$E_\gamma = \frac{\gamma}{v} \times 100\% \tag{12-10}$$

相应地，也可以分别计算资本和劳动力投入增长对建筑业产值增长速度的贡献，若分别以 E_k 和 E_l 表示，则

$$E_k = \frac{\alpha k}{v} \times 100\% \tag{12-11}$$

$$E_l = \frac{\beta l}{v} \times 100\% \tag{12-12}$$

显然

$$E_\gamma + E_k + E_l = 100\% \tag{12-13}$$

这样，把技术进步、资本和劳动力增长三个因素对产值增长的作用区分开来，分别予以定量评价，也就把三者对经济增长的作用具体化了。

由于技术、经济水平的差异，不同国家或地区的技术进步对产值增长速度的贡献存在明显差异，如表 12-1 所示，其中，各国的 E_γ 可用表中第（2）栏数值与第（1）栏数值的比例来表示。由表中数据可以看出，经济发达国家 E_γ 的数值都超过 50%，甚至达到 70% 以上。而有关资料表明，发展中国家 E_γ 的数值大多在 30% 左右。据测算，我国 1981~1997 年间的 E_γ 为 31.6%。

一般来说，在不同的经济发展时期，技术进步对产值增长速度的贡献亦有所不同。因此，可以根据技术进步的特征划分成不同的经济发展时期，再分别求出各期的 E_γ，E_k，E_l，以便更好地分析和评价以上三个因素对建筑业产值增长的作用，并可能从中发现某种规律，有利于指导合理制定建筑业的产业发展规划。

(3)劳动—资本综合生产率（用 B 表示）

该指标把劳动生产率和资本生产率二者结合起来加以综合考虑，用来反映建筑生产技术水平的高低。这是一项综合指标，又称为劳动—资本产值率，其计算公式为

$$B = \frac{V^2}{KL} = \frac{V}{K} \cdot \frac{V}{L} \tag{12-14}$$

式中，V/K，V/L 分别表示资本生产率和劳动生产率。这二者实际上是不能完全割裂开的，二者之间有着非常密切的联系。如第 10 章所述，一般在劳动生产率提高的同时，往往伴有资本生产率的下降。但是，劳动生产率提高的幅度与资本生产率下降的幅度之间有无数量关系或变化规律，尚未作过分析。显然，我们期望在劳动生产率提高幅度一定时，资本生产率下降的幅度尽可能地小；或是在资本生产率下降幅度一定时，劳动生产率提高的幅度尽可能地大。要达到这一目标，就需要依靠技术进步。

应当承认，劳动生产率和资本生产率是两个不同的指标，意义不同，计量单位也不

相同，将二者结合起来没有很明确的经济意义，这是它的不足之处。但是，劳动—资本综合生产率指标能从特定的角度反映建筑生产中活劳动和物化劳动的综合效果，而且资料来源准确可靠，也是评价建筑生产技术进步的一个很实用的指标。若求出各年度的劳动—资本综合生产率，可以从中看出建筑生产技术水平的变化趋势，并用以与其他部门或对建筑业内部各地区和企业之间进行横向比较。设基年的劳动—资本综合生产率为 B_0，报告年的劳动—资本综合生产率为 B_t，则相应的指数为

$$\frac{B_t}{B_0}=\frac{\left(\dfrac{V_t}{V_0}\right)^2}{\left(\dfrac{K_t}{K_0}\right)\cdot\left(\dfrac{L_t}{L_0}\right)} \tag{12-15}$$

实际上，对于 C-D 生产函数，当 $\alpha+\beta=1$ 时，便有如下的表达形式：

$$A_t=\frac{V}{K^\alpha L^{1-\alpha}}=\left(\frac{V}{K}\right)^\alpha\cdot\left(\frac{V}{L}\right)^{1-\alpha} \tag{12-16}$$

当 $\alpha=\beta=0.5$ 时，则有

$$A_t=\frac{V}{K^{0.5}L^{0.5}}=\sqrt{\frac{V}{K}}\sqrt{\frac{V}{L}}=\sqrt{B} \tag{12-17}$$

在以上两式中，A_t 为技术进步水平参数。式（12-16）表明，技术进步水平参数可以表现为劳动生产率和资本生产率的函数形式；式（12-17）说明，在特殊情况下，技术进步水平参数与劳动—资本综合生产率有着非常确定的函数关系。因此，劳动—资本综合生产率还是具有一定的经济意义的。

除了以上三项评价指标之外，还可以采用其他的指标评价建筑生产的技术进步。在多指标的条件下，还有一个综合评价各个指标的问题。因此，除了选择评价指标外，还需要选择适当的定量方法，以确定建筑生产技术进步的综合评价指数。其基本方法就是对各评价指标进行加权组合，关键在于合理确定各指标的权数。对多指标进行综合评价的方法有多种，此不赘述。

12.5 技术进步的内涵因子

在以上列举的技术进步三个评价指标中，劳动—资本综合生产率没有十分明确的经济意义，技术进步速度和技术进步贡献比例虽然在一定程度上反映经济发展综合效率的相对水平和变化趋势，但作用十分有限。从这两个指标的计算方法来看，主要目的在于确定技术进步速度。而技术进步速度本身是一种"剩余因素"，无法回答它究竟包含什么内容，与科学技术的关系如何。为了深入分析技术进步的作用，需要对技术进步因素进行分解，从中找出具体的有实际意义的内涵因子。

在分解技术进步因素的研究中，美国经济学家丹尼森（E.F.Denison）的工作在世界

上有着突出的地位。由于我国在这方面尚未进行深入研究，故缺乏可对比的资料和数据。

12.5.1 技术进步内涵因子的种类

技术进步速度的计算方法决定了，凡不属于因资本和劳动力数量增加引起的经济增长的因素，都归于技术进步的范畴。技术进步包含的内容十分广泛，主要有生产要素质量的变化、知识进展、资源重新配置、规模经济效益、政策法律影响、组织管理改善等。为了突出主要因素、简化分析和计算，根据各因子的性质和作用大小，可归纳为四类，即教育培训因子、知识进展因子、经济结构变化因子和其他因子（也有人归纳为硬件、软件、组织件和教育件）。其中，其他因子内容庞杂，作用十分轻微，在以下的分析中不予考虑，仅对前三类因子作进一步的具体分析。

1. 教育培训因子

教育和培训虽然同科技活动没有直接关系，然而新技术、新设备、新的管理体制要求具有更高技能的劳动者。同时，劳动者学习和掌握新技术的能力也愈来愈受本人文化程度的制约。有资料表明，一个小学毕业的工具钳工，提高一个技术等级需五年的训练时间，初中文化程度的工人需三年时间，而高中、中专文化程度的工人只需一年至一年半的时间。在实际工作中，工人技术熟练程度平均提高一级，劳动生产率增长 6%~8%，同时还能保证产品质量、降低产品成本。技术进步的一部分作用是通过劳动者文化知识和劳动技能的提高间接地表现出来，从而产生经济效益，或者说，是通过提高劳动者素质间接体现的。

分析表 12-1 中的数据，教育培训因子都在 0.5% 以下，在技术进步中的比例也都低于 20%，并不太高。这反映了经济发达国家原有文化教育平均水平较高，改变不大。根据推测，原有教育水平较低的发展中国家，由劳动者文化教育水平提高而得到的效益应当更大。但是，发展中国家类似的定量分析很少，可比资料十分缺乏。

11 个国家技术进步及其内涵因子的有关数据　　　　　　　　　表 12-1

国名	时间（年）	（1）国民收入增长率	（2）技术进步速度	（3）教育培训因子	（4）知识进展因子	（5）经济结构变化因子	（6）技术进步构成（5）/（4）
加拿大	1950—1967	4.95	2.49	0.36	0.66	1.30	1.97
比利时	1950—1962	3.03	2.37	0.43	0.84	1.02	1.21
丹麦	1950—1960	3.36	2.25	0.14	0.75	1.33	1.77
法国	1950—1962	4.70	3.85	0.29	1.51	1.95	1.27
联邦德国	1950—1962	6.27	3.64	0.11	0.87	2.62	3.01
意大利	1950—1962	5.60	4.43	0.40	1.30	2.64	2.03
荷兰	1950—1962	4.07	2.41	0.24	0.75	1.41	1.88
挪威	1950—1962	3.43	2.66	0.24	0.90	1.49	1.66
英国	1950—1962	2.38	1.62	0.29	0.79	0.48	0.618
美国	1948—1969	4.00	2.32	0.41	1.19	0.72	0.615
日本	1953—1971	8.81	5.34	0.34	1.97	2.89	1.47

2. 知识进展因子

知识进展，是丹尼森为区别于技术进步而提出的术语。如果从广义上理解技术，即包括生产技术、管理技术和服务技术，只有知识进展因子才真正同科技和管理服务水平变化直接相关，直接影响生产和其他经济活动的效率，因而以知识进展因子作为经济活动中技术水平变化的量度。

从表 12-1 中的数据来看，知识进展因子明显地超过教育培训因子，最大值达到 2%。表明在经济发达国家的经济发展中，新技术新工艺的引进以及管理服务的改进确实产生了巨大的效益。再计算知识进展因子在技术进步中的比例，表 12-1 中的大多数国家只有 1/3 左右，仅英、美两国略高，达到一半左右。这表明，虽然知识进展对技术进步和经济发展的直接作用是相当可观的，但仍然是有限的；把技术进步仅仅理解为科学技术和管理水平的进步有相当的局限性；同时也证明了对技术进步因素进行分解和定量分析的必要性。

3. 经济结构变化因子

经济结构变化因子包括两方面的内容：一是资源重新配置，指宏观经济部门之间劳动力和资本占有比例关系的变化。在技术水平和其他条件不变的情况下，人力物力更多地进入高生产率的部门，"自然"地提高整个经济系统的效率。二是规模经济效益，反映整个经济系统中最终产品市场平均规模扩大，使生产、运输和交易的平均批量水平提高，专门化加强，从而成本下降、效率提高。

资源合理配置和规模经济效益二者有一个共同点，都在某种方面反映出经济结构变化的作用。前者反映了各部门比例关系的变化，后者反映了经济活动组织合理化水平的变化。当科学技术促进生产力发展时，一方面，在微观水平上使各个生产单元的效率提高；另一方面，又在宏观水平上促使国民经济达到新的平衡，以使新的生产力得以合理、协调、充分地发挥。后者正是通过经济结构的变化来实现的。

从表 12-1 可以看出，经济结构变化因子是技术进步因素中最重要的因子。除英、美两国外，其他国家的经济结构变化因子都超过了知识进展因子，达到 1% 以上，最高的接近 3%。

从经济结构变化因子占技术进步的比例来看，表 12-1 中大多数国家都超过了一半，说明这些国家技术进步对经济发展的作用主要是通过经济结构的变化来实现的。

因此，在技术进步各主要内涵因子中，经济结构因子应当引起更多的注意。经济结构变化并不影响微观水平上任何一个生产单元的效率变化。然而对全社会来说，由于宏观经济的组织结构更为合理，人力物力的配置接近优化，总体的效率得到了提高。同样，对于建筑业这样一个物质生产部门来说，内部也有经济结构调整的问题，在发展建筑生产技术进步的过程中，系统的宏观效益显得更为重要。

12.5.2　技术进步内涵因子的作用规律

以上对技术进步三个主要的内涵因子进行了分析，为了从中发现某种规律，还需要对这三个因子的相互关系进行分析。教育培训活动有其特点，它比较稳定，进程比较缓慢，对经济增长的影响不像新技术、新设备那样灵敏，因而与经济系统的关系不是很直接。而其他两种内涵因子都是与经济系统运行状况密切相关的，如知识进展因子是直接作用于经济活动过程的，经济结构变化因子对经济增长的作用也是相当灵敏的。因此，这三种因子虽然在一定程度上是同步发展的，但其中知识进展因子和经济结构变化因子不仅起主要作用，而且二者之间有着非常密切的联系，它们之间的比例大小反映了经济增长的特征。

由此，可定义一个技术进步构成指标，以下式表示：

$$技术进步构成 = \frac{经济结构变化因子}{知识进展因子} \quad (12-18)$$

如技术进步构成指标大于1，称为软性构成，表明技术进步因素中经济结构变化起了主要作用；若技术进步构成指标小于1，则称为硬性构成，它表明科学技术发展和管理服务的改进在技术进步中起了主要作用。

这个指标本身是一个辅助性工具，借助它可以比较清楚地观察到经济发达国家技术进步内涵变化的某些规律性。

规律之一，大多数经济发达国家在相对稳定的增长时期，技术进步因素倾向于软性构成。

表12-1中第（6）栏为各国技术进步构成指标，除英、美两国外，都是软性构成。从历史数据来看，美国的技术进步也曾显示软性。美国和英国第二次世界大战后的技术进步呈硬性，可能反映了其发展进入了一个历史阶段的"晚年"，关于这一点在规律之三中将作讨论。

规律之二，高速增长时期的国家，其技术进步因素表现出高度软性。

表12-1中国民收入年均增长率接近或超过5%的有加拿大、联邦德国、意大利和日本四国。四国的技术进步构成最低为1.47，最高为3以上，尽管四个国家分布在三大洲，各种条件很不相同，但在经济高速增长时期，经济结构合理化的作用都大大超过了科技与管理等的作用。另外，韩国也做过类似的技术进步内涵因子的计算和分析。韩国在1963~1976年间国民收入年均增长率为9.28%，也属于高速增长，其技术进步构成指标为1.86，与规律之二完全符合。

规律之三，从长期的发展趋势来看，技术进步构成可能逐渐硬化。

以上在计算技术进步构成指标时，只取了一个时间区段，而且相对较长。如果对同一个国家计算不同时间区段的技术进步构成指标，或将原来的一个时间区段分解为两个以上区段来分别计算其技术进步构成指标，可以发现，经济结构变化的效益有时间性。例如，日本1953~1961年间技术进步构成为2.10，而1961~1971年间技术进步构成为1.14。这意味着，从长期发展的趋势来看，经济结构变化的作用相对来说将变小，而科学技术的发展和组织管理的改善具有长久的效力，技术进步因素将更多地依靠科学技术对经济的直接作用。

从经济结构变化因子的实际意义来分析，其时间性是完全可以理解的。例如，农业劳动力向工业部门转移就存在一个限度，超过这个限度之后，继续转移不但不会表现为"进步"，反而可能会产生负效应。而规模经济效益也是这样，不可能无限度地扩大。所以，经济发展到一定阶段之后，经济结构变化的作用不可避免地变得越来越小。也可以认为，经济结构越来越趋向于合理化，其进展速度逐渐变缓，因而对技术进步的作用就相对降低。

技术进步内涵因子变化的三个规律是统一的，不可偏废。如果只注意了规律之一和规律之二，可能会低估科学技术对经济发展的历史性作用；反过来，如果仅仅看到通常意义下的科学技术对经济增长的推动作用，而忽视科学技术赖以发挥作用的经济结构的力量，那也是片面的。

思考题

1. 试分析技术与经济的联系。
2. 技术进步可分为哪几种类型？
3. 建筑生产的技术进步主要表现在哪些方面？建筑生产的技术进步有哪些特点？
4. 如何用生产函数来评价建筑生产的技术进步？
5. 评价建筑生产的技术进步主要有哪些指标？
6. 技术进步可分解为哪几种内涵因子？
7. 技术进步内涵因子的作用有何规律？

第13章 建筑生产工业化

建筑生产的特点决定了建筑业劳动生产率的低下与落后,以现场施工为主的建造方式对环境扰动很大,传统的以手工作业方式为主的施工方式也难以保证工程各部件质量水平的稳定性,因此必须对传统建筑生产方式进行变革。

13.1 建筑生产工业化的概念

所谓建筑生产工业化,就是按照大工业生产方式改造建筑业,使建筑生产从分散、落后的手工业生产方式逐步改变为以现代技术为基础的先进的社会化大生产方式的发展过程。建筑生产工业化通常简称为建筑工业化。

建筑工业化是生产力发展的产物。随着科学技术的发展,增强了人类改造自然的物质力量。建筑业与其他物质生产部门一样,利用已经掌握的自然力不断减少笨重的体力劳动,提高劳动效率,从而创造出使用价值更多更好的建筑产品。因此,建筑工业化是作为发展生产力的手段,使建筑业的生产活动创造良好的经济效益。简单地说,建筑工业化是手段,提高经济效益是目的。

建筑工业化的实质是对传统的建筑材料、工程设计、构配件生产、施工机具、经营管理等各个环节的深刻变革,是建筑业在生产力和生产关系上的一场革命,是对建筑业实现全面技术改造的根本方向。建筑工业化的目标是建筑业的现代化,使建筑业的生产技术和经营管理持续全面地提高,使建筑生产的各项技术经济指标接近或达到大工业生产的水平。这是要经过长期努力才能实现的目标。坚持走建筑工业化的道路,是实现建筑现代化的必经之路。

在几十年的社会主义建设中,我国建筑业为国民经济各部门的发展、为建立我国社会主义强大的物质基础、为改善和提高人民的物质生活和文化生活水平,作出了重大贡献。同时,大规模的经济建设也推动了建筑业的发展。设计标准化、构配件生产工厂化和施工机械化水平都有了很大发展。但是,总的来说,建筑业的物质基础薄弱,科学技术发展相对迟缓,至今仍然是国民经济中比较落后的行业,主要表现为手工劳动的比重大,特别是砌砖、抹灰、装修等工程,手工操作仍然是主要的方式。另外,建筑生产仍然是以单件生产为主,劳动生产率水平低下,施工工期和建设周期都较长,综合经济效果差的落后面貌没有根本改变。

值得注意的是，我国建筑业机械装备几倍、十几倍地增长，而劳动生产率的提高却相当有限，我国建筑生产的主要技术指标与经济发达国家建筑业的先进水平相差甚远，与国内其他工业部门相比也有相当大的差距。所以，建筑业必须依靠工业化来迅速提高生产力水平，改变落后面貌，才能由国民经济中的薄弱环节转变为社会主义经济建设的促进力量。

如前所述，建筑生产的技术进步包括设计、材料、结构、施工和组织管理等许多方面，建筑工业化同建筑生产各方面的技术进步是密切联系在一起的。可以从以下五个方面说明：①为了把一部分建筑生产从施工现场转移到固定的工厂中进行，利用固定的机械设备去完成，就必须用装配式结构来代替整体式结构；②为了便于把工厂预制的构件运输到施工现场，并易于在现场进行吊装，必须采用轻质高强材料，采用先进的结构方案，以减轻结构的重量；③为了保证构件能够在工厂中按照大量生产的方式加工制造，必须减少构件的类型和规格，这就要求推广定型设计和标准设计；④为了提高工厂化的经济效果，必须采用各种先进的工艺方法来制造构件，还必须采用各种先进的机械和方法来安装构件；⑤为了提高施工机械化的经济效果，必须采用先进的施工组织方法，推广流水施工方法。

所有这些表明，建筑工业化向建筑设计、建筑材料、建筑结构、建筑机械、施工工艺、施工组织等各个方面的技术提出了一系列新的要求，推动着这些技术向前发展。建筑生产各方面技术的发展是建筑工业化的重要保证。另一方面，这些技术的发展又需要建筑工业化为它们创造有利的条件，它们的发展又依赖于建筑工业化的实现。正因为如此，建筑工业化是建筑生产各方面技术进步的综合反映，也是现阶段建筑生产技术进步的中心环节。

自第一次产业革命至今，机器大工业所到之处，无论是在各个行业或是在不同的国家和地区，都出现了劳动生产率迅速提高的局面，建筑业也不例外。但是，由于受建筑产品和建筑生产技术经济特殊性的制约，机械化生产普及到建筑业所遇到的问题远比工业部门复杂得多。因此，与其他行业相比，建筑工业化的起步很晚。在20世纪初，欧、美一些国家才提出建筑工业化的课题，直到20世纪30年代，才初步形成建筑工业化的理论，并在一些主要的经济发达国家试行。但是，建筑业采用机械化生产的进程仍然相当缓慢，变革亦甚少。第二次世界大战后，西欧一些国家亟需解决房荒，但劳动力严重不足，因此，把建筑工业化作为一个基本发展方向加以推行。20世纪50年代到60年代初，欧、美各国建筑工业化取得了显著的成效，以较快的速度、较好的质量满足了社会对建筑业的要求。其间，建筑工业化也迅速传播到东欧、苏联和日本。我国也于20世纪50年代中期提出发展建筑工业化的任务。到60年代，许多国家出现了建筑工业化的高潮，不少发展中国家也开始起步。自70年代以来，建筑工业化在世界各国普遍展开，发展中国家建筑工业化取得了较大的发展，也取得了一定的成效。

无论是发达国家还是发展中国家，在实现建筑工业化的过程中，都或多或少地走过一些弯路，有经验，也有教训。在各国实践的基础上，1974年，联合国经济社会事务部编写了《关于逐步实现建筑工业化的政府政策和措施指南》，指出："建筑工业化是本世纪内不可逆转的潮流，它最终将达到地球上最不发达的地区。但由于建筑工作量大，面广而复杂，任何变化只能逐步地采用。拒绝工业化，可能导致更不发达；采用过分高级的技术则已证明会造成巨大的损失。因此，建议政府可采取分步骤的措施，根据各国现有条件，逐步地发展建筑工业化。"这就是说，建筑生产实现工业化是普遍适用的技术发展方向，是符合建筑生产技术发展规律的，但必须因地制宜，量力而行，逐步发展。建筑工业化将是一个逐步过渡、长期发展的过程。

13.2 建筑生产工业化的内容

建筑工业化的问题提出已有几十年了，但世界各国对建筑工业化的内容并没有统一的理解。我国对这一问题的理解，也是逐步深化的。20世纪80年代初，通过学术界的研究和讨论，对建筑工业化的内容有了比较全面而统一的认识。一般认为，建筑工业化的基本内容是：构配件生产工厂化、建筑设计标准化、建筑施工机械化和组织管理科学化。四个方面是相互联系、相互影响的，不可截然分开。

21世纪以来，我国业内又提出新型建筑工业化的概念，强调新型建筑工业化是以信息化带动的工业化，对建筑生产工业化赋予了新的内涵和动力。

13.2.1 构配件生产工厂化

工厂化是建筑工业化的一个重要方面，也是最早应该考虑的方面。它意味着把一部分原来在施工现场进行的建筑生产活动转移到工厂中进行，而能实现转移的建筑生产活动主要就是建筑构配件的加工和制作。

1. 构配件生产工厂化的发展阶段

实现工厂化的重要条件之一是采用装配式结构，采用预制构配件，即把原来在施工中进行的制作构配件的工作，用预制的方法在施工之前进行，构配件预制完成以后，在施工现场上进行安装。构配件在工厂内预制的，叫作工厂预制；在施工现场内预制的，叫作现场预制。构配件生产工厂化的总体发展趋势是现场预制逐步缩小范围，逐步被工厂预制所取代。

建筑构配件生产的工厂化和装配化，是一个由初级到高级发展的过程，相应的建筑生产装配化程度也是逐步提高的，采用装配式构配件的建筑，大致经历了下列三个阶段的发展过程。

第一阶段——局部采用装配式构配件

这是装配式建筑发展的最初阶段。在这个阶段中，只有少量小型构件如门窗过梁、楼梯踏步、平台等作为装配式构件而预制加工。而建筑物的主要部分，如基础、柱、梁、墙、楼板、屋盖等还是在现场建造过程中进行直接施工。在这个发展阶段中，装配式构配件大多是在施工现场加工预制。装配化程度，按照预制构配件价值在全部材料和制品总费用中所占的比例计算，一般不超过 20%~30%。

第二阶段——建筑物的主要部分均采用装配式构配件

这是装配式建筑发展的中级阶段。在这个阶段中，主要部件如基础梁、桩、柱、梁、楼板、大型墙板、隔墙板、屋面板、砌块等，都采用工厂预制。各种预制构配件的加工厂，也逐步从建筑企业中分离出来，成为独立的商品生产企业。这个阶段装配式构配件的价值在全部材料费中所占的比例提高到 60%~70%。

第三阶段——全装配式建筑阶段

这是装配式建筑发展的高级阶段。在这个阶段中，整个房屋的构配件都是在专门的预制厂中生产，现场只有土方工程和安装工程。这些预制厂可以生产建筑物的各种类型的构件，也可以生产某些结构单元，甚至整个建筑物。当然，一般只有住宅建筑和简单的工业厂房可能采用全装配式结构。

2. 构配件生产工厂化的优点

发展构配件生产工厂化具有明显的优点，主要表现在以下几个方面：

（1）可以加快施工进度。由于把构配件放到专门的工厂中去预制，现场进行装配，节省了构配件现场制作所占的时间和空间，并创造了后续工序提早投入施工的条件，也使许多不同的工作可以最大限度地在同一时间进行，因而能显著地加快施工进度、缩短工期。随着构配件预先组合程度的提高和装配化程度的提高，施工速度可进一步加快。

（2）可以改善建筑生产的不均衡性。建筑生产是露天作业，受气候条件影响。构配件在工厂预制就可以把自然气候的影响减少到最低限度，保证构配件制作稳定连续地进行。而预制构件的现场装配受气候影响相对较小，从而可以减少由于气候原因所造成的劳动时间的损失，提高现场施工的连续性和均衡性。

（3）可以提高构配件制作的效率和质量。实行工厂化生产，可以把各种构配件进行分类，按照专业分工，在专门工厂中进行大批量生产。同时，可以采用先进工艺和专用设备，从而提高了构配件制作的效率和质量。工厂化生产的优越性，还在于可以最大限度地采用各种技术措施。例如，采用高强度钢丝或钢筋的冷处理、对焊、混凝土蒸汽养护等，这些技术措施对保证构配件的质量都有重要作用。另外，工厂化生产构配件还可以改善材料的利用，减少材料的损失，提高制作设备的利用率。

（4）可以简化施工现场，利于文明施工。构配件现场制作，施工现场需要有原材料的堆放场地和制作场地，也需要对原材料进行场内水平和垂直运输，与之相应的要有水、电和运输道路等临时设施。而发展工厂化生产，可简化施工现场的临时设施和场地管理，有利于文明施工。这在施工场地比较狭窄的城市建设中优点更为突出。

3. 发展构配件生产工厂化需具备的条件

以上所说的构配件生产工厂化的优点，只有当其适应当地的技术水平和建设规模且构配件生产厂分布合理时，才能得到充分体现。否则，若片面追求工厂化和装配化的程度，就可能造成严重的浪费。另外，发展构配件生产工厂化和装配式结构还需要具备一定的前提条件，才能取得预期的经济效果，这些条件中最主要的是：①尽量改善装配式构件的结构形式，在生产构件时，采用高效能的材料，以便最大限度地减轻结构的重量并且提高它们的质量；②为生产装配式构配件要建立工业化生产基地，以保证提高劳动生产率和降低生产费用，同时，要根据市场需求和发展要求，合理安排厂点分布，并提高生产和供应的社会化程度；③广泛地推广标准化和定型化，减少构配件的类型，以便于在工厂中进行大量生产；④改善安装装配式结构的组织和技术。

需要说明，构配件生产工厂化只是建筑工业化的一个方面。认为"建筑工业化就是工厂化、装配化"的观点，是片面的、不恰当的，它只能使建筑工业化的道路越走越窄。

13.2.2 建筑设计标准化

现代化大生产，是以标准化为前提的。工厂化生产的重要特点，是用相同的产品设计图、同样的材料、相同的工艺，大批量生产同一种产品，因而标准化也是建筑工业化的前提，只有实现建筑设计标准化，才能实现建筑工业化。

1. 建筑设计标准化的内容及其作用

所谓标准化，是指对产品的质量、规格和检验方法等规定统一的标准。建筑设计标准化，就是对建筑产品、构件部件的性能、尺寸、规格、所用材料、工艺设备、技术文件等的技术要求加以统一规定，并按统一规定予以实施。如前所述，标准化是构配件生产工厂化的前提之一，同时，建筑构配件的标准化也是建筑设计标准化比较容易实现并加以推广的一个方面。在设计标准化的基础上，还可以推动施工工艺的标准化、施工机具的标准化，为在工厂中大批量重复生产创造条件。

建筑设计标准化的基础是采用统一的建筑模数制。所谓建筑模数，是指建筑物的建筑构件的一种基本尺度单位。我国的古代建筑早已运用模数制统一建筑构件的尺寸。宋代的营造法式就规定以斗口作为基本尺度单位，这实质上就是一种模数制。我国现行的建筑模数制包括由基本模数（10cm）、扩大模数（基本模数的倍数）、分模数（基本模数的分数）共同组成的一套系列。

在建筑模数制的基础上，可以把建筑物的平面和主体尺寸以及建筑构配件的尺寸参数成套地统一起来，这就是建筑参数的统一化。实行建筑参数统一化，对各种不同类型、不同使用功能建筑产品的建筑参数作出统一规定，形成统一的建筑参数体系，从而大大减少建筑构配件的类型和规格，提高通用性。无论是民用建筑还是工业建筑，其建筑构配件的生产与使用都应向通用化的方向发展。这不仅有利于构配件的工厂化生产，也有利于提高设计的质量和速度。例如，北京几座国内设计的大型旅馆，其客房部分采用了北京大量生产的住宅和单身宿舍的构配件，从而大大简化了设计工作。

实行建筑设计的标准化，可以促使建筑生产从单件生产方式逐渐转化为大量生产的方式、促使建筑构配件的制作过程从施工现场转移到专门的工厂中进行，逐渐减轻自然条件对建筑生产的不利影响，也为建筑施工的机械化创造了条件。此外，实行标准化设计，还有利于推广和重复使用标准的施工组织设计，从而能更有效地提高施工的技术水平和管理水平。因此，推行建筑设计标准化，对于建筑业有着十分重大的意义，是实现建筑工业化的重要环节。

2. 正确处理标准化与多样化的关系

建筑产品既是物质产品，又是艺术创作。发展建筑工业化，实现社会化的大生产，绝不是只要标准化，不要多样化。当然，标准化与多样化是有矛盾的，从世界各国建筑设计标准化的发展过程来看，最初难免使人产生千篇一律、简单呆板的感觉。尤其是在房荒问题未解决之前，这种现象总是不同程度地存在。但是，随着整个国民经济的发展，人民物质文化水平和要求不断提高，对建筑产品多样化的要求也越来越高。那种单调的"标准化"建筑产品就不能适应这种需要。因此，我们在发展建筑设计标准化的过程中，要避免走这个弯路，正确处理标准化和多样化的关系。应当看到，标准化和多样化之间的矛盾并不是无法解决的，在建筑工业化的条件下发展建筑产品多样化也有许多可行的途径。例如，可以通过材料、体型、色彩、平面、立面灵活组合的变化来达到建筑物造型多样化和外装修丰富多彩，并力求做到环境适宜、街景美观。这说明，建立在大工业生产基础上的建筑产品多样化也是能够实现的。

3. 定型化的概念及其发展途径

建筑设计标准化的进一步发展，是建筑设计的定型化。定型化是指把房屋或构筑物的平面和立面设计方案在广泛采用标准化的构配件、设备等的基础上，按照建筑物的类型统一起来并加以定型，如定型的住宅单元标准设计图，定型的生产车间标准设计图等。当定型设计大量采用推广之后，施工过程也将逐步定型化。

对建筑设计的定型化也要有一个正确的认识。定型化主要有两种发展途径：一种是以整幢房屋为对象，先进行产品定型，如房屋开间、进深、柱距、层高等方面采用标准设计或定型设计，然后再进行构配件定型；另一种是先进行构配件定型，然后把各种定型的构配件组合，构成不同功能的房屋。显然，按前一种方式发展的定型化，难以满足多样化的要求，而且往往会增加构配件的规格和品种，不利于构配件工厂化的大批量生产。而按后一种方式发展定型化，则可以满足建筑设计灵活组合和造型多样的要求，也能适应定型设计要不断完善和更新的要求。

13.2.3 建筑施工机械化

1. 施工机械化的发展过程

工业化施工，就要广泛采用建筑机械，以机械化施工取代手工操作。施工机械化，就是在建筑施工中采用合适的机械，有效地逐步代替现场手工操作。施工机械化在建筑生产中主要表现在以下三方面：一是取代传统建筑生产中笨重的体力劳动；二是对设备和装配式构件的现场安装或吊装；三是现浇机械化施工工艺。施工机械化为改变建筑生产以手工劳动为主的小生产方式提供了物质技术基础，所以，建筑施工机械化是建筑工业化的核心。也可以说，建筑业的根本出路在于机械化。推行构配件生产工厂化、装配化、设计标准化，都是为机械化创造条件。

正像其他工业部门一样，建筑施工机械化的发展过程是按照一定的阶段顺序进行的。它的发展主要经历如下两个阶段：第一阶段为局部机械化阶段，在这个阶段中，只有少数生产过程用机械完成，手工劳动还占很大的比重。例如，土方工程采用机械挖土，但装卸、运输、场地平整等仍采用手工劳动。第二阶段为综合机械化阶段，在这个阶段中，主要的生产过程都采用互相联系的施工机械来完成，建筑生产过程中的手工操作，特别是笨重的体力劳动基本消除。20世纪末21世纪初，现代大工业已经越来越多地实现了自动化。但是，由于建筑生产的特点，要全面实现建筑生产自动化是不可能的。当然，在某些生产过程和环节实现局部自动化还是可能的。

实现建筑施工机械化，必然要经历一个由低级到高级、由简单到复杂、由单机运转到多机联动运转的发展过程，而且这个过程是无止境的，永远不会停止。随着科学技术的发展，先进技术将不停息地代替相形见绌的技术。但各国各地区的经济水平不同，因而实现建筑施工机械化的广度和深度就会有较大的差别。

2. 施工机械化的作用

建筑业是消耗庞大数量社会劳动的物质生产部门之一。在这个部门中实现机械化，可以取得巨大的经济效果。

首先，建筑施工机械化可以节约大量的社会劳动，提高劳动生产率，加快施工进度，把工人从笨重的体力劳动中解放出来。例如，在建筑施工中，消耗劳动量最多而且劳动又最繁重的工种之一是土方工程。在未采用机械化方法之前，土方工程所占用的劳动力在建筑业全部劳动力中的比例超过10%。如今，一台斗容量为 $0.55m^3$ 的小型挖土机，就可以代替100名手工劳动的工人，一台推土机可以代替200名手工劳动工人的平土工作。对于其他劳动消耗量大的工作，如材料的水平和垂直运输、混凝土搅拌和浇筑等，也存在类似的情况。

其次，建筑施工机械化不仅能一般地提高劳动生产率，而且还能迅速完成单靠人力不能完成或很难完成的任务。例如，工业厂房的大型设备和构件的吊装，高层建筑的结构安装，需要吊装或安装的设备和构件的重量常达十几吨、数十吨、数百吨，不采用机械化施工几乎是无法完成的。至于许多高空作业、地下作业、水下作业和其他危险条件的施工作业，不采用机械化施工也是无法完成的。

再次，机械化施工也有利于保证和提高工程质量。例如，在混凝土的搅拌和浇筑工程中，利用机器操作要比手工操作更能使混凝土具有准确的配合比，拌合更均匀，振捣更密实，这样就能保证混凝土的强度，提高工程质量。而且，在保证混凝土预定强度的条件下，还可以节约水泥用量。又如，用摊铺机来铺筑道路所达到的密实度、强度的均匀度、路面平整度等技术指标，都是手工铺筑道路所无法比拟的。

另外，建筑施工机械化还有利于实现建筑产品多样化。在建筑施工机械化的发展过程中，产生了许多现浇机械化施工工艺。这些施工工艺对建筑产品平面和立面形状及尺寸的"标准化"要求大大减少，更有利于设计人员根据建筑产品的功能要求、地理位置、周围环境等因素充分发挥其想象力和创造性，设计出形态各异、匠心独具的建筑产品。这一点在大型房屋建筑上表现尤为明显，如宾馆、办公楼、商厦等。我国和世界各国许多有特色的现代建筑物基本上都是采用或主要采用现浇机械化施工工艺建成的，这些建筑物为丰富和改善城市风貌起着非常重要的作用。

3. 发展施工机械化应注意的问题

施工机械化要有实效，就不能只在少数环节孤立地使用机械，否则，势必要有大量的工人参加机械生产的辅助过程（如装料、运料、配料等），这将大大降低机械化的经济效果。例如，在制作混凝土时，若采用部分机械化的混凝土搅拌机，每名工人每班只能生产 $1\sim2m^3$ 混凝土；而在小型综合机械化的混凝土工厂中，每名工人每班可以生产 $10m^3$ 以上的混凝土；在大型自动化的混凝土工厂中，每人每班生产的混凝土可超过 $240m^3$。在现场施工过程中也同样如此。应当使各项工程，如土方、运输、安装、结构、装修等，特别是一个分项工程施工中相互有关的作业都用机械代替手工操作，如混凝土的搅拌、运料、浇筑、振捣以及砂、石、水泥的装料和称量等，并使它们衔接配套，才能充分发挥机械的效率。

发展施工机械化，要从我国实际情况出发。我国人力资源丰富，而建筑业原来的技术基础又比较薄弱，实现机械化所必需的技术力量也不够，要求在短时期内全面实现机械化是不切合实际的，也是不经济、不合理的。因此，必须坚持机械化、半机械化、改良工具和手工操作相结合的方针，区别轻重缓急，逐步使施工机械化在广度和深度两个方面发展。一般来说，大中城市、重点工程和专业建筑企业可以快些，小城镇和小企业则慢些。机械装备的重点应首先放在笨重劳动、危险作业和技术要求严格的工种。对于那些操作简易，难以用机械代替手工操作的工种和工序，在相当长的时期内，应充分发挥我国劳动力资源丰富、传统技术精湛的优势，适当采用手工操作，同时，积极研制手持改良工具，采用轻便机械，大力发展"适用技术"，从而为进一步提高施工机械化水平创造条件。

施工机械化程度的提高也意味着资本装备率的提高。如本书第10章所述，提高资本装备率，虽然可以提高劳动生产率，但一般总是伴随着资本生产率的下降。也就是说，我们不能只看到施工机械化提高劳动生产率的一面，还要注意合理使用机械的问题。毫无疑问，采用机械化施工的方法，可以节约活劳动的消耗量，但也同时增加了资本投入量，实质上就是以资本替代劳动力。如果在实行施工机械化的过程中所节约的活劳动不足以补偿为购置和使用机械设备所支出的费用，这种替代从经济的角度来看就是没有价值的，在一般情况下也是没有必要的。因此，实行施工机械化，应该尽可能使资本替代劳动力取得较大的经济效果。为此，既要注意合理地选用机械，又要加强对机械使用的管理。

13.2.4 组织管理科学化

以上建筑工业化各方面的发展，都属于建筑生产力方面的发展，它要求相应地变革生产关系，改革不适应社会化大生产的管理体制、管理组织和管理方法。国内外的实践证明，只有构配件生产工厂化、设计标准化和施工机械化，而没有相应的组织管理科学化，就不能充分发挥"三化"的作用，就达不到实行建筑工业化所预期的高速度、低消耗、取得良好经济效益的目的。因此，组织管理科学化是建筑工业化的重要内容和必不可少的条件。

组织管理科学化，指的是生产力的合理组织，即按照建筑产品的技术经济规律来组织建筑生产。从广义上来讲，组织管理还应该包括管理体制、计划体制、经济体制等这样一些属于生产关系和上层建筑方面的内容。无疑，这些内容对于实现建筑工业化有着非常重要的作用。以下仅从几个较为具体的方面来说明组织管理科学化的内容。

提高建筑施工和构配件生产的社会化程度，是建筑组织管理科学化的重要方面。传统的建筑生产方式带有显著的小生产特征，不能适应社会化大生产发展的需要，必须加以改造。建筑生产社会化的主要方向是专业化、协作和联合化，这方面内容将在下一章详细阐述，此处从略。

产业结构合理化是组织管理科学化较为宏观的因素，涉及许多方面。例如，设计力量与施工力量的协调。设计与施工分离是建筑生产的特点之一，可能造成设计力量和施工力量各自独立地发展，二者之间失去平衡。而设计与施工共同构成建筑生产完整的过程，这客观上要求二者之间达到基本的平衡和协调。又如，施工队伍的地区分布要尽可能与各地区的建设任务相一致。流动生产固然是建筑生产的特点之一，但我国幅员辽阔，长距离的流动生产，不仅增加企业的生产成本，也造成社会资源的浪费。所以，应当打破施工队伍部门隶属的界限，按科学的地区分布调整它们的布局。此外，队伍结构、规模结构等也都是产业结构合理化要解决的问题。

实现组织管理科学化必须采用科学的管理方法。仅靠经验或以技术为主导的管理方法不能有效合理地组织和管理建筑生产，也不能充分利用已有的物质技术条件。必须在充分认识建筑生产技术和经济规律的基础上，运用先进的管理方法来组织生产。建筑领域内管理方法科学化的进展速度虽然比较缓慢，但已经有了一批适应建筑生产特点的科学管理方法，如网络计划技术用于进度计划的编制、调整和控制；盈亏平衡分析法、偏差分析法用于成本的分析和控制；ABC分类法、排列图法、全面质量管理方法用于质量控制等，都是十分有成效的。今后，还需要不断发展新的科学管理方法，以适应建筑工业化进一步发展的需要。

实现组织管理科学化，需要解决管理手段现代化的问题。由于科学的管理需要以大量的数据为基础，从定性分析转向定量分析。在当今社会，靠人工处理数据已远远不能满足速度和精度的要求，而必须借助于电子计算机。许多科学的管理方法也只有采用电子计算机之后，才能充分显示出它的作用。如网络计划技术，虽然可以用手工计算，但速度慢，且只能在节点较少的情况下应用，难以在大型复杂工程上应用，在施工过程中也难以进行计划调整。而采用电子计算机之后，就随时可根据管理人员的要求调整进度计划。如果说，机械是人的体力的延伸，则电子计算机是人的脑力的延伸，它是实现组织管理科学化必不可少的手段。

13.2.5 生产与管理信息化

进入 21 世纪，我国提出新型建筑工业化的概念，所谓的"新型"，主要是新在信息化，体现在信息化与建筑工业化的深度融合。

人类社会进入新的发展阶段，以信息化带动的工业化在技术上是一种革命性的跨越式发展。从建设行业的未来发展看，信息技术将成为建筑工业化的重要工具和手段。主要表现在 BIM 建筑信息模型（Building Information Modeling）技术在建筑工业化中的应用。BIM 作为新型建筑工业化的数字化建设和运维的基础性技术工具，其强大的信息共享能力、协同工作能力、专业任务能力的作用正在日益显现。建造全过程信息化，在设计伊始就要建立信息模型，各专业利用这一信息模型协同作业，图纸进入工厂后再次进行优化，在装配阶段也需要进行施工过程的模拟。同时，构件中装有芯片，利于质量跟踪。BIM 技术的广泛应用使我国工程建设逐步向工业化、标准化和集约化方向发展，促使工程建设各阶段、各专业主体之间在更高层面上充分共享资源，有效地避免各专业、各行业间不协调问题，有效地解决了设计与施工脱节、部品与建造技术脱节的问题，极大地提高了工程建设的精细化、生产效率和工程质量，并充分体现和发挥了新型建筑工业化的特点及优势。针对我国建筑工业化的未来发展，有必要着力推进 BIM 技术与建筑工业化的深度融合与应用，以促进我国住房和城乡建设领域的技术进步和产业升级。必须深刻认识信息化对我国建筑工业化带来的极大影响和挑战。

当前新型建筑工业化发展迅速，信息化技术的应用成为建筑工业化的基本特征之一，通过信息化技术的管理，可在工业化生产的设计、构件生产及运输、现场装配、一体化装修、后期运营维护的实施过程中发挥巨大的辅助作用。

13.3 我国建筑工业化的发展

经过最近 10 年多的发展，我国建筑工业化取得了不少的成效，涌现了一批以建筑工业化发展为主要方向的大型企业，在工业化建造技术方面取得了不少进步，建成了不少有代表性的工程项目，产生了很好的社会效益。

据中国建筑业协会介绍，目前我工业化建筑归纳起来有 3 种模式。一是以万科等为代表的钢筋混凝土预制装配式建筑，适合于多层、小高层办公、住宅建筑，在框架和框架剪力墙基础上侧重于外墙板、内墙板、楼板等的部品化，部品化率为40%~50%，并延伸至现场装修一体化，成本进一步压缩，已接近传统技术成本，可以做到约5天建一层。二是以东南网架、中建钢构、杭萧钢构等为代表的钢结构预制装配式建筑。这种建筑模式适合于高层和超高层办公、宾馆建筑，部分应用到住宅建筑，在传统核心筒结构的基础上，侧重于钢结构部品部件尽量工厂化，还延伸至现场装修一体化，部品化率为30%~40%，强调集成化率。三是以远大工厂化可持续建筑等为代表的全钢结构预制装配式建筑。这种建筑模式适合于高层和超高层办公、宾馆、公寓建筑，可完全替代传统技术，更加节能（80%）、节钢（10%~30%）、节混凝土（60%~70%）、节水（90%），部品化率为80%~90%，部品在工厂内制作并装修一步到位，现场快捷安装，高度标准化、集成化使成本比传统技术压缩1/4~1/3，可以做到每天建1~2层。据悉，远大集团曾用19天时间建成了长沙57层高楼"小天城"，以平均每天3层的建设速度创造高层建筑新的纪录。"远大建的可持续建筑是'六节一环保'（即更加节能、节地、节水、节材、节省时间、节省投资、环保）建筑，符合循环经济理念，又好、又省、又快，实现了从粗放的建筑业向高端制造业转变，是建筑业转型发展的一场深刻变革。"

2018年，中建三局"空中造楼机"先后登上央视《大国重器》《深度财经》和新华社《长江之梦》，成为中国建筑工业化的另一典型代表，并且突显出与建筑装配化不同的建筑工业化思路与方向。

"空中造楼机"实际上是一种集成平台。在第三代顶模的基础上，经过多年的研究试验，中建三局研制出升级版"自带塔机微凸支点智能顶升模架系统"——超高层建筑智能化施工装备集成平台，在全球首次将超高层建筑施工的大型塔机直接集成于平台上，实现塔机、模架一体化安装与爬升，并将核心筒立体施工同步作业面从3层半增至4层半。通过塔机与模架一体化安装与爬升，突出解决了塔吊爬升与模架顶升相互影响、爬升占用时间长、爬升措施投入大等制约超高层建筑施工的难题。以北京第一高楼"中国尊"项目的"空中造楼机"为例，相比常规塔吊安装方式，其自带的2台M900D塔吊可减少塔吊自爬升28次，节省塔吊爬升影响工期约56天，减少塔吊预埋件400t。"中国尊"集成平台采用封闭式全钢结构，平台面积1600m^2，施工荷载2300t，工人置身其中，如履平地，可同时进行4层楼、多个工种流水作业，可抵御10级大风，完全不用担心高空坠落的危险。目前，该平台已应用于北京"中国尊"、武汉绿地中心、沈阳宝能环球金融中心项目。

但是，我国建筑工业化的发展也存在许多亟待解决的问题。

（1）在思想和理念方面，尚有许多认识误区

有部分民众对建筑工业化理解具有片面性，还停留在"搭积木式盖房子"的层面上，认为建筑工业化的产品质量不高、抗震性差、预制装配的房子是不安全的。一些业内人士由于了解当今建筑工业化产品中存在的接头等问题，声称自己不会购买建筑工业化的产品。

不少人认为，建筑工业化就是"全盘预制"，有些城市主管部门甚至制订了最低预制

装配率，例如某市规定外墙必须使用预制墙体或者叠合墙体。由于政府的许多激励政策和硬性要求都是针对装配化率，如"整栋建筑中主体结构和外围护结构预制构件的预制装配率2018年年底之前应不低于20%，2019年应不低于30%"，一些建筑企业只是为了装配而装配，盲目追求高预制率，而不考虑安全问题和成本问题，导致构件的连接处理增多，混凝土结构整体性和安全性下降，反而带来质量下降、效率降低等问题，已偏离了建筑工业化的初衷。

（2）建筑生产工业化的技术水平比较落后

设计方和施工方的技术存在一定缺陷。设计方不熟悉施工，缺乏对施工技术的深入了解，与施工相互脱离。设计人员缺少对市场上流通的新型建材的了解，更不可能对其进行设计应用，对先进施工工法了解较少。虽然国内现阶段许多住宅建造模式都在学习模仿国外先进的工业化建造理念，但构造方式与施工技术却仍然沿用20世纪六七十年代的旧材料、旧技术。施工方的构件标准和施工技术不统一，连接技术、运输技术有待提高。构配件标准不统一，没有重复可利用性。对于不同的工程项目，企业都要为其"量身定做"一整套模具，一个项目使用完后，这些模具便成为一堆废品，浪费了大量人力、物力和财力。施工技术体系较多，没有统一的施工技术规范。例如墙与基础的连接墙板的安装方式是通过吊装，要求基础钢筋的绑扎数量非常精确，同时要求墙板的吊装位置精确，施工人员在校准方面的工作花费时间较多，影响施工效率。梁柱框架节点的连接方式较多，连接性能较好，但是墙板连接则较差，研究较少，存在着接缝渗漏、保温隔声性能差等诸多问题。对预制构件的运输，企业对运输过程中的加固措施，缓冲材料选用，装车和卸车过程，预制构件储存场地的平整度，储存空间的干燥和封闭性等都未得到足够重视，尤其是运输相关技术需要加强。

集成水平滞后，技术创新和管理创新有待加强。工业化建设模式对项目管理有较高的要求，传统的设计与施工分离的建设模式导致长期以来管理集成水平落后，影响项目参建各方的有效合作，进而对项目建造质量、进度产生影响。建筑工业化是对传统建筑生产组织方式的变革，不仅需要管理集成，还需要在许多技术方面进行集成，需要较高的技术标准集成水平。信息化是有效的手段，但需要较高的信息化集成水平。BIM与物联网集成应用目前处于起步阶段，尚缺乏数据交换、存储、交付、分类和编码、应用等系统化、可实施操作的集成和实施标准，且面临着法律法规、建筑业现行商业模式、BIM应用软件等诸多问题，这些问题都需要技术的发展及管理水平的不断提高逐步得到解决。

标准化程度不够。相比制造业，目前我国建筑业装配式建筑的零部件、构配件生产的标准化程度较低。建筑产品的模块、模数设计标准化程度不高，构件不具备标准化流水线生产条件，发挥不了生产线自动化、规模化生产的优势，进而导致生产成本比较高。虽然同一生产企业所采用的标准是统一的，甚至可以形成完整的系列化产品，但不同企业之间的标准不统一且难以协调。这就使得不同企业的构配件之间不存在可替代性，构配件的市场竞争程度降低，也导致价格难以下降。因此，装配式建筑生产的标准化、专业化、规模化程度较低，导致建筑工业化生产成本过高。在没有同类产品标准化，没有企业生产专业化的前提下，就不会形成大范围的社会化分工与协作，因而市场也就不存在对于某一特定产品的有效需求。批量生产虽然可以降低生产成本，但库存与资金占用的风险与成本会更高。因此企业必须缩小并控制生产规模，从而形成较高的生产成本。

建筑工人水平不能满足建筑工业化的高要求。我国建筑行业从业人员以操作人员为主，技术、管理人员所占比例较少，且农村劳动力（农民工）所占百分比较高，文化程度不高，90%以上没有受到专门技能培训，导致我国建筑工业化技术工人稀缺。许多人对建筑工业化的概念知之甚少，现有的人才储备不能满足建筑工业化的发展要求。建筑工业化涉及新的施工工艺和施工流程，意味着工业化施工项目要求工人掌握与之相关的工作技能，否则会大大限制建筑工业化项目的顺利实施。一定意义上讲，技术工人缺乏是建筑工业化发展的限制性因素和现实挑战。

（3）预制构件的产品体系与相关产业的产业链尚未形成

没有形成预制构件的技术产品体系及其工法，而是将传统的现浇建筑"拆分"成构件来生产加工，在同一工程上预制与现浇并存。系统构思不够完善，在选用装配构件时没有充分考虑使用过程中可能遇到的不便。由龙头企业以建筑产品带动部品部件、构配件等相关产业一体化发展的产业链尚未形成，产业各方、各专业难以有效协同，不利于全产业链资源整合。

（4）推动建筑工业化的经济动力不足

虽然我国的建筑工业化起步不算太迟，但几十年来发展相当缓慢，还曾出现一些反复，由于规模较小和需求量不高，建筑工业化的成本高，经济效益低，相关企业推进建筑工业化的意愿不强。在我国人口众多、劳动力比较丰富的大环境下，尽管一度出现"用工荒"，但总体上劳动力成本仍较低，传统施工的综合成本比工厂化生产成本低。这使得我国很多房地产开发商和施工企业均不愿改变传统的施工方式。

工业化生产能够大幅度提升劳动效率，节约成本，但是要建立在大规模工业化的基础上。要进行工业化研究，前期需要大量的研究开发、流水线建设等资金投入，即使从长期来看，工业化的投入大且回报缓慢。因此我国许多建筑企业没有时间、精力、资金进行建筑工业化技术的科研，某种程度上也不愿意使用不成熟的建筑工业化技术。

13.4 工业化建筑体系

所谓工业化建筑体系，就是针对某一类建筑物建造的全过程，采用统一的建筑参数、结构形式和配套的标准构配件并采用配套的工艺设备、施工机械和施工工艺以及科学的组织管理方法所形成的具有鲜明特色的一类建筑产品。工业化建筑体系是设计标准化、定型化的进一步发展，是设计定型化和施工过程定型化相结合的产物，也是建筑工业化各个方面综合作用的结果。工业化建筑体系的成型，一般要经过开发、研制、试用、推广四个阶段，并且要不断地完善和更新。

工业化建筑体系最早出现于20世纪初，但由于它们并没表现出比传统建筑更多的优越性，因此，直到第二次世界大战结束之前，一直没有什么发展。战后，随着建筑工业化的发展，不同类型的工业化建筑体系相继出现。到20世纪60年代，有了较大的发展。由于工业化建筑体系兴起的主要原因之一就是为了解决住房紧缺的矛盾，因而大多数工业化建筑体系都是住宅建筑，至少在初始阶段是用于住宅建筑。如今工业化建筑体系也在部分厂房、仓库、医院、学校、办公楼等建筑中得到了应用。

13.4.1 工业化建筑体系的种类

工业化建筑体系有许多不同的种类，可以按照不同的标准进行分类，如按照结构形式、选用材料、房屋类型、施工方法等分类。当然，同一种建筑体系可以按不同的标准分别称为不同的类型。我国习惯上按照工业化建筑体系最具特色即最容易与其他建筑体系相区别的某一方面对其命名，总体分类比较粗略。例如，按照结构形式可以分为装配式框架体系（又分为梁板式结构和无梁式结构）、装配式大板体系、框架轻板体系、大模板体系（又分为内浇外砌、内浇外挂、全现浇三类）等；按施工工艺分类的有升板体系、滑模体系等；按使用材料分类的有钢结构体系、砌块体系等。从以上的分类情况可以看出，工业化建筑体系的核心问题是结构选型。新的建筑体系往往是在原有建筑体系的基础上对结构形式进行较大改进或综合原有不同类型建筑体系的优点之后产生的。

不同类型的工业化建筑体系均各有所长，往往很难简单地进行直接比较，判断它们的优劣。但不同类型的工业化建筑体系又都具有一定的共性，以下就从这一点出发，对它们进行综合性的分析。

13.4.2 工业化建筑体系的优点

工业化建筑体系的优点主要表现在以下五个方面：

（1）施工机械化程度高，施工进度大大加快，同时也为有效地利用机械和设备创造了条件；

（2）较少受恶劣天气的影响，提高了建筑生产的均衡性和连续性，从而减少劳动时间的损失和材料的浪费，也在一定程度上减少了非生产性的工作，如搭脚手架、清理施工场地等；

（3）节约大量的活劳动，从而显著地提高劳动生产率，同时也在相当程度上改善了施工现场的劳动条件；

（4）构配件规格、品种减少，构配件制作的效率提高；

（5）设计与施工结合，可以根据施工中出现的技术问题修改设计，以便今后不断完善建筑体系，故使用功能较好，施工质量和结构耐久性也都较好。

13.4.3 工业化建筑体系存在的问题

工业化建筑体系也存在一些值得注意的问题，在应用中要加以客观分析。

（1）工业化建筑体系都需要一定的设备投资，体系要求的施工机械化程度越高，所需要的设备投资也越高。而且，有的建筑体系需要专用设备，如升板体系、滑模体系等，其适应性就较差。这往往使工业化建筑体系造价中机械设备费用的摊销比例提高，有可能使造价上升，这一点在工业化建筑体系应用的初期尤为突出。因此，发展某一种工业化建筑体系，一定要达到某一适当的规模，才能取得较好的经济效果。

（2）由于工业化建筑体系从结构类型、材料选择、施工工艺和机具到组织管理的各个环节，进行了通盘考虑、综合研究，因而往往"牵一发而动全身"。在施工过程中，即使发现不合理、不恰当的设计问题，也难以及时修改，只能留待今后完善。另外，由于在工业化建筑体系开发、设计过程中所考虑的因素很多，实际上等于给设计增加了许多约束条件，从而不可避免地在一定程度上使设计的灵活性有所降低。而且，目前各种不同类型建筑体系的构配件大多是按体系需要设计，缺乏通用性和互换的可能性。因此，对新开发的工业化建筑体系不要轻易地大面积推广，一定要经过试用阶段，从施工和使用两方面总结经验、发现问题，以便进一步修改设计，待比较成熟和完善之后再予以推广。同时，要尽可能考虑不同类型建筑体系之间构配件的通用性。

（3）工业化建筑体系施工工期的缩短不如预期。这是因为，工业化建筑体系施工进度加快主要表现在主体结构施工部分，装修工程、设备和管道安装工程等方面的标准化程度并不高，却可能产生一些新的技术问题和工序，增加装修和安装工程的难度，因而这些工作的施工速度充其量与传统方法差不多，实际上，大多比传统方法慢，从而在一定程度上抵消了主体结构施工所缩短的工期。再说，随着建筑装修标准的提高和使用功能日趋齐备，主体结构施工所用的工期在整个建筑物施工总工期中的比例日趋下降，其工期缩短对总工期缩短的作用也就相应下降。此外，工业化建筑体系施工过程中还会出现一些新的工序衔接、工种搭配问题，若处理不当，也可能会影响总工期。

（4）工业化建筑体系价格构成中各种费用问题。由于施工机械化程度高，这无疑将增加机械使用费用。若对材料作广义的理解，各种工厂化生产的预制构配件都可看作是材料，那么，材料费用也是增高的，而且幅度较大。这是因为构配件工厂作为独立的生产企业，除了必须补偿它的各种投入之外，如设备投资、原材料费用、人工费用、管理费用等，还要获得一定的利润。此外，构配件的运输也需要一笔可观的额外费用。尽管可以通过减少构配件规格、品种、扩大产量、实行规模生产等途径降低构配件生产的成本，但构配件费用比原材料费用提高这一事实却是无法改变的。再从间接费来看，虽然缩短工期可在一定程度上减少了与时间有关的费用，但是，由于工业化建筑体系对施工的组织和管理提出了更高的要求，在进度计划编制、施工方案选择、机具配置、生产过程组织等各个方面，都要更为周到、更为精细，所投入的管理人员和技术人员不仅数量较多，而且素质较高。因此，间接费在总体上也有所提高。国外曾有报道，工业化建筑体系间接费中的人工费要比传统建筑增加2/3。

节约活劳动是工业化建筑体系节约费用的唯一途径。工业化建筑体系价格（一般以单位价格计算）能否比传统建筑降低，关键在于通过节约活劳动所节约的费用的额度能否超过以上各种费用增加的额度。无论何种工业化建筑体系，都不同程度地有一部分工作需按传统方法施工，而这些不能按工业化方法施工的工序，往往是最困难、最费工时的。另外，还会出现与工业化建筑体系相适应的新工序，如节点、接缝的处理，混凝土墙面的凿毛或拉毛等；还常常增加装修、安装、防渗、防漏等工作的难度。同时，机械化施工虽然节约了直接手工操作劳动的人员，但却要增加适当的辅助操作工人。因此，不能只看到工业化建筑体系直接节约的活劳动量而忽视它对其他环节活劳动量增加的影响。

既然工业化建筑体系所节约的活劳动量要大打折扣，那么，由此而降低的费用也就难以达到预期的额度。在经济发达国家，建筑产品价格构成中人工费的比例很高，节约活劳动可以取得明显的经济效益。尤其是当建筑工人工资高于制造业工人工资时，其经济效果更为突出，可以抵消机械费、材料费、间接费的增加，从而使工业化建筑体系比传统建筑更为经济。但是，对于大多数发展中国家来说，建筑产品价格中人工费的比例较低，节约活劳动所降低的费用不足以抵偿其他费用的增加，因而工业化建筑体系的价格常常高于传统建筑，这种现象在某些建筑工人工资较低的经济发达国家（如英国）也同样存在。当然，不同国家之间工业化建筑体系比传统建筑价格增高的幅度有很大的区别。除人工工资水平的差异之外，产生这种区别的影响因素还有许多，如建筑产品的价格构成及其与其他产品的比价，管理水平的高低，工业化建筑体系本身的完善程度等。

13.4.4 工业化建筑体系经济效果的评价

我国发展工业化建筑体系的实践，普遍存在装配式结构比传统结构造价高、机械化比人工操作造价高、工业化程度越高造价越高的现象。这是一个十分突出的问题。当前应用较广的几种工业化建筑体系，与传统的砖混结构相比，除"内浇外砌"的大模板体系和砌块建筑与砖混结构大致相当之外，其余的工业化建筑体系的造价都平均提高30%~50%，甚至更多。这种现象成为工业化建筑体系发展的重要障碍，也是今后要着重研究加以解决的课题。如果工业化建筑体系只能提高劳动生产率、缩短工期和提高工程质量，却不能降低造价，甚至大幅度地提高造价，是没有生命力的，也不符合建筑工业化发展的根本方向。

对工业化建筑体系经济效果的评价还涉及评价方法和角度的问题。例如，砖混结构按建筑面积计算每平方米造价的确较低，但比钢筋混凝土结构墙体面积大、使用寿命短、抗震性能差、劳动强度高、工期长，而且维修费用高。若按有效面积的全寿命费用计算，情况就会有所不同，至少可以在一定程度上缩小工业化建筑体系与砖混结构建筑之间单位价格的差异。又若从国民经济的宏观角度考虑，烧砖要占用农田，据统计，每一亿块标准砖需 100 亩农田。这对人多耕地少的我国来说，是一个不可忽视的问题，而且烧砖的能源消耗也大。如果使用工业废料制成砌块或板材以取代黏土砖，不仅可减少对耕地的破坏，而且可减少污染，改善环境。这样，虽然工业化建筑体系本身的造价有所提高，但却可以取得良好的社会综合经济效果。

　　此外，技术经济分析不仅要分析当前的经济效果，而且要分析长远经济效果。经济发达国家的工业化建筑体系在发展初期也出现过造价比传统建筑高的情况，但进入大量推广的阶段，就取得了较好的经济效果。又如，我国的砌块建筑体系刚开始造价也较高，由于经过技术经济分析预见到今后的经济效益，国家采用阶段性价格补贴的政策，促进了砌块建筑体系的发展，使其成为当今经济效果颇佳的工业化建筑体系之一。可以预期，随着我国工业化建筑体系的不断完善，建筑施工组织和管理水平的进一步提高，人工工资相对于材料价格和机械设备费用的提高，我国工业化建筑体系的经济效果会更为直接地显示出来，使我国建筑工业化的发展成为"不可逆转的潮流"。

思考题

　　1. 何谓建筑工业化？其实质是什么？
　　2. 建筑工业化包括哪几方面的内容？试逐一说明其作用。
　　3. 装配式结构与现浇机械化施工是否矛盾？试将这两者从应用条件、经济效果、适用情况等方面作综合比较分析。
　　4. 要实现建筑生产的组织管理科学化，应从哪几方面着手？
　　5. 何谓工业化建筑体系？其主要优点表现在哪些方面？
　　6. 在评价工业化建筑体系的经济效果时，应注意哪些问题？

第14章 建筑生产社会化

建筑生产工业化强调的是生产手段,建筑生产社会化强调的是生产的组织方式。

14.1 生产社会化的概念

所谓生产社会化,是指分散的个体生产转变为集中的、大规模的社会生产的过程。它始于资本主义生产方式,机器大工业的出现加速了这一过程。集中化、专业化、协作和联合化是生产社会化的客观发展过程,也是先进的社会生产组织形式。

1. 生产集中化

生产集中化,是指生产越来越集中于大企业的过程,表现为两个相互联系的方面。一是企业平均规模的扩大,同类产品生产的相对集中;二是大企业的生产能力和产量在该部门全部生产能力和产量中所占的比重越来越大。生产集中化是生产社会化发展和科学技术进步的客观要求;同时,生产集中化的规模和速度,又受生产社会化和科学技术发展水平的制约。因此,生产集中化只是表明生产力发展的一种客观趋势,不能由此得出越集中越好的错误结论。不顾具体条件,把生产集中化的概念绝对化,在企业规模上一味追求大企业,不符合经济发展的客观需要。企业规模的大小,不但受科学技术进步、生产社会化程度的制约,也受产品需求量以及资金、资源等因素不断变化的影响。所以,过分地集中与该集中而没有集中,在经济上都是不合理的。

2. 生产专业化和协作

生产专业化,是社会劳动分工不断扩大和深化过程的产物。生产一定品种产品、部件和零件的企业先从原企业中分离出来,再从原企业所属的部门中分离出来,从而形成独立的新部门,就是所谓部门专业化。这一过程一方面表现为原有产品生产的分离,另一方面又表现为同类产品由分散生产趋于集中生产。可见,生产集中化与生产专业化是密切相关的。对某一部门来说,其内部的专业化则表现为以一定产品为生产对象的企业专业化;在企业内部又表现为工艺专业化和工种专业化。所以,生产专业化实质上是生产部门之间和企业之间的社会劳动分工问题。生产专业化是社会大生产的普遍规律,是现代化经济发展的客观要求和必然趋势。

协作是指各部门之间、各企业之间、各工种之间所建立的生产联系。随着生产专业化的发展,与某种产品生产有关的专业化部门和专业化企业之间的协作必须不断加强。

概括起来说，协作可以使生产过程在时间上缩短，在空间上扩大，可以使许多不同作业同时进行，可以保持生产的连续性和多面性，并能节省生产资料，提高劳动生产率。

生产专业化和协作是一个事物的两个方面。专业化把社会生产分解成许多独立的部门、企业和工种，协作又把各个独立部分联合成为社会生产有机统一的整体。专业化是协作的前提，没有专业化，就没有必要组织社会协作；而协作则是专业化的保证，没有协作，专业化就不可能长期存在和发展。专业化程度越高，协作的范围就越广，对协作的依赖性就越强，对协作的要求也越高。协作的条件越好，越有利于专业化的发展和效率的提高。它们互为条件，互相依存。只有把二者恰当地结合起来，社会大生产才能顺利发展。

专业化协作既是生产力发展的标志，又是推动生产力进一步发展的手段。组织专业化协作，能给整个国民经济和企业带来很大的经济效益，集中表现在可以大大节约劳动消耗，提高社会劳动生产率。具体地说，专业化生产可以使每个企业的生产活动单一化，有利于企业集中精力研究专业技术、积累经验，提高产品质量和工艺水平，发展新产品、新工艺；有利于采用专用设备，提高生产的机械化、自动化水平，并有利于充分利用机器设备，降低原材料消耗，提高劳动生产率；还有利于提高管理人员和技术人员的专业知识和工作效率，也有利于提高劳动者的技术水平和熟练程度。总之，提高专业化协作水平本身不是目的，提高经济效益才是发展专业化协作的根本目的。如果偏离了根本目的，为专业化而专业化，就不能使专业化协作得到健康的发展。

专业化协作总是在一定的社会生产关系条件下实现的，必然受到生产关系的影响和制约，具有各自的社会属性。与资本主义的专业化协作不同，社会主义的专业化协作不完全是自发形成的，而在一定程度上是有计划有领导地组织起来的。社会主义国家可以从整个国民经济发展的需要出发，在全社会范围内合理地利用资源、经济、技术条件，充分发挥各地区各企业的专长，选择经济效果最好的方案，按地区按行业组织专业化协作。但是，这种有计划地发展专业化协作的方式，也必须遵循客观的经济规律，与社会生产力发展的水平相适应，经历一个由小到大、由浅入深、由低向高的发展过程。

3. 生产联合化

生产联合化，是指同属一个部门或分属不同部门的若干企业对生产实行统一经营、统一管理。联合化的特点是所包括的各种生产在技术上具有连续性和统一性，参加联合的企业之间由外部协作关系转变为内部协作关系。联合化是生产力发展不平衡的客观要求，也是生产日益社会化的客观要求。经济发展也如一般事物的发展过程一样，不平衡是绝对的，它表现在各个部门、地区、企业，由于主客观条件和历史原因，发展总是不可能绝对平衡的，从而使各个部门、地区、企业都各有所长，也各有所短。联合化的结果，就可以在不花或少花社会投资的情况下，充分发挥联合各方的优势，创造出一种新的社会生产力。

生产联合化是在生产集中化和生产专业化高度发展的基础上产生的。专业化把许多不同部门和企业的生产分离开来，联合化并不是专业化的逆向运动，不是恢复到专业化以前的状态，是在新的基础上把许多不同部门和企业的生产联合在一起。联合化扩大了企业的规模，一般具有集中化和大企业的优越性。另一方面，在联合企业内部仍然可以实行专业化协作，所以又兼有专业化企业的若干优越性。联合企业还可以提高综合生产能力，更充分地采取和利用新技术、新设备、新工艺、新材料，从而较大幅度地提高劳动生产率，提高经济效果。由于联合企业的生产工艺复杂，综合性强，因而要求企业领导具有广泛的业务知识，并具有很强的组织协调能力。

联合化和专业化似乎是对立的，实际上却有着密切的内在联系。联合化和专业化都是劳动分工和生产社会化的产物，都是生产力发展到一定阶段的必然结果。专业化协作的发展要求实行联合，而联合又有利于劳动分工、专业化协作的发展。无论是专业化还是联合化，都是以发展生产、提高经济效益为目的。因此，既不能片面强调专业化而阻碍联合化的发展，也不能因发展联合化而否定专业化。发展专业化和联合化，都要从实际情况出发，按客观经济规律办事，切忌以主观意志、行政手段来强制推行某种政策。

联合化与集中化有着许多相似之处，联合化也是提高生产集中化程度的重要途径。无论是同类产品、零部件、工艺的横向联合，或者是生产各阶段的纵向联合，或者是资源、能源综合利用的联合，都在一定程度上引起生产集中化，使生产规模扩大，也使资金、资源、技术力量集中。因此，联合化有利于采用先进技术设备、工艺，有利于科研与生产结合，提高企业的技术开发、产品更新能力，发挥生产集中化的经济效益。

通过以上分析可以看出，集中化、专业化、协作和联合化四者之间存在着密切的关系。只有在产品达到一定数量的条件下，实行专业化才能取得较高的经济效益；反过来，只有在生产同时实行专业化的条件下，大生产的优越性才能充分显示出来。集中化、专业化、协作和联合化的发展，意味着社会劳动分工的加深和生产社会化的加强，为节约社会劳动、提高劳动生产率创造了条件。从一定意义上说，劳动分工和劳动协作本身就可以创造出新的社会生产力。同时，这些生产社会化形式的发展总是受到科学技术发展水平的制约，也对科学技术进步提出新的需求。生产社会化的不断发展，能使新的科学技术在生产中被广泛采用，使科学技术所提供的生产效率得到充分发挥。

14.2 建筑生产集中化

14.2.1 建筑生产集中化的特点

传统的建筑生产方式是分散的小生产方式。随着科学技术进步和生产社会化的发展，建筑生产也表现出集中的趋势。虽然建筑生产集中化与工业生产集中化的发展有一些共同之处，但建筑生产集中化自身的特点却是十分突出的。

从建筑企业的平均规模来看，在一定程度上有所扩大，但并不显著，且有明显的阶段性。以日本和联邦德国[①]两国为例，第二次世界大战后，建筑企业的平均规模（即企业平均职工人数）一度出现过较为迅速的增长势头，这主要出现在经济大发展的前期和高

---

① 德意志联邦共和国在两德统一前简称联邦德国或西德。

峰期。到 20 世纪 60 年代中期，建筑企业的平均规模不但不再继续扩大，反而转向逐步缩小的方向发展。这一发展特征，可从表 14-1 和表 14-2 中的数据看出。由于表 14-2 的时间序列较长，且 1974 年后的时间间隔均为一年，其数据显然更有说服力。

日本建筑企业的平均规模　　　　　　表 14-1

年份	企业数	职工人数/千人	平均规模/(人·企业$^{-1}$)
1954	186563	1248.1	6.69
1957	179203	1446.2	8.07
1960	199473	1918.9	9.62
1963	243263	2347.5	9.65
1966	294707	2979.5	10.11
1969	347509	3363.9	9.68
1972	410977	4048.1	9.85
1975	447772	4222.5	9.43
2006	280023	2753.8	9.8
2009	331359	2873.4	8.7
2012	468199	2801.2	6
2014	456312	2882.1	6.3

数据来源：日本统计年鉴。

联邦德国建筑企业的平均规模　　　　　　表 14-2

年份	企业数	职工人数/千人	平均规模/(人·企业$^{-1}$)
1950	64343	961	14.94
1955	62836	1386	22.05
1960	60902	1406	23.09
1965	66802	1643	24.60
1970	64339	1529	23.76
1974	60771	1352	22.25
1975	58468	1211	20.71
1976	58534	1192	20.36
1977	58160	1168	20.08
1978	59589	1190	19.97
1979	60666	1240	20.44
1980	60294	1263	20.95
1981	62511	1226	19.61
1982	63411	1152	18.17
1983	59644	1122	18.81
1984	60255	1106	18.36
1985	59478	1026	17.25
1986	59132	1003	16.96
2010	238924	1638.9	6.86
2011	243115	1801.3	7.41
2012	274002	1962.9	7.16
2013	267849	1971.1	7.36
2014	338535	2202.2	6.50
2015	332411	2201.4	6.62
2016	358919	2272.6	6.33

数据来源：德国统计年鉴。

产生这种现象的主要原因，在于10人以下的建筑企业数量大，而且占总企业的比例有逐渐增大的趋势。联邦德国和日本的1~9人的建筑企业均占建筑企业总数的一半以上。在联邦德国，这个比例由1981年的55%上升到1986年的近60%，2015年又上升到83.2%（数据来源为德国统计年鉴2018，526页）；在日本，某些专业1~9人建筑企业的平均规模甚至出现逐渐缩小的趋势。由于"微型"企业的大量存在和增加，必然使建筑企业的平均规模难以扩大。这也说明，建筑生产集中化是相对的集中，高度集中不适应建筑产品固定性和分散性的需要，也不符合建筑生产流动性的特点。

14.2.2 建筑生产集中化的主要表现

由上述分析可知，以建筑企业的平均规模来反映建筑生产集中化的程度可能并不十分恰当，因而需要从其他角度进行分析。可以认为，建筑生产的集中化主要表现在两个方面：一是资本的积聚和集中。小型建筑企业虽然数量众多，但拥有的固定资产却很少，有的甚至完全依靠手工操作。而大型企业一般均拥有雄厚的技术装备力量。例如日本200人以上的大型建筑企业，人均占有固定资本500万日元以上；而30~199人的中型企业，人均占有固定资本仅30万日元左右；30人以下的小型企业则更少。我国2002年的统计资料表明，在全国具有新资质等级的近5万家建筑企业中，位居前500家大型建筑企业拥有的资产规模占整个建筑行业资产规模的1/3。2017年的统计资料表明，在全国具有新资质等级的近9万家建筑企业中，位居前80家大型建筑企业拥有的资产规模占整个建筑行业资产规模的18%。二是大型企业所完成的产值占整个建筑业产值的比重增大。大型企业虽然数量少，但拥有雄厚的资金、管理和技术力量，其实力是中小企业远远不及的。例如，1986年联邦德国200人以上的大型企业共453家，仅占当年全部建筑企业总数的0.77%，但所完成的产值比例却高达21.3%。到2015年，德国250人以上的大型企业共332家，仅占当年全部建筑企业总数的0.1%，但所完成的营业额比例却高达15.3%（数据来源为德国统计年鉴2018，526页）。在这方面，美国的大型建筑企业更为突出。据统计，1978年，美国年收入在3亿美元以上的建筑公司有400家，不到全部建筑公司总数的0.1%，但其收入总额占当年建筑承包总额1977.5亿美元的39.4%。而在这400家大型企业中，年收入10亿美元以上的17家最大的企业，就占这400家企业总收入的48.9%，占国外经营收入的79.6%，表现出高度的集中化。到2018年，按年收入排名的美国前400家建筑企业，其收入总额占当年建筑承包总额7321亿美元的51.1%。而在这400家大型企业中，年收入40亿美元以上的企业有16家，其收入总额占这400家企业总收入的33.3%，占国外经营收入的74.2%，表现出高度的集中化。具体数据见表14-3。

2018年美国400家大型建筑公司收入情况　　　　　表 14-3

年收入/ 亿美元	企业数	年收入总计/ 百万美元	其中国外收入/ 百万美元	占总收入的比例/ %	占国外收入的 比例/%
>40	16	124654.7	26381.5	33.3	74.2
19~40	23	63587.1	2937.9	17.0	8.3
9~18	51	62285.1	3812.3	16.7	10.7
1.8~9	310	123454.6	2416.7	33.0	6.8
合计	400	373981.5	35548.4	100.0	100.0

数据来源：根据 ENR 2018 The Top 400 Contractors 有关资料整理。

从总体上来看，不论是美国、德国或日本，建筑生产集中化的程度都不是很高，与其他工业部门，尤其是资金密集型、技术密集型的行业相比，例如钢铁、化工、汽车工业等，有较大的差距。这一方面是受到建筑生产本身的技术经济特征制约，另一方面是由于建筑生产技术进步和工业化的发展程度相对落后所引起的。

14.2.3 建筑生产集中化程度的指标

通常，建筑生产集中化程度可用绝对集中度和相对集中度两个指标来反映。下面就介绍这两个指标，并用中、日两国建筑生产集中化程度的数据加以说明。

1. 绝对集中度

绝对集中度，通常用规模处于前 n 位的企业的产值或销售额占整个行业产值或销售额的比重来表示，是反映生产集中化程度的最基本指标。其计算公式为

$$CR_n = \frac{\sum_{i=1}^{n} X_i}{\sum_{i=1}^{N} X_i} \quad (14-1)$$

式中　CR_n——行业中规模最大的前 n 位企业的绝对集中度；

　　　X_i——行业中第 i 位企业的产值或销售额；

　　　N——行业中的全部企业数。

例如，前文的有关数据可表达为：德国建筑生产绝对集中度 $CR_{332}=15.3\%$；美国建筑生产绝对集中度 $CR_{400}=51.1\%$。

表 14-4 为 20 世纪 90 年代初期中国和日本建筑生产绝对集中度的有关数据，表 14-5 为近几年中国和日本建筑生产绝对集中度的有关数据。

中国和日本建筑生产绝对集中度（单位：%）　　　　　表 14-4

绝对集中度	中国	日本
CR_4	1.34	8.03
CR_{10}	2.75	13.60
CR_{50}	9.02	28.28
CR_{400}	14.44	35.17

21世纪初中国和日本建筑生产绝对集中度（单位：%） 表14-5

绝对集中度	中国（2017年）	日本（2018年）
CR_4	9.56	10.40
CR_{10}	11.48	17.21
CR_{50}	17.00	25.67
CR_{80}	18.01	27.40

数据来源：根据 ENR 2017 Top Chinese Contractors 有关资料整理。

由表14-1可知，日本建筑企业的平均规模不到10人，而由表18-7知，我国建筑企业的平均规模超过600人（见第18章有关内容），二者相差60多倍。但是，表14-4则表明，我国建筑生产的绝对集中度远远低于日本，近几年提高了很多，也仍然低于日本。这也进一步说明，用绝对集中度反映建筑生产集中化程度比建筑企业平均规模更为恰当。

2. 相对集中度

相对集中度，通常用规模处于前几位的企业的产值或销售额占整个行业或行业中起主导作用的前若干位（如前50位、前100位）企业的产值或销售额的比重来表示，是反映行业内企业规模分布状况的生产（或市场）集中度指标。该指标一般用于集中化程度不是特别高的行业，如服装、化妆品等，其主要特点是通过相对有限的统计资料（不一定统计整个行业的产值或销售额）来反映集中化程度。就建筑业而言，美国工程新闻记录（Engineering News Record，ENR）每年仅统计国外合同额排名前250名（1990年之前为前250名，1991~2012年为225名）的承包商的合同额和排名前200名的工程咨询公司的合同额。根据该资料就只能采用相对集中度指标进行分析，但不能采用绝对集中度指标进行分析。

相对集中度常用洛伦茨曲线表示。洛伦茨曲线反映的是市场占用率与市场中由小到大企业的累计数或累计百分比之间的关系。洛伦茨曲线越偏离对角线，企业规模分布的不均匀度越大，即集中化程度越高。

表14-6为中国和日本前100家承包商产值及比例的有关数据，图14-1是根据表14-6数据绘制的洛伦茨曲线（近几年的数据，中国只有top80的数据，日本有top100的数据，为了便于比较，仍用老的数据）。由图14-1可以看出，中国前100家承包商的规模分布贴近对角线，而日本前100家承包商的规模分布与对角线偏离幅度很大。这同样表明，我国建筑生产的相对集中度低于日本。

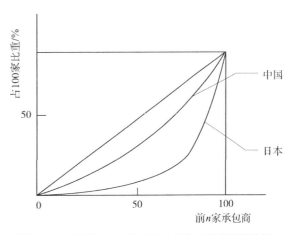

图14-1 中国和日本前100家承包商的洛伦茨曲线

中国和日本前100家承包商建筑生产相对集中度（单位：%） 表14-6

统计范围	中国（1993年）		日本（1994年）	
	占100家比重	累计	占100家比重	累计
最大4家承包商	9.57	9.57	22.82	22.82
最大10家承包商	19.57	19.57	38.65	38.65
第11~50家承包商	42.99	62.56	41.74	80.39
第51~100家承包商	37.44	100.00	19.61	100.00
100家合计	100.00		100.00	

14.2.4 建筑生产集中化的相关因素

建筑生产集中化的程度与各国的传统习惯有一定关系。例如，联邦德国建筑企业的平均规模在20人左右，日本则不到10人，而我国建筑企业的平均规模却超过600人。联邦德国和日本建筑企业有半数以上是10人以下的企业，其中有相当数量的是1~3人的家庭式微型企业，专业化突出；而我国即使是新成立的农村建筑队，也少则十几人、数十人，多则上百人、数百人，更强调"成建制"，综合性强。

建筑生产集中化的程度还与各国建筑公司国际承包的份额有很大关系。同是经济发达国家，在这方面也有很大差别。美国建筑生产集中化程度最高，不能不说与它多年来始终雄踞国际建筑市场之首有关。国际承包的工程多是规模较大的工程，对承包商的管理水平、技术水平、技术装备力量、信誉等方面要求均较高，一般只有那些规模较大、实力雄厚的承包商才有可能承包。例如，德国的霍尔兹曼、霍赫梯夫公司，日本的大成、竹中、清水、鹿岛、大林、熊谷组6大公司，美国的十几家既搞设计、又搞施工的大型联合企业，都是万人以上的公司，而且管理人员、技术人员（包括设计人员）的比例都超过一半。表14-7为国际承包额居前的7个国家的海外承包额比较，表14-8为2005年以来增加了中国的数据，从中可以看出，美国公司海外承包额一直占有领先优势。近年来，中国公司海外承包额增长迅速，已经开始反超美国，其优势逐渐显现。表14-9和表14-10为全球最大的225家和250家承包商的所属国家情况，其中，中国公司的数量不少，且近年来，进入全球TOP的企业数也在逐渐增加。

7个国家海外承包额比较（单位：百万美元） 表14-7

国家	1981	1982	1983	1984	1985	1986
联邦德国	5350	3437	1410	1645	908	792
法国	11500	7484	7244	5166	5155	7029
英国	4700	4600	3587	2989	2453	2162
意大利	4067	1719	1354	1212	2671	1847
日本	3200	3700	4300	3800	4650	5400
韩国	13600	13400	10400	6500	4700	2200
美国	48800	45300	29800	30900	29000	22800
合计	91217	79640	58095	49512	49539	42230

8 个国家海外承包额比较（单位：百万美元） 表 14-8

国家	2005	2006	2007	2008	2009	2010
美国	34837	38298	42735	51116	49733	44903
中国	10068	16289	22678	43203	50573	57062
法国	28970	33683	38695	46348	42723	40021
西班牙	12590	12751	25161	28433	28379	35652
德国	21838	25890	32088	38867	35246	35456
意大利	5891	6790	25342	31322	28409	32505
日本	16027	18754	23859	24612	17574	15569
韩国	2402	6453	8016	11410	16344	18313
合计	132623	158908	218574	275311	268981	279481

数据来源：根据 ENR TOP International Contractors 相关资料整理。

1994—2005 年度全球最大 225 家承包商所属国家明细表 表 14-9

国家	1994	1995	1996	1997	1998	1999	2000	2001	2002	2003	2004	2005
美国	52	49	48	65	64	74	73	79	76	66	55	52
加拿大	2	3	3	7	6	4	5	4	4	3	4	3
欧洲	87	87	79	70	63	67	56	55	55	54	56	59
英国	12	11	10	7	5	6	7	5	5	6	5	7
荷兰	5	4	4	2	3	5	2	2	2	2	2	2
法国	9	10	10	10	7	9	7	6	5	7	8	9
德国	17	14	14	13	13	12	11	7	6	6	6	6
意大利	21	23	20	15	13	9	10	15	14	12	12	12
其他国家	23	25	21	23	22	26	19	21	23	21	23	23
日本	26	29	28	19	20	18	21	17	18	19	18	17
中国	22	23	27	26	30	33	35	40	43	47	49	46
韩国	10	10	12	10	11	7	7	7	5	6	8	7
其他国家	26	26	28	28	31	22	28	23	25	30	35	41
总计	225	225	225	225	225	225	225	225	226	225	225	225

注：根据 ENP 有关资料整理。

2013—2018 年度全球最大 250 家承包商所属国家明细表 表 14-10

国家	2013	2014	2015	2016	2017	2018
美国	77	76	81	88	93	91
加拿大	4	4	3	3	4	5
欧洲	50	50	44	41	38	39
西班牙	11	12	9	10	9	9
意大利	12	14	13	10	10	7
德国	4	5	4	4	2	4
英国	5	3	3	2	2	3
法国	3	4	4	4	3	3
其他国家	15	12	11	11	12	13
中国	47	49	49	50	50	55
土耳其	14	15	18	19	21	17
日本	15	14	14	14	14	14
韩国	17	15	14	13	11	11
其他国家	26	27	27	22	19	18
合计	250	250	250	250	250	250

数据来源：根据 ENR 全球 TOP 承包商相关资料整理。

建筑生产集中化的程度与国内建设项目的规模也有密切关系。在经济大发展时期，大型的基础设施、公共建筑、工业与商业建筑比例较高，新建、扩建的比例高。这些建设项目一般需要具有一定规模的企业才能承包，至少要由大中型企业承包其主要部分。随着经济发展趋向稳定，大型建设项目的比例减少，而中小型建设项目的比例增加；新建、扩建的项目比例减少，而改建的项目比例增加。例如，在当今主要经济发达国家的住宅建筑中，独户住宅越来越受到青睐，比例越来越高；民用建筑中维修、翻新、改建的工作量越来越大，比例也越来越高。建设项目规模的这种发展趋势，客观上也要求建筑企业的规模与之相适应，这也是小型建筑企业不但能够长期存在，而且能够继续发展的重要原因，当然也是建筑生产不可能高度集中化的重要原因。

14.3 建筑生产专业化

与工业生产专业化相比，建筑生产专业化从内容到表现形式都有明显的不同。由于习惯上常把建筑生产狭隘地理解为建筑施工，因而对建筑生产专业化的理解也就产生很大的局限性。若从建筑生产的全过程来考察，建筑生产专业化可分为设计专业化、施工专业化、构配件生产专业化和项目管理专业化四个方面。

14.3.1 设计专业化

设计与施工分离，这是建筑生产的重要特征之一。但是，这也是经历了相当长的演变过程才形成的。在人类建筑生产活动发展的历史过程中，最初，建筑工匠既是设计者，又是建造者，并没有设计与施工之间的分工。虽然在过去相当长的历史时期内，设计与施工不分，但工匠在建造房屋以前，已经把房屋的外形和结构在他的头脑中构成。即劳动过程结束时得到的结果，已在劳动过程开始时存在于劳动者的观念之中，已经在观念上存在着准备建成的建筑物。但这种观念中的建筑物，只对建造者本人起作用，而无法转变成他人观念中的建筑物，用以指导他人的建筑生产活动。这种方式延续了很长时间。

我国设计与施工的分工，在汉朝时期（公元前206—公元220年）已出现萌芽，重要工程已绘制设计图样。到了隋朝（581—618年）已使用1∶100比例尺绘制设计图样，制成模型；中央政府还把标准模型送发各地，要求按图和模型建造。可以说，这时，设计和施工已经有了比较明确的分工。到清朝（1644—1911年）初期政府已经设立"样式房"专管设计和模型制造，从机构上将设计分离出来。

在欧洲，奴隶社会末期由于建筑活动频繁，出现了许多重要的大型建筑，使人们很早就开始了对设计知识的专门研究。早在公元前1世纪，罗马建筑师维特鲁威就曾系统地总结希腊、罗马历代建筑的经验，写成《建筑十书》，提出了"实用、坚固、美观"的建筑三原则，奠定了欧洲建筑学的理论基础，也是设计与施工分工的重要标志。但由于当时生产力水平低下，建筑类型比较单一，初步形成的建筑学也只能长期停留在总结实践经验的基础上，未能进一步地深入发展，也未能导致设计真正与施工分离。所以，直到18世纪之前，欧洲绝大多数的建筑活动仍然是由所谓的"建筑师傅"或建筑工匠全面负责。他不仅负责整个工程的总体设计，也负责具体设计，还参加具体的施工。

进入18世纪以后，欧洲许多国家越来越追求华丽的建筑，对建筑物的造型、装饰等方面的要求越来越高，使得设计与施工分离的要求在客观上显得更为迫切，也在实践中显得完全可行。因此，在一些重要工程上出现了由建筑师或建筑师小组集体进行设计，另一部分人负责施工的初步分工。而一般建筑工程仍然由"建筑师傅"或建筑工匠负责设计与施工。严格地说，这种设计与施工的分工应当称为建筑设计与施工的分工。或者说，这时的设计工作内容主要是建筑设计，它标志着设计真正开始与施工分离。这种设计与施工的初步分工随着生产力的发展逐步向广度和深度发展。

与此同时，人们开始考虑建筑物结构的经济性和合理性。日益增多的复杂的工程建筑迫切需要解决结构分析与计算的理论问题，结构设计的重要性显得日益突出。设计中的这种需要促进了材料力学和结构力学的发展，而材料力学和结构力学理论的建立、发展和完善又使得结构设计不仅更加安全可靠，而且更加经济合理。这样，就逐渐导致了建筑设计与结构设计（工程设计）的分离。在这一过程中，工业革命带来的机械工业和材料工业的迅速发展也为建筑活动提供了许多新的可能性，为丰富建筑设计理论和结构设计理论创造了条件，从而形成了沿用至21世纪的设计与施工分离、建筑设计与结构设计分离的基本格局。这无疑对设计和施工两方面的发展都产生了积极而深远的影响。

自设计与施工分离之后，设计专业化的发展甚为迅速，设计专业化的程度越来越高。在当今社会，"设计"这个概念可从广义和狭义两个方面来理解。广义的设计，是指与施工相对应的一系列工作；而狭义的设计则是指具体工程的具体设计工作。从广义的角度来看，设计专业化包括规划专业化、勘察专业化、具体设计专业化、工程估价专业化。以下对勘察专业化以外的三个方面分别予以说明：

1. 规划专业化

规划专业化是随着城市建设的发展而逐步形成的。在人类建筑活动相当长的历史过程中，在设计建筑物时，主要考虑建筑物的功能和使用要求，在大多数情况下可以获得成功，而且有不少留传至今的优秀的历史建筑物。但是，"就事论事"的设计观点和方法越来越不适应城市规模的不断扩大和城市功能的发展与变化。如第2章2.1节所述，建筑产品是人工自然，建成后即是人类环境的一部分。不同的建筑产品之间会产生相关作用并形成综合效应，综合效应可以为正，也可能为负。设计水平的高低和设计效果的好坏不仅仅取决于具体工程的具体设计工作，还取决于建筑群体的总体效果。这使得城市规划工作越来越重要，其工作内容与具体设计工作既有一定联系，又有很大差异。

城市规划注重从城市的近期和长远功能出发，对城市进行合理的区域划分，并考虑城市建设形成的景观，尽可能提高城市建设的综合效应。为此，往往需要对公共基础设施配套、建筑物高度和密度、建筑设计的风格、防火抗震等问题作出统一规定，使城市布局合理、经济繁荣、交通便利、环境优美、控制污染、居住条件良好，从而使城市建设更经济、更合理，能够更好地满足社会经济发展的需要。城市规划已成为城市建设的一个重要环节。只有按照统一规划进行建设，才能保证各方面协调发展，避免负的综合效应，以较少的物质消耗取得较大的经济效果。

对许多城市来说，规划专业化可分为目标一致但任务不尽相同的两个方面，即城市新区建设规划和城市旧区改造规划。由于城市旧区改造涉及许多方面的问题，其困难程度和复杂程度远较新区建设为甚，因而需要予以特别的注意。对于城市建设的实际需要来说，仅仅有轮廓性战略性的发展规划是远远不够的，还必须有较为具体的、可付诸实施的规划方案；仅仅有一种方案并不能体现规划的作用和意义，而必须有多种方案，才能通过比较、鉴别，选择相对最佳的方案。在这方面，计算机辅助设计（CAD）越来越显示出其优越性。例如，联邦德国的一些城市把现有建筑物的平面、立面数据以及第二次世界大战前建筑物的有关数据存储在计算机内。在进行城市旧区改造时，把不同改造方案的平面、立面数据输入计算机，取代原有的建筑物，然后设定不同的视点，计算机即可显示或输出相应的改造区域的透视图，供有关规划人员分析、比较后作出决策。这样就大大提高了城市规划（尤其是旧区改造）的科学性。

2. 具体设计专业化

具体设计专业化的内容极为丰富，按其表现形式可归纳为设计对象专业化、设计工种专业化和设计阶段专业化三大类。

所谓设计对象专业化，是指按照建筑产品的类型、性质、特点和用途进行设计分工所形成的专业化。国民经济中不同的部门需要不同类型的建筑产品，对建筑产品的建筑特征、结构特征和使用功能等方面提出不同的设计要求。例如，冶金、电力（又分为水电、火电、核电等）、化工、纺织、旅馆、办公楼、影剧院、教学楼等建筑，它们的设计要求有很大差别。因此，设计对象专业化在形式上表现为部门专业化，即按照国民经济部门的划分实现设计单位的专业化。这在我国表现得尤为突出，各主要的物质生产部门都有自己专业化的设计院。这些设计院不仅在设计对象上专门为一个部门服务，而且在隶属关系上也直接归该部门领导。在设计对象专业化中值得特别指出的是那些有特殊工艺要求的工业类建筑的设计专业化。这类建筑产品往往是以工艺设计为主，土建设计为辅。而工艺设计主要是与该工业的产品设计相关联，已超出了建筑业的范畴。但由于工艺设计与土建设计需要密切配合，因而很难把两者截然分开。

所谓设计工种专业化，是指按照设计工作的内容进行设计分工所形成的专业化。要完成一个建筑产品的全部设计工作，涉及建筑、结构、给水排水、强电弱电、采暖通风等许多方面。这些设计工作内容各有其独特的技术规律，需要运用不同的专业知识才能完成。在现代社会，任何人都不可能全面掌握设计工作各方面的专深知识，不进行设计的专业分工简直是不可想象的。随着生产力的不断发展，现代科学技术应用于建筑物设计的可能性越来越大，内容越来越多。例如，声学、光学、生物学、人体工程学等，在建筑物设计中的作用逐渐提高，已经发展成为或将要发展成为设计工种专业化的新内容。另外，随着计算机辅助设计技术的发展和完善，制图工作也逐步向专业化方向发展。我国设计工种专业化主要表现为设计单位内部的专业分工，而在经济发达国家，则较多地表现为独立的工种专业化的设计机构，如建筑师事务所、结构设计事务所、其他专业设计事务所等。有些专业设计事务所也可能承担多种专业的设计任务。

所谓设计阶段专业化，是指按照设计工作的不同阶段进行设计分工所形成的专业化。设计工作的不同阶段是设计工作逐步深入和细化的过程，也是一种循序渐进的过程。是由设计工作本身的技术规律所决定的。不同设计阶段的工作内容不尽相同（参见第15章有关内容），设计工作的侧重点有明显区别，对设计人员专业水平和能力的要求也不同。一般来说，在方案设计和初步设计阶段，存在多种方案选择的可能性，侧重于对重大技术问题不同方案的提出、比较和选择，对设计人员的创造性要求较高；而在施工图设计阶段，重大技术方案已经确定，设计工作的主要任务是对已确定的技术方案具体化，有时也可能作一些局部的修改、调整或优化，但总的来说对设计人员的创造性要求较低。这无疑为设计阶段专业化提出了客观要求，同时也提供了现实的可能性。设计阶段专业化在我国应用尚不够普遍，主要表现在由境外设计单位设计的建筑产品上。对于这些建筑产品，通常是由境外设计单位完成方案设计和初步设计，而由我国国内设计单位完成施工图设计。另外，我国自20世纪90年代以来，有些著名设计单位在设计任务比较饱满、来不及按设计合同规定的时间向业主提交施工图的情况下，有时将某些建筑产品的施工图设计交由其他设计任务不够饱满的设计单位来完成。应当说，这也是设计阶段专业化的一种表现。

3. 工程估价专业化

估价专业化的发源比建筑设计与结构设计的分离还要早。人们在从事建筑生产活动的过程中，很早就认识到工程估价对节省工程费用、缩短施工工期的重要作用，并由此产生工程估价机构。我国唐、宋时期已有工料估算工作，清朝已在政府设立"算房"。英国在18世纪产业革命之前就已经开始形成工程估价工作。但是，工程估价作为一个独立的专业部门或机构，从设计部门或机构中分离出来，真正形成工程估价专业化，所经历的过程却比建筑设计与结构设计的分离缓慢得多。工程估价专业化的发展以英国最有代表性，它大致经历了以下三个阶段：

起初，18世纪的建筑工匠是分别从业主那里得到委托的任务，尚未置于总承包商的管理之下。为了维护自己的经济利益，他们雇用专职的工程估价师在建筑物建成之后测算工程量和进行估价，并以建筑工匠和工匠小组的名义与业主和建筑师商洽。

到19世纪初期，总承包商制度已充分发挥作用，工程承包也广泛实行招标投标制，意味着在施工开始之前就要进行承包价格竞争，而不是工程建成之后才进行结算。这就要求工程估价师具备一种新的职能，即在施工开始之前根据设计图纸预先测算工程量并估价。工程估价师的新职能起先仍是为承包商服务，其作用是为竞争投标提供合理的依据。

但是，业主很快意识到，工程估价师的新职能对其很重要，故业主也聘用专职的估价师为自己服务。工程估价师的地位逐渐转向为业主方服务。

工程估价师职能的进一步发展，是在设计过程中较准确地估计工程造价，有时甚至在设计之前即可估定，而且可以根据业主提出的工程造价限额保证把设计造价控制在限额以内。工程估价师的职能在第二次世界大战后由于工程造价分析技术和方法的发展而日趋成熟，也由于建筑工程复杂性的增加和实施方案的增多而日显重要。新职能要求工程估价师不仅要懂经济，而且要懂技术；不仅能处理特定建筑物的会计事务，而且能决定建筑物各项费用的性质及其相关的经济和其他因素；不仅能合理有效地利用现有资源，而且能对建筑技术和经济的发展趋势作出正确的判断。

我国工程估价专业化原来也主要表现为设计单位内部的专业分工，即在设计单位内部设立专门的概预算部门或技术经济分析部门，其主要职能是在设计完成之后或分阶段完成之后，对工程进行估价。工程估价在我国的表现形式是设计概算、修正概算和预算。自20世纪90年代以来，我国相继成立了一批专业化、社会化的工程造价咨询公司。它们在业务内容和服务方式上已逐渐摆脱了传统的概预算模式，已在相当程度上与国际接轨，并以良好的素质和服务效果取得业主和社会各界的认同，标志着我国工程估价专业化已进入全面发展期。

设计专业化的发展，大大促进了设计水平的提高，使设计成果不仅在技术上先进适用，而且在经济上节约合理。设计专业化的发展，对协作提出了新的要求。不仅要求不同专业设计工种之间互相协调，避免疏漏和错误，而且要求设计和施工之间能够互相衔接、统一协作。不仅要求在工作内容上互相协作，而且要求在工作进度上协调一致。这样，才能更充分地发挥设计专业化的作用。只有在不同专业设计工种之间、设计与施工之间具备了较好协作条件的情况下，设计专业化才能进一步向深度和广度发展。

在设计与施工分离之前，设计和施工是建筑生产两个密切相连、不可分割的环节，人员虽有一定分工，但都是不可分割的生产方，共同对业主负责。在设计与施工分离后，一个很重要的变化就是设计人员地位的改变。就设计工作的性质而言，仍然是建筑生产的重要环节。从这个角度来看，设计人员是作为建筑产品的生产者，有其自身的经济利益。但是，设计单位的建筑师、工程师往往作为业主的代表，监督施工的全过程，对业主负全责；工程估价师则估算全部工料和建筑投资，在经济上对业主或建筑师负全责。而施工单位原则上只能"按图施工"，虽然在保证建筑功能、外观和质量要求的前提下，也可以按其专长的工艺技术进行细部施工设计，但其范围是极其有限的。设计人员地位的这种变化，客观上增加了设计与施工协作的难度，也是往往把建筑生产狭隘地理解为施工的重要原因。

14.3.2 施工专业化

前已述及，劳动分工和协作本身就可以创造新的社会生产力。但是，在手工操作条件下,这种新的生产力所创造的经济效益仍然是不高的。生产专业化达到新的深度和广度,是在机器出现以后。建筑产品具有单件生产性质,难以进行大批量生产,这在一定程度上限制了建筑生产专业化的发展。但是,产品专业化只是生产专业化的一个内容,而且是生产专业化的早期阶段。从另一方面来看,由于建筑产品具有多样性的特点,随着人民物质文化生活水平的提高,新技术、新工艺、新材料的发展,新型建筑体系和建筑物不断涌现,这又为建筑生产的专业化提供了广阔的天地和可能性。因此,建筑生产专业化具有不同于一般工业生产专业化的特点,它受机械的影响相对较小,而受工程对象的影响相对较大。

自设计与施工分离之后,施工专业化也有了很大发展。施工专业化基本上可以分为三种形式,即施工对象专业化、施工工艺专业化和施工管理专业化。

1. 施工对象专业化

施工对象专业化,就是按照建筑产品的不同类型、性质、特点和用途进行施工分工所形成的专业化。与设计对象专业化相类似,施工对象专业化在形式上表现为部门专业化。我国许多部门都有自己直属的施工队伍,如冶金、能源、交通、铁道、化工、煤炭等部门所属的施工队伍都达到十几万人乃至数十万人。在工业建筑中,有些项目规模大,由若干个单体工程组成,它的各个部分(分厂或车间)的工艺要求、技术要求乃至建筑要求和结构要求都不相同,还有必要作进一步的分工,这就出现了另一种形式的施工对象专业化。例如,在钢铁联合企业的建设中,可分为专门从事高炉、炼钢、轧钢、焦化等工程的建筑企业。又如在铁路交通工程建设中,可分为专门从事桥梁、隧道、涵洞等工程的建筑企业。施工对象专业化的发展,有利于充分发挥专业化公司技术上和装备上的优势,提高建筑产品的施工质量;也有利于促进专业化施工技术的发展,并促进专用施工机械的开发和推广。但是,在行政上把这些专业化建筑企业划归不同的部门管辖,却不符合建筑生产社会化发展的根本要求,也给建筑业实行统一的行业管理带来了困难。

2. 施工工艺专业化

施工工艺专业化,就是把建筑施工过程中某些需要专业技术的工程内容,由某一种专门从事这项工作的建筑企业承担。施工工艺专业化的内容丰富、形式多样。有的建筑企业专门承担某一施工阶段的施工任务,如基础工程公司、装修工程公司、安装工程公司等;也有的建筑企业专门承担某一工种的施工任务,如土石方工程公司、结构构件吊装工程公司、砌筑工程公司等;还有的建筑企业专门承建某一种体系建筑或采用某种施工工艺的建筑工程,如大板住宅建筑公司、升板建筑公司、滑模建筑公司等。这些施工工艺专业化还可以进一步精细化,例如,装修公司还可以分为贴墙布公司、磨石子公司、贴瓷砖公司、大理石贴面公司等;安装公司还可以分为机械设备安装公司、电气设备安装公司、卫生设备安装公司等。不难看出,绝大多数工种专业化都是阶段专业化的进一步发展,有些工种专业化则属于辅助生产性质,如搭脚手架公司、清理场地公司等。我国施工工艺专业化的发展从广度和深度两方面来看都很不够，主要表现为建筑企业内部的专业分工，一些大中型建筑企业内部往往有结构工程队、粉刷工程队、装修工程队等，因而施工工艺上的协作也就主要表现为建筑企业内部的协作。

3. 施工管理专业化

施工管理专业化，就是由专门的建筑企业承担施工过程中的管理工作，如现场施工的组织协调、进度安排和协调、技术管理等，而不承担或基本不承担具体的施工任务。现代社会有许多大型建设项目，随着施工专业化的发展，往往在一个大项目上同时有许多专业化的建筑企业参加施工。如果各建筑企业各自为政，没有统一的管理，就会使现场施工陷入混乱，不能保证按预定的目标建成项目。因此，在许多情况下，需要由总包建筑企业来承担这一工作。这种总包建筑企业可能拥有自己的施工机具和施工队伍，承担一部分施工任务，也可能只拥有管理人员、技术人员、关键工种的技工以及重要的施工机具。这种专业化的建筑企业属于管理型和技术型，拥有雄厚的管理和技术力量，经营方式灵活，易于开拓新的市场，往往实行跨地区、跨国家经营。在国际建筑市场中的一些著名的大型建筑企业，往往属于这种类型。我国有许多万人以上的大型建筑企业，但都是综合型的公司，专业化程度不高，这种施工管理专业化的公司很少。我国于20世纪80年代中期提出，在大型建筑企业中逐步实行"两层分离"（即管理层和劳务层分离），目的就在于引导一部分大型建筑企业向施工管理专业化的方向发展，形成一批外向型的、在国际建筑市场中有较强竞争力的施工队伍。

建筑施工的专业化是生产力发展的客观需要，也是由建筑产品和建筑生产的技术经济特点所决定的。建筑产品的种类繁多、千差万别，但每一种类型的建筑产品都有一定的需求量，这就可以实行施工对象专业化。建筑产品的施工过程很长，包含的中间环节、工种很多，而各个施工阶段和工种需要采用不同的专业化施工技术，这就为施工工艺专业化创造了条件。建筑产品的生产具有流动性，这种流动性可以表现为在不同地区的不同建筑产品之间流动。如果在实行跨地区、跨国家经营时，仍然完全依靠自有施工队伍，进行大规模的、远距离的施工队伍转移，肯定是不经济的，这就使得施工管理专业化应运而生。总之，建筑产品和建筑生产的技术经济特点决定了施工专业化发展的客观必要性和现实可能性。

建筑施工实行专业化生产的优越性，从根本上来说，是提高社会劳动生产率。专业化的技术经济效果，可以从企业和国民经济两个方面来评价。一般来说，这二者是基本一致的。

仅从企业的角度来看，建筑施工专业化的优越性主要表现在以下四个方面：①发展建筑施工专业化，可以采用专用高效的现代化建筑机械代替手工劳动，一些现阶段仍采用手工操作的工作，也有可能逐渐被新研制的机械所取代，从而大幅度地降低建筑工人的劳动强度，改善劳动条件，有利于提高劳动生产率；②可以提高机械设备的利用率，尤其是一些专用机械设备，需要较多的一次性投资，只有实行专业化施工，才能充分发挥这些机械设备的效率，有利于降低原材料和能源的消耗，取得较好的经济效果；③可以使工人和技术人员的工作对象专业化，不断进行重复作业，便于他们积累经验、熟练技能、提高技术水平，有利于加快施工进度，也有利于保证和提高工程质量；④可以使企业的生产活动和管理工作趋向单一，有利于及时发现问题解决问题，提高工作效率，并降低工程成本。

协作在建筑生产中具有特别重要的意义，也是保证施工专业化发展的重要条件。建筑生产的不同阶段，对协作的要求也不同。在施工准备阶段，在施工现场之外，需要不同部门、不同企业之间的协作；在施工企业内部，需要不同科室、班组、工种之间的协作。在施工过程中，一方面，要求不同建筑企业、不同工种在现场不同空间同时进行有计划的、协调的协作劳动；另一方面，又要求这些企业和工种在同一空间进行有节奏的搭接、连续劳动。而在施工现场之外，还需要和设计、材料、构配件、运输等部门和企业进行很好的协作。因此，搞好协作，是卓有成效地进行建筑施工的基本条件。

建筑施工的协作范围很广，形式也多种多样。如固定协作和临时协作，地区内协作和地区间协作，主管部门内协作和主管部门间协作。所谓主管部门内协作，是指同一部门内综合性建筑企业和专业化建筑企业之间的协作，或各专业化建筑企业之间的协作，这是我国目前应用较为普遍的协作形式。所谓部门之间协作，是指建筑部门（这里应理解为广义的建筑部门，包括各部属建筑企业）各企业与其他部门所辖企业之间的协作。这是更大范围的协作，是广义的协作。它一方面表现为建筑部门和企业为其他部门和企业提供施工服务，另一方面又表现为建筑部门和企业从其他部门和企业获得建筑材料、建筑机械、运输工具、燃料动力以及相应的劳务等。

就建筑业内部而言，建筑施工的协作形式与专业化形式相对应，也有三种，即施工对象协作、施工工艺协作和施工管理协作。

施工对象协作，是指在大型项目建设中，许多独立完成个别建筑物或构筑物而共同完成整个建设工程的各个建筑企业之间的生产联系。例如，冶金项目建设中的高炉车间，一般是把高炉、料仓、栈桥、煤气管道、给水工程等分别发包给若干个专业建筑企业承建。这些建筑企业间的协作就表现为施工对象协作。

施工工艺协作，大多表现为施工阶段协作或工种协作，是指许多建筑企业分别完成个别的施工阶段或工种，在这个基础上共同完成一个建筑物的施工而建立起来的生产联系。例如，建造一个机械制造厂，由基础公司完成基础工程，吊装公司完成结构吊装任务，工业设备安装公司完成机械设备、电气设备的安装工作，而其余工作则由一般的建筑企业完成。

施工管理协作，主要是指施工管理专业化的企业与多个承担具体施工任务的企业在共同完成整个工程建设任务过程中所建立起来的管理工作上的联系。每个承担具体施工任务的企业都有自己的管理工作，都有自己的管理目标。但这些目标必须服从整个工程的总体目标。例如，每个企业都希望从费用最小的原则出发来安排施工进度计划，但如果这样不能满足工程总进度的要求，则必须予以修正。实际上，施工对象协作和施工工艺协作也都需要施工管理方面的协作。

14.3.3 构配件生产专业化

把原材料加工成各种构件、配件、半成品的制作过程，原来都是在施工现场进行的，是现场施工的组成部分。对于混凝土制品来说，可以是现浇制作，也可以现场预制。随着技术进步和建筑生产工业化的发展，原材料加工制作越来越多地从施工现场分离出来，在预制工厂中进行工业化生产，这就是构配件生产专业化的发展过程。这里应注意不要把构配件简单地理解为结构件，也不要片面地理解为混凝土和钢筋混凝土制品。因此，除了钢筋混凝土制品厂、木材加工厂、钢木门窗加工厂、金属构配件厂以及生产大型砌块和商品混凝土的企业之外，其他生产建筑用成套电气设备、建筑五金、水暖器材、专用灯具、建筑塑料制品等的企业，也都属于这种专业化。此外，一些国家专门生产盒子式的卫生间、电梯井、垃圾道乃至工厂，则是专业化深度的表现。构配件生产的专业化推动着一些新的独立工业的形成，如各种砌块、轻质建筑材料、商品混凝土等。

对构配件实行工厂化、专业化生产的优越性，在第13章已有阐述，不再重复。发展构配件生产专业化，要注意避免建筑产品的单调化，这就需要适当增加构配件的品种、规格，朝标准化、通用化、系列化方向发展，从而提高产品组合变化的可能性。构配件生产专业化的进一步发展，将使其形成与建筑材料工业相类似的独立的生产部门。目前，我国构配件生产专业化的深度和广度都未得到充分发展，比较局限于钢筋混凝土制品和一般的结构件，因而构配件生产专业化在我国有广阔的发展前景，也是发展我国建筑生产专业化的重要任务之一。

构配件生产协作，是指生产建筑构配件的企业同建筑企业之间的生产联系。我国构配件生产单位一般和建筑企业同属一个部门领导，这种协作方式，对于保证把建筑构配件按时按量供应给建筑企业有一定作用，对于保证建筑构配件生产单位有计划地安排生产也有一定效果。但是，这种协作方式的社会化程度较低，影响构配件生产专业化的进一步发展。构配件生产协作可由工厂化混凝土制作单位供应商品混凝土，构配件生产厂制作并供应预制构配件，然后由建筑企业在现场完成构配件的吊装和安装。这种协作是通过建筑构配件把不同企业的生产联系起来的。

14.3.4 项目管理专业化

1. 项目管理专业化的发展过程

建筑生产与工业生产的一个重要区别，在于作为产品需求者的业主要介入生产过程的管理。但是，业主一般缺乏建筑方面的专业知识，不能对建筑生产的全过程实行有效的管理。自设计与施工分离之后，业主一般委托建筑师或工程师代表其利益对施工过程进行监督。这种方式比起业主自行管理项目建设是大大前进了一步,但仍然有其局限性,也存在一定的缺陷。其主要问题在于,只对施工阶段进行监督,而不能对设计阶段进行监督;施工阶段的监督主要是以技术、质量问题为主,对费用、进度则较少注意。这是由设计人员本身的地位和知识结构所决定的,其效果也就不是十分理想。

自20世纪50年代末、60年代初以来,随着科学技术日新月异的进步,经济持续、稳定地发展,以及人民物质文化生活水平的不断提高,需要建设许多大型、巨型的工业建筑、国防工程和文化体育设施,如航天工程、大型水利工程、核电站、大型钢铁企业、石油化工企业、新型城市开发等。这些工程技术日益复杂、规模宏大、投资额巨大、建设周期长、质量要求高,对项目开发、建设的组织与管理就提出更高的要求。而由参与设计工作的建筑师或工程师代表业主监督施工的管理方式已不能适应这种要求。这些大型工程的投资者和承包者都难以承担由于项目组织和管理的失误而造成的损失。建筑生产这种新的发展趋势,促使人们加强对项目管理的研究,从而一方面促进了建筑工程项目管理学的形成、发展和完善,另一方面也促进了项目管理向社会化、专业化的方向发展。

从另一个角度来分析,项目管理专业化是咨询业不断发展的结果,是咨询业中已经形成完整体系的一个重要方面。随着建设项目日趋复杂,在建设过程中涉及的问题也越来越多,越来越复杂,一般纯技术型的人员(如建筑师、工程师)就难以胜任项目管理的任务。这就需要造就一批既懂技术又懂经济而且熟谙法律、精于管理的专门人才,为项目建设提供咨询服务。这种咨询服务本身就是社会化、专业化的,其咨询服务内容逐步由个别的具体问题扩大到项目建设的全过程,从而形成项目管理的专业化。目前,经济发达国家项目管理专业化已经达到相当发达的程度,并仍在继续发展,足以说明它是符合建筑生产社会化发展的需要的。我国于20世纪80年代后期提出发展项目管理社会化、专业化的任务,到21世纪初,项目管理专业化在我国已经有了较大的发展。项目管理工作的具体内容很多,而且因时、因地、因项目而异,但总是围绕着一个核心任务,即对项目目标进行控制。任何建设项目都有以下三个目标:费用(投资/成本)目标、进度目标和质量目标。三个目标是相互联系、相互影响的,不可截然分开。在某些情况下,有可能以其中某一目标为主,其他两个目标服从这一主要目标。不过,在大多数情况下,则应对这三个目标进行统一的综合考虑,可以权衡利弊,区别轻重缓急,但不应片面强调某一目标。项目管理的任务就在于尽可能好地实现项目建设的三个目标。为此,就需要从组织、技术、经济、合同等方面采取措施,需要掌握和运用现代化的管理方法和管理手段。

2. 项目管理的类型

虽然任何建设项目都有费用、进度、质量三个目标,但对于同一个项目,由于业主、设计单位、施工单位的地位不同、出发点不同,他们各自确定的项目目标也有所不同,相应地,项目管理的任务也各不相同。因此,项目管理就分为三种类型,即业主的项目管理、设计者的项目管理、施工者的项目管理。

业主项目管理社会化、专业化的程度最高。因为业主一般均缺乏建筑方面的专业技术知识，更缺乏项目管理方面的专业知识和经验。因此，委托专业化的项目管理机构为其进行项目目标控制，有利于提高项目管理水平，更好地实现预定的项目目标，这显然是符合业主利益的。业主项目管理专业化的重要发展，在于不再局限于施工阶段，而扩大到设计阶段。由于设计对项目经济性的决定性作用，因而设计阶段的项目管理对业主来说显得更为重要。根据业主的要求，业主项目管理的工作范围还可以向设计前和施工后两个方向延伸。

设计者的项目管理社会化程度较低，一般由设计人员自己承担。但是，对于大型建设项目来说，同时有多个设计机构和设计人员参与设计，作为总包的设计机构来说（在国外常常是建筑师事务所），整个设计阶段项目管理的任务是相当艰巨的，有必要委托专业化的项目管理机构为其进行设计阶段的项目目标控制。一般要求在保证设计质量和设计进度目标的前提下，尽可能地降低设计成本。

施工者的项目管理社会化程度也较低，一般由施工单位自己承担。但是，作为大型建设项目的施工总承包单位来说，项目管理工作纷繁复杂，没有专门的力量和经验是难以胜任的。尤其是在国际工程承包中开拓某一新的市场时，施工单位对当地的社会、经济、法律、材料市场、施工机具市场、运输条件、劳务市场等方面的情况不了解或不熟悉，就需要委托熟悉当地情况的国际性专业化项目管理机构为其进行施工阶段的项目管理。当然，在这种情况下，项目管理的许多具体工作仍然可以由施工单位自己完成，如质量控制的大部分工作、进度控制和成本控制的部分工作等。

3. 为施工者的项目管理与施工管理专业化的区别

为了更明确地反映项目管理专业化的社会化特征，可以把项目管理专业化分为业主的项目管理、为设计者的项目管理和为施工者的项目管理。这里，要特别注意为施工者的项目管理与施工管理专业化的区别。首先，从性质上来讲，前者是咨询机构，提供的是咨询服务，一般不承担亏损的风险，也不以盈利为目的，在许多问题上只能提出多个备选方案，仍然需要委托方进行决策；后者是建筑企业，是自行承包（一般是施工总包），因而力求获取较高的利润，同时也承担相应的风险，在其承包范围内的所有问题均由自己决策。其次，从人员构成来看，前者只有管理人员和技术人员，没有雄厚的经济实力；后者除了管理人员和技术人员之外，还可能拥有一定的施工队伍。至少拥有一定的关键工种的技术工人，还可能拥有重要的施工机械设备，因而一般拥有较强的经济实力。再次，从服务对象来看，前者是为施工单位服务，而且作为一个专业化的独立机构，在其他项目上可能为业主、设计单位或其他的施工单位服务；后者则是自成体系，不存在为其他单位服务的问题。最后，从业务范围来看，前者主要是在国际工程承包中采用，而且主要是法律、合同方面的事务；后者则在国内外建筑市场中均有运用。

14.4　建筑生产联合化

建筑产品形体庞大、结构复杂，需要勘察、设计、施工、构配件生产、材料生产、机械制造等许多部门、行业和企业共同参与，才能完成建设任务。这些部门和企业可以采用协作的形式组织起来，也可以采用联合的形式组织。要实现建筑生产的联合化，必须打破地区、部门、所有制和隶属关系的种种限制，才能发挥各个企业的优势，在共同发展的基础上缩小企业之间的差距。发展建筑生产专业化是实现建筑生产联合化的必要前提，建筑生产的专业化程度越高，对联合化的要求也越高，联合化的形式也越多。

建筑生产的联合主要表现为生产要素的联合和生产过程的联合。究竟采用什么联合方式，要从企业的具体情况和实际需要出发，灵活运用，可以同时采取不同的联合方式，也可以在不同时期采取不同的联合方式。

从生产要素来看，有资金上的联合，即合资经营，可以是国内同一地区或不同地区企业间的合资，或不同部门企业间的合资，也可以是中外合资。例如，建筑企业可以向材料生产单位、构配件生产单位等直接与建筑生产有联系的企业投资，也可以向与建筑生产没有直接联系的企业投资。生产要素的联合也可以是劳动力上的联合，例如，全民所有制建筑企业雇用农业剩余劳动力作为合同工或临时工，一方面，使农业剩余劳动力资源得到了合理利用；另一方面，又使全民所有制建筑企业的生产和经营更加灵活。生产要素的联合还可以是物资上的联合，例如，以建筑材料、构配件、施工机械等进行联合。当然，生产要素的联合也可以表现为综合性的联合，即多种生产要素（资金、劳动力、物资）不同程度的联合。参加联合的各方可以按相同生产要素的相同比例或不同比例进行联合，也可以以不同的生产要素进行联合。例如，可以一方出管理人员和技术人员、一方出生产工人、一方出资金、一方出机械进行联合。综合性的联合是建筑生产最常见的形式，也是最有发展前途的联合形式。

从生产过程来看，建筑生产专业化的发展较为充分，因而实行联合的可能亦很大。生产阶段的联合可以是纵向联合，即处于建筑生产不同阶段的企业之间的联合，如设计与施工的联合，设计与构配件生产和施工的联合，构配件生产与施工的联合；又如施工各阶段的联合，即不同专业化建筑企业之间的联合，如土方、基础、结构、装修、安装等专业化公司联合起来承包工程。还可以是生产和销售的联合，如设计、施工和房地产开发单位之间的联合，或建筑企业自己建造、自己出售建筑产品等。生产阶段的纵向联合，有利于发挥各类专业化企业的特长，从而改善建筑生产的连续性。生产阶段的联合也可以是横向联合，即处于建筑生产同一阶段的企业之间的联合，如设计单位之间的联合、综合性施工单位之间的联合、同种专业化施工单位之间的联合等。生产阶段的横向联合有利于充分发挥各企业的生产能力，有利于分担风险，并避免因盲目竞争而造成的损失。

以下对常见的施工联合、设计联合以及设计与施工的联合作进一步阐述。

14.4.1 施工联合

施工联合可以是纵向联合,也可以是横向联合。施工联合从企业联合形式来看,可归纳为以下四类:

1. 兼并

一般是由经营情况好、经济实力雄厚的建筑企业(以下简称甲企业)兼并经营情况不好、已经或濒临破产的建筑企业(以下简称乙企业)。甲企业兼并乙企业有三种方式:①甲企业以现金或其证券买进乙企业的资产,乙企业消失;②甲企业以其股票调回乙企业的股票,取得乙企业的资产和负债,乙企业消失;③甲企业买进乙企业的股票,成为乙企业的控股公司,乙企业仍存在,可以继续经营。企业兼并所实现的生产资料和劳动力的转移,是社会经济结构调整的一个内容,有利于在不增加社会投入的条件下扩大社会产出,因而是符合建筑生产社会化发展方向的。

2. 合并

合并是两个以上处于同一生产阶段或不同生产阶段的建筑企业进行联合的一种形式。合并与兼并的根本区别在于参与合并的原企业均丧失法律和经济独立性,原企业均消失,结果是成立一个新的企业。在多数情况下,参与合并的建筑企业规模相当,至少不是相差悬殊,而且各有特色和优势。因而合并的结果不是"一加一等于二"地扩大生产规模,通过生产要素的重新组合,可以创造出新的生产力,提高企业的经济效益。需要注意,并不是参与合并的建筑企业越多越好。企业合并之后,还要处理好组织机构的调整和生产要素的重新配置等问题,才能更好地发挥合并的作用。

3. 组建建筑企业集团

这是由多个同类型或不同类型的建筑企业进行联合的一种形式。企业集团与合并的区别在于,企业集团可以具有两级法人地位,即企业集团作为一级法人,企业集团的成员企业作为二级法人,虽然要服从企业集团的统一领导,但仍然可以独立自主地经营。企业集团只有一级法人地位时,企业集团的成员企业不再具有法人资格,必须以企业集团独立的法人地位统一对外经营,但企业集团的成员企业仍然保持经济上的独立性。因此,企业集团作为建筑企业联合的一种形式,可以是松散型,也可以是半紧密型或紧密型。联合的具体形式多种多样,可以根据建筑企业联合的客观需要以及联合的经济效果灵活地选择。在大多数情况下,企业集团最高领导层的主要任务是制定企业集团的发展战略、经营目标和经营决策,而不直接介入各成员企业的经营管理、组织和人事管理等工作。

4. 临时联合

这种联合方式是针对一个确定的工程项目,由两个或两个以上的同类型或不同类型的建筑企业进行生产要素或生产阶段的联合,共同完成该工程项目的施工任务,因而是一次性联合。即使由于联合的效果很好,原来参与某项目施工联合的各建筑企业都愿意在其他项目上继续联合,但由于工程项目具有一次性,各建筑企业投入生产要素的数量、比例和时间都将发生变化，实际的施工过程也不可能完全相同，因而仍然表现为一次性的联合。由于是临时联合，所以不影响建筑企业在其他工程项目和其他方面的经营和管理，有利于根据工程项目的特点和需要充分发挥各建筑企业的专长和生产能力。这种临时联合的方式在实践中显得非常灵活，尤其适合建筑生产单件性和流动性的特点。

14.4.2 设计联合

施工联合的几种形式原则上都可以用于设计联合。其中，兼并与合并这两种形式用于设计联合并无特别之处，但对组建企业集团这种联合形式却有必要作专门的分析。一般来说，由多个设计单位组成"纯粹的"设计企业集团极其少见。这是由设计工作的性质和特点与施工不同所决定的。设计单位一般规模较小，其最主要的生产要素是设计人员，承接设计任务受区域限制较小。因此，组建多级法人的企业集团往往弊大于利。若组建一级法人的企业集团，则可能不如直接采用合并这种联合形式更为有效。即使是由多个具有不同设计专业化方向的设计单位进行联合，也以采用合并的形式更为常见。所以，设计单位采用组建企业集团这种联合形式，通常是加入综合性的企业集团。例如，设计与施工联合，设计、施工与构配件生产联合等，甚至可能加入跨行业的企业集团，已不属于纯粹的设计联合。

临时联合也是设计联合常用的一种形式，可以是纵向联合，也可以是横向联合。随着设计专业化的发展，对于大型综合性建设项目的设计任务，常常需要多个设计单位共同完成。这些设计单位可以以协作的形式来完成项目的设计任务，也可以以联合的形式来完成。参与设计联合的设计单位可以是同类型的，也可以是不同类型的；可以是同一地区设计单位之间的联合，也可以是不同地区设计单位之间的联合，甚至是不同国家设计单位之间的联合。一个建设项目由两个以上设计单位联合设计时，一般应由其中一个设计单位作为主体设计单位。它是建设项目设计的总负责单位，要负责组织设计的协调、汇总，保证设计的系统性和完整性，并对整个设计在技术上的先进性和经济上的合理性全面负责。

14.4.3 设计与施工联合

设计与施工分离之后，促进了设计专业化和施工专业化的发展，也有利于提高设计水平。但是，设计与施工分离也导致一些新的问题，主要表现在两个方面：一方面，在设计阶段将施工单位排除在外，不能发挥施工单位在建筑结构、构造处理、施工工艺、建筑材料等方面的经验、专长和掌握的信息，影响整个项目的经济性；另一方面，设计完毕后才开始招标，这就推迟了施工准备和设备订货的时间，也就必然延长了整个项目的建设周期。不利于尽早发挥投资效益。因此，为了克服这些缺点，又产生了设计与施工联合的新需求。当然，这不是回归到设计、施工不分的历史状态，而是在设计专业化和施工专业化都已经充分发展的基础上，设计与施工的重新结合。

施工联合的几种形式也都可以用于设计与施工的联合。这里，从另一个角度，将设计与施工联合分为永久型和临时型两大类。

永久型的设计与施工联合，是指既拥有设计力量又拥有施工力量，实行设计、施工一体化经营的联合企业。企业负责设计、施工、安装、调试、试生产等项目实施的全过程。在一些大型工业项目（如钢铁、化工项目等）、工业化体系建筑（如滑模、装配式住宅建筑等）、开发性项目（如学校建筑、住宅小区等）上，常常可采用这种联合形式。设计与施工联合的企业，是就其所具备的生产能力而言，并不一定在所有的工程项目上都实行设计、施工一体化经营，有可能在某些工程项目上只承担设计任务，在另外一些工程项目上只承担施工任务。

临时型的设计与施工联合，是指一个或多个设计单位和施工单位针对一个确定的工程项目进行的临时联合，共同完成该工程项目的设计任务和施工任务。与建筑企业的临时联合一样，这也是一种一次性的联合。进行临时联合的设计单位和施工单位，要具有与工程项目相适应的特长和经验，才能充分发挥设计单位和施工单位的优势，体现联合的优越性。临时型的设计与施工联合对设计单位和施工单位都很灵活，在实践中应用范围较广，可能性亦较大。凡是有可能通过设计与施工的早期结合提高项目经济性的工程项目，都可以考虑采用临时型的联合方式。

思考题

1. 生产社会化表现在哪几方面？试逐一作简要说明。
2. 建筑生产集中化主要表现在哪两个方面？建筑生产集中化程度用什么指标反映？为什么建筑生产集中化程度不高？
3. 如何全面理解建筑生产专业化？
4. 为施工者的项目管理与施工管理专业化有何区别？
5. 建筑生产联合化表现在哪几个方面？

第 15 章　建筑生产的活动

对建筑生产活动的理解，容易产生两种片面性：一是把建筑生产狭隘地理解为建筑施工，忽略了建筑设计这一重要的建筑生产阶段；二是把建筑生产狭隘地理解为新建，未考虑或较少考虑建筑产品在使用过程中的生产活动，即建筑产品的维修。本章对建筑生产活动的阐述，包括建筑设计、建筑施工和维修三个方面。

15.1　建筑设计

首先需要说明，这里所说的建筑设计，不是与结构设计相对的狭义的建筑设计，而是指与建筑施工相对的广义的建筑设计，其中也包括勘察工作。

其次需要说明的是，其他物质生产部门的产品设计、生产工艺设计和制造是在同一企业内完成的；而对于建筑业来说，在设计与施工分离的条件下，设计单位只是完成建筑产品的产品设计，至于建筑产品的生产工艺设计（我国过去习惯上称为施工组织设计，近年来改称为施工规划）和建造则是由施工单位完成的。这也是本书将设计作为建筑生产内容的原因。

15.1.1　建筑设计工作的特点

（1）表现为创造性的脑力劳动。其生产过程就是设计人员根据给定的技术经济条件对最终建筑产品进行构思、计算并绘制各种设计图纸的过程，其创造性主要体现在因时、因地根据实际情况解决具体的技术问题。在这一生产过程中，所消耗的主要是设计人员的活劳动，而且主要是脑力劳动，物化劳动的比例则相对较低。但是，随着电子计算机辅助设计（CAD）技术的不断发展，建筑设计工作中物化劳动的比重在逐渐增加，不仅结构计算可由计算机完成，而且结构设计图纸也可由计算机绘制，甚至建筑设计（狭义）也可由计算机提供多种选择方案。这样，设计人员将主要从事建筑设计工作中创造性劳动的部分。

（2）建筑设计的过程是工程性、艺术性、经济性相结合的过程。现代社会的建筑设计总是在一定的经济约束条件下进行的，只有技术上先进可靠、经济上合理可行的建筑产品，才能被社会所接受。因此，在建筑设计的各个主要阶段，都要对拟建建筑产品所需要的投资进行估算；在许多情况下，还要对其经济效果进行计算和分析。这就要求建筑设计人员除了本身的专业技术知识之外，还要掌握一定的技术经济知识，并把经济意识贯穿在设计过程之中。对于重要建筑产品的设计工作，应有专职的建筑技术经济人员参加。

（3）建筑设计劳动量的消耗较难准确地量度。这一点在狭义的建筑设计上表现尤为明显。虽然一般可以用设计人员投入的时间（月、日、时）来计算建筑设计的劳动消耗量，但由于设计劳动投入量与设计产出的数量之间并没有令人信服的比例关系，而设计劳动投入量与设计产出的质量之间更没有必然的联系，这种计算方法很难说是合理的。脑力劳动的时间是外在的、可以量度的，但脑力劳动的强度却是内在的、难以量度的。更何况建筑设计往往需要灵感，冥思苦想未必就能创造出优秀的建筑设计产品，而优秀的建筑设计产品也未必消耗了大量的设计劳动量。因此，不应简单地以建筑设计的时间消耗量作为衡量建筑设计产品价值量的尺度。

（4）建筑设计涉及建筑、结构、水、暖、电、声、光等许多专业领域，需要进行专业化分工和协作，同时又要求高度的综合性和系统性，因而正确处理个体劳动和集体劳动之间的关系就显得十分重要。在建筑设计过程中，设计人员的个人自主性较强，个人的技术才能和经验对设计产品质量的影响较大。但设计人员的个人自主性要受到历史、文化、环境等因素的影响，这种影响表现在两个方面：一是设计人员要根据建筑产品的具体情况，考虑各种影响因素进行设计；二是设计人员本身所受的教育总是在特定的环境中形成的，这种潜在的影响必然会有意无意地反映在他的设计产品中。

（5）建筑设计的成果，如模型、设计图纸、设计说明书、计算书、设计概（预）算等技术经济文件，就是建筑设计的产品，它是最终建筑产品的阶段产品。建筑设计产品虽然还不是实物产品，但仍然是物质产品。它通过模型、设计图纸等规定了最终建筑产品的形态、使用功能，可以直接用于建筑施工。因此，建筑设计也是物质生产活动，也创造价值和使用价值，其价值构成最终建筑产品价值的一个部分。建筑设计是建筑生产活动的重要组成部分。

15.1.2 建筑设计的阶段和内容

进行建筑设计的第一步是勘察工作，以了解拟建工程的地质、地形、地貌、水文等方面的情况。勘察工作一般分为踏勘、初勘和详勘三个阶段，工作深度随着设计要求而增减。当地质情况复杂或可能出现不良的地质现象（如溶洞、滑坡等）时，需要增加施工勘察。有的工程项目，勘察工作需要贯穿于设计工作的全过程。建筑勘察工作的内容和深度与勘察工作所处的阶段有关，一般包括：在地形测量方面，提出不同比例的地形图，反映拟建工程所在地附近的地形、地貌及建筑物的坐标位置；在工程地质方面，要求对拟建工程所在地地质条件的稳定性和适宜性作出评价，并为拟建工程基础结构方案的设计、地基的处理和加固、不良地质现象的预防措施等提供资料；在水文地质方面，应查明拟建工程附近的水文地质条件、水源范围、地下水资源的数量和质量，并提出合理的保护方案或开发方案。建筑勘察工作应按照国家和有关部门制定的规范和要求进行，并向设计和有关部门提出勘察报告。

建筑设计可以划分为不同的阶段，各阶段设计工作的内容也有所不同。对此，各个国家的规定或惯例也不尽相同。按我国现行规定（即国家计委1983年10月4日颁布的《基本建设设计工作管理暂行办法》和《基本建筑勘察工作管理暂行办法》），对重大工程项目、技术复杂而又缺乏经验的项目，建筑设计分为初步设计、技术设计和施工图设计三个阶段；一般工程项目，分为初步设计和施工图设计两个阶段。当工程项目的技术较为复杂时，可把初步设计的内容适当加深，这就称为扩大初步设计。从我国建筑设计的实际情况来看，采用扩大初步设计和施工图设计相结合的两阶段设计较为普遍，说明这种方式适应性较强。

对一些大型综合性工业项目、水利水电枢纽工程，往往还要进行总体规划或总体设计，总体设计主要是进行统一规划，使整个工程布局紧凑、流程顺畅、技术可靠、经济合理。对一些规模大、技术复杂的工程项目，常常在初步设计开始之前增加方案设计，一般要提出多个不同的方案进行比较，从中选出最佳方案。总体设计和方案设计对整个设计工作的成果起着决定性的作用，对于大型复杂项目来说，是不可缺少的步骤，经济发达国家越来越重视这一阶段的设计工作。

2016年，住房和城乡建设部在2008年版《建筑工程设计文件编制深度规定》基础上修编新的规定，明确建筑工程一般应分为方案设计、初步设计和施工图设计三个阶段；对于技术要求相对简单的民用建筑工程，当有关主管部门在初步设计阶段没有审查要求，且合同中没有做初步设计的约定时，可在方案设计审批后直接进入施工图设计。该规定适用于境内和援外的民用建筑、工业厂房、仓库及其配套工程的新建、改建、扩建工程设计。

初步设计是一种较为粗略的"轮廓"设计，它的作用在于阐明在指定的地点、预计的投资额和规定的期限内，拟建工程在技术上的可行性和经济上的合理性，并作出基本的技术决定，同时编制设计概算。一般工业项目初步设计的主要内容包括：设计依据和设计指导思想，建设规模，总体布置，产品方案及原料、燃料、动力用量及来源，工艺流程及主要设备选型和配置，主要建筑物、构筑物和公用辅助设施，"三废"治理，占地面积和场地利用情况，主要建筑材料的耗用量，主要技术经济指标，建设工期和总概算等。当可行性研究报告的内容很详细和深入时，初步设计的内容则相应减少。

技术设计是初步设计的深化，它进一步具体地确定初步设计中所采取的工艺过程和建筑结构中的重大问题，解决初步设计阶段尚无条件解决而又需进一步研究的问题。例如，有关特殊工艺流程的试验、研究及确定，新型设备的试验、制作和确定，大型建筑物某些关键部位的试验、研究及确定，核定设备的选型和数量，核定建设规模和技术经济指标，对初步设计方案的更改部分编制修正概算，列举配套工程项目的内容、规模和要求配合建成的期限，提出与建设总进度对应的分年度资金需要量等。技术设计的具体内容，应视工程项目的具体情况、特点和需要而定，其深度应满足上述各方面的要求。

施工图设计是建筑设计的最后阶段，其任务是满足建筑施工的要求，使设计意图能够正确地得到实现。因此，施工图设计要能完整地表现建筑物的外形、内部空间的分割、结构体系、构造状况，正确反映建筑群的组成和周围环境的配合，具有详细的构造和尺寸。施工图设计图纸是指导施工的主要技术文件，它一般包括：施工总平面图、房屋建筑施工平面图和剖面图、各种专门工程的施工图、安装施工详图、非标准设备加工或制作详图以及所需设备和主要材料的明细表。施工图设计阶段还要编制施工图预算。

15.1.3 建筑设计方案的技术经济分析和评价

对于特定的建筑产品来说，可以通过不同的建筑设计方案（包括建筑设计、结构设计、工艺或工程设计等）来实现。建筑设计方案不仅决定了建筑产品的一次性投资，而且在相当程度上决定了建筑产品的使用寿命和使用阶段的费用，因而对其技术经济效果有着直接的、重大的影响。而不同的建筑设计方案，其经济效果往往有程度不同的差异。因此，必须在设计工作中因时、因地制宜地处理好技术和经济的关系，需要把建筑设计方案的技术成果和它的经济效果结合起来进行考察和分析，这就是通常所说的技术经济分析。由于在作技术经济分析时，往往有一个比照对象，如新技术与原技术相比，或两个以上的不同建筑设计方案相比，通过分析、计算、比较，对不同的建筑设计方案作出客观评价，这就称之为技术经济评价。而在实际工作中，即使只有一个建筑设计方案，往往以"常规的"设计方案或现有的同类建筑产品作为比照对象，因而并不对技术经济分析和评价作此严格的区分。

1. 建筑设计方案技术经济分析的目的

对建筑设计方案进行技术经济分析的目的可归纳为如下四点：

（1）鉴别其在功能上的适用性、技术上的先进性和可行性以及经济上的合理性。建筑产品总是具有某种使用功能，是为了满足人们生产或生活的某种需要。因此，建筑设计方案必须首先满足预定的功能要求，否则，它就不具有实施价值，技术经济分析也就无从谈起。而任何建筑设计方案，都是多种技术综合的结果，都表现出与其他方案不同的经济效果。因此，只有在经济上是合理的条件下，建筑设计方案才是可行的。

（2）选择技术经济效果最优的方案。建筑设计方案的优劣，总是相比较而存在的。这里所说的"最优"，只是相对意义下的最优，而不是绝对意义上的最优。这是因为完成的建筑设计方案的数量是有限的，而不是无穷的，不可能将实现工程项目所有可能的设计方案都罗列出来，只能在有限的设计方案中选择"最优"；另外，通过技术经济分析所得出的结论，是在技术和经济多方面的约束条件下取得的，也在很大程度上受到人为确定的评价指标和方法的影响，因而只能做到尽可能的适用、经济，得到比较满意的方案，而不能达到绝对的最优。但是，这种相对最优的设计方案毕竟较好地实现了技术和经济的统一，较好地考虑了建筑产品本身的经济效益和社会效益，也适当地处理了当前经济效益和长远经济效益之间的关系，反映了设计人员认识自然、改造自然的能力。

（3）促进设计水平和质量的不断提高。建筑设计方案的质量，一方面体现在它的有形表现形式即设计文件的质量，如建筑模型造型别致、色调和谐、图纸齐全配套、绘制清晰、准确无误、计算书完整、计算正确等；另一方面则体现在它的"无形"表现形式的质量，即它的技术经济效果的高低。而后者是反映设计水平和质量的主要方面。通过技术经济分析所选择的设计方案，虽然一般均具有较好的技术经济效果，但由于受到当时技术经济条件的限制，加之人的认识和经验的历史局限性，因而不一定完全符合客观的技术经济规律，最多只能反映确定该设计方案时的技术经济规律。而建筑产品的生产周期很长，少则一两年，多则三五年，甚至十年以上，在建筑产品的生产过程中，原设计方案就可能暴露出原来未预计到的缺点和错误；或者由于技术进步，使原设计方案显得落后过时。在建筑产品生产过程中，或者在建筑产品建成之后，对这些缺点和错误及时地从技术和经济两方面进行客观的分析，就能及时修改设计方案，减少经济损失或提高技术经济效果，并能为同期和今后的同类建筑产品提供可靠的技术经济数据，从而促进设计水平和质量的不断提高，也有可能为完善设计方案技术经济分析的方法提供依据。

（4）总结技术经济的客观规律，为正确制定建筑技术政策提供科学依据。建筑技术政策是以提高建筑业全行业经济效益为目标，指导建筑生产技术进步发展方向的纲要性文件，它是在总结建筑生产各个领域的技术经济规律的基础上制定的。建筑设计方案的技术经济效果，往往是多种建筑技术在同一或同类建筑产品上的综合体现。分析各种建筑技术在不同建筑产品上的经济效果，从而总结出各种建筑技术的适用条件，对于正确制定建筑技术政策具有相当重要的意义。在分析某种建筑技术的经济效果时，必须考虑建筑产品建设地点的自然条件、社会条件、经济条件。大多数建筑技术的应用都有一定的地区局限性，即使某种基本上普遍适用的建筑技术，在不同地区所产生的经济效果也会有一定程度的差异。也就是说，技术经济的客观规律，总是与一定的环境条件相联系的。因此，决不能将在某一或某类建筑产品上取得较好经济效果的建筑技术轻率地普遍推广应用。否则，很可能在其他建筑产品上带来经济损失，这是在制定建筑技术政策时必须十分慎重对待的问题。

2.建筑设计方案技术经济分析的原则

为了达到技术经济分析和评价的目的，在对建筑设计方案进行技术经济分析时，要掌握以下原则：

（1）适用和经济的统一

"适用、经济、美观"是我国对非生产性项目建筑设计的指导方针，也是评价一个建筑物的根本尺度。适用，在评价建筑物的诸因素中是首要的，占主导地位。评价一个建筑物在经济上是否合理，首先要看它是否适用。一个不适用的建筑，可能会因影响生产而增加产品成本，或是因妨碍使用而减少效益，或是因不坚固耐用而增加维修费用、缩短使用寿命。因此，适用是讲求经济的前提，离开了这个前提，经济合理性就根本无从谈起。当然，要满足"适用"的要求，可以通过不同的设计方案得以实现，要消耗一定的人力、物力和财力，也就是要付出一定的经济代价。当"适用"的标准一定时，无疑是经济代价较小的设计方案较优。但实际问题往往不是这样简单，这是因为"适用"的程度不会完全相同，相应地所需要的经济代价也就不同。这时，就必须把适用和经济统一起来进行分析，尽可能做到既适用又经济。

（2）美观和经济的统一

建筑物建成之后，除了具有本身的使用价值之外，还对周围的环境（包括已有的其他建筑物）产生影响。任何建筑物，不仅是一定技术、经济条件下的产物，同时，也是历史、文化、艺术等的综合反映。因此，建筑物的艺术效果和艺术价值也是进行技术经济分析和评价的重要方面。随着物质文化水平的逐步提高，人类对这方面的要求也在不断提高。片面追求美观而不惜经济代价，甚至华而不实、挥霍浪费，固然必须反对；而只图一时"节约"，建造简陋的建筑物也不宜提倡。有必要指出，那种认为美观和经济是根本对立的，只有多花钱才能使建筑物既适用又美观的观点是片面的。实际上，建筑艺术的创造与经济节约之间是可以统一起来的，可以在不增加投资的条件下，创造出建筑艺术效果更好的建筑物，或者在投资增加不多的条件下，较大幅度地提高建筑物的艺术效果。这自然提高了对建筑设计的要求。当然，这还必然涉及建筑艺术的评价标准以及建筑艺术效果和经济性的相对评价尺度等问题。

（3）具有可比性

对不同的建筑设计方案进行比较时，如果使用功能不同，或者建筑标准不同，它们之间不存在相互替代的可能，就不具备对比的条件，就只能分别作技术经济分析。没有比较，就没有鉴别，就不知其优劣，自然也就无法选优。因此，不同设计方案之间要具有可比性，是进行技术经济分析和评价必不可少的条件。一般来说，可比条件包括相同或基本相同的使用功能、相同的费用计算范围和方法、相同的建设年限、相同的使用寿命等。这些条件不一定全部采用，有时则以其中某些条件作为判断设计方案优劣的标准。但是，相互比较的各个设计方案的各项技术和经济构成因素不可能都是相同的。有时差别很大，不具备或不完全具备直接对比的条件。为了使不同设计方案之间具有可比性，需要分析它们之间可比与不可比的内在联系，在不改变设计方案的条件下，通过适当的方式，将不可比条件转化为可比条件后再进行比较，从而作出适当的评价。这时，究竟如何将不可比条件转化为可比条件，就成为非常关键的一个环节。在这方面，没有统一的模式和方法可循，要根据建筑物的特点以及相应的方案的具体情况来决定。

（4）尽可能采取定量分析方法

技术经济分析方法可概括为定性分析和定量分析两大类。定性分析方法比较简单，结果也较粗糙，难以实现前已述及的技术经济分析的几个目的，因而纯粹的定性分析方法在技术经济分析中已不再采用。现在经常遇到的问题，是对某些定性指标如何用定量方法来分析。例如，建筑物是否美观、使用上是否方便舒适等，都是难以用数量来表达的。如果作为评价指标，就需要采用适当的方法将其转化为可用数量表达的指标，或者将定性评价的结果改用数量表达。在作技术经济分析时，应力求少用乃至不用定性指标。技术经济分析和评价的具体方法和指标内容属建筑技术经济学的内容，请读者参阅有关的专著。

（5）突出主要指标

分析和评价设计方案的指标很多，但各指标的重要程度是不同的，有些指标是主要指标，有些指标则是次要指标或辅助指标。有些指标不分工程对象、建设地点和建设时间，总是属于主要指标，如工程造价、工期等，这类指标可以集中地反映设计方案的经济性。而有些指标是否属于主要指标，则要根据具体的建筑产品而定，有时还与分析和评价的时间有关。在进行技术经济分析时，要选取那些最能反映设计方案技术经济特征的指标作为主要指标。这样，一方面，简化了分析和评价工作，提高了工作效率，这对在设计过程中的技术经济分析显得尤为重要；另一方面，仍然能保证分析和评价结果的可靠性，不会发生以偏概全的问题。必要时，对某些综合性的主要指标也可设置若干分指标，以使评价结果更为准确。

3. 建筑设计方案技术经济分析应注意的问题

在进行设计方案技术经济分析和评价时，除了要注意评价指标的设置和评价方法的选择之外，还有以下四个问题要特别予以注意并处理好：

（1）总投资的限额

在可行性研究阶段，已对工程项目所需要的投资作了初步估算。因此，在设计阶段，必须根据批准的可行性研究报告所规定的投资限额进行设计，在建设规模、使用功能、装饰标准等方面，都必须按照已确定的要求进行设计，不得随意更改。一般要求方案设计的投资估算尽可能不突破可行性研究报告中的投资初步估算，最多不得超过10%~20%。因此，在方案设计阶段技术经济分析时，应把投资限额作为一个硬指标，凡是超过投资限额（包括允许的超额幅度）的设计，都视为不可行的方案，不必作深入的技术经济分析。只有在极特殊的情况下，如已发现可行性研究报告中的投资估算有误，或对使用功能要求过高而投资限额过低，才允许投资有较大的突破。但即使在这种情况下，也应由建设单位提出新的投资限额，再按新的要求进行设计。同时，初步设计的概算额、施工图设计的预算额，也都应作为相应设计阶段技术经济分析的硬指标。总之，要在设计的各个阶段始终贯彻"限额设计"的原则。

（2）评价指标体系的粗细

建立评价指标体系是一个十分重要而又十分复杂的问题。评价指标少，可突出主要矛盾，分析和评价工作比较容易，但可能考虑不够全面，忽略了一些不应忽视的因素，评价结果可能不甚合理；评价指标多，层次多，自然比较全面，但分析和评价工作较为复杂，处理不好，反而会舍本求末，也会影响评价结果的合理性。另外，指标越多，各指标的权数也越难确定，对评价结果的影响也越大。一般而论，评价指标设置不宜过多，指标层次以 1~2 层为宜，最多不超过 3 层。具体设置的指标要尽可能与建筑物的特点相适应。

（3）评价指标的相互覆盖

当评价指标较多时，由于各评价指标之间存在相互渗透、相互制约的关系，因而一些指标之间可能出现相互覆盖的问题。例如，"平面布置"指标和"通风采光"指标，前者包括的内容很多，也涉及通风采光的问题，而后者则专指通风采光而言，这两个指标就存在重叠因素，在分析和评价时，较难把握。因此，在设置评价指标时。应尽可能避免或减少指标内涵上的重叠现象。处理方法一种是将含义较窄的指标作为含义较广的指标的分指标，另一种是取消含义较广的指标，以多个并列的、含义较窄的指标综合反映该含义较广的指标。

（4）评价中的"专业偏爱"

为了能对方案的各方面技术经济问题作出客观评价，在技术分析和评价时，要有不同专业领域内的专家参加。这些专家对本专业的问题熟悉精通，评分准确，也比较重视；而对其他专业的问题，则相对生疏，评分较粗略或不够准确，有时还不够重视。这就是所谓的"专业偏爱"问题。如果参与设计方案分析和评价的人员组成不同，其分析和评价的结果就可能不同。因此，在进行设计方案技术经济分析和评价时，要慎重选择评价人员，避免人员组成过于单一。一般来说，在技术方面，应有建筑师、结构工程师、其他专业工程师；在经济方面，则应配有建筑技术经济专业的人员。

15.2 建筑施工

15.2.1 建筑施工概述

建筑施工，亦称施工生产，在我国一般简称为施工。相对于建筑设计而言，施工包括现场的建筑安装活动、工厂化的建筑构配件生产和其他的辅助生产。这里，仅指狭义的施工，即现场的建筑安装活动。

设计和施工是建筑生产活动中既相互区别又相互联系的两个阶段。

施工是形成最终建筑产品、实现建筑产品使用价值的过程。设计所完成的建筑产品只是阶段产品而不是最终产品；而且只是"纸上产品"，而不是实物产品，只是为施工提供了设计蓝图并确定了施工的具体对象。施工就是根据设计图纸和有关设计文件的规定，将施工对象由设想变为现实，由"纸上产品"变为实际的最终建筑产品的物质生产活动。虽然建筑产品的使用价值从根本上来说是由设计决定的，但是，如果没有正确的施工，就不能完全按设计要求实现其使用价值。对于某些特殊的建筑产品来说，能否解决施工中的技术问题，科学地组织施工，往往成为其设计所预期的使用价值能否最终实现的关键。

在这方面是不乏实例的,如澳大利亚悉尼歌剧院的旋肋式壳体屋顶结构、我国上海南浦大桥的变 H 形主塔、北京 2008 年奥运会"鸟巢"体育场等。

施工同时又是建筑产品价值(这里是指政治经济学中的价值概念)的形成过程。设计过程也创造价值,但它在建筑产品总价值中所占的比例很小,建筑产品的价值主要是在施工过程中形成的。在施工过程中,建筑劳动者使用一定的劳动手段,如机械设备、劳动工具等,将自己的劳动作用于各种建筑材料、构配件等劳动对象上,使之不断改变形态而最终成为具有新的使用价值的建筑产品。在这一过程中,各种建筑材料、构配件的价值,固定资产的折旧价值随着其自身的消耗而不断转移到新的建筑产品中去,构成建筑产品总价值中的转移价值;另一方面,劳动者通过活劳动为自己和社会创造出新的价值,构成建筑产品总价值中的活劳动价值或新增价值。当然,建筑产品的价值量不是以其实际投入的个别劳动消耗来量度,而是以社会(部门)必要劳动消耗来量度。因此,实际劳动消耗高于社会(部门)必要劳动消耗,并不是提高建筑产品的价值,而是增加施工单位的成本,意味着其经济效益的下降。

从"按图施工"的要求出发,相对于设计而言,施工处于被动的地位。但是,任何优秀的设计都不能保证完美无缺。由于建筑产品的平面和空间组合复杂,设计图纸的表现力有时存在一定的局限性,加之设计人员的知识和经验的限制或工作疏忽,都会导致设计图纸和其他设计文件中存在一些错误或缺陷,以致到施工阶段才发现。从这个意义上来看,施工又可以反作用于设计,可以在正式施工之前发现设计中存在的问题,从而能够及时地修改或完善设计,以避免或减少由于设计失误而造成的损失。这也意味着,施工提高了设计的水平和质量,也就提高了建筑产品的使用价值,有时也同时提高了建筑产品的价值。在某些情况下,现实的施工技术、施工工艺和相应的施工机械设备在一定程度上决定着建筑产品的结构形式和空间布置,这时就要求在充分考虑施工有关问题的前提下进行设计,也就是要求设计主动地去适应施工,施工则占据了主导地位。

如上所述,施工是实现建筑产品使用价值的过程,但建筑产品预期的使用价值(通过设计文件表达出来)能否真正实现,或其实现的程度如何,还取决于施工质量的好坏。建筑产品的质量,不仅取决于施工质量,而且取决于设计质量、材料质量等因素,但给用户最直接的感受却是施工质量。施工质量不好,不仅不能真正实现设计所规定的使用功能,有些应有的局部功能可能完全没有实现,而且可能增加使用阶段的维修难度和费用,缩短建筑产品的使用寿命,直接影响到建筑产品的投资效益和社会效益。

但有必要强调指出,不能把建筑产品的质量问题完全归咎于施工质量。表 15-1 为三个经济发达国家对工程缺陷原因统计分析的数据。从表 15-1 可以看出,设计质量是影响建筑产品质量的最主要的原因。但也不能因此而忽视施工质量,它毕竟也是影响建筑产品质量的重要原因,更何况施工质量不好最容易暴露出来,也最容易作出准确的判断和评价。

工程缺陷原因分析（单位：%）　　　　　表15-1

工程缺陷原因 \ 国家	比利时	德国	日本
设计	49	40.1	33
施工	22	29.3	34
材料*	15	14.5	30
使用	9	9.0	—
其他	5	7.1	3

* 日本相关统计资料中，该工程缺陷的原因为"监理"。

从形成建筑产品的实物形态的角度来看，施工是建筑产品生产中最重要的阶段，同时也是决定建筑产品生产周期长短的主要阶段。缩短生产周期，意味着建筑产品能够提早投入使用，提早发挥其使用价值，也就提早发挥其投资效益和社会效益，这对于建筑产品需求者来说，无疑具有极大的吸引力。但施工作为建筑生产的重要阶段，自有其客观的技术规律和经济规律，不能随心所欲地缩短生产周期。建筑产品的生产周期（一般称为施工工期）与费用、质量之间存在着辩证统一的关系。在一般情况下，缩短生产周期，就可能意味着增加费用和降低质量。因此，要妥善处理这三者之间的关系，既要通过合理科学的施工组织来加快施工进度，缩短生产周期，提早发挥投资效益和社会效益，又要尽可能减少附加的费用并确保建筑产品的质量。

施工又是决定建筑生产经济效益的阶段。在施工阶段，在保证施工质量、保证实现设计所规定的使用价值的前提下，仍然存在着降低物化劳动和活劳动消耗的可能性，在提高资本生产率和劳动生产率方面有着很大的潜力。因为建筑产品生产周期长、中间环节多、手工操作比重大、消耗的材料品种和数量均很多，有许多种不同的施工组织方案，其经济效果也有明显差别。因此，通过对不同施工方案的技术经济分析和评价，就可以选择出最佳的（同样，也是指相对意义上的最佳）施工方案，降低每个建筑产品的个别劳动消耗，最终亦降低建筑生产领域的部门平均劳动消耗，提高建筑业全行业的生产效率。

人们对建筑施工的重要性早就有了比较深刻的认识，对它的研究也比较全面和深入，并已形成若干独立的学科。如施工技术学、施工组织学、网络计划技术、建筑技术经济学、建筑企业经营管理学等，都从不同的角度、不同的方面对与建筑施工有关的技术、经济、管理问题进行专门的研究。因此，以下有关建筑施工的内容，只是作一个概略性的介绍，主要是出于全面理解建筑生产活动的需要，具体内容请读者参阅有关专著或教材。

15.2.2　建筑施工的阶段和内容

建筑施工作为一个完整的生产阶段，又可以分为施工准备、施工生产、交工验收、保修四个阶段：

1. 施工准备阶段

施工准备是为施工生产创造必要和充分的技术、物资、场地、人力和组织等条件，以保证整个施工活动正常进行的必不可少的阶段。施工准备的基本任务在于，掌握设计意图和拟建工程的基本情况，调查各种施工条件，制定合理的施工方案，创造计划、技术、物资、场地、人力和组织等方面的必要条件，预测可能发生的变化因素，提出应变措施，以保证施工的顺利进行。

由于施工生产是一个动态系统，所以，施工准备工作必须贯穿于施工的全过程。这表明，施工准备只是相对于它所服务的施工生产内容而言，而不能从时间上将其与整个施工生产截然分开。施工准备实际上表现为一个连续或间断的很长的过程。整个施工准备工作，有些是在工程开工前完成的，有些是在开工后（施工过程中）进行的，有些则是在工程交工验收后才做的。开工前的施工准备工作，主要是为整个项目或某期工程创造基本的施工条件，并为即将开工的单位工程进行作业条件和季节性施工的准备；开工后的施工准备工作，为陆续开工的各期单位工程的分部分项工程创造作业条件并作季节性施工的准备；交工验收后的施工准备工作主要是为保修返工服务，其工作量较小，内容也比较简单。

一些大型项目往往是分期分批建设的，这就使得后期工程开工前的施工准备，与前期工程开工后的施工准备工作交叉进行。此时，对于整个项目而言，为后期工程创造基本施工条件的"开工前"的施工准备工作变成了"开工后"的施工准备，但在内容上与前期工程的开工后施工准备工作又有所不同。因此，把施工准备划分为"开工前"和"开工后"，只是相对于某一特定工程而言，有时是相对于整个项目或全工地，有时只是相对于某期工程、某单项工程或部分工地。

施工准备工作的内容很多，主要可以归纳为技术准备、物资准备、场地准备以及人力和组织准备多个方面。

施工准备工作内容杂、任务重、千头万绪，稍有疏忽，就可能对施工生产带来不利影响。因此，施工准备也应有工作计划，也要建立严格的工作责任制度。此外，还应尽力取得业主、设计单位和有关单位的支持，分工合作，共同做好施工准备工作。

2. 施工生产阶段

施工生产，是指对施工准备所提供的各种劳动对象，施以建造、砌筑和安装等活动，直至产出合格的最终建筑产品的生产过程。施工生产的基本任务在于，在确保完全实现设计所规定的使用价值、确保建筑产品的质量的前提下，通过合理组织施工和科学控制施工，以尽可能低的物化劳动和活劳动消耗以及合理工期生产出合格的最终建筑产品。

现代施工是一种社会化的生产活动，往往在一个项目的施工现场，汇集着土建、安装、土石方、基础、装饰、园林、市政等多种专业施工力量，还有众多的辅助生产力量（如构件的制作、加工、运输，机械修理等）和生活服务力量；某些高层或超高层、高难度工程，需要采用现代先进的施工工艺技术和设备；还有一些工程跨越地区广，如高速公路、铁路、桥梁、水利电力枢纽工程、矿业工程等，这些工程受环境条件、自然条件的影响极大。

凡此种种，都表明施工生产是一项综合性极强的复杂的技术经济活动。

合理组织施工，是按照施工计划和有关的技术经济文件，全面组织各分部分项工程的劳动者、劳动手段、劳动对象，使其在不同的时空中组合优化、配合严密、协调一致地进行高效施工。这里所说的施工计划是一个广义的概念，包括总进度计划、作业计划、材料计划、设备计划、运输计划、劳动力计划、安全计划、质量计划、成本计划、工资计划、资金计划等；有关的技术经济文件包括施工组织设计、施工预算、施工图纸和技术说明、施工规范、规程和技术标准、施工合同等。从施工主体的协作关系来看，如果存在总包、分包或其他多个施工单位同时参加一个工程施工的情况，将使施工的空间和时间组织更为复杂，合理组织施工的难度加大，也显得更为重要。

为此，必须提高施工计划的科学性，使施工计划严密、周到并切实可行。同时，必须提高各级计划执行者，包括企业各级职能部门、项目经理和基层班组人员的素质，使他们能各负其责、统一步调、共同努力，以保证按计划完成施工任务。尤其重要的是，凡是参与施工的各施工单位，只允许为协作者创造计划应达到的或者比计划更理想的条件，而不允许破坏计划，造成影响协作者按计划施工的不良后果。在这方面，主要是依靠合同的约束，职业道德规范也起到一定的作用。

为了确保能合理地组织施工，还必须在施工过程中进行科学的施工控制。其基本要求是，运用先进有效的手段跟踪监测施工生产的全过程，不断发现问题并及时采取针对性措施，纠正已发生的偏差，从而保证按预定计划目标完成施工任务。施工控制即依据施工计划和有关的技术经济文件对施工进度、质量、成本、技术资源供应、资金、安全、施工组织措施等同时进行有效的控制。施工控制的手段，包括一般的检查、监测的原始凭证、统计图表直到现代化的以电子计算机、通信和显示设备为主的自动跟踪、监测和反馈调整的控制系统。施工控制工作本身也需要建立高效率的组织机构。

3. 交工验收阶段

交工验收，是指依据一定的技术标准文件对即将交付使用的最终建筑产品进行全面考核以评价施工生产活动成果、检验设计和施工质量的重要环节，它是一种法定程序。交工验收一般应由建设单位、设计单位、施工单位等单位参加，对于重要的工程项目，政府主管部门也要参加交工验收。

交付使用是目的，检查验收是手段。通过验收，明确责任，工程质量不合格的一律不准交工，必须经施工单位修补到合格方可交付使用。从这个意义上讲，最终建筑产品没有不合格产品，或者说不允许有不合格产品。对于工程质量低劣、难以修补到合格者，要追究经济责任乃至法律责任。若通过验收表明工程质量达到合格以上，即可将工程交付建设单位使用，宣布施工任务已全部完成，从而使施工单位作为建筑产品生产经营者所承担的经济责任和法律责任已基本解除（尚有保修义务）。

交工验收一般分为单项工程交工验收和全部工程交工验收，这里所说的交工验收，是指全部工程验收的最终环节。一般工程验收还包括某些重要的分部分项工程、工序的验收（如隐蔽工程验收）、单位工程验收等。由此可见，工程验收也是贯穿于施工生产全过程的，只有竣工总验收才是最终环节。在整个项目进行全部工程交工验收时，对已经验收过的单项工程、分部分项工程可不再办理验收手续，但应将有关的验收凭证作为全部工程验收的附件并加以说明。

设计文件、施工图纸和工程技术档案，是进行工程交工验收所必需的技术文件和依据。施工单位在工程完工时，应提出竣工报告，绘制详细的竣工图。因此，从施工一开始就必须建立工程技术档案，竣工后，作为交工验收必备的资料。

4. 保修阶段

保修是建筑产品交付使用后，由生产经营单位对建设单位在一定期限内所提供的免费返修义务。保修是施工生产的延伸，又是创信誉、开拓市场的经营活动，还是获取信息反馈，改善施工、经营管理乃至规划设计的有效途径。

建筑产品的保修期限有三种处理方式：一是不论什么类型的建筑产品，都采用统一的保修期限，如国际上一般把保修期定为 1 年；二是按照不同的建筑产品类型分别确定保修期限；三是根据分部分项工程的特点分别确定保修期限，如门窗由于经常使用保修期较短，而屋面则保修期较长。不少国家在有关法规、条例中对工程保修期有明确的规定，同时也允许业主与施工单位在施工合同中另行商定保修的期限和条件，但一般不得低于国家的有关规定。我国《建设工程质量管理条例》按上述第三种方式确定保修期限，其中，将房屋建筑地基基础和主体结构工程的保修期限规定为该工程的合理使用年限（对此没有明确规定，一般认为不少于 50 年），与国际上的通行做法相去甚远。

15.2.3 建筑施工中的技术经济分析原则

建筑施工中的许多问题需要通过技术经济分析来解决，这对于施工单位降低工程成本、节约劳动消耗、合理使用机械、缩短工期、提高施工生产的综合经济效果有着十分显著的作用。同时，这与建设单位也有密切关系。但建设单位和施工单位的出发点不同，因而分析和评价所采用的指标和方法就不尽相同，评价结果就可能有差异。

施工阶段的技术经济分析内容多为具体的技术问题，主要是直接影响工程施工的问题。在工期较短时，可不考虑资金的时间价值，资金占用的利息可忽略不计；但在工期较长时，重大的技术措施还是应当考虑资金的时间价值。施工中的技术问题、施工组织问题总是涉及时间、费用和质量问题，一般都是假定在保证施工质量要求、完全实现设计所规定的使用价值的前提下进行技术经济分析。在施工阶段（包括施工准备阶段）作技术经济分析时，常常采用以下原则作为评价技术方案优劣的尺度：

1. 单位成本最低

这一原则主要用于施工方案的选择，包括施工方法和施工机械的选择，各种型号施工机械都有一定的适用范围，需要一定的使用条件，如场地条件、气候条件、工程量的多少、施工的速度和节奏，等等。由于在施工过程中可能出现的干扰因素很多，有可能使原定的施工方案变得不经济。因此，在确定施工方案时，不仅要根据常规情况进行技术经济分析，而且要考虑对方案经济性有重要影响的干扰因素出现的概率，以及该方案对这些干扰因素的敏感程度。各种施工方案与各种影响因素之间的关系表现各异，但都有一定的规律性。通过分析，有的可以用数学的函数关系式来表达，或用图形表达。单位产品成本法就是其中常用的一种表达形式，图15-1是对这种规律性的一种概括性描述。

在图15-1中，横坐标表示各种影响因素，如进度、工程量、工作面等；纵坐标表示单位产品成本，如元/m²、元/m³。图中方案Ⅰ的最低单位产品成本比方案Ⅱ的低，按单位产品成本最低的原则，应当选择方案Ⅰ。但是，方案Ⅰ的曲线较陡峭，而方案Ⅱ的曲线则较平缓，这说明方案Ⅰ对干扰因素的影响较敏感。如果在选择施工方案时已知有关影响因素（如土方工程量）在AB区间之内，但是，估计在施工过程中可能发生较大变化，达到B点以右的区间，则可能选择方案Ⅱ为上策。

2. 资源一定，工期最短

施工单位在一定时间内的可用资源（如劳动力、材料、机械设备等）总是有限的，如果能相对缩短每个工程的施工工期。就意味着在资源条件不变的条件下，扩大了企业的生产能力。这一原则就是为了最大限度地挖掘企业生产能力的潜力，一般在企业施工任务非常饱满时采用。工期缩短有可能降低间接费用在单位建筑产品上的摊销比例，但往往要付出一定的经济代价。因此，采用这一原则未必能取得较好的经济效果。

3. 工期一定，资源最省或费用最低

工期是建设单位与施工单位之间的合同所规定的，必须按计划实现。如果没有特殊原因（如有提前工期奖），施工单位没有必要付出额外的经济代价去缩短工期。这时，尽可能降低物化劳动和活劳动的消耗，提高施工生产的经济效果，就成为施工单位追求的目标。这一原则用于某一具体的建筑工程较易实现，但若企业规模大，同时承建许多工程，要从整个企业的角度实现这一原则，就比较困难。

4. 工期一定，资源均衡

在企业资源条件相对稳定的情况下，施工生产任务的类型、数量则是动态变化的，因此，往往不可能在多个工程上同时实现"工期一定，资源最省"的原则。这时，从整个企业的角度出发，"工期一定，资源均衡"就成为技术经济分析时的一个重要原则。按照这一原则，可以保证资源条件得到充分、合理的利用，一般来说，总体经济效果较好。

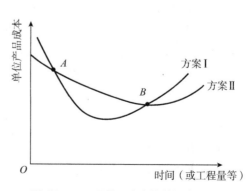

图15-1 不同施工方案的单位产品成本

但是，采用这一原则时，由于各种资源之间存在相互联系、相互制约的关系，因而只能保证少数主要的资源条件得到均衡利用，如关键的技术工种、施工机械等，而不可能做到每种资源都均衡利用。在生产资料市场和劳动力市场发育较充分时，这一原则就显得不那么重要了，主要是用于单个工程的施工，目的在于避免因工作面过小而降低劳动效率。

5. 造价最低，工期合理

这一原则与第 3 条原则有相近之处，但出发点不同。这一原则是从建设单位的角度考虑。当建设单位建设资金有限、筹措资金亦较为困难时，就希望尽可能地节约投资，因而在选择施工单位时，就把造价高低放在首要位置。降低造价总有一个限度，因而在采用这一原则时，要注意确保建筑产品的使用价值能够真正实现，施工质量能够达到预定的要求，切不可把造价压到不合理的程度。否则，可能适得其反。

6. 综合费用最省

所谓综合费用，包括建设投资和由于工期提前或推迟而产生的收益或亏损，若有必要，亦可把使用阶段的费用考虑在内。显然，这一原则也是从建设单位的角度考虑。当建筑产品提早投入使用可以取得较明显的经济收益时，适当增加投资以加快施工进度、缩短工期，可能是值得的。但是，提早投入使用的收益毕竟寄希望于尚未实现的将来，因而必须对其进行客观分析，不能单凭主观推测，不能估计过高或过低。

7. 工期最短

这一原则一般也是从建设单位的角度考虑。当建筑产品投入使用后的经济效益或社会效益特别显著时，因加快施工进度而增加的投资可能变得不甚重要，工期越短，效益越好。当然，即使在这种情况下，也应当尽可能减少不必要和不合理的附加费用。

15.3 维修

15.3.1 维修的概念及其意义

1. 维修的概念

建筑产品的使用寿命长达数十年、上百年，在使用过程中，有许多因素会使其逐渐损耗或损坏，从而降低其使用价值。导致建筑产品损耗或损坏的主要因素有：①使用因素，如使用中的荷载、摩擦、撞击、活动频率、使用的合理程度、使用年限等；②自然因素，如风、雨雪、日照、严寒、高温、潮湿、地震、水灾等；③地理环境因素，如地下水位变化、地质条件不好产生不均匀沉降、交通车辆振动引起结构松动等；④建造因素，如设计不合理、施工质量低劣、材料本身缺陷或选用不当等。这些因素很少孤立地起作用，而是相互影响、交互作用，从而加速了建筑产品损坏的进程。

因此，在建筑产品的使用过程中，为了保持或基本保持其原来所具有的使用价值，必须对建筑产品适时地进行必要的检查、保养、修理、改造等一系列工作。这里，涉相互联系而又相互区别的概念，即保养、维修和翻新。

保养是指为保持建筑物（一般总是落实到具体的构件或组成部分）不损坏而采取的措施，如门窗的定期油漆、外墙面的定期清扫或粉刷等。显然，能够通过保养而使其不损坏的建筑物构件或组成部分是很有限的，而且时间也是有限的，不可能始终做到这一点。

维修是在不改变原设计的前提下，对建筑物已经损坏的构件或组成部分进行修理，以恢复其原有的使用功能。实际上，这应当说是维修的目的。由于维修作业与新建有很大的区别，往往受到许多方面的限制（如技术、设备、场地等），维修的结果未必能使已损坏的构件或组成部分都恢复到原有的功能。当然，在某些情况下，通过局部更新，也可能超过原有的功能。

翻新是通过改变原设计（如构造、设施、标准等），对建筑物的平面、空间进行重新组合，从而改善或提高建筑物的使用功能，如增加有效使用面积，改善采暖、采光条件，提高厨房、卫生间使用标准等，以适应用户随物质文化生活水平提高而提高的对建筑物的需求。在某些特殊情况下，也可能根本改变建筑物原设计的使用功能。

实际上，以上三项工作内容常常很难严格地加以区分，尤其是保养一般都被视为维修的一个内容。因此，实践中多将上述三项内容统称为维修，或广义的维修。以下内容均以此概念为前提进行阐述，不再说明。但应当看到，狭义的维修和翻新的出发点有很大差异，结果和作用也不同，有时还可能在政策和资金来源上有不同的规定，因而必须将两个概念区分开来，不能混用。例如，在城市旧区住房改造中，对原来没有厨卫设施的老式住宅增加厨卫设施,将原来平屋顶建筑改为坡屋顶（俗称"平改坡"）等，就是纯粹的翻新工作（或称改建、翻建），这时若称之为维修，就容易造成概念上的混淆。

2. 维修的意义

维修是建筑产品生产在流通和消费领域中的延续，是建筑生产活动的一种特殊表现形式，它所耗费的物化劳动和活劳动形成了建筑产品的追加价值。维修所创造的价值在建筑业总产值中占有相当大的比重，而且这一比例有逐渐增加的趋势。为说明这一点，将维修产值与新建产值作一粗略的比较。假定建筑产品的平均使用寿命为50~80年，每年的维修费用为其一次性投资（即新建产值）的1.5%，则维修产值与新建产值基本上相等。而维修与新建相比，劳动密集型程度更高，基本上是手工操作。这一方面创造了更多的就业机会，另一方面，从活劳动价值在建筑产品价值中的比例逐步增加这一发展趋势来看，维修产值的比例肯定会逐步增加。经济发达国家建筑业发展的历史和现状充分证明了这一点。表15-2为联邦德国居住建筑的一次性投资与80年使用寿命中耗用的维修费用的比较。从中看出，总的维修费用比一次性投资高出30%~40%。21世纪初，有些经济发达国家从事维修工程的劳动力占建筑业劳动力的比例已经达到50%，甚至更高。

联邦德国居住建筑的一次性投资与 80 年中耗用的维修费比较（单位：%）　　表 15-2

组成部分 \ 类别	1~2 层住宅		2~4 层住宅		5~6 层住宅		说明
	建造费	维修费	建造费	维修费	建造费	维修费	
主体结构	49.2	26.9	44.9	16.9	44.6	18.9	基础、砖石工程、钢筋混凝土工程、钢木、屋盖、屋面排水、外墙等
装饰工程	31.3	58.2	32.6	66.0	30.5	51.2	门窗、玻璃、内粉刷、地面、油漆等
设备工程	16.8	42.9	18.0	50.5	20.0	57.8	暖通、卫生设备、电气、电梯、避雷设施等
其他部分	2.7	5.6	4.5	7.1	4.9	7.3	厨房内部装置等
总百分率	100.0	133.6	100.0	140.5	100.0	135.2	

维修是对建筑产品各种损坏因素的反作用。如前所述，各种损坏因素交互作用会加剧建筑产品的损坏程度并加速其损坏进程，如屋面渗漏可引起屋面梁损坏、内粉刷和装饰损坏等。若不及时加以维修，任其损坏延续和扩展，则可能最终导致房屋丧失使用功能，过早报废。一个使用寿命应在 60 年以上的建筑物，由于维修不善，可能只使用了 30~40 年就报废了，这种情况是不乏其例的。维修的作用就在于制止和预防损坏的延续和扩展，提高建筑物的耐久性，延长其使用寿命。根据英国 1986 年末的调查，52% 的住宅建于第二次世界大战之后，20% 的住宅建于 1919~1945 年，28% 的住宅建于 1919 年以前，其中约 1/4（即占总量约 7%）的住宅的使用寿命超过 100 年。不难想象，正是通过使用阶段的多次维修，才使这些住宅历经百年沧桑仍然能正常使用。维修的作用可用图 15-2 来说明。

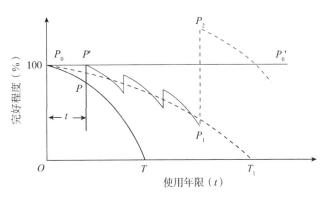

图 15-2　维修和损坏的关系

在图 15-2 中，建筑物最初的完好状态为 P_0P_0' 直线（完好程度为 100%），若从不加以维修，建筑物到 T 年时全部损坏，其损坏进程和时间关系如 P_0T 曲线所示。若在 t 年时（相当于损坏曲线 P_0T 上的 P 点）进行维修，使用功能恢复到 P'（可恢复到完好状态，也可能恢复不到完好状态，这里假定第一次维修恢复到完好状态）。随着时间的推移，又会出现损坏，适当时期（如间隔 t 年）又需要进行第二次维修，如此反复地损坏、维修、损坏、维修……。由于从整个建筑物的角度来看，维修不可能使建筑物完全恢复到最初的完好状态，因而建筑物的损坏规律将沿 P_0T_1 线发展，到 T_1 年时全部损坏，丧失使用功能。这样，通过若干次维修，使建筑物的使用寿命延长了（T_1-T）年。如果在点 P_1 时不是从恢复原设计功能的角度出发进行局部维修，而是对建筑物进行全面维修，并且在某些方面加以翻新，则不仅可能完全恢复原来的设计功能，而且可能改善或提高其使用功能，达到图中的 P_2 点，相应地，使用寿命还将进一步延长，超过 T_1 年。

维修从实物形态上延长了建筑产品的使用寿命。再从价值形态上来看，维修保持或恢复了建筑产品原设计的使用功能，也就保持了它的使用价值。建筑产品在使用过程中，价值逐渐降低，但由于维修追加了价值，又使其价值有所提高。而这种追加价值产生的经济效果一般都要超过同样价值新建建筑产品的经济效果。这意味着，维修可以较好地保持对建筑产品投资的价值，降低建筑产品的自然淘汰率，减少对新建建筑产品投资的需求。另外，由于维修工作以消耗活劳动为主（或活劳动消耗比例较大），达到同样使用价值所消耗的物化劳动较少，从全社会来看，可以有效地节约物质资源消耗量。当代社会，保护环境、节约资源和可持续发展越来越受到重视，在这些方面，维修比新建具有非常明显的优势，因而得到越来越广泛的运用。

维修工作能使建筑物及其设施处于完好的工作状态，保持正常的使用功能，这关系到用户的切身利益。建筑物损坏之后，总会给用户带来种种不便，或者造成用户自有财产的损失，还可能影响用户的情绪，甚至产生某种不安全感。因此，维修在满足用户使用要求方面有着非常重要的作用。当然，维修工作本身也需要花费时间，在维修作业期间，会给用户造成新的更多的不便。但维修作业一般时间都比较短，见效快，用户可以切实感受或预见到维修后建筑物功能的恢复或改善，暂时的不便和麻烦是能够承受的，也是乐意接受的。

另外，随着人民物质文化生活水平的提高，对建筑产品消费的要求和标准也相应提高。例如，对于居住建筑来说，不再满足于"住得下"（有足够的使用面积），而要追求"住得好"，即要求住宅功能齐全，环境舒适，不仅作为生存资料，更要作为享受资料和发展资料。维修时，在可能的条件下（如建筑物本身结构、资金来源、政策规定等），通过更换、增加户内炊厨、卫生、采暖、通风等设施，提高装修标准等，改善和提高原有住宅的使用功能，是使旧建筑产品适应新的消费需求的一种有效而经济的途径。经济发达国家在老城旧区改造中普遍采用了这一方法，实践证明是成功的。根据英国1986年末的调查，20世纪60年代工业化建筑体系的缺陷使其不能满足80年代人们对建筑产品的消费需求，从而导致使用寿命在20年左右的房屋需要大批维修，其中有相当比例的维修工作并不是对损坏的修理，而是翻新。我国自20世纪80年代后期也开始注意这一问题，并在某些大城市旧区改造中取得了一定的经验。

维修并不仅仅是保持、改善、提高、改变一个个具体建筑物的使用功能，它还在一定程度上使不同建筑物进行重新组合，从而提高建筑产品的综合效应。在这方面，维修和新建是相辅相成、相互促进的。如果说新建反映了现代社会经济发展、技术进步的潮流，那么，维修则能更好地体现一个国家、一个地区、一个城市的历史和文化传统。而后者的价值是随技术经济的发展而日益提高的。在许多情况下，新建建筑产品和维修后建筑产品（尤其是通过维修改善和提高使用功能的建筑产品）的适当组合，产生的综合效应要高于全部是新建建筑产品的综合效应。这是城市建设中非常值得注意的一种现象。"重建轻修"的观念，不仅直接造成建筑产品价值降低、投资效益下降，而且使建筑产品的综合效应也不同程度地下降。前一种经济损失是可以定量计算和评价的，而后一种经济损失则较难定量计算和评价，因而也就更易被人们忽略。

如上所述，维修工作是建筑生产活动中一个非常重要的组成部分，有其特殊的意义和作用，应引起我们足够的重视。但是，应当看到，在生产和操作的机械化和现代化方面，维修工作发展极其缓慢，与新建工程的差距越来越大。这就导致一方面由于人工费上升较快而使维修费用不断提高，另一方面，劳动生产率却没有相应提高，甚至反而有所下降（因实际工作时间减少、工效下降等原因）。这意味着单位产品维修费用的上升速度和幅度可能高于新建工程，从而更容易产生"重建轻修"的思想。另外，维修需求一般比较分散，工作内容和工作量较难确定，工效也难以测定，这都给维修工作的计划、组织和管理带来困难。但正因为如此，说明在提高维修工作劳动生产率方面有着很大的潜力。例如，研究和开发常规维修工作用的小型机械和手持操作工具（电动或手动）、改进维修操作工艺或方法、合理测定常规维修工作的耗用时间、合理组织多种维修工作的交叉作业和平行作业，等等，都是提高维修工作劳动生产率的有效途径，也是改善从事维修工作人员劳动条件的重要方面，同时，也是使维修工作适应现代社会技术、经济不断进步的发展方向。

15.3.2 维修中的经济问题

维修工作涉及许多经济问题，与新建工程有许多不同之处。能否正确处理这些经济问题，是决定维修工作经济效果好坏的重要前提。

1. 损坏频率与损失费用

建筑物损坏以后，可能产生直接损失费用和间接损失费用。这里仅考虑直接损失费用，并假定对建筑物的损坏都能做到及时维修。建筑物损坏所产生的直接损失费用可用维修费用来度量。损坏所产生的损失费用常常与损坏程度有关，但损坏程度较难定量表达，而且有时损坏程度不同时，也可能采用同样的维修方法，相应的维修费用就相同或基本相同。因此，在考虑维修费用时，可以按平均损坏程度来处理，这在及时维修的条件下是可行的。这样，维修费用就主要与损坏发生的频率有关。

建筑物的损坏总是具体地表现为它的构件和部件的损坏，而不同的构件和部件发生损坏的频率存在很显著的差异。在正常使用的条件下，损坏频率与构件和部件的材料性能、使用的频度和强度、在建筑物中承担的具体功能等因素有关。如门窗、地面、外粉刷或装修等较易损坏，而梁柱、墙体、内装修等则不易损坏。不同构件和部件损坏所产生的维修费用又可以从绝对值和相对值两个方面来进行分析。所谓相对值，是指维修费与该损坏构件或部件原价值的比例。对于同一构件或部件来说，损坏频率越高，维修费的绝对值和相对值均越高。对于不同的构件或部件，维修费的绝对值很难与损坏频率联系起来进行比较，但一般都表现出损坏频率越高维修费的相对值也越高的特征，只有少数难以进行局部维修、主要以更新来恢复其使用功能的部件或设备例外，如卫生设备等。因此，严格地说，与损坏频率密切相关的是维修费的相对值而不是绝对值。表 15-3 为联邦德国居住建筑主要构件和部件的维修费用相对值的有关数据，从中不难得到一些启发。

联邦德国居住建筑主要构、部件 80 年内维修费比较　　　表 15-3

各部件名称	80 年内维修费 /%	各部件名称	80 年内维修费 /%
砖墙、混凝土、钢筋混凝土	10	玻璃	144
混凝土块与天然石	20	电气、天线、避雷针	160
面砖	20	地面	176
外墙覆盖板	32	窗	200
内粉刷	32	暖气与通风	200
钢结构	48	屋面排水与铁皮制品	240
木结构	48	电梯	260
门	80	卫生设备	265
屋面	100	油漆、涂刷	600
外粉刷	130		

损坏频率与维修费用之间的关系还可以用图 15-3 来表达。如果把损坏频率和维修费用都分为三个不同的等级，则图 15-3 就形成九个区块。任何构件和部件损坏频率与维修费用之间的关系都可以用图 15-3 中的某一区块来表示。通过对各种构件和部件损坏频率和维修费用的统计，可以为它们在图 15-3 中找到各自的"归宿"。如果统计资料完整详细，而且准确可靠，可以将损坏频率和维修费用分别分成 5~9 个不同的等级，这样，所反映出的二者之间的关系就更为准确，也更容易从中发现某种规律、对实际的维修工作更有指导意义。

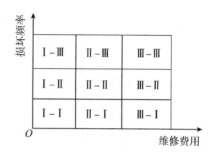

图 15-3　维修费用与损坏频率的关系

2. 维修原则

根据建筑物构件和部件损坏发生的频率、维修费用绝对值和相对值的大小、损坏对使用功能的影响程度等因素，可以分别采取不同的维修原则，即损坏后才修原则、检查后再修原则和预防为主原则。

顾名思义，损坏后才修原则，是对建筑物的构件和部件既不采取预防措施，也不进行适当的检查，出现损坏之后才进行维修。这是一种被动性的维修，原因在于对建筑物构件和部件损坏的规律性没有充分认识，无法预见其发生损坏的时间。采用这一原则，不需要采取预防措施和检查措施，也就不发生相应的费用。但它的缺点是显而易见的：一是往往维修不及时，损坏程度较严重，会在不同程度上缩短建筑物的使用寿命；二是可能产生较大的直接损失和间接损失；三是维修时间一般比较紧迫，影响维修工作的质量并增加维修费用；四是维修工作总是表现为突发性事件，不连续，不均衡，无法有计划地、合理地组织维修工作。因此，这一原则只应当在损坏频率和维修费用均较低时才采用，而且应当尽可能缩小它的应用范围。在图 15-3 中，对 Ⅰ-Ⅰ，Ⅰ-Ⅱ，Ⅱ-Ⅰ 三个区块的损坏构件和部件可以采用这一原则,最好只对Ⅰ-Ⅰ区块采用这一原则。

检查后再修原则强调根据实际检查的结果制定适当的维修计划,对建筑物的不同完好状态的构件和部件分别采取不同的维修方案。对建筑物出于维修目的的检查可分为定期检查和不定期检查两种,一般要求以定期检查为主。定期检查的周期应视建筑物构件和部件的具体情况分别确定。检查方法有目测、取样、技术手段等几种。建筑物的许多构件和部件都可以通过目测准确地判断它们的完好程度,因而目测是一种既简单实用又经济有效的检查方法。但对有些构件和部件,如基础、梁、柱、楼板、墙体等,仅用目测难以判断、甚至根本无法判断其完好程度,这时就必须采用取样试验或一些技术手段来检查,如红外线测定、超声波探测等。对建筑物的主体结构应当尽量避免采用破坏性和损伤性的检查方法。通过检查,可以查出建筑物存在的隐患,以便及时进行维修,避免间接损失,一般来说,维修费用也较低,而且可以大大提高维修工作的计划性,从而为合理组织维修工作、提高维修工作的劳动生产率创造条件。因此,这一原则具有广泛的适用性,一般可以对图15-3中Ⅱ-Ⅱ,Ⅰ-Ⅲ,Ⅲ-Ⅰ三个区块的损坏构件和部件采用这一原则,也可扩大到Ⅰ-Ⅱ,Ⅱ-Ⅰ,Ⅱ-Ⅲ,Ⅲ-Ⅱ四个区块的构件和部件。

预防为主原则比检查后再修原则更前进了一步,它是对建筑物不同的构件和部件采取未雨绸缪、防患于未然的维修原则。采用这一原则,必须具备一个前提条件,即有详细可靠的历史资料,对建筑物各构件和部件的平均使用寿命及其损坏的概率分布情况、各种构件和部件损坏产生的直接损失费用和间接损失费用等,均有准确的定量分析,从而选择在构件和部件未损坏之前的某一最佳时刻对其进行维修,既充分利用构件和部件本身的使用寿命,又避免产生间接损失并减少维修费用。这一原则可用于某一种构件或部件,也可对多个构件和部件进行综合考虑,对图15-3中Ⅲ-Ⅲ,Ⅱ-Ⅲ,Ⅲ-Ⅱ三个区块的损坏构件和部件可以采用这一原则,至少对Ⅲ-Ⅲ区块的构件和部件应当采用这一原则。预防为主原则与检查后再修原则既有区别也有联系。通过检查,对某些构件和部件也可能未等其损坏就进行维修。但其依据是一次检查的结果而不是多年的统计数据,故与预防为主原则的出发点是不同的。不过,检查结果的有关数据毕竟是统计数据的组成部分,对正确制定和调整预防为主的维修计划亦有积极意义。预防为主原则不仅仅局限在建筑物使用阶段应用,而且可以在设计阶段就贯彻这一原则。例如,对那些容易损坏和维修费用较高的构件和部件,选用耐久性较好的材料和设备,虽然一次性投资有所提高,但由于降低了损坏频率和维修费用,仍可以得到较好的综合经济效益。

维修原则的选择可按图15-4中的流程考虑。

3. 维修周期

所谓维修周期,是指在对建筑物进行定期维修时相邻两次维修之间的间隔时间。在采用检查后再修原则时,检查周期与维修周期基本上是一致的,故有时亦统称为检修周期。

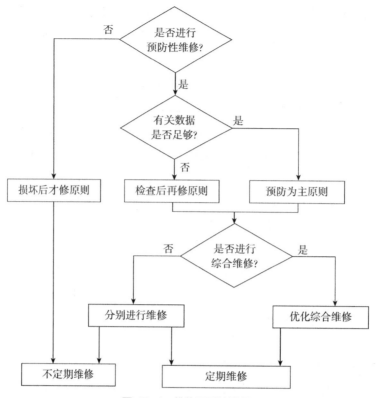

图 15-4 维修原则的选择

但在不少情况下有可能检而不修,因此,还是把这二者区分开来为好。

维修周期的长短与建筑物构件和部件的损坏频率应保持一致,但从定期维修的要求来看,又不可能对每种构件和部件都分别确定一个维修周期,往往要作适当的归并,把维修周期相近的构件和部件归为一类,进行有计划的综合维修。因此,合理确定维修周期是提高维修工作经济效果的一个非常重要的内容。维修周期可用图 15-5 表示。

在确定维修周期时,除了考虑损坏发生的频率和维修费用之外,还要考虑尽可能

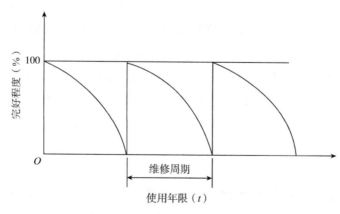

图 15-5 建筑物某构件或部件的维修周期

避免或减少维修工作对用户日常生活或生产的影响。这意味着，实际确定的维修周期可能与建筑物构件和部件的损坏频率有较大的差异。如对某些损坏频率高但对使用功能影响不大且不产生间接损失费用的损坏，可以考虑适当延长其维修周期；反之，对某些损坏频率低、不规律、往往需要单独进行维修的损坏，则可以考虑在其没有损坏之前的适当时候，对建筑物进行综合维修时提前对其进行维修。这样，可能使总的维修费用有所降低，或者，即使维修费用有所增加，但由于较好地保持了建筑物的使用功能，因而维修工作的综合经济效果较好。在确定维修周期时，还应该适当考虑建筑物的使用寿命。不论是采用技术寿命还是经济寿命，确定的使用寿命长短对决定某些损坏频率低的构件和部件的维修周期有重要影响。例如，屋面结构的正常维修周期为30年，若使用寿命定为75年，则不如将它的维修周期改为25年，既不增加维修费用，又可减少意外损坏所产生的损失。如果对多个具有类似情况的构件和部件进行综合分析，可以找出既满足所有正常维修周期要求，又不增加维修费用，而且维修次数最少的综合维修周期。这无疑是较佳的选择。

根据维修周期的长短和维修费用的多少，可将维修分为不同的级别。例如，维修周期20~30年的为大修，维修周期10~15年的为中修，维修周期为3~5年的为小修，每年都要进行的，为经常性维修。由于各地区自然条件差异很大，建筑物的使用功能、结构形式、材料和设备性能等方面亦有所不同，因此很难对建筑物各种构件和部件的维修周期作出统一的规定，关键在于根据各地的具体情况和经验，因地制宜地确定维修周期。表15-4为上海市住宅建筑部分构件和部件维修周期和维修费用的经验数据。

上海市住宅建筑部分构件和部件维修周期和维修费用（1985年） 表15-4

构件或部件		维修周期/年	维修费用
覆盖层	油毡	5	6元/m^2
	混凝土	10	10元/m^2
楼梯	木质	10	2元/m^2
	水泥	15	4元/m^2
门	外门	5	2元/m^2
	内门	8	1元/m^2
墙面粉饰	内部	10	0.50元/m^2
	外部	15	0.50元/m^2
卫生设备	零件	5	5元/套
	管道	20	5元/套
水道	上水	15	3元/m
	下水	20	3元/m
外墙		50	2元/m
隔墙		10	3元/m^2

续表

构件或部件	维修周期/年	维修费用
楼面粉刷	15	0.60 元/m²
平顶粉刷	15	0.50 元/m²
窗户	5	3 元/m²
五金配件	2	1 元/扇

4. 维修标准

维修标准涉及两方面因素：一是何时进行维修，即建筑物构件和部件损坏到什么程度才进行维修。例如，图15-5表示构件和部件完全损坏后才进行维修，这实际上反映的是损坏后才修的维修原则。而在大多数情况下，即采用检查后再修原则和预防为主原则时，图15-5就不适用。这里，引入最低完好程度的概念，它表示构件和部件损坏或损耗（虽未损坏但使用功能或使用效果下降）到什么程度就必须进行维修。例如，室内墙纸并不会等到它全部损坏或脱落才维修，而是在褪色达到一定程度、有一定的污渍后就进行维修了。不同的构件和部件，其最低完好程度不尽相同。二是经过维修要求恢复到什么程度。例如，图15-5表示某构件维修后恢复到原设计的水平，图15-2则表示整个建筑物在P_1点之前的维修（第一次维修除外）均未恢复到原设计水平，在P_1点的维修则超过了原设计水平。

由于建筑产品的使用寿命很长，在其使用过程中，随着人民物质文化生活水平的提高，对建筑产品使用功能的要求也日益提高。同时，建筑领域新技术、新材料、新设备也层出不穷，为满足这种日益提高的需求提供了可能性。因此，维修标准绝不可能一成不变，而是不断变化的，总体上呈逐渐提高的趋势。

维修标准的提高可以表现为最低完好程度的不断提高。例如，最初门窗油漆脱落、甚至锈蚀后才重新油漆，外墙面脱落或有严重污迹才重新粉刷，发展到门窗油漆稍有斑落即重新油漆，外墙面褪色较严重、稍有污迹就重新粉刷等。最低完好程度的变化反映了不同时期对建筑产品及其构件和部件使用功能的最基本要求，是选择维修原则的重要依据之一。图15-6中假定最低完好程度呈线性变化。

维修标准的提高还可以表现为恢复程度标准的提高。例如，内墙装饰最初是简易的石灰粉刷，第一次维修时改为涂料，第

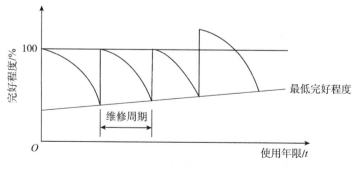

图15-6 最低完好程度的变化

二次维修时改为化纤墙纸，第三次维修时改为喷涂。维修恢复程度标准的提高，意味着每次维修的结果都超过原设计的标准和上一次的维修标准，这在内外装饰工程、室内各种设施等维修中是较为

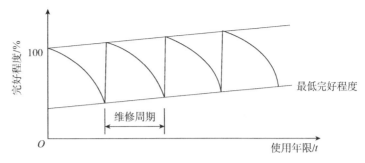

图 15-7 维修恢复程度标准和最低完好程度的变化

常见的。维修标准的提高，反映出维修工作不仅仅是简单再生产，而且在某些情况下表现出扩大再生产的特征。整个建筑物维修恢复程度标准的提高，是其各构件和部件恢复程度标准提高的综合结果，比较难以直接量度和描述，但从总体上理解还是易于接受的。维修恢复程度标准与最低完好程度两者之间成正相关作用。图 15-7 中以完好程度的线性变化表示恢复程度标准的提高，这样，就不会出现维修结果超出 100% 完好程度的情况。从具体的构件和部件来看，图中两条直线未必是平行的；若从整个建筑物出发，则可以认为这两条直线基本上是平行的。

维修标准与维修周期之间有着一定的联系。在图 15-5 中，构件和部件完全损坏、丧失使用功能后才进行维修，维修周期较长，而且在使用寿命内同一构件和部件的维修周期基本不变。图 15-6 则表明，由于存在最低完好程度的要求，未等构件和部件完全损坏、完全丧失使用功能就要进行维修，维修周期显然要缩短。而且，由于最低完好程度的要求不断提高，因而维修周期呈不断缩短的趋势。当然，如果维修结果超过原设计水平，则另当别论。图 15-7 与图 15-6 的相同之处，在于都存在不断提高的最低完好程度要求，因而维修周期也较短；不同之处在于维修恢复程度的标准也是不断提高的，当这一趋势与最低完好程度提高的趋势基本同步时，维修周期有可能基本上保持不变。

5. 维修费用

维修费用是维修工作中经济问题的核心。前面已从损坏频率的角度提到维修费用的问题。实际上，维修原则、维修周期、维修标准、使用寿命等都直接影响到维修费用。例如，采用检查后再修原则时，要发生检查、测试费用；采用预防为主原则时，要发生预防措施、预防规划费用；维修周期越短，维修费用越高；维修标准越高，维修费用越高；使用寿命越长，维修费用越高。一般来说，维修费用越高，使用功能越好，使用寿命越长。因此，如何使维修工作最为经济、综合经济效果最好，是维修工作所追求的目标。但是，由于涉及的问题太多、太复杂，还难以建立综合评价的模型，还有待于作进一步的深入研究。目前在对维修工作进行经济分析时，常常需要作一些基本的假定，或适当缩小分析和评价的问题范围。而不论采用什么方法，维修费用如何计算都是不可回避的问题。

现代社会建筑产品的维修工作一般都是有计划进行的，有比较可靠的各种构件和部件维修周期及其相应维修费用的经验数据（例如表 15-4 所列数据）。以此为基础，可以

将维修费用的计算作一些抽象和简化。

假定，某类建筑物由 A、B、C、D 四个部分构成，每个部分相应的维修周期分别为 2、3、5、10 年，维修费用分别为 2、3、5、5 单位，则该类建筑物的维修费用可用图 15-8（a）表示。图中细线竖轴格为各次维修的费用、粗线连接的为各年维修费用的总额。若考虑损坏的发生频率和维修工作的概率分布，维修工作总是分散在各年进行的，而不会出现图 15-8（a）中某些年份（如第 7、11、13、17 年等）没有维修工作的情况，维修费用的变化应当相对较为平缓和均衡，如图 15-8（b）所示。而从简化维修费用计算（或测算、估算）的要求出发，

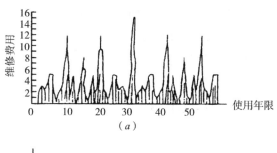

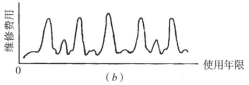

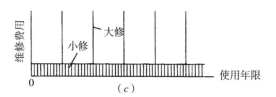

图 15-8　维修费用的变化和简化

可将维修费用分为大修费和小修费两类，则图 15-8（b）可简化为图 15-8（c）。这种简化不仅在理论上能够成立，而且在实践中也是可行的。表 15-5 为上海市某区房屋各类维修的费用及其比例，其中中修的比例很小，完全可以和小修合并。有鉴于此，有的统计资料索性将中修和小修统称为中小修，如表 15-6 所列。

上海市某区房屋大中小修费的比例（1981—1985 年）　　　表 15-5

	合计	维修类别		
		大维	中修	小修
金额 / 万元	627.45	407.71	53.09	166.65
比例 /%	100	65	8.5	26.5

上海市房屋维修费用的比例（1985 年）　　　表 15-6

	合计	维修类别	
		大维	中小修
金额 / 万元	8339	5205	3134
比例 /%	100	62.4	37.6

按照图 15-8（c），实际上是将维修工作分为两类：一类是每年均衡进行的经常性维修，每年的维修费用为常数，或者，把它理解为经常性维修费用的平均值更为恰当；另

一类是按一定维修周期进行的定期维修，这实际上是将多种构件和部件不同的维修周期从整个建筑物维修费用的角度加以均衡化的一种变通办法。严格地说，这里的维修周期是大修费用的支出周期。例如，在图15-8（c）中，各部分维修周期的最小公倍数为30年，但该年度的维修费用比每10年1次的费用增加不多，故按照维修周期为10年加以简化。这样，只要能测算出每年经常性维修的平均费用以及每次大修的平均费用和大修周期，就可以按式（15-1）测算历年累计的维修费用：

$$M=bt+a\left[\frac{t}{t_0}\right] \tag{15-1}$$

式中，t_0 表示大修周期（年），t 表示测算的年数或建筑物的使用年数，a 为大修的平均费用，b 为经常性维修的平均费用，M 为历年累计维修费用。

如上所假定，应用式（15-1）的条件是维修费用稳定，分布比较均衡。但是，这一假定在经济发展较快或波动较大的时期很难成立。由于维修标准客观上呈逐渐提高的趋势，维修工作人工费的提高同样不可逆转，因而维修费总体上也表现出上扬的趋势。加之维修工作毕竟不可能完全按计划进行，在一定程度上表现出分散性和不规律性，因此，采用统计分析的方法来测算（或计算、估算）维修费用就更有实用价值，一般都能取得较为满意的结果。例如，可以采用线性回归方法测算维修费用，为此，假定维修费用具有如下形式：

$$M=c+bt \tag{15-2}$$

式中，b 和 c 两个参数的确定是线性回归的关键。根据对同类建筑物历年维修费用的综合分析，可以先求得每年的平均维修费用，再用线性回归方法求出 b 和 c。采用这种方法，要求历史资料完整、可靠并尽可能详细。例如，按照结构形式、层高、装修标准等分成不同的细类别，分别进行回归分析，效果一般要比综合类别的回归分析好。线性回归方法较为简单，容易掌握，只要有足够的历史数据，总可以求出满足式（15-2）的 b 和 c 两个参数，从而为安排维修工作计划和资金提供了较为可靠的依据。

采用线性回归方法，虽然总可以求出 b 和 c 两个参数，但是，有时方差较大，有时还可能出现负值的 c 参数。这表明线性回归的效果有时不是太好。出现这种情况，往往是由于历史资料不完整，或是时间跨度太大，各时期的经济条件差别太大。前者不属于线性回归方法本身的问题，原因在于不具备应用此方法的必要条件。后者则说明线性回归考虑的问题可能过于简单，"线性"假定可能不成立。如果在出现这种情况时仍然要坚持采用线性回归方法，可以采取多种不同的处理方法，其中，最为简单的方法是将原来跨度较大的时间区间分为两个以上的时间区间，分别进行线性回归分析。这时，时间区段的划分不是随意的，也不是平均等分，而是有意识地尽可能按照具有不同经济特点的历史时期来划分，或按维修工作有某些重要转折事件（如维修原则调整、维修标准变化等）的时间来划分，使维修费用在不同时期表现出不同的线性回归方程。

为了弥补线性回归方法的不足，还可以考虑采用非线性回归方法。引起维修费用不断增加的因素很多，除了前面已经提到的维修标准和人工费用提高之外，维修工作所用的材料和更换的设备、零部件等的价格也是不断提高的，有时涨幅很大。因此，在采用实际价格测算维修费用时，非线性回归分析可能更为恰当些。例如，假定维修费用具有如下形式：

$$M=c+bt+at^2 \qquad (15-3)$$

式中，a，b，c 三个参数要根据历史数据来测定，当然，最好是按照建筑物的细类别分别进行非线性回归分析。非线性回归方法较为复杂，不易掌握，因而一般是在线性回归分析未得到满意结果时才采用。在某些特殊情况下，也可能将式（15-3）作为维修费用计算的首选公式。例如，第2篇第4章在阐述建筑产品经济寿命的确定方法时就已经采用过。从实用的情况来看，在采用非线性回归分析时，时间区间不宜太大；必要时，也可以分成两个以上的时间区间分别进行非线性回归分析。

思考题

1. 建筑设计工作有何特点？
2. 建筑设计方案技术经济分析的目的何在？应掌握哪些原则？注意哪些问题？
3. 建筑施工中的技术经济分析可采用哪些原则？
4. 为什么说维修工作是建筑生产活动的一个重要组成部分？
5. 维修工作可采取哪些原则？如何选择维修原则？
6. 何谓维修周期？在确定维修周期时，应考虑哪些因素？
7. 维修标准与哪些因素有关？与维修周期有何联系？
8. 在分析维修费用时，可采取哪些方法？

第4篇

建筑市场

第16章 建筑市场概述

建筑市场是国民经济大市场中的一个组成部分，有其自身的运行规律，同时，它又服从一般市场的运行规律。因此，为了加深对建筑市场的理解，便于对建筑市场进行分析和阐述，有必要先了解一般市场的基本知识。

16.1 建筑市场的基本概念

16.1.1 市场的含义

市场的含义可以从不同角度作出不同的解释。从字义上解释，"市"就是交易，"场"就是场所，商品交易的场所称为市场。人们通常习惯于把在一定时间、一定地点进行商品买卖的地方称为市场。把市场看作是交易的场所，是一种片面的和表面的看法。以商品市场来说，按其市场形态和交易方式的不同可以分为有形市场和无形市场。前者有交易场所，后者无交易场所；后者是在前者的基础上，随着交通和通信的改善、网络技术和银行信用制度的发展，以及交易活动的契约化发展起来的。在生产者和商业经营者看来，市场不过是提供产品或劳务销售的场所，是某种产品或劳务的潜在需求，此时，市场是产品销路和产品需求的同义词。以上都属于狭义市场的解释，是指具体的商品交易场所。

从经济学的角度来解释，市场是广义的，指整个商品流通领域，或指商品供求关系的总和。它是同商品、货币、价值、价格等相联系的一个经济范畴，或者简单地说，市场是与市场经济相联系的一个经济范畴。经济学讲的市场是抽象的市场，而不是指某一特定的商品交易场所，但它又包含了所有具体的市场。从本质上看，市场是生产者和消费者、供给者和需求者因交易形成的经济关系。交易表面上是商品的交换，实际上是产权的让渡，是利益的取得和实现。一个地方之所以能够成为商品交易和集散的中心，商品的生产者和消费者、供给者与需求者之所以愿意来这里买卖商品或发生交易，是因为这里存在着新的、巨大的盈利机会；人们聚集到这里，通过交易和合作，可以取得交易利益和合作剩余，把盈利的机会变成盈利的现实。市场的自然形成和发育是人们寻利行为的必然结果，符合市场和市场经济的发展规律。

16.1.2 市场构成要素

不论是狭义的市场或是广义的市场，它的形成都必须包含以下三个要素。只有同时具备了这三个要素，才能形成现实的而不是概念的市场。

1. 可供交换的商品（包括货币）

市场本身就是商品交换的产物。如果生产出的产品不用于交换，就不能称其为商品。而没有商品，就不能形成市场。

2. 同时有商品的卖方和买方

有了商品，也就有了商品的卖方，但是，如果没有需要这种商品的买方，还是不能实现商品交换；反之，如果存在需要某种商品的买方，却没有相应的卖方，实际上也没有商品，自然也就无法实现商品交换。商品交换活动是由人来进行的，有卖有买才能形成市场。

3. 具备买卖双方都能接受的价格和交易条件

因为买卖双方是两个不同的所有者（分别拥有商品和货币），只有自愿互利，价格和交易的条件双方都能接受，商品交换才能完成，这就是通常所说的"自愿让渡"规律。"自愿让渡"是商品交换的一般规律，违背这一规律将导致不能完成商品交换，或者将造成不良后果。

16.1.3 市场活动当事人

商品从生产领域进入消费领域的流通过程，是市场活动的基本内容，其核心则是商品的供给和需求，其他市场活动都是围绕供求展开的。因此，可以把市场活动分为两部分：一部分属于供给一方的活动，主要包括市场调查预测，产品设计，选择商品销售路线，进行商品的集中和分散、运输和保管，制定商品价格，扩大商品推销，以及提供售后服务等；另一部分则属于需求一方的购买活动，包括选择购买对象、时间、地点和方式方法等。两方面的活动必须互相适应、互相配合，才能完成商品流通过程。在一般情况下，商品供给方的活动必须适应需求方的要求。

形成市场要有商品，而商品交易要通过市场千百万个当事人才能实现。参与市场商品交易的当事人的情况极其复杂，但归纳起来不外乎是三种人，即生产者、消费者和商业中介人。他们在市场上所处的地位和作用不同，参加市场商品交换活动的目的和要求也不一样，都有各自不同的经济利益。

1. 生产者

生产者是一个抽象的概括。在不同的社会制度、不同的所有制下，有不同的生产者。但是，不论社会制度如何，作为商品生产者，他们的共性是处于市场活动的起点，属于供给一方，是商品的出卖者。生产者的基本作用是为市场活动提供物质基础，即提供商品。没有生产者提供商品，市场便不存在。从生产和流通的关系来看，生产决定流通，生产是本源，没有生产，便没有流通，也没有可供消费的商品。

商品生产者参加市场活动的共同要求，是希望能够按照自己的意愿把商品卖出去，从而补偿其物化劳动和活劳动的消耗，并在此基础上获得一定的利润，以便维持正常的生产活动，乃至进行扩大再生产。

2. 消费者

消费者也是一个抽象的概括。消费者人数众多，类型极其复杂，既有生产资料的消费者，又有生活资料的消费者；既包括企业、社会团体等集体消费者，也包括个人消费者。但不论消费者的类型如何，作为消费者，他们的共性是处于市场活动的终点，属于商品需求一方，是商品的购买者。消费者的基本作用是完成商品流通过程，实现生产的目的。

市场如果没有消费者，或者市场的商品不符合消费者的需要，市场活动便不能完成，生产也就无法继续进行。所以，消费者是决定市场活动能否完成的关键。

消费者参加市场活动的共同要求，是希望能够按照自己的意愿买到所需要的商品。但是，不同的消费者购买商品的目的和动机是不同的，生产资料的消费者，实际上也是生产者，只是他向市场提供的商品与他所消费的商品不同。他向市场购买原料和生产设备，是为了满足生产和经营上的需要，为了生产他能够向市场提供的商品。而生活资料的消费者向市场购买商品，是为了满足家庭和个人的生活需要。从某种意义上说，生活资料的消费是最终消费。两类消费者购买商品的具体要求和动机还有很多区别，在此不予详述。

3. 商业中介人

中介的基本含义包括三个层面：首先，中介是一种存在，是指一种独立的、居中的地位。其次，中介是一种行为，是指处于居中位置的行为人为他人利益所为的一种有意识的人类活动，即通常所谓"中介行为"。第三，中介是事物转化过程中的中间阶段。显然，商业中介人从事商业中介行为，处于独立和居中的地位。无论是从"中介地位"角度，还是从"中介行为"角度，中介都具有独立性、过渡性和他益性特征。中介人必须保持其独立法律地位，否则就可能成为交易双方中某一方的代理人。

商业中介人的种类很多，从业务经营的性质来看，有居间商业、代理商业、批发商业和零售商业等。商业中介人在市场中具有双重身份：既不是生产者，也不是消费者；但既是商品的供给者，又是商品的购买者。一方面向生产者买进商品，另一方面又向消费者出售商品，是既买又卖者。商业中介人活动的特点是转手买卖，在市场中处于生产者和消费者之间的中介地位，起着商品交换的媒介作用。没有商品流通，就不可能产生商业中介人；而没有商业中介人，生产者与消费者之间的商品流通虽然也能进行，但要困难得多，要花费更多的时间和费用才能完成商品交换活动。这对生产者和消费者来说，都是不经济的。商业中介人的存在，对于加速商品流通，及时反馈商品消费信息，从而使商品生产更适合消费者的需要，以及促进消费、引导消费等，都有积极作用。

商业中介人参加市场活动的一般要求是有买有卖，买是为了卖，并从买进和卖出差价中取得费用的补偿和利润收入。只要进销差价能补偿流通费用开支并取得一定利润，商业中介人的转手买卖活动便有存在的基础，至于商品价格水平的高低并不影响商业活动的存在。所以，买价低于卖价是商业活动的一般要求，假如买价高于销价或者进销没有差价，商业活动便会亏损而不能维持下去。在特殊情况下也有例外，例如在我国商业经营中，为了保障生产者和消费者双方的利益，有一些商品的进销价格倒挂，造成政策性亏损。但是，就整个商业系统的经营来说，大多数商业是销价高于进价，进销差价除补偿流通费用支出之外，还应有一定的利润，以盈补亏之后，整个商业经营仍然是盈利的。

16.1.4 建筑市场的含义

由市场的一般概念可知，对建筑市场也可以从狭义和广义两个方面来理解。狭义的建筑市场，是指以建筑产品为交换内容的场所；广义的建筑市场，则是指建筑产品供求关系的总和。本章关于建筑市场的内容，都是从广义的角度加以阐述的，其中也包含着狭义的建筑市场。如果不拘泥于市场的一般概念，还可以把建筑市场的概念进一步抽象化，将其理解为由建筑产品、建筑生产活动和建筑市场行为主体组成的三维空间，如图16-1所示。

按图16-1的表达，建筑市场表现为建筑产品、建筑生产活动和建筑市场行为主体三个方面之间的相互联系和相互作用。其中，X轴表示的建筑产品作为建筑市场活动的客体，是具有实物形态的、可供消费和使用的最终产品；Y轴表示的建筑生产活动是建筑市场交换活动的具体内容，是建筑产品实物形态形成和变化的过程；Z轴表示的建筑市场行为主体除政府主管机构外，为建筑市场活动的主体，是决定建筑市场交换活动内容和形式的主要方面。政府主管机构并不直接参与市场的交换活动，而是对建筑市场的交换活动起着监督、管理、控制和调节的作用。因此，政府主管机构是建筑市场的行为主体，而不是建筑市场活动的主体。

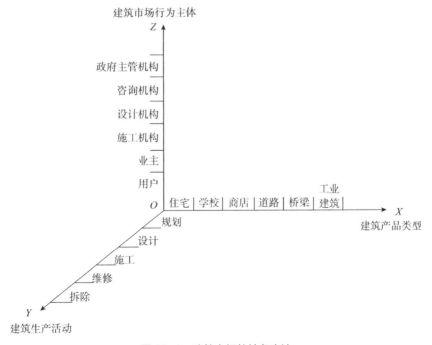

图 16-1　建筑市场的抽象表达

图 16-1 中的 XY 平面反映了建筑产品和建筑生产活动之间的联系，在这方面起决定作用的是建筑产品和建筑生产本身的技术经济特点和客观规律。但实际上，是通过人对建筑生产客观规律的认识表现出来的，如制定各种与建筑生产有关的技术规范、编制城市建设规划、制定环境保护法规等。

图 16-1 中的 XZ 平面主要反映了建筑市场活动主体之间的关系，这种关系总是以特定的客体为媒介的。也就是说，这一平面反映各种建筑产品的需求和供给之间的关系。在这方面起作用的，从宏观方面看是国民经济总的发展方向和发展状况、各部门之间的比例关系等；从具体的市场活动看，是供求规律、价值规律。当然，建筑生产领域的技术进步也会影响这一平面的活动。

图 16-1 中的 YZ 平面也主要反映建筑市场活动主体之间的关系，是以市场交换活动的具体内容为媒介、与实际的建筑生产活动密切相连。因此，这一平面涉及建筑市场具体的交换行为和方式，如招标投标制、承发包方式等；也涉及建筑生产工业化和社会化的问题，如发展建筑工业化的途径、专业化和联合化的形式。在这方面起作用的仍然是供求规律、价值规律、竞争机制、资源合理配置和经济性原则等。

图 16-1 中的 XYZ 三维空间应是三个方面有机的统一体，应能充分体现"国家调节市场、市场引导企业"的经济运行机制。为此，需要通过经济、法律和行政等手段，以及职业道德规范等，约束和规范建筑市场活动主体的行为，协调建筑产品生产者和消费者之间的关系，兼顾建筑产品供求双方的利益，从而完善建筑市场的运行机制，并促使其健康地发展。

本篇阐述的关于建筑市场的内容，主要是图 16-1 中 XZ 平面和 YZ 平面的活动。由于新建和维修从生产活动来看有较大差异，从市场活动来看则差别不大，而新建建筑产品的交换活动最能反映建筑市场的特点，其运行规律和方式一般亦适用于维修。因此，以下关于建筑市场的内容都是以新建建筑产品为客体。

16.2 市场机制

市场经济是人类经济自然发展的产物。市场经济的内涵，一是资源配置以市场为主体，产权要明晰化。通过价格机制和竞争机制的功能使资源配置到效益好的环节和机构，并给企业以压力和动力，实现优胜劣汰。二是市场规则法制化，包括法制规范和道德规范，市场参与者都必须接受其制约，使市场运行有序化。三是宏观调控要遵循价值规律，利益主体要多元化。

所谓机制，其原意指的是机器的构造与动作原理，即机器是怎样构成，怎样才能运行工作的。在经济学中，把机制的原意作了引申、类比借用，提出了经济机制的概念，"经济机制就是指经济机体的各个组成部分，如何有机地结合起来，通过互相制约和影响，使经济机体运行和发展的作用过程或方式"。市场机制就是经济机制的一种，指的是"通过市场建立起来的经济运动的每个组成部分之间内在的有机联系"。

市场机制是市场经济规律的运行机制，包括价格机制、供求机制和竞争机制。价值规律、供求规律和竞争规律是市场经济的基本规律，它们相互联系、相互作用、共同调节着经济的运行。市场经济规律的作用通过市场机制体现出来。

16.2.1 价格机制

价格机制是价格形成、价格变动及其作用的内在因素的有机联系和过程。价值是价格的基础。商品的价值由生产商品的社会必要劳动时间决定，商品交换以价值为基础。由市场供求关系形成的市场价格围绕价值上下波动，是价值规律作用的表现形式。价值规律正是通过这种形式起着调节社会生产的作用。所以，价格机制是市场机制的核心。

价格在市场经济中起着重要的作用。这种作用可以概括为三点：

1. 传递信息

市场上有成千上万的消费者和生产者，每一个生产者或消费者作为个体很难了解整个市场的供求情况。但是，他们可以通过观察价格变动的情况，无代价地、及时地获得供求变动的情况。如果某种商品价格上升，就说明出现了供不应求的情况；反之，如果这种商品价格下降，就说明出现了供过于求的情况。价格每时每刻都在变动，把市场供求的变化信息及时传递给消费者和生产者，使他们作出正确的决策。价格的这种传递信息的作用是其他任何方法取代不了的。

2. 提供刺激

在市场经济中，生产者和消费者都是经济人，他们进行消费和生产是为了实现个人利益的最大化，而价格是影响他们个人利益最重要的因素。价格下降，使消费者获益，并增加消费；但却会使生产者受损失，从而减少供给。反之，价格上升，会使消费者受损，从而减少消费，但却会使生产者受益，从而增加供给。所以，如果要改变消费者或生产者的行为，价格是一种最有力的刺激手段。在各种激励手段中，价格虽然不是唯一的，但却是最重要而且最有效的。

3. 优化资源配置

在市场经济中，成千上万的消费者和生产者分散地、独立地作出决策，只要价格能起作用，消费者就可以根据价格作出自己的购买决策，生产者也可以根据价格作出自己的生产决策。当某种商品供不应求而价格上升时，消费者会减少购买，而生产者会增加生产，最终使供求相等；当供求相等时，价格不再上升，实现均衡，消费者不再减少购买量，生产者不再增加生产量。市场实现了供求相等，也就是资源得到了最优配置。当某种商品供过于求而使价格下降时，同样的过程也会反方向发生作用，使供求平衡。由此可见，通过价格的变动，可以调节供求，从而调节经济活动，使消费者与生产者的决策相协调，实现供求相等的最优资源配置。

16.2.2 供求机制

市场价格的水平和变动是由市场的供求关系决定的。供给，从实物形态上看，是社会提供的、已经进入市场的、可供购买的商品总量；从价值形态上看，是指社会提供的、已经进入市场的、可供购买的商品和劳务的价值总额。需求，从实物形态上讲，是指以货币支付能力为条件的社会所购买的商品和劳务总量；从价值形态上来看，是指一定社会购买力条件下的社会购买力总额。

在商品的市场价值既定的条件下，供求关系的变动导致了市场价格的变动。反过来，市场价格的变动又影响市场供求状况的变化。这种关系和运动过程就是市场机制运转的过程。供求关系的变动，能够引起价格的变动和竞争：供不应求的商品，生产者会竞相增加生产，消费者会竞相增加购买，从而引起价格上涨；而供过于求的商品，生产者需要回笼资金或者为了扩大市场份额而降价销售，从而引起价格下降。价格上涨会引起人们竞相增加供给和减少需求；价格下降，则会引起人们竞相减少供给和增加需求。供求关系在不断变动中取得的相对平衡就是供求机制作用的实现形式。

16.2.3 竞争机制

在市场经济中，使用价值与价值的矛盾，以及生产商品的个别劳动时间与社会必要劳动时间的差异是产生市场竞争的内部原因，而商品供求状况及其变化是市场竞争发展的外部原因。

在市场经济条件下，竞争的主要形式包括商品生产者之间的竞争、商品购买者之间的竞争、商品购买者和生产者之间的竞争。商品生产者之间的竞争分为同一生产部门的竞争和不同生产部门的竞争。同一生产部门的竞争是为了争夺有利的销售条件，主要围绕质量和价格展开；不同商品生产者之间的竞争是为了争夺有利的投资场所。商品购买者之间的竞争是为了争夺有利的购买条件。总之，无论是商品生产者之间的竞争、商品购买者之间的竞争，还是商品购买者和生产者之间的竞争，都是为了使自己获得最大的利益。

竞争引起价格和供求关系的变动：生产者竞相减产的商品，会出现供不应求而使价格上涨；生产者竞相生产的商品，会出现供过于求而使价格下降。而价格和供求关系的变动，反过来又引起竞争。供不应求和价格较高的商品，生产者会竞相生产；供过于求的商品生产者会竞相减产。

总之，市场经济的运行是在发挥价格机制、供求机制和竞争机制的基础上，通过价格、供求和竞争的相互制约和相互联系，调节社会经济的运行，最终实现社会资源的配置。

16.3 市场秩序

市场中有无数互不相关的独立决策者，并没有一个明确的协调机构，通常情况下，市场经济的运行和谐而有序，其奥妙在于市场机制的自发调节作用。每一种因素引起的变动都会在市场机制调节之下得以完满的解决，市场机制如同一只"看不见的手"引导着经济的运行。市场机制有效运行的保障是价格机制、供求机制和竞争机制的有效运行，任何破坏都将影响到市场机制的有效运行，从而影响资源的有效配置。

市场机制要正常运转，发挥有效功能，有赖于法律和信用。法律保障和信用机制是维持市场秩序的两个基本的工具。

16.3.1 法律保障

首先需说明，这里所说的"法律"是广义的，包括法律、行政法规、部门规章、规定、政策等。

根据经济理论中有关"理性人"和"机会主义"的假定，在市场经济中的任何人都存在着机会主义倾向，为避免机会主义行为对市场机制的破坏，需要有法律作为保障。市场规则是公共物品，需要依靠政府的强制力保障实施。政府的主要作用是制定规则，贯彻和监督规则，其前提是所有规则都符合市场经济的运行规律。

这里需要强调的是，政府保证法律的有效不同于对市场的直接干预。维护市场秩序靠的是法律，但绝不是靠政府的直接参与或干预。如果政府对经济活动给予诸多限制和约束，必然影响市场机制作用的发挥。

市场经济中，商人们有自己的法律系统来维持交易的秩序。这个法律系统并没有政府的强制，但得到普遍的承认。如果某商人不接受这个法律系统，就会受到所有其他商人的联合抵制，将失去未来的商业机会。由商人自己运行的商法制度至今仍然是国际商业仲裁的基本框架。现实中并没有世界级的中央政府为国际的交易制定规则和充当裁判，WTO规则正是如此。

总之，试图用加强政府管制的办法规范市场秩序常常事与愿违。政府部门的权力越大，企业面临的环境越不确定，机会主义行为越盛行。政府管制常常会形成"越管越乱，越乱越管"的恶性循环。建立一套切实可靠的保障制度是政府的主要职能，也是政府要解决的公共问题之一。

16.3.2 信用机制

信用机制靠市场竞争形成，市场经济是信用经济，市场秩序必须以信用为基础。信用是由交易双方当事人自己维持的，对违约的惩罚来自交易的中断，是由交易一方实施而不是由法律实施的。讲信用不是因为害怕受到法律的惩罚，而是因为害怕失去未来做生意的机会。人们之所以讲信用，一般应具备如下的条件：第一，当事人有追求长远利益的动机，不会为短期的利益而损害自己的声誉。即要求当事人之间进行的是重复博弈，而非一次性博弈。第二，信息是个人行为受到监督的基础，信息的传递对维持信用机制具有关键的作用。从经济学意义上讲，信用机制就是让失信的人付出的成本多于应该付出的，或获得的收益少于应该获得的。失信不仅意味着个人的经济损失，而且意味着社会的经济损失，因为它等于社会无端地将一部分资源投入到低劣商品的生产中去。另外，对当事人个人来讲，存在着比商业机会多得多的声誉损失，如社会上的蔑视、同事们的不赞成和自尊的损失等，对许多人具有威慑作用。第三，人们有惩罚违约者的积极性，方法是不再与他交易或往来。如果受损害的人没有积极性或没有办法惩罚对方，机会主义行为就会盛行，市场秩序必定混乱。

据报道，自2013年10月1日起，最高人民法院《关于公布失信被执行人名单信息的若干规定》开始实施。名单库于2013年10月24日公布，截至11月4日，全国法院共将31259位老赖信息纳入其中，其中有1045名看到名单中有自己的名字后主动还款或已联系执行人协商还款。还有北京、广东等地20%左右符合列入黑名单的被执行人在名单公布前都自觉地履行了相关义务。

随着我国信用体系的建设和完善，信用机制在市场经济中必将发挥越来越大的作用。

16.3.3　法律与信用的关系

法律和信用是维护市场有序运行的两个互补的基本机制，既有互相替代的一面，又有互补的一面。就替代性而言，良好的信用可以大大减少对法律的需求，节约交易成本；就互补性而言，信用和法律常常是互为加强的。一方面，由于大量的交易合同是不可能完备的，如果没有信用，法律也是无能为力的；另一方面，如果没有完善的法律，人们建立信用的积极性就可能大大降低。法律作为维护信用的底线作用不可低估，在很多情况下，严格的法律制裁可以使人们更讲信用。

法律规定交易双方权利和义务的大范围，信用负责法律难以规定或没有规定的状态。因为法律是由第三方实施的，它不仅要求双方当事人能观察到交易行为，而且要求法庭能鉴证这种行为，而在许多情况下，要做到后者是很困难的。与法律相比，信用机制是一种成本更低的机制。在许多情况下，法律也无能为力，只有信用能起作用，如职业道德问题，因为法律很难定义什么是职业道德的标准，更不用说判断某种特定的行为是否违反职业道德了。

16.4　市场类型

所谓市场类型，是指市场中供求双方之间表现出的结构及其特征。市场类型涉及许多影响因素，例如，市场中买主和卖主的数量，产品特征（主要是指有无实现同一产品功能的替代产品），生产函数及其所反映的规模收益特征，以及消费者特征（指消费者的价格意识、对产品的辨析能力、地理流动性等），等等。但是，对于确定的产品来说，市场类型的决定性因素是市场中买主和卖主的数量。划分市场类型可以采用不同的标准和方法，这里把市场中买卖双方的数目分为一个、若干个、许多个三种情况。如果以 m （mono-）表示一个，以 o（oligo-）表示若干个，以 p（poly-）表示许多个；并以小写字母代表买方的数目，以大写字母代表卖方的数目，则买卖双方结合所表现出的市场类型如表 16-1 所示。

以下对表 16-1 中的九种市场分别作简要说明：

按供求双方数目划分的市场类型　　　　　　　　　　　表 16-1

买方数目	卖方数目	一个 M	若干个 O	许多个 P
一个	m	买卖双方垄断	买方有限垄断	买方垄断
若干个	o	卖方有限垄断	买卖双方不完全竞争	买方不完全竞争
许多个	p	卖方垄断	卖方不完全竞争	完全竞争

（1）买卖双方垄断型市场（M-m）

这种市场中只有一个买主和一个卖主。在现实的物质产品市场中，基本上不会出现这种类型的市场，但是，当国家作为买主时，某些极特殊的产品有可能表现为这种市场。另外，某些资本主义国家的劳动力市场由企业主联合会和行业工会双方共同确定劳动力的价格（工资）和其他福利条件。可以认为是典型的买卖双方垄断型市场。

（2）卖方有限垄断型市场（M-o）

这种市场中只有一个卖主和若干个买主，卖主处于垄断地位，但是，由于买主不多，垄断性不是十分突出，因而称其为有限垄断或相对垄断。一般来说，形成这种市场的商品价值量大、应用范围窄、需求者不多，而生产者往往拥有某种特殊技术、设备或专利。这种市场的基本特征与卖方垄断型市场相同，只是在程度上表现出一定的差异。

（3）卖方垄断型市场（M-p）

在这种市场中，卖方处于完全垄断或绝对垄断的地位，其主要特征如下：

1）参加市场活动的只有一个卖主，却有许多个买主；

2）商品的专用性特别强，没有相似的替代品；

3）交易的价格和数量由卖方决定，卖方可获得超额利润；

4）由于某种原因，其他卖主不可能参加竞争。

这类市场一般都表现为国家垄断。在这类市场中，价值规律和供求规律的作用受到很大的限制，可能导致超额利润和降低生产，从而不利于社会经济的发展。在现代社会，除了一些公用事业（如电力、自来水、邮电、铁路等）由国家垄断外，卖方完全垄断型市场已经极少。而且，即使国家垄断的市场，也未必是完全垄断型市场。例如，铁路虽然由国家垄断经营，但从交通运输的功能来看，却面临着公路运输、水路运输甚至空中运输的竞争。又如，电力公司在动力和照明市场处于完全垄断的地位，但在供热市场却要与煤、煤气、液化石油气的供应者竞争。在实行国家垄断的领域，一般并不出现超额利润,更多地表现为效率低下,服务低劣。

(4) 买方有限垄断型市场(O-m)

这种市场中只有一个买主和若干个卖主,买主处于垄断地位。但是,由于卖主不多,这种垄断性不是十分显著,因而称其为有限垄断或相对垄断。这种市场的基本特征与买方垄断型市场相同,但在垄断程度上却有较大的差异。这种市场中的买方在绝大多数情况下为国家,商品的价值量巨大,需要高、精、尖的科学技术,如国防工程、航空航天工程等领域的关键产品;而卖方由于掌握某种特殊技术,且数目不多,因而不至于完全被买方所控制。

(5) 买卖双方不完全竞争型市场(O-o)

这种市场中的买主和卖主数目都不止一个,但又都不是很多,相对于完全垄断型市场而言,买卖双方的数目大体相等或比较接近。这种市场的买卖双方一般都是生产集中化程度较高的大型企业,交易的商品专用性较强,如大型机械、成套工艺设备等。由于在这类市场中买卖双方地位基本平等,在竞争上与完全竞争型市场相似,但是,由于买卖双方的数目较少。竞争性受到一定限制,因而是不完全竞争。而且,个别买主或卖主的行为可能对市场的交易活动产生较大影响。

(6) 卖方不完全竞争型市场(O-p)

这种市场在竞争中不排除某方面的垄断,而在垄断中同时存在较剧烈的竞争。这是现代社会中大量存在的一种市场类型,其主要特征如下:

1) 有两个以上的卖主参加市场活动,买主相对于卖主而言显得很多;

2) 卖主具备一些较优越的条件,例如,拥有雄厚的资本,或拥有生产或经营上的专利权,或占有某种特殊的原料和技术,或成立了某种类型的垄断组织(如康采恩、卡特尔、托拉斯、辛迪加等),从而可以对市场成交的价格和数量起较大的影响作用;

3) 其他卖主参加市场的活动受到一定条件的限制;

4) 某一卖主的行为变化往往引起其他卖主的连锁反应。

这类市场的商品一般属于资金、技术密集型行业,如汽车、钢铁、石油、化工工业等。

(7) 买方垄断型市场(P-m)

这种市场的特征与卖方垄断型市场基本相同,只要将"卖方"换为"买方"即可。这种市场一般也表现为国家垄断。例如,我国曾在相当长的时期内对粮、棉、油等农产品实行由国家统一收购的制度,就属于这类市场。即使是实行市场经济的国家,也往往由国家对农产品制定最低收购价或实行价格补贴政策,可以认为是这类市场的变体。

(8) 买方不完全竞争型市场(P-o)

这类市场的特征与卖方不完全竞争型市场基本相同,只要将有关内容中的"卖方"和"买方"相互交换即可。当卖方不完全竞争型市场中的卖方作为其他商品的买方时,如果卖方数目很多,就形成这类市场。例如,劳动力市场,以农产品作为加工工业原料的市场,半成品、零部件市场等。显然,既是卖方不完全竞争型市场中的卖方,又是买方不完全竞争型市场中的买方的企业或企业集团，对市场的控制和影响程度特别大。在这种情况下，垄断性显得较强，而竞争性则显得不足。

（9）完全竞争型市场（P-p）

要形成完全竞争型市场，必须具备以下条件：

1）有大量的买主和卖主，每一买主或卖主购买或出售的商品数量在市场交易总量中只占极小的份额，都不足以影响市场上的价格。市场成交的平均价格是在多次大量交易过程中自然形成的，少数买主或卖主都不可能决定或操纵市场成交价格和成交数量。

2）出售的商品质量相同，每个卖主出售的商品都可由买主辨别，并与其他卖主出售的同种产品质量相同。

3）买方和卖方参加市场交易活动都有完全的自由，不受任何限制，可以自由进入或退出市场。

4）市场中所有的买主和卖主都充分掌握有关商品成本、价格、数量和质量的信息。

在这类市场的商品交换中，价格的波动和供求的变化都比较大，市场基本上受价值规律支配：供不应求，价格就上涨；供过于求，价格就下跌。任何一个生产者或消费者都不可能支配市场。以上条件对完全竞争型市场的限制近于苛刻，以至于在现实经济活动中不可能完全具备这些条件，因而也就很难有完全竞争型市场。一般认为，证券交易市场是最为典型的完全竞争型市场。但是，对完全竞争型市场经济活动规律的分析有助于加深对其他各种类型市场的认识，因而这些假定条件是必要的，也是可以接受的。对于实际的市场来说，只要基本符合这些条件，尤其是符合其中第一个条件，就可以认为属于或接近于完全竞争型市场。

市场也可以按照其他方式进行分类，例如，将上述九种类型市场归纳为垄断型、不完全竞争型、完全竞争型三类市场；或分为买方市场和卖方市场两类市场，即需求量小于供给量的市场称为买方市场，需求量大于供给量的市场称为卖方市场。

思考题

1. 何谓市场？形成市场要具备哪些条件？
2. 试说明市场活动的当事人及其相互之间的关系。
3. 如何理解建筑市场的概念？
4. 简要说明市场机制和市场秩序的主要内容。
5. 信用机制起作用的三个前提条件是什么？
6. 按照市场中买卖双方的数目，可将市场分为哪几种类型？其中哪些类型的市场最为常见？其主要特征是什么？

第17章 建筑市场的需求

首先，应严格区分需要（needs）与需求（demand, requirement）这两个概念。需要是指人们为了维持生产和生活的正常进行，对生产资料和生活资料提出的一种欲望或意愿。不同的欲望或意愿就有不同的需要。由于生产力水平的限制和需要本身的不断发展，总有一部分需要得不到满足。而需求则是指人们在现有的收入保证范围内对社会产品的一种物质要求和欲望。它有两个条件：一是人们要有欲望或需要，即愿意购买；二是人们要有收入保证，即有支付能力。因此，需求实质上是受一定收入水平制约的、有限度的需要，是指既有愿望、又有支付能力的需要。

其次，要明确社会总需求和市场总需求的区别。社会总需求包括市场总需求和非市场总需求。市场总需求是指一定时期各类消费者根据收入，通过市场购买和使用的产品总量。非市场总需求是指一定时期各类消费者不直接通过市场而使用或消费的产品总量，如实物分配、自产自用产品、某些军工产品或战略物资等。在市场经济比较发达的条件下，市场总需求在社会总需求中占有主导地位。人们研究社会总需求，往往着重研究市场总需求，因为其能真正反映市场经济的运行规律。

建筑市场需求的物质表现是对建筑产品的需求。无论是作为生产资料或是生活资料，建筑产品都是人们最基本的消费需要。在建筑生产社会化程度高度发展的当代社会，这种需要的绝大部分是通过建筑市场得到满足的。得到满足的、对建筑产品的消费需要，就是建筑市场的需求。

建筑市场需求的价值表现是固定资产投资。建筑产品的实物形态千差万别，但任何实物形态的建筑产品，都可以在价值形态上得到统一。因此，固定资产投资是建筑市场需求的最直接和最综合的体现，是国民经济大系统中与建筑业联系最为密切的因素。固定资产投资的变化和发展，在相当程度上决定了建筑业的发展速度和方向。

建筑市场的物质需求和价值需求还会引起建筑市场的间接需求或派生需求，其中，对建筑市场影响较大的是资源需求。

17.1 建筑市场需求的特点

与一般市场的需求相比，建筑市场的物质需求和价值需求具有以下特点：

1. 鲜明的个别性

在第 3 章中曾提到建筑产品具有多样性，那是建筑产品的"产品特征"，与此相应的"需求特征"表现为个别性。建筑市场需求的个别性是由对建筑产品的消费需要和消费能力两方面因素决定的。

当建筑产品作为生活资料时，由于消费者个人喜好、教育程度、文化素养、对建筑艺术的鉴赏能力等方面的不同，对建筑产品使用功能的需求也就不尽相同，对建筑产品的造型、内部空间和平面组合与布置也各有选择或偏爱。同时，由于消费者的社会地位、经济收入、家庭负担等方面的差异，主观的要求和需要必须与客观的条件相结合才能形成现实的、对建筑产品的需求。

同样，当建筑产品作为生产资料时，作为消费者的企业在生产规模、生产工艺、产品特征、企业组织等方面均有显著差异，加之各企业的经营状况、盈利水平、企业发展战略、扩大再生产的能力等方面也互不相同，因而对建筑产品的需求也表现出鲜明的个别性，在相当程度上决定了建筑市场的供给方式。即使是需求面广量大的住宅建筑，在"住得下"的问题解决之后，随着人民物质文化生活水平的提高，也仍然会表现出相当程度的需求个别性。

2. 明显的区域性

建筑产品的固定性，使建筑市场中不存在建筑产品的实物流通，从而形成建筑市场需求的区域性特点。

它首先表现在需求的内容因地区而异。不同地区的社会、经济、技术、文化、风俗等方面的差异，在建筑市场的需求上形成区域性的形和质的差别，这种差别是在区域的历史传统中逐步发展而形成的。当代社会随着各地区间经济、文化等方面交流、渗透的日益加强，同一地区建筑产品的造型、风格也日益多样化。但即使如此，区域性仍然明显存在。在一般商品的区域性已消失的今天，建筑产品的区域性显得格外突出。

区域性还表现在建筑市场需求的变化因地区而异。生产力发展的不均衡，使原本技术经济条件、历史文化背景等方面基本相同或相近的地区之间，产生新的差异；同样，原来技术经济等方面条件差距较大的地区之间，也可能日益接近。这些变化的过程及其结果，都导致不同地区建筑市场需求变化的速度和方向各不相同。

建筑市场需求的区域性是导致建筑市场区域性的主要原因之一。

3. 需求的间断性

建筑产品的使用寿命长达数十年、上百年，对于特定建筑产品的特定消费者来说，需求具有一次性的特点。对许多建筑产品的需求都不是连续发生的，而是断断续续的，其间隔时间很长。需要说明的是，建筑市场需求的间断性，是对建筑产品的消费主体而言，如果从整个建筑市场来考察，需求仍是连续的、大量的。对于建筑产品的供给方来说，由于需求者及其需要的建筑产品是不断变换的，仍然可以认为需求是间断的。正是需求的间断性，使得建筑市场的消费者相对缺乏以建筑产品作为商品交换对象的知识和经验，也容易导致建筑产品消费需要与消费能力之间的矛盾，在客观上形成对建筑产品消费需要满足程度较低、对建筑产品的需求过热的现象。此外，间断性还导致建筑市场需求变化的不稳定性，其波动幅度比一般商品市场大。当然，建筑市场需求的总体变化是多种因素综合作用的结果，并不仅仅取决于需求的间断性。

4. 需求弹性小

严格地说，这里所说的需求弹性是指需求价格弹性。在第8章中已对建筑产品作为一般消费资料（如住宅）的需求弹性作了阐述，此不赘述。现就作为生产资料和公共设施的建筑产品的需求弹性进行分析。

建筑产品作为生产资料有两种最基本的情况：一是作为直接生产资料，即由建筑产品直接取得收益，如宾馆、商用办公楼等；二是作为间接生产资料或辅助生产资料，而不能直接取得收益，如厂房、仓库等。对于作为直接生产资料的建筑产品来说，其需求主要取决于收益价值，即在使用寿命（技术寿命或经济寿命）内能取得多少收益，价格因素的作用退居其次，因而需求弹性较小。对于作为间接生产资料的建筑产品来说，需求主要取决于其辅助生产的产品的投资效益。建筑产品的价格在一次性投资中所占的比例较小，而且使用寿命长，不需要随生产工艺、设备的更新而更新，从而使建筑产品价格在产品成本中的摊销比例很低。因此，对这类建筑产品来说，价格高低不是决定性因素，相应的需求弹性也较小。

对于作为公共设施的建筑产品，如道路、城市供水排水管线、污水处理厂等，一般都不能从中直接取得收益，而投资额却往往是相当大的。对这类建筑产品的需求，主要取决于社会需要及其产生的社会效益，以及一定时期内国家或政府的经济实力。其中，国家或政府经济实力所能满足的社会需要即为这类建筑产品的需求总量。由于总有轻重缓急之分，究竟选择哪些具体的建筑产品，要通过比较它们的社会效益才能决定，涉及社会效益的评价方法和指标。对这类建筑产品进行社会效益分析和评价时，价格因素是必须考虑的因素之一，但往往并不起决定性的作用，尤其是当社会需要满足程度较低时，价格对需求的影响更小，因而需求价格弹性也较小。

综上所述，各类建筑产品都表现出需求价格弹性较小的特点，一般都属于 $|E_d|<1$ 的范畴，如图 8-1 所示。当然，各类建筑产品的需求弹性是有区别的，即使是同一类建筑产品，其需求弹性在不同地区或不同时期也会有所不同，但所有的区别和变化总不会超出 $|E_d|<1$ 的范围。

5. 具有相当程度的计划性

我国社会主义市场经济的发展需要大规模经济建设，对建筑产品的需求在总体上表现为固定资产投资。我国的固定资产投资具有很强的计划性，内容上，包括投资规模计划、新增生产能力和新增固定资产计划以及建设项目计划；时间上，有长期计划、中期计划和年度计划；此外，还有严格的项目审批程序。即使在投资来源实现多元化之后，计划性也依然存在，不仅对国家投资项目有严格的计划，民间投资也要纳入全社会固定资产投资计划的范围，连作为消费资料的住宅建筑也不例外。当计划性合理可行、符合客观经济规律时，可使建筑市场的需求呈现出稳定、连续发展的局面，有利于充分利用社会资源和提高社会生产力；反之，则可能造成建筑市场的需求大起大落，引起供求关系的失衡，不利于国民经济和建筑业的发展。因此，提高固定资产投资计划的科学性，保证计划的连续性和稳定性，对建筑市场需求的稳定有重要意义，也是使建筑市场总体供求关系保持动态平衡的必要条件之一。

在资本主义国家，建筑市场的需求同样具有一定程度的计划性。虽然资本主义国家实行市场经济制度，但政府投资仍占有相当大的比例，而且大多是用于公共设施或其他以社会效益为主的建筑产品，具有很强的计划性，相应的建筑市场需求表现出计划性的特点。企业和个人对建筑产品的需求也有计划性。建筑产品价值巨大、建设周期长，从消费能力和产品供给两方面来看，都不可能做到随时想买就买、想要就要，而必须从长计议。作为企业，无论是简单再生产还是扩大再生产，都不是临时的决定，而是综合企业的现有生产能力、市场占有率、盈利水平、发展战略等多种因素决定的，即由企业计划决定。对于个人来说，对建筑产品的需求主要表现在对住宅的需求。住宅消费在个人消费结构中的比例大，一般中等收入的家庭至少得积蓄10年左右才有能力买房或建房（如以按揭方式买房，虽然可以提前买房、但首付款也需一定时间积蓄，且还款年限一般都在10年以上），因而也必须预先有一个家庭计划。企业计划和家庭计划与国家的宏观计划有根本区别，它只是就建筑产品的消费主体而言，不能保证建筑市场需求的稳定性。

17.2 建筑市场的需求主体

建筑市场的需求主体习惯上称为业主，我国有关法规中以及在实践中常常称为建设单位。

业主是一种统称，泛指建筑产品的预订者。业主除了必须为预订建筑产品的生产提供资金外，还必须拥有建筑基地的所有权或使用权，并获得在此建筑基地上建造预订的建筑产品的许可。

17.2.1 业主的类型

建筑生产活动是人类的基本生产活动，业主的范围极其广泛，涉及国民经济的各个领域、各个方面，但从业主的一般意义上将其归纳为政府、企业和个人三大类。

政府作为业主不是从其机构的角度而是从建设资金来源的角度理解。政府投资兴建的建筑产品大多是以社会效益为主的公共性建筑，或是对国有资源（如土地、矿藏、森林、江、河、湖、海等）开发和利用的建筑。例如，国防工程、大型水利电力枢纽工程、矿山、高速公路、铁路、桥梁、港口、码头、城市道路和供水排水系统、文化、教育、卫生设施等。政府作为业主，从机构的层次来说，可以是中央政府或地方各级政府；从机构的内容来说，可以是国民经济中的各个部门或系统。

不同经济制度的国家，政府作为业主的比例有很大差异，即使经济制度相同的国家，政府作为业主的比例亦有所不同。我国是社会主义国家，国有资源的范围较广，大中型企业多为全民所有制，因而政府作为业主的比例很高。在经济体制改革后，采取了一系列措施，如政企分开、拨款改贷款、企业实行股份制等，政府作为业主的比例逐渐下降。随着我国经济体制改革的进一步深化，这一比例还将继续降低。

企业作为业主在大多数情况下是出于扩大再生产或简单再生产的需要。这里所说的企业是指有独立经营权利和能力的社会经济实体，如工业企业、商业企业、旅馆、银行、保险公司等。大型企业盈利能力强，需要并能够经常扩大再生产，其作为业主的频率较高，相应地也就较有经验；而中小型企业只是偶尔作为业主，缺乏这方面的经验。

从全社会来看，要发展经济，就必须进行扩大再生产。企业用于扩大再生产的投资大大超过政府对公共建筑等的投资，但是，企业投资兴建的建筑产品的平均规模远小于政府投资兴建的建筑产品的平均规模。因此，从数量和频率上来看，企业作为业主的比例更高。目前在我国，这一比例与政府作为业主的比例呈此长彼消的态势。

个人作为业主在大多数情况下出于个人消费的需要，在少数情况下出于资金保值的考虑。个人投资兴建的建筑产品主要是住宅。目前我国城市居民自建房的比例极低，个人投资建房集中在农村。但农民建房在我国现阶段大多仍采用传统的自建共助方式，与社会化大生产条件下严格意义的业主相差甚远。我国全面改革住房制度后，城市居民主要是购买成批建设的商品房，而不会成为私人建房的业主。这一方面是由我国城市土地属国家所有的制度决定的；另一方面是因为我国人口密度高，城市人口密度更高，不宜建造土地利用率不高的独户住宅（多为1~3层）。需要说明的是，如果个人以盈利为目的投资兴建住宅，通过出租或出售取得附加收入，其性质与企业经营相同，应视为企业业主。

以上三类业主的区别是明显的，但并不一定截然分开，有时可能在同一建筑产品上同时出现多个或多类业主，即形成"混合型"业主。就政府业主而言，可能由中央政府、省政府、区县政府共同投资兴建某一工程。最为典型的是道路工程，许多国家都采用各级政府共建的方式。政府也可能与企业共同构成业主，政府对企业投资或政府占有企业的固定资产。我国全民所有制大中型企业即使改成股份制，也必然要保留国家股。这类企业进行扩大再生产时，就不能理解为纯粹的企业业主。政府作为业主时，往往要落实到具体的单位，如教育建设资金落实到某某大学、中学或小学，医疗保健资金落实到某医院等。企业向常规的"政府项目"投资，也是政府和企业共同作为业主的一种形式。

17.2.2 业主与用户的区别

与业主相联系而又相区别的概念是建筑产品的用户。就法律地位而言，建筑产品的用户分为两类：一类是建筑产品的用户与所有者相一致，另一类是建筑产品的用户与所有者不一致。这里着重讨论后一种情况。

对于政府作为业主的大多数建筑产品来说，用户与所有者不一致，而且用户的范围极广。企业作为业主的少数建筑产品，用户与所有者也不一致，如出租用的住宅、办公楼、旅馆等。个人作为业主也可能出现类似情况，如子女继承父母的房产等。在大多数情况下，用户主要考虑的是建筑产品的使用功能和要付出的相应代价，与业主的出发点有所不同，有时甚至大相径庭。作为业主来说，无论是政府还是企业或个人，当自己不作为拟建建筑产品用户时，必须充分考虑用户的愿望和要求，才能充分发挥拟建建筑产品的作用，使业主和用户的利益统一起来，否则，就可能事与愿违。不过，要做到这一点有时是很困难的，尤其是在政府作为业主时，往往"众口难调"，很难满足所有用户的要求，只能以政府和大多数用户的利益为出发点。

17.2.3 业主的工作

作为业主要投资兴建一个建筑产品，一个重要的任务就是筹措建设资金。业主的类型不同，筹措资金的方式也不尽相同。

政府作为业主时，主要的资金来源为财政预算。我国曾在较长时间内将此作为政府投资的唯一渠道。实践证明，这不利于我国社会主义经济建设的发展。自改革开放以来，政府项目投资资金的筹措方式变得灵活、多元化，如发行建设债券，向外国政府或金融机构借款，加入国际金融组织并利用其优惠的贷款条件，制定优惠政策吸引外国企业向土地开发、城市基础设施等领域投资等；并学习运用国际上一些新的资金筹措方式（又称融资方式），如 BOT（Build-Operate-Transfer）、TOT（Transfer-Operate-Transfer）、BT（Build-Transfer）、ABS（Asset Backed Securitization）、PPP（Public-Private-Partnership）、融资租赁等。这些方式所筹措的资金有时是针对特定的项目，有时则是针对某一类项目。这些项目大多经过严格的项目评估程序，都是经济效益或社会效益较好的项目。采用多渠道的资金筹措方式，对于缓解我国建设资金不足的状况起到积极作用。

企业作为业主时，筹措资金的渠道很多，也较为灵活。自有资金是企业投资的一个重要来源，但不是唯一来源。如果完全依靠自有资金进行扩大再生产，企业的发展速度就比较缓慢，常常可能失去良好的投资机会，因而在经济发达国家，自有资金占企业投资的比例已经很低。企业可以通过银行贷款、发行股票或企业债券、向其他企业或个人集资等方式筹措资金，前提是企业拥有较强的经济实力，经营情况良好且有较高的社会信誉。企业也可以与其他企业合资兴建某一建筑产品，合资对象可以是国内企业，也可以是国外企业。对于可以直接销售或出租获得收益的拟建建筑产品，如通用办公楼、高级公寓、一般民用住宅等，若市场需求量大而供给量紧缺，可以采用产前预售的方式筹措资金。即在施工过程中，甚至在设计完成之后尚未开始施工之前就将拟建的建筑产品销售或出租出去。住宅（商品房）产前预售通常要满足一定的条件（如多层住宅结构封顶、高层住宅主体结构达到多少层），并取得政府的审查许可，产前预售的价格一般要较为优惠才有吸引力。

个人作为业主时，资金的来源主要是自有资金和银行贷款。个人建房要取得银行贷款，往往需要具备一定的条件。例如，已参加住宅专项储蓄且储蓄额已达到规定的额度，或有可靠的正式职业且收入水平可以偿还贷款等。许多国家对个人建房买房都制定了较为优惠的政策，如贷款利率低、偿还期长，甚至减免所得税等。个人建房筹措资金的一种特殊方式是自行完成工作量，例如，自己设计、自己施工，甚至自己制作简易的构配件、烧砖瓦等。自行完成工作量虽然未创造实际的资金，但从机会成本的观念来分析，如果不是业主自己完成这些工作，而是委托社会化的专业机构来完成，业主必须付出资金，因而自行完成工作量可以看作是筹措资金的一种特殊方式。在生产社会化程度不高，或业主没有机会以投入建房工作的时间创造出价值更高的收入时，会得到运用。这种方式在我国农村现阶段尚比较普遍，在经济发达国家也时有所闻，甚至成为一种时尚，是 DIY （Do it yourself，即自己动手做）的一种表现，是体现自身价值、自得其乐的一种方式，不过，在社会化大生产日益广泛的当代，自行完成工作量的比例很低。

除了筹措资金之外，业主还要完成许多工作，可归纳为以下四个方面：

（1）明确拟建工程范围并确定项目的总目标，包括工程的建设规模、工程的内容和组成、对工程的使用功能和质量的要求、总的投资规模（可能时，将总投资进行必要的分解）、总的建设工期要求及重要的里程碑事件的时间要求等。

（2）提供建筑基地并负责完成施工前的现场准备工作，包括做好现场的"三通一平"工作。为此，可能需要办理征地、拆迁工作。对建筑基地要特别注意地下权、地上权等问题，还要注意城市规划对该建筑基地使用的规定或限制，以及与相邻建筑的关系。

（3）办理各种与工程建设有关的审批手续，如用水、用电、消防、环保、道路占用、交通改线、管线搬迁、施工许可证等，涉及面广，影响因素多，费时费力，往往成为影响拟建工程建设工期和投资的重要因素。

（4）对工程实施的全过程进行管理，从设计前准备阶段到设计阶段、施工阶段，直至交付验收、保修阶段，都要进行项目目标控制，即投资控制、进度控制和质量控制。其中，阶段性的工作有：选择设计方案、确定设计单位、组织施工招标、确定施工单位、参加隐蔽工程验收和竣工验收等。

一般来说，业主均缺乏建筑生产方面的专业技术知识和经验，更缺乏建筑生产方面的管理知识和经验，常常需要委托专业化、社会化的咨询机构为其进行项目管理。但是，项目管理咨询机构并不能完全取代业主，它主要从事上述业主工作第四个方面的内容，前面三个方面的工作仍需由业主完成。即使第四个方面的工作内容，在委托咨询机构进行项目管理之后，业主仍然有相当数量的决策任务、认可任务和审核任务。

17.2.4 业主的采购方式

在市场经济的一般情况下，一个建设项目决策之后，需求者准备付诸实施时必须着重考虑两个问题，一是为获得所需要的建筑产品，他要准备付出多少钱；二是选择什么样的供给者，即由哪个生产者来生产能使自己满意的建筑产品，把钱花得"值"。

对于第一个问题，国际上通常的做法是要先有个匡算，如果工程复杂，建设周期较长，应将可能发生的设计变更、通货膨胀、物价变化以及外汇汇率波动等因素都适当考虑在内，因为有关的一切支出都要由产品需求者自己筹措和支付，所以一定要事先心中有数，支出要有计划性，不能随心所欲，必须受预算的严格约束。每个需求者都如此，综合起来就形成了建筑市场上总需求的规模。

对第二个问题，一般要通过竞争（主要是通过招标）选择信誉良好、报价合理的建筑产品生产者，与之签订合同，并聘请咨询工程师进行管理和控制。这就涉及业主的采购方式问题。

首先，从建筑产品的生产过程看，业主可以采取全过程建设的采购模式，也可以采用分段生产分别采购的模式，即勘察设计的采购、材料和设备的采购、施工与安装的采购等。而施工与安装的采购又可以将全部施工任务打包一次性发包，也可以按照单项工程、单位工程、分部工程甚至具体的专业工程分解后分别发包，前者属于项目管理学中的施工总承包模式，后者是属于平行发包模式，全过程建设采购则属于项目总承包（工程总承包）模式。如图17-1所示。

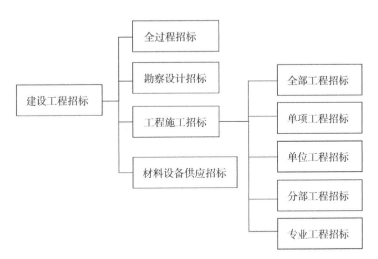

图17-1　建筑产品生产的采购模式

图17-1中，工程施工招标中的全部工程招标指的是一个建设项目全部施工任务的招标，如一个居住小区工程，其全部工程包括各幢房屋、烟囱、化粪池、道路等；而单项工程招标指的是一个建设项目中的一项工程施工任务的招标，如居住小区的一幢楼或一个烟囱施工任务的招标等；单位工程招标如土建工程招标、安装工程招标、装饰工程招标等；分部工程招标如土方工程招标、混凝土和钢筋混凝土工程招标；而专业工程招标

则其范围更窄，如外装饰工程中的玻璃幕墙工程，厨房设备工程等。

关于项目采购模式（或者工程发包模式），还有许多具体的发展和创新模式，比如施工总承包管理模式、项目总承包管理模式、CM 模式等，这在工程项目管理学中一般都有比较详细的阐述，此处不再赘述。

其次，从采购对象的属性来看，可以分为货物采购、工程采购和咨询服务采购。

再次，采购的方式有竞争性和非竞争性。

招标是工程和货物的竞争性采购方式之一，这部分而将在第 20 章进行进一步阐述。其他的采购方式还有，对货物和工程进行询价采购、直接签订合同、自营模式等。

对于工程咨询顾问的选择和聘请，世界银行推荐的采购方式主要为：基于质量和费用的选择、基于质量的选择、固定预算下的选择、最低费用的选择、基于咨询顾问资历的选择、单一来源的选择、商业惯例、特殊类型咨询顾问的选择。

17.3 建筑市场的投资需求

从广义上说，投资需求既包括固定资产投资需求，也包括流动资产投资需求，这里仅考虑固定资产的投资需求。

17.3.1 投资需求分析

建筑市场由于交易和支付方式的特殊性，需求类型十分复杂，建筑产品或服务的主要需求方（买方）有政府、国有企业、事业单位、民营企业、其他社会组织、个人等。其中，房地产开发公司具有双重身份，对承包商来说是需求方，对住户来说是供给方。

建筑市场的需求与投资密切相关，建筑市场的社会总需求主要取决于固定资产投资中的建筑安装工程投资，它表明投资者愿意并且有能力投入到建筑市场的资金。建筑产品的需求可以视为一种长期投资需求，因为建筑物一旦建成，即可发挥收益和使用效益，而且均可持续几十年、上百年。下面主要从有效需求和派生需求两个方面来探讨建筑市场需求。

1. 有效需求

有效需求是指需求方在一定时期内按给定的价格，愿意并且有能力购买的产品或服务的数量。建筑市场的有效需求对应的是业主方希望并有能力购买的建筑产品及相关服务的数量。

在建筑市场上，有效需求以需求方可以支配的购买力为后盾，若投资不到位，就不是有效需求；若买方的需求受到市场上的数量限制（总供给量不足或总需求量过大），难以满足其需求，也不能称之为有效需求。目前建筑市场存在的工程款拖欠、房地产闲置、投资项目因不配套而效率低下等，都与有效需求不足有关。一些政府投资项目，由于在项目审查、资金使用和管理上存在着许多缺陷，导致投资不到位，拖欠工程款的数额和时间达到了惊人的程度，这些都不是有效需求。

2. 派生需求

派生需求是指对一种生产要素的需求来自（派生自）对另一种产品的需求。在建筑市场中，建筑产品或服务的需求大多属于派生需求。对厂房、办公楼、交通设施等产品的需求，是由最终产品或用途派生出来的。例如，对小汽车、电脑、服装、商业贸易的需求，派生出对厂房、商业建筑的需求；对教育的需求派生出对校舍、办公楼的需求；对交通便利的需求，派生出高速公路、高速铁路、地铁、城市轻轨的需求。明确派生关系，有利于企业寻找目标市场，预测未来市场份额和前景。

按照建筑需求的性质，还可以分为生产性建筑需求和非生产性建筑需求。前者指用于物质生产和直接为物质生产服务的建设，包括工业建设、农林水利建设、邮电和运输建设等；后者指用于满足人民物质和文化生活福利需要的建设，包括住宅建设、文教卫生建设、公用设施建设等。

按照产业划分，有第一产业、第二产业和第三产业的建筑需求。

建筑需求还有突出的地区性特点，受区域的经济发展水平和环境条件影响较大。

17.3.2 投资需求的影响因素

影响有效需求的主观因素是购买者的意愿，客观因素是有意愿购买者的数量以及购买者的能力。影响购买意愿的主要因素有经济发展水平、偏好、预期等，影响购买能力的有国民经济和社会发展规划、财政政策、信贷政策、社会经济发展水平、价格、收入、人口等。以上影响因素可归类为政策、经济、社会三大因素。

1. 政策因素

（1）国民经济和社会发展规划

我国国民经济和社会发展规划是国家宏观调控的重要手段，也是政府履行经济调节、市场监管、社会管理以及公共服务职责的重要依据。国民经济和社会发展规划可分为总体规划、专项规划、区域规划。

如果总体规划中经济速度增长较快，相应的社会总需求的增速也会加快；如果专项规划中基础设施所占比重很大，则会迅速地增加建筑产品的需求。

（2）财政政策

税收政策是重要的影响因素。比如，如果政府减少个人所得税，会增加居民可支配收入，从而可能增加所有商品（包括建筑产品）的需求；而如果政府直接对建筑产品的购买者减少税收，如为鼓励居民买房而降低契税税率，则可直接增加对建筑产品的需求。

政府支出政策影响也很大。扩大政府支出，包括增加公共工程开支、政府购买、转移支付等，以增加居民消费，促使企业投资，可以提高总需求，克服经济的不景气。例如2008年，为应对国际金融危机对世界经济的严重冲击，中国政府制定出台4万亿元的刺激经济方案,拉开了大规模投资建设的序幕。其中,保障性安居工程,农村基础设施建设、铁路、公路和机场等重大基础设施的建设，直接且迅速加大了建筑市场的需求。

（3）信贷政策

目前来看，建筑产品或服务的支付能力大部分来自政府投资和贷款，所以中央政府和各家商业及政策性银行规定的信贷政策，对建筑产品的需求影响十分明显。

在银行信贷政策中对建筑产品影响最大的是利率和放贷准入门槛。

如果利率水平较低，企业的融资成本相应较低，进行投资可获得较丰厚的利润，企业愿意加大投资，无疑会带动各行各业对建筑产品的需求。

如果银行提高某行业放贷准入门槛，则该行业企业融资难度加大，对建筑产品的有效需求就会减少；相反，如果银行放低某行业放贷准入门槛，则该行业企业融资难度降低，那么该行业对建筑产品的有效需求就会增加。例如，银行对工程项目的贷款，必须要求投资者达到国家规定的资本金比例，并要求提供配套的担保；为控制房地产行业的投机及泡沫，政府提高了第二套房的购房贷款首付比例和停发第三套房及以上的购房贷款。这些政策都影响建筑产品的有效需求。2009年，《国务院关于调整固定资产投资项目资本金比例的通知》（国发〔2009〕27号文）规定了各行业投资项目要求的最低资本金比例，也对投资需求产生了重要影响。

2. 经济因素

（1）经济发展水平

经济发展水平是支撑建筑市场健康发展的一个重要因素，国内生产总值（GDP）是衡量国民经济发展的总体指标，也是影响建筑市场发展的主要因素。正常情况下，GDP与建筑产品需求呈正相关关系，即社会经济发展水平高，社会对各种基础设施、工厂、办公楼、商场、住宅和各种娱乐设施等的需求就会增加，从而导致建筑市场需求增加。

但经济发展到一定水平，随着土地储量的减少、土地价格的升高、环境保护要求的提高、建筑垃圾处理要求的提高，都会抑制社会对建筑产品的需求。

（2）需求价格

在一定时期内，买方对一定量产品或服务愿意支付的最高价格称为需求价格。需求价格是由一定量的产品或服务对买方的边际效用所决定的。根据产品或服务的边际效用递减规律，产品或服务对消费者的边际效用一般随着产品或服务数量的增加而减少，所以买主愿意支付的价格也随之减少。虽然不同产品或服务的需求价格不同，但某种产品数量越多，该种产品需求价格会越低是普遍规律。

建筑产品具有一般产品的属性，其需求价格是影响建筑产品需求量的重要因素。根据需求法则，假定其他因素不变，价格越高，需求量越小；价格越低，需求量越大。

但建筑产品需求是受多种影响因素共同作用的结果，建筑产品销售价格与需求的关系并不总是按照上述规律发展，特别是存在派生需求的情况下。

（3）收入

有效需求取决于支付能力，而支付能力又依赖于收入。在建筑产品的需求分析中，消费者的可支配收入是一个非常重要的因素。建筑产品作为高值耐用品，需要消费者支付的资金额较大，因此，要求其必须具有良好的收入水平。消费者可支配收入的高低直接决定购买力的大小，从而也就决定了建筑产品市场有效需求的大小。

如政府财政收入的多少（包括发行国债融资）直接影响政府投资，也直接影响政府对建筑产品的需求量。而房地产市场有效需求受到消费者实际购买力的限制。消费者实际购买力主要体现在居民人均可支配收入与居民储蓄存款两方面。居民人均可支配收入决定了房地产的有效需求，当居民人均可支配收入减少时，市场对房屋的有效需求就会减少；相反，当人均可支配收入增加时，市场对房屋的有效需求就会增加。居民储蓄存款与房地产市场需求呈正相关关系。如果一个城市的居民储蓄存款的数量增长，那么购买住房的资金就会增加，从而会导致房地产市场需求量的增加；反之，需求量会减少。

3. 社会因素

（1）人口

随着人口的自然增长和城市化进程的加快，城市规模不断扩大，大量农业人口向城市聚集，城市人口不断膨胀，必然导致城市住房需求的增加。由于建筑物一般预期寿命都超过50年，所以在考虑建设项目的长期经济性时，应当考虑不同地区和区域范围内将来人口的变化。

（2）偏好

偏好是指人们对某一建筑产品的喜爱程度。在价格不变的情况下，对某类建筑产品的偏好的上升会增加该建筑产品的需求。偏好既与消费者的个人兴趣爱好、宗教信仰、个性特征、消费观念等有关，也与整个社会风俗、文化传统、时尚风气等有关。

（3）预期

社会的群体预期对建筑产品需求产生重要的影响，无论这种预期正确与否。如果人们普遍预期某一类型的建筑产品未来价格会显著上涨，则会增加现时对建筑产品的消费和需求。预期效用有时会带来价格越高、需求越大的反常信息，这是因为人们普遍有"买涨不买跌"的心理。

17.4 建筑市场的资源需求

建筑市场的资源需求包括对建筑材料、劳动力、水、电、热、气等的需求，其中，以建筑材料、劳动力对建筑市场的影响最为突出。需要特别指出的是，建筑市场资源需求的供给主体与投资需求的供给主体有本质的不同，不能混为一谈。

17.4.1 建筑材料

建筑材料涉及几十个物质生产部门的产品，因此，所谓建筑材料工业实际上是生产建筑材料的各种行业的统称，而这些行业之间并没有共同的特点。建筑材料工业的生产方式各不相同,既有处于现代工业前列的,如钢铁、水泥、玻璃、化工等工业,也有属于第一产业的,如林业(木材),还有像石材、碎石、砂子那样的采石业。这些行业的产品作为建筑材料占其总产品(或销售额)的比例也相差悬殊,多的可达100%,少的只有百分之几或更少。而通常所说的建筑材料工业,主要是指那些产品作为建筑材料的比例很大和较大的产业,如型钢、圆钢、钢管、平板玻璃、木材、水泥及其制品、陶瓷制品、黏土砖瓦、石材、碎石、砂子、沥青、合成板等。

如第1章第1.3节所述,建筑产品的生产过程,同时也是物质资料的消费过程,其中对建筑材料的消费占有相当大的比重。据统计,我国建筑产品价格构成中建筑材料费用所占的比例一般在50%左右,可见建筑材料对建筑业的重要性。从建筑工程的发展历史来看,建筑材料的发展在一定程度上决定了建筑工程的发展,也在相当程度上决定着建筑业的发展。从某种意义上说,没有建筑材料就没有建筑业。当然,建筑业的发展则对建筑材料不断提出新的需求,从而又促进了建筑材料工业的发展。也就是说,相对于建筑材料工业而言,建筑业是需求;相对于建筑业而言,建筑材料工业是供给。建筑材料市场也就由此而形成。

1. 建筑材料市场的特点

建筑材料市场有狭义和广义之分。狭义的建筑材料市场,是指以建筑材料为交换内容的场所;广义的建筑材料市场,则是指建筑材料供求关系的总和。建筑材料的种类很多,不同建筑材料的市场情况存在不同程度的差异。但就建筑材料市场的总体而言,尤其是对于主要建筑材料的市场,仍具有一些共同的特点,主要表现在以下五个方面:

(1)区域性

建筑材料大多重量大、体积大,产地往往远离消费地点,因而运输量很大,费用亦较高。尤其有不少建筑材料本身的价值或生产价格并不高,但所需运输费用的绝对值或相对值却很高,这都在客观上要求尽可能就近选用建筑材料。而从建筑材料工业本身来看,大多并不需要特别复杂、先进的技术和设备,总体上是采用生产资料相对分散的生产方式,能够适应这种要求。因此,建筑材料的交换和流通范围往往限制在一定的区域内,在这个区域内,社会经济效果较好;反之,则会造成社会资源的浪费。

(2)季节性

这首先是由作为建筑材料需求方的建筑生产的季节性引起的。由于建筑生产受自然条件的影响大,施工内容的安排必须充分考虑季节因素。尽管采用工厂化生产的预制构配件可以在一定程度上缓解建筑生产的不均衡性,但仍不能根本排除季节性的影响,何况构配件的工厂化生产本身也或多或少地要受到季节性的影响。其次,建筑材料的生产虽然基本上是工厂化生产,相对于建筑生产而言是比较均衡的,但其生产条件和仓储条件一般并不好,一些原材料的生产和供应也受季节性影响,从而使建筑材料的生产不能完全避免季节性的影响。另外,建筑材料的运输方式主要有铁路运输、公路运输、水路运输。其中水路运输受季节性影响最为明显,江河的枯水期、汛期都会使运输能力大为下降,台风季节则不宜进行海运。至于铁路和公路运输,虽然较为稳定和通畅,但也不能说绝对不受季节影响。例如,路面有霜冻的季节就不宜进行公路运输,至少由于车速下降而会降低运输能力。此外,原木的运输则直接与山林的封山和融冻时间有关。

（3）流通途径多样化

建筑材料千差万别、种类繁多,不仅不同材料的流通途径有所不同,而且同种材料的流通途径也不尽相同。在市场经济条件下,建筑材料生产者可以通过与一般商品类似的途径,即"批发、零售"的方式销售产品;也可以直接向需求者出售产品(在这种情况下,一般是大宗交易或长期稳定的供货关系);还可以通过自己的门市部向零售店和一般需求者销售产品。另外,还有一类建筑材料经营公司,专门经销大宗建筑材料。这种经营公司可以向大宗材料需求者提供多种建筑材料,简化需求者的采购活动。以上只是对建筑材料流通途径的大致概括,实际情况还要灵活、复杂得多。图17-2为简化的建筑材料流通途径图。

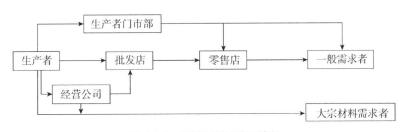

图 17-2 建筑材料的流通途径

（4）产需直接交换占主导地位

虽然建筑材料可以采用许多不同的流通途径,但是,由于建筑材料重量大、体积大,在转运过程中所发生的运输、装卸、仓储费用很大,而且在转运过程中有些材料(如砂、石等散装材料,陶瓷、砖瓦等易碎材料等)损耗的比例较大,因此,由生产者与需求者直接进行交换就显示出较大的优越性,这在大宗交易中更为突出。建筑材料的生产者直接向需求者供货,不仅可以减少损耗、节约费用,而且可以缩短建筑材料在转运、流通过程中的滞留时间,加速资金的周转。此外,还有利于促进建筑材料生产厂家与建筑企业之间建立长期、稳定的供应关系。这样,既便于建筑企业通过了解供货单位的材料性能和质量、供求手续和条件、运输条件等来合理安排采购计划,也可以使建筑材料生产厂家更好地了解建筑企业对材料的需要,以便合理组织生产和供应,使建筑材料的供给尽可能好地适应需求。

（5）价格差异大

由于建筑材料的生产受当地原材料来源、生产条件、自然条件等因素影响,不同地区的同种材料的生产价格有较大差异。而由于建筑市场的区域性,这种生产价格的差异在市场交换中不仅不能消除或缩小,相反,却因为采购来源、供应地点、流通途径、运输条件诸方面的不同而有所扩大。同种材料的市场价格存在较大差异并不意味着价值规律、供求规律在建筑材料市场不起作用，只是表明它们的作用受到某种限制或影响。随着建筑材料市场信息系统的日臻完善、材料流通渠道的改善和运输工具的发展，这一特点将日益淡化。但是，由于我国各地资源条件、自然条件、技术和经济条件相差悬殊，建筑材料市场价格差异较大的特点仍将在一定程度上继续存在。

2. 建筑材料市场对建筑市场的影响

在现代社会，建筑材料市场总是与建筑市场密切相关，并且相互影响。这里仅考虑建筑材料市场对建筑市场的影响。

通常，在确定投资规模时，要考虑可供使用的物资（包括建筑材料），这是一项相当困难的工作。如果说建筑材料总量与投资规模的平衡尚较易实现的话，那么，建筑材料与项目的平衡则较难实现。因为在进行总量平衡时，一般只能从数量上考虑。而每个项目所需要的建筑材料，不仅要从数量上予以保证，而且要从品种、规格上予以满足，这是宏观控制和平衡难以做到的。建筑材料与项目需要之间的不平衡，实际上也就是建筑材料市场的不平衡，一些材料可能供小于求，而另一些材料则可能供大于求。建筑材料市场的失衡也将影响到建筑市场的供求关系。一般来说，在建筑材料市场供大于求的地区，或对于主要消耗供大于求的建筑产品，建筑市场中供给方之间的竞争较为激烈（他们在建筑材料市场中则处于较为有利的地位）。反之，当建筑材料供小于求时，能够获得稳定的建筑材料来源的建筑企业则将在建筑市场中处于较为有利的地位。避免这种连带影响的根本途径，在于尽可能使各种建筑材料均保持供略大于求的状况。

建筑材料生产具有工厂化生产的固定性特点，而建筑生产则具有流动性特点，二者之间显然是有矛盾的。这表明，在建筑材料市场中采购来源、供应地点、运输条件总是在不断变化的，各种建筑材料的供求关系也是在不断变化的。因此，建筑材料市场供求关系的平衡是暂时的、相对的，而不平衡则是经常的、绝对的。从全社会来看，建筑材料生产力的合理分布也是暂时的、相对的，一般只能实现具体工程项目和建筑企业建筑材料供应组织的合理化，而难以实现全社会建筑材料供应组织的充分合理化。这就必然影响到建筑市场中生产要素的合理配置和供求关系的平衡。在其他条件基本相同的前提下，建筑市场中交换关系的确立往往在很大程度上取决于建筑材料的供应条件，因为这对建筑企业的投标报价、施工进度、工程质量都有重大影响。

建筑材料的流通途径有多种可能性，而且供应条件差异很大。一个建筑工程需要许多不同种类的建筑材料，这些不同的材料可以通过不同的流通途径、采用不同的供应条件进行采购；既可以由业主负责供应全部或部分建筑材料，也可以由承包的施工单位自行采购；既可以由总包施工单位采购全部建筑材料，也可以由分包施工单位自行采购其分包工程内容所需的材料，这就使得建筑市场中的交换关系复杂化。从承包方式上讲，就有包工包料、包工半包料、包工不包料之分。因此，在确立承发包关系时，必须充分考虑由于建筑材料供应方式和条件不同而派生出来的一系列问题。例如，工程款和材料款的支付和结算方式，材料供应的时间、地点和质量要求，材料质量的检查和验收办法等。否则，就会产生许多经济矛盾，对建筑市场中的供求双方都会产生不利影响。

前已述及，建筑市场具有区域性的特点，建筑材料市场也具有区域性的特点，但那是从建筑市场和建筑材料市场各自的供求关系特点进行阐述的。如果再把这二者联系起来，则可以认为建筑材料市场的区域性在一定程度上加强了建筑市场的区域性。因为建筑材料市场的区域性实际上给建筑企业生产和经营合理的地理范围增加了一个约束条件，限制了建筑企业流动生产的范围。即使是大型建筑企业，可以在较大的地理范围内生产经营，也需要充分考虑材料采购来源、运输条件等因素，才能保证其生产和经营的地理范围是比较合理的。随着生产力的发展，不同地区的技术经济条件将日趋接近，固定资产投资的地区结构会日趋均衡，建筑材料生产力的布局亦将日趋合理。在这种条件下，尽管建筑市场和建筑材料市场的区域性仍将继续存在，但这二者亦将日趋一致，或者说，建筑材料市场区域性对建筑市场区域性的影响将淡化乃至消失。

17.4.2 劳动力

由于建筑业是劳动密集型物质生产部门，手工操作比重大，因而劳动力的数量和素质在很大程度上决定着建筑业的生产能力。这表明，劳动力市场的状况如何，将对建筑市场的供求平衡产生重大影响。从保持建筑市场供求关系动态平衡的需要出发，劳动力市场应满足以下四个方面的要求：

1. 灵活性

这首先是建筑生产流动性的要求。当建筑企业在不同地区之间流动生产时，如果全部施工人员都随之流动，不仅大大增加企业的生产成本、降低竞争能力，而且从全社会来看，将大大增加对交通和运输的压力，是社会资源的极大浪费。这就需要在工程所在地就近招募劳动力。其次，这是建筑生产不均衡性的要求。由于建筑生产受自然条件影响较大，有一定的季节不均衡性，如果企业的职工人数固定不变，则可能在生产高峰期显得劳动力不足，而在生产低谷期则出现窝工现象。这就需要能够根据生产任务的多少增减劳动力，多用多招，少用少招。另外，建筑生产的劳动强度大、劳动条件艰苦、露天高空作业多，需要较多的中青年强劳动力，这也要求能够灵活地聘用劳动力。

因此，劳动力市场的灵活性，使得建筑企业有可能以聘用合同工和临时工为主，能较好地解决建筑企业生产任务与劳动力不平衡的矛盾，从而使建筑市场的供求关系保持动态平衡。

2. 区域分布的合理性

劳动力市场的区域分布是否合理，主要看其是否与建筑市场需求的区域性相协调。我国不同地区的技术经济条件差异很大，相应的劳动力市场差异也很大。从国民经济的长远发展出发，投资的地区结构总是在不断调整的，这往往导致劳动力市场的区域分布与建筑市场需求的区域分布不相协调，从而影响到建筑市场供求关系的平衡。只有当劳动力市场的区域分布较为合理时，建筑企业才可能在工程所在地就近招募劳动力，才能扩大建筑企业生产和经营的地理范围，才能弱化各类建筑产品市场竞争程度的差异，使各类建筑产品市场的供求关系趋于接近。从全社会的角度来看，合理的劳动力市场区域分布，对于促进地区经济发展、缩小不同地区的经济和技术水平差异，有着十分积极的意义。

3. 劳动力结构的层次性

我国的劳动力资源丰富，从数量上满足建筑生产的需要没有任何问题。但是，应当看到，我国劳动者总体素质较低，是制约经济发展的一个重要因素。建筑业的技术构成低于一般工业，对劳动者素质的要求相对较低。但是，现代建筑生产不断采用新技术和新工艺，对劳动者素质的要求也越来越高，并要求劳动力具有合理的层次结构。这首先涉及技术人员、管理人员与生产工人的比例。由于技术人员和管理人员的比例较低，处于相对稳定的状态，容易适应建筑生产流动性的要求，因而这里着重考虑建筑工人的层次结构，这涉及技术工种结构、技术等级结构、生产工人与辅助生产工人及其他人员的比例等问题。就我国的现状而言，简单的技术工种、低等级技术工人和非技术工人数量众多，足以满足建筑生产的需要；但是，复杂技术工种、高等级技术工人却时感缺人，不能满足需要。因此，如果仅仅解决劳动力市场的灵活性和合理的区域分布，而不具备合理的层次结构，就意味着劳动力市场的供给不能满足需求，所谓的灵活性和区域分布合理性就无从谈起。

劳动力市场不合理的层次结构，将导致不同类别建筑产品市场供求关系的不同变化。一般而言，对于技术要求低的简易小型工程，供给者数目多，竞争较为激烈，容易出现供大于求的局面；而对于技术要求高的大型复杂工程，由于符合要求的供给者的数目有限，竞争则相对不甚激烈，常呈现供求基本平衡的局面，甚至在某些方面还可能出现供小于求的局面。

4. 劳动力队伍的相对稳定性

这里所说的劳动力队伍的稳定性，不是对具体的建筑企业而言，而是对整个建筑业而言。在现代社会，建筑生产技术进步发展越来越快，对劳动者素质的要求亦越来越高。保证建筑业劳动力队伍的相对稳定，对于稳定和提高建筑生产劳动者的素质是非常必要的。不仅复杂技术工种、高等级技术工人的队伍要保持相对稳定，而且简单技术工种、低等级技术工人的队伍也要尽可能保持一定的稳定性。要使在建筑市场需求减少时流出建筑业的技术工人能够在需求增加时重新流入建筑业，这样才不至于由于大量流入非技术工人而降低建筑生产劳动者的总体素质。从建筑企业的角度来看，要能够根据生产需要灵活地招募工人，一个很重要的前提就是要有稳定的劳动力来源，能够招募到符合要求的各种技术工人。

要保持建筑业劳动力队伍的相对稳定，可以依靠劳动力市场的自发调节，但其稳定性较差。因此，有必要成立行业职业学校，专门培养各种技术工人，为从在职人员中培养高等级、复杂技术工人创造条件。一些大型建筑企业也可以根据本企业需要进行长期的或临时的职业和技术培训，调整和改善本企业的劳动力结构。由于农村剩余劳动力是我国建筑业劳动力队伍的重要来源，这部分劳动力具有供给量大、来去灵活的优点，但同时又表现出总体素质差、队伍不稳定的缺点，因此，采取有效措施保持其相对稳定性，具有十分重要的意义。根据我国许多地区的经验，有选择地在农村建立建筑业劳务基地，是一条行之有效的途径。

思考题

1. 建筑市场的需求有哪些特点？试逐一作简要说明。
2. 业主有哪几种类型？其主要工作包括哪几方面？
3. 简述业主的采购方式。
4. 何为有效需求？影响投资需求的因素有哪些？
5. 建筑材料市场有何特点？其对建筑市场的影响如何？
6. 为保持建筑市场供求关系的动态平衡，劳动力市场应满足哪些要求？

第18章 建筑市场的供给

供给与需求相对应。就建筑市场的物质需求和价值需求而言，与建筑市场的投资需求主体相对应，建筑市场的供给主体是建筑产品的生产者和服务提供者，其中，建筑产品的生产者包括设计机构和施工机构，而服务提供者则是咨询机构。

18.1 建筑市场供给的特点

与一般市场的供给相比，建筑市场的供给具有许多特点，尤其在施工方面表现最为突出，具体表现在以下五个方面：

1. 供给内容是生产能力

就一般市场而言，所谓供给，是产品供给的简称，是指由生产者通过市场提供给需求者的产品量。换句话说，供给的内容是产品，是具有使用价值可供人们直接使用的产品。而在建筑市场中，供给的内容不是建筑产品，而是生产各种建筑产品的能力。这一特点是由建筑生产为订货而生产所决定的。由于建筑产品是先有用户的需求，后有供给，即生产，因而建筑市场供给者投入的物化劳动和活劳动总是与建筑产品需求者既定的使用价值相适应。从这个角度上，在建筑市场中，不会出现由于供过于求而导致的产品过剩或产品适销不对路的现象；在建筑市场中，对建筑产品使用价值的需求和供给，在总量上永远是平衡的。建筑市场中供求关系的不平衡，表现在体现需求总量的投资额与体现供给总量的生产能力之间的不平衡。市场机制调节的对象不是具有使用价值的建筑产品，而是创造这种使用价值的生产能力，调节机制主要是通过供求关系变化而产生的价格变化实现。

建筑市场供给的这一特点，避免了产品供过于求造成的社会资源浪费，是其有利的一面。但是，它并不能避免建筑产品生产能力供过于求的现象。而如果出现这一现象，就不能充分发挥现有生产能力，同样也是社会资源的浪费。由于生产能力的浪费不是社会物质资源的直接浪费，往往容易被人们所忽视。但是其导致的建筑生产效率的下降和社会总产品（不仅仅是建筑产品）的减少，后果也可能是很严重的。因此，应当尽可能使建筑生产能力与投资需求之间保持大致的、动态的平衡。

值得一提的是，虽然建筑市场没有因产品供过于求而造成浪费，但却存在产品不适应需要而引起的浪费。不过，这种浪费往往不是供给者造成的，而常常是需求者决策不当的结果。由于建筑产品价值巨大及其固定性，所产生的物质资源的浪费是巨大的，其影响有时是长期难以消除的,应当尽量避免发生这种情况。

2. 供给弹性大

产品供给量归根到底是由生产量决定的。由于资源的稀缺性,人们不能无限制地生产某种产品,因而也就不能无限量地供给。在一定时期内,生产者愿意生产并能供给社会的产品数量受到诸如技术、资金、价格等多种因素的影响,其中价格是最重要的因素,生产者对它的反应最为敏感。价格愈高,对生产者愈有利,愈想多生产该产品;反之,就要减少该产品的生产,这在经济学中称为供给的一般规律。它表明,产品的价格变动引起供给量同方向的变动,是产品的共性。不同产品的性质、用途和生产情况等不同,价格变动引起的供给量变动幅度也互不相同。供给弹性就是反映价格变动一定比率而引起的供给量的变动率,它表明供给量变动对价格变动的敏感程度。若用E_s表示供给弹性(或称供给弹性系数),Q表示供给量,ΔQ表示供给变动量,P表示价格,ΔP表示价格变动量,则供给弹性可用下式表示:

$$E_s = \frac{\frac{\Delta Q}{Q}}{\frac{\Delta P}{P}} = \frac{\Delta Q}{\Delta P} \cdot \frac{P}{Q} \qquad (18-1)$$

建筑业是劳动密集型行业,通过增加劳动力数量扩大生产能力是一条简便又适用的途径。中小型建筑企业的成立一般不需要大量资金,也不一定要掌握什么特殊或高难的技术,这就为其他行业的劳动力转向建筑业提供了便利的条件。另外,从建筑产品生产过程中所消耗的材料来看,大多数属于常用材料,相应的生产技术和工艺并不复杂,也比较容易扩大生产能力,建筑生产能力的扩大受原材料的制约不是很大。因此,建筑市场的供给弹性较大,通常表现为$E_s>1$,如图

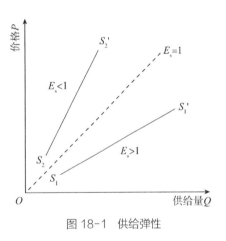

图 18-1 供给弹性

18-1中的S_1S_1'所示。不同建筑产品的供给弹性不尽相同,一般来说,建筑产品的规模愈小,技术愈简单,供给弹性就愈大。

3. 供给被动地适应需求

在一般市场中,从生产是本源的角度出发,可以认为供给决定需求。但供给是否满足需求、适应需求,却又在很大程度上取决于需求。也就是说,需求可以反作用于供给。从另一方面来看,供给并不是被动地适应需求,而是通过不断改进、完善原有产品并开发新产品来主动地适应需求,甚至还能引导消费和需求,这在当代高科技领域不断涌现出新功能的产品方面表现得尤为突出。因此,在一般市场中,供求双方基本上处于平等的地位。但是,在建筑市场中,供给者不能像一般商品生产者那样通过对市场行情的分

析与预测，自主决定产品种类、数量、价格等内容。一般市场中基本上由供给者决定的内容，在建筑市场中却主要是由需求者决定，而供给者只能接受订货生产，按照需求者的要求（包括产品的形式、功能、质量、价格、供货时间等）进行生产。

在建筑市场中，不仅供给者总体要适应需求者总体，而且供给者个体也要适应需求者个体，而且后者表现得更为直接和突出，供给适应需求的被动性也主要表现在这个方面。由于这个缘故，建筑市场供给者在生产的计划性和科学性、产品的开发和规划等方面都显得相对较差。当然，建筑市场供给者并不是绝对被动地适应需求，也可以主动地去适应需求，但其表现形式与一般市场的供给者不同，主动适应需求的内容也比较单一，主要是从生产技术和生产工艺的提高和开发方面主动适应需求的变化，而且作用较为有限，不能改变建筑市场供给被动适应需求的特点。

4. 供给方式多

在建筑市场中，作为建筑产品的供给者（生产者），设计单位和施工单位向需求者提供不同生产阶段的服务，提供不同形态的产品。就设计单位而言，除了向需求者提供设计产品这种非实物产品之外，还可能提供咨询服务，监督施工生产过程，甚至还可能与施工单位一起共同向需求者提供最终产品。就施工单位而言，可以向需求者提供完整的最终产品，也可以提供阶段产品或部分产品；可以一个施工单位单独提供产品，也可以多个施工单位联合起来提供产品，还可能与设计单位一起共同向需求者提供最终产品。

建筑市场的这一特点，使得建筑市场中供求双方之间的关系远较一般市场复杂。这里所说的供求关系不是指供求主体之间的关系，而是指具体建筑产品供求双方的关系。尽管供给方式有多种可能，但究竟采用哪种供给方式，主动权却并不在供给者，大多数情况下是由需求者决定。对于建筑市场的需求者来说，选择适当的供给方式是相当重要的，不仅直接关系到产品的生产过程、最终产品的质量等问题，而且关系到需求者自身的行为及其与供给者的关系。选择适当的供给方式涉及许多因素，这些因素主要集中在需求者方面，并且比较难以处理。但无论如何，不同的供给方式为需求者提供了多种选择的可能性，客观上为需求和供给的最佳结合创造了条件。特别要注意的是，不同供给方式的适用条件不同，应根据具体情况加以选用，切忌生搬硬套、主观行事。

5. 竞争激烈

建筑业生产要素的集中程度远远低于资金、技术密集型行业，不可能采用生产要素高度集中的生产方式，而是采用生产要素相对分散的生产方式，大型企业的市场占有率较低。因此，在建筑市场中，建筑产品供给者之间的竞争较为激烈。由于建筑产品的不可替代性，建筑产品的供给者往往无法自己制订产品计划和相应的生产计划，基本上是被动地适应需求者的要求。也就是说，在建筑市场中，需求者处于主导地位，甚至处于相对垄断的地位，更加剧了建筑市场竞争的激烈程度，常常出现一个需求者面对几个、十几个，甚至几十个供给者竞争的局面。

建筑产品的类型、形式、功能、质量标准等有关其使用价值的内容是由需求者决定的，也是每个参与竞争的供给者必须满足和实现的,因而建筑产品供给者之间的竞争首先表现为价格上的竞争。虽然产品的使用价值与价值之间存在着某种一致性,但需求者和供给者的出发点根本不同。对于建筑产品的需求者来说,主要关心的是使用价值能否实现,而不关心和较少关心究竟要消耗多少劳动量,即不关心实际的价值量,总希望在建筑产品功能和质量一定的条件下价格尽可能低。作为建筑产品的供给者,既要保证实现既定建筑产品的使用价值,又要尽可能降低实际消耗的劳动量,即降低实际的价值量。相比较而言,供给者更关心产品的价值。因此,对建筑产品的生产者来说,即使生产者有能力创造质量和功能更优的产品,即能够创造质量差异,但因为需求方往往不提供激励措施,即不存在质量差价,因而,为了在竞争中获胜,生产者也不会为此而增加投入。其次,建筑产品的工期一般由需求者确定,对同一个建筑产品的生产来说,工期往往已经被压缩到很低的水平,已经没有了进一步压缩的可能性;尽管不同生产者都能设法满足需求者的工期要求,但在此基础上,不同生产者在进度方面所能创造的差异都比较小,即使可以产生一些差异,其所需要的投入也非常大,所需成本很高,即生产者工期的竞争差异性很小。不同的建筑产品供给者在专业特长、管理和技术水平、生产组织的具体方式、对建筑产品所在地各方面情况了解和熟悉的程度以及竞争策略等方面有较大的差异,因而各自的生产价格会有较大差异,从而使价格竞争具有现实的可能性,而且表现得尤为激烈。

18.2 设计机构

首先需要说明的是,在国际上,设计机构属于广义的咨询机构,建筑师和结构工程师属于广义的咨询工程师。但是,本书立论的基础是将设计作为建筑生产活动的重要方面,而且设计工作与其他一般的咨询工作相比技术含量更高,因此,本书将设计机构和咨询机构分别加以阐述,以突出设计机构与一般咨询机构的不同之处。

18.2.1 设计机构的规模

所谓设计机构,是从事工程设计活动的各类设计院(所)的统称。设计机构可以分为建筑设计机构和专业设计机构两种类型。建筑设计机构是指以土建为主的综合性设计机构,包括(一般)工业建筑设计院、民用建筑设计院、城市规划设计院、市政工程设计院、交通工程设计院等;专业设计机构,是指民用建筑之外具有显著专业技术特征的设计院,如冶金工业设计院、石油工业设计院、煤炭工业设计院、纺织工业设计院、水利电力工业设计院等。专业设计院主要从事本部门工业建筑的工艺设计和土建设计,在多数情况下,以工艺设计为主。建筑设计机构与专业设计机构的界限不是绝对的,互相之间有交叉,如建筑设计机构中的工业设计院就从事某些工业建筑的工艺设计,而各专业设计院亦能承担普通工业建筑和民用建筑的土建设计。

设计机构最主要的生产要素就是人,所以一般是按照设计机构人员的多少来划分规模,我国对此未作出明确的规定。一般认为,职工人数为1~49人的为小型设计机构,50~199人的为中型设计机构,200人以上的为大型设计机构。在我国,大中型设计机构称为设计院,而小型设计机构一般则称为设计室。我国设计机构的规模普遍较大,有不少千人以上的设计院,大中型设计院所占的比例相当高。大中型设计机构都是综合型的设计院,可以同时承担若干工程,包括建筑、结构、水、暖、电等在内的所有设计任务。

大型设计院技术力量雄厚,拥有若干名理论水平高且实践经验丰富的高级建筑师、高级工程师和高级经济师,甚至拥有著名的设计大师,还有相当数量经验丰富的建筑师、工程师和经济师,有能力独立承担国家和地方的大型、重点工程和新型建筑的设计任务,设计的水平和质量一般都比较高。大型设计院独立承担某个工程的设计,因而能保证设计思想的连续性和设计的总体性。并可以在较大范围内进行内部的分工和协作,根据设计人员的水平和经验进行适当的组合,有利于充分发挥高级设计人员的作用。大型设计院也有能力承担国家的科研任务,并参加工程技术规范、规程等的编制或修订,对促进建筑理论和技术的发展以及建筑设计标准化起着相当重要的作用。可以这样说,大型设计院在一定程度上代表着我国建筑设计的水平。

但是,大型设计院内部机构多、层次多,领导的协调任务较重。由于领导很难深入了解每个设计人员的专长和特点,因而在内部分工和安排任务时有时不是很恰当,容易挫伤设计人员的积极性和创造性,不能充分发挥设计人员的才能。另外,设计任务的数量和类型不断变化,相应地各设计工种任务也随之变化,而大型设计院内部各设计工种的比例却是相对固定的,不能适应动态的需要,可能由于某一工种设计人员相对紧缺而影响设计进度,造成设计人员之间工作量的不均衡。这种不均衡性,一方面表现为同一设计院不同工种设计人员工作量的不均衡,另一方面又表现为不同设计院同一工种设计人员工作量的不均衡。这两种情况都是对社会资源的浪费,与设计机构规模太大、设计机构专业化程度不高有一定的关系。

与大型设计院相比,中小型设计院(室)的组织机构比较简单,便于管理和领导,内部的协调和配合问题也比较容易解决,能较好地调动设计人员的积极性。但是,中小型设计院(室)在承担大型、新型工程设计任务及科研任务方面都不如大型设计院,内部分工的专业化程度不高,有时还需要一专多能,从而影响专业业务水平的提高。另外,在设计任务来源不足时,设计工作量可能出现时松时紧的不均衡现象,不能充分发挥其设计能力。

以上所谈的大中小型设计机构的优缺点只是相对而言。实际上,管理体制和设计机构本身的规章制度也有很重要的影响。例如,在大型设计院内部实行各种形式的经济责任制,就有助于调动设计人员的积极性,发挥他们的创造性。

18.2.2 设计收费

建筑设计是建筑生产全过程的重要环节,设计和施工是建筑生产密不可分的两个方面,因而设计机构实质上是生产单位。设计机构实行企业化经营,正是遵照客观经济规律办事的必然结果。设计机构向企业化、社会化发展，有利于调动设计机构和人员的积极性，能更好地把国家、集体和个人三者利益结合起来。

科学技术是生产力，勘察设计也是生产力，设计人员的劳动必然为社会创造新的价值。实行设计收费制度，就是要客观地反映设计人员创造的价值，并正确反映建筑产品的价值（设计费列入建设项目总概算）。实行设计收费制度，可促进设计机构在努力节省人力、物力、财力的前提下，加快设计进度，提高设计质量。设计取费标准通常根据建筑物类型、建设规模（造价或面积）、工程复杂程度、工艺成熟条件、采用标准设计的程度等因素制定。但它难以体现"优质优价"的原则，也不利于鼓励设计人员尽可能优化设计、提高项目的经济性。

表18-1和表18-4分别为我国工程设计的收费基价（原国家计委和建设部2002年联合发布（计价格〔2002〕10号）文件规定标准）和联邦德国房屋建筑工程的设计收费标准；二者的共同之处是：工程规模越大（表现为造价越高或建筑面积越大），设计取费费率越低；二者的明显区别在于：一是我国虽然将工程复杂程度分为三个等级（如表18-2所示），并对各等级工程的设计条件作了规定，但设计收费与工程复杂程度并无直接联系（通过工程造价间接联系）；而联邦德国将工程复杂程度分为五个等级（其各等级工程设计条件的具体规定从略），且在工程造价相同的情况下，工程等级越高，设计收费越高。后者似乎更合理些，否则划分工程等级就没有意义。二是我国的设计取费为一固定值，而联邦德国的设计取费为一区间值，后者似乎更合理些。因为工程等级的划分毕竟比较粗略，而同一等级的工程之间也存在技术复杂程度的差异，应尽可能使设计取费与工程技术复杂程度相一致。

我国工程设计收费基价表（单位：万元） 表18-1

序号	计费额	收费基价
1	200	9.0
2	500	20.9
3	1000	38.8
4	3000	103.8
5	5000	163.9
6	8000	249.6
7	10000	304.8
8	20000	566.8
9	40000	1054.0
10	60000	1515.2
11	80000	1960.1
12	100000	2393.4
13	200000	4450.8
14	400000	8276.7
15	600000	11897.5
16	800000	15391.4
17	1000000	18793.8
18	2000000	34948.9

注：计费额>2000000万元的，以计费额乘以1.6%的收费率计算收费基价。

建筑、人防工程复杂程度表　　　　　　　　　　　　　　　　表 18-2

等级	工程设计条件
Ⅰ级	1. 功能单一、技术要求简单的小型公共建筑工程； 2. 高度 <24m 的一般公共建筑工程； 3. 小型仓储建筑工程； 4. 简单的设备用房及其他配套用房工程； 5. 简单的建筑环境设计及室外工程； 6. 相当于一星级饭店及以下标准的室内装修工程； 7. 人防疏散干道、支干道及人防连接通道等人防配套工程
Ⅱ级	1. 大中型公共建筑工程； 2. 技术要求较复杂或有地区性意义的小型公共建筑工程； 3. 高度 24~50m 的一般公共建筑工程； 4. 20 层及以下一般标准的居住建筑工程； 5. 仿古建筑、一般标准的古建筑、保护性建筑以及地下建筑工程； 6. 大中型仓储建筑工程； 7. 一般标准的建筑环境设计和室外工程； 8. 相当于二、三星级饭店标准的室内装修工程； 9. 防护级别为四级及以下同时建筑面积 <10000m^2 的人防工程
Ⅲ级	1. 高级大型公共建筑工程； 2. 技术要求复杂或具有经济、文化、历史等意义的省（市）级中小型公共建筑工程； 3. 高度 >50m 的公共建筑工程； 4. 20 层以上居住建筑和 20 层及以下高标准居住建筑工程； 5. 高标准的古建筑、保护性建筑和地下建筑工程； 6. 高标准的建筑环境设计和室外工程； 7. 相当于四、五星级饭店标准的室内装修，特殊声学装修工程； 8. 防护级别为三级以上或者建筑面积 ≥ 10000m^2 的人防工程

注：1. 大型建筑工程指 20001m^2 以上的建筑，中型建筑指 5001~20000m^2 的建筑，小型建筑指 5000m^2 以下的建筑；
　　2. 古建筑、仿古建筑、保护性建筑等，根据具体情况，附加调整系数为 1.3~1.6；
　　3. 智能建筑弱电系统设计，以弱电系统的设计概算为计费额，附加调整系数为 1.3；
　　4. 室内装修设计，以室内装修的设计概算为计费额，附加调整系数为 1.5；
　　5. 特殊声学装修设计，以声学装修的设计概算为计费额，附加调整系数为 2.0；
　　6. 建筑总平面布置或者小区规划设计，根据工程的复杂程度，按照 10000~20000 元 /hm^2 计算收费。

另外，我国还对不同工程类型的设计收费专业调整系数作了详细规定。例如，对市政工程来说，其中的邮政工艺工程，建筑、市政、电信工程，人防、园林、绿化、广电工艺工程的专业调整系数分别为 0.8，1.0，1.1。

还需要指出的是，设计取费与实际完成的设计工作内容有关。表 18-1 和表 18-4 中的取费标准均是设计人员完成全部工作能收取的酬金。我国对不同工程类型各设计阶段占总设计工作量的比例作了详细规定。表 18-3 为建筑、市政工程各阶段工作量的比例，对建筑工程还按建筑、结构、设备三个专业划分了工作量比例。从表 18-3 中可以看出，工程类型不同，各设计阶段工作量的比例不尽相同，有时差异很大。这样的规定更符合工程设计的客观规律，更合理，更具操作性，更能与设计阶段专业化、设计工种专业化的发展相适应。当一个建筑产品的设计任务不是由一个设计机构完成时，表 18-3 和表 18-5 为合理解决设计酬金的分配问题提供了可能性。而设计酬金分配的合理解决反过来又促进了设计机构专业化的发展。

建筑市政工程各阶段工作量比例表 表 18-3

工程类型	设计阶段 /%	方案设计 /%	初步设计 /%	施工图设计 /%
建筑与室外工程	Ⅰ级	10	30	60
	Ⅱ级	15	30	55
	Ⅲ级	20	30	50
住宅小区（组团）工程		25	30	45
住宅工程		25		75
古建筑保护性建筑工程		30	20	50
智能建筑弱电系统工程			40	60
室内装修工程		50		50
园林绿化工程	Ⅰ，Ⅱ级	30		70
	Ⅲ级	30	20	50
人防工程		10	40	50
市政公用工程	Ⅰ，Ⅱ级		40	60
	Ⅲ级		50	50

联邦德国房屋建筑工程设计收费标准（单位：马克） 表 18-4

工程造价 \ 设计费 工程等级	一级	二级	三级	四级	五级
50000	3330~4050	4050~5020	5020~6460	6460~7430	7430~8150
60000	3990~4850	4850~6000	6000~7710	7710~8860	8860~9720
70000	4660~5660	5660~6980	6980~8980	8980~10300	10300~11300
80000	5320~6450	6450~7970	7970~10230	10230~11750	11750~12880
90000	5990~7260	7260~8950	8950~11490	11490~13180	13180~14450
100000	6650~8050	8050~9910	9910~12700	12700~14560	14560~15950
200000	13300~15910	15910~19390	19390~24610	24610~28090	28090~30700
300000	19950~23570	23570~28400	28400~35650	35650~40480	40480~44100
400000	26600~31040	31040~36960	36960~45840	45840~51760	51760~56200
500000	33250~38350	38350~45150	45150~55350	55350~62150	62150~67250
600000	38400~44390	44390~52370	52370~64340	64340~72320	72320~78300
700000	42700~49680	49680~58990	58990~72960	72960~82270	82270~89250
800000	46400~54380	54380~65020	65020~80980	80980~91620	91620~99600
900000	49500~58480	58480~70450	70450~88400	88400~100400	100400~109400
1000000	52000~61980	61980~75280	75280~95230	95230~108500	108500~118500
2000000	94630~112100	112100~135500	135500~170500	170500~193900	193900~211400
3000000	137300~162300	162300~195700	195700~245800	245800~279200	279200~304300
4000000	179900~212500	212500~255900	255900~321100	321100~364500	364500~397100
5000000	222500~262600	262600~316100	316100~396400	396400~449900	449900~490000
6000000	267000~312200	312200~372400	372400~462700	462700~522900	522900~568000
7000000	311500~361700	361700~428600	428600~528900	528900~595800	595800~646000
8000000	356000~411200	411200~484800	484800~595200	595200~668000	668800~724200
9000000	400500~460700	460700~541000	541000~661500	651500~741800	741800~802000
10000000	445000 510300	510300~597300	597300~727800	727800~814800	814800~880000
20000000	890000~1012000	1012000~1174000	1174000~1417000	1417000~1579000	1579000~1700000
30000000	1335000~1504000	1504000~1729000	1729000~2066000	2066000~2291000	2291000~2460000
40000000	1780000~1987000	1987000~2263000	2263000~2677000	2677000~2953000	2953000~3160000
50000000	2225000~2473000	2473000~2803000	2803000~3298000	3298000~3628000	3628000~3875000

而联邦德国将设计人员的工作分为9个部分，并规定各部分工作收取的费用占总酬金的比例，如表18-5所示。从表18-5可以看出，联邦德国设计人员的工作范围比我国宽得多，其中第4，6，7，8项的工作都是我国设计人员不承担的，而这四项工作的酬金占整个酬金的比例已超过了一半。其中，监督现场施工一项工作约占整个酬金的1/3，在一定程度上也说明了该项工作的重要性。表18-5间接地反映出联邦德国设计机构的规模较小，专业化程度较高。

联邦德国设计人员工作内容及酬金比例　　　　　　　　　　表18-5

序号	工作内容	应收酬金比例 /%
1	方案设计	3
2	初步设计	7
3	技术设计	11
4	审批设计	6
5	施工图设计	25
6	发包准备（拟定分部分项工程目录并计算其工程量）	10
7	参与发包（计算标底并参与发包）	4
8	监督现场施工	31
9	监督施工缺陷的修补工作并将工程所有文件整理归档	3

2014年7月10日，国家发展改革委颁发《关于放开部分建设项目服务收费标准有关问题的通知》(发改价格〔2014〕1573号)，放开除政府投资项目及政府委托服务以外的建设项目前期工作咨询、工程勘察设计、招标代理、工程监理等4项服务收费标准。但政府投资项目，以及政府委托的上述服务收费，继续实行政府指导价管理，执行规定的收费标准。2015年3月，国家发改委又发布了《关于进一步放开建设项目专业服务价格的通知》(发改价格〔2015〕299号)，全面放开勘察设计、前期咨询、监理、招标代理、环评等实行政府指导价管理的建设项目专业服务价格,实行市场调节价。2016年1月1日，颁布中华人民共和国国家发展和改革委员会令第31号，决定废止《关于颁发建设项目进行可行性研究的试行管理办法的通知》等30件规章和《关于试行加强基本建设管理几个规定的通知》等1032件规范性文件。其中《关于试行加强基本建设管理几个规定的通知》第483条就是《工程勘察设计收费标准》2002年修订本。至此，已经全面取消实行多年的勘察设计收费标准。需要说明的是，国家发改委取消的是设计收费的"标准"地位，但在实践中，原收费标准中的数额对设计合同签约双方仍然有现实的参考价值，至少在取消设计收费标准后的初期阶段是如此。

18.2.3　设计机构经营结构

为了进一步分析设计机构的总体状况，引入经营结构的概念。所谓经营结构，是由经营宽度、经营深度、经营高度构成的三维空间，用以表示企业在"经营空间"中的位置。

显然这是一个抽象的概念，但却能较为形象地表现企业经营的有关问题。

对于设计机构来说，经营宽度为设计机构设计任务来源的范围，即承担哪些类型建筑产品的设计任务，如住宅、办公楼、医院、学校、商店、影剧院、道路、桥梁、冶金工业建筑、化工建筑等。一个设计机构可能只设计其中某一类建筑产品，也可能设计多种类型的建筑产品。

经营深度为设计机构完成某一建筑产品设计任务的具体内容，如规划设计、建筑设计、结构设计（包括结构计算）、给排水设计、采暖通风设计、室内装潢设计等。一个设计机构可能只承担其中某一项或几项设计，也可能承担全部设计任务。

经营高度表示设计机构所处的不同工作阶段，如方案设计、初步设计、技术设计、施工图设计、施工招标、施工监督等。一个设计机构可能只完成其中某一阶段或几个阶段的工作，也可能完成所有阶段的工作。

设计机构的经营结构如图 18-2 所示。任何设计机构的经营范围总处于图 18-2 中三维空间中的某一位置。若某设计机构只承担一个 XZ 平面的设计任务，就表现为设计工种专业化，如建筑师事务所、结构工程师事务所、室内装潢设计事务所等。若某设计机构只承担一个 YZ 平面的设计任务，就表现为设计对象专业化，如住宅建筑设计院、道路工程设计院、冶金建筑设计院等。只承担一

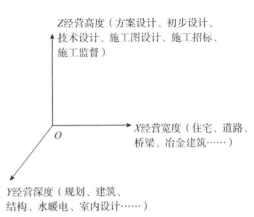

图 18-2　设计机构的经营结构

个 XY 平面设计任务的设计机构较少，在这种情况下，表现为设计阶段专业化。这种设计专业化的发展和表现不是非常突出，因而往往是其他专业化或综合性设计机构承担某些设计任务的一种特殊情况。能够在三维空间中较大范围内经营的设计机构多为大型综合性设计院。

18.3　施工机构

所谓施工机构，是独立从事建筑产品施工生产和经营的经济组织的统称。在我国，习惯上称施工机构为建筑企业、施工企业、建筑施工企业或建筑安装企业，没有统一严格的规定，在本书的有关内容中称为建筑企业（有时根据上下文的需要称为施工单位）。建筑企业是市场经济条件下建筑劳动者与生产资料相结合的主要形式，是建筑生产力与建筑技术发展进步的重要力量，是构成建筑业主体的重要组成部分，也是组成现代国民经济的基本单位。

对建筑企业，着重讨论规模、规模结构和经营结构三个方面的问题。

18.3.1 建筑企业规模

1. 划分建筑企业规模的指标

建筑企业的规模是指企业的经济规模，也就是企业生产或经营的规模。企业规模的大小是生产力诸要素在生产经营单位集中程度的反映。在国际上通常使用大、中、小三类企业的粗分类法划分企业规模。一般以职工人数、营业收入或固定资产数额进行分类，或采用综合指标。划分企业规模的标准，在不同的国家、不同的部门和行业、不同的时期，选择的具体标准不同。

反映建筑企业生产和经营规模的指标可以分为两类，一类是直接指标，表示企业的生产能力，如建筑安装工作量（价值量）、建筑安装工程量（实物量）、竣工面积等；另一类是间接指标，反映企业占有生产要素的程度，如职工人数、劳动力数量和固定资产原值或净值。在企业类型相同或相仿、任务来源相近的情况下，采用直接指标能比较准确地反映企业的规模，避免用职工人数指标衡量企业规模的不足。当以产出的使用价值做标准时，由于工程结构和建筑体系的影响，往往因工程的类型不同而使同类型企业之间缺乏可比性。另外，建筑企业实现的生产能力总是在不断变化的，实际与可能的生产能力相比有时差异较大，也是直接指标的不足之处。在采用间接指标时，仅仅采用职工人数指标，不能反映固定资产的占用程度，也不能正确反映企业的生产能力。随着生产力的不断发展，技术装备对企业生产能力的意义日益重要，但仅仅采用固定资产指标，则不能体现建筑生产活劳动消耗所占比例大的特点。当然，也可以把职工人数和固定资产占用量两个指标结合起来作为划分建筑企业规模的标准，还可以把直接指标和间接指标综合起来，采用两个以上的指标衡量建筑企业的规模，但采用两个以上指标时，有可能产生对立的结论。例如，用生产能力衡量某建筑企业可能是大型企业，而用职工人数衡量则可能是中型企业。因此，如果采用多指标划分建筑企业的规模，要解决好各指标的主次关系，并区分企业规模标准的必要条件和充分条件。

2. 我国建筑企业规模的划分标准

衡量企业规模的标准并不统一，并且常有变化。由于建筑生产的机械化程度不高，与工业部门相比，建筑业属于劳动密集型的产业部门。不仅我国是如此，经济发达国家也是如此。由于建筑企业的技术装备水平较低，手工操作的比重较大，职工人数的多少在一定程度上可以反映生产要素的集中程度。因此，多数国家是以职工人数作为划分建筑企业规模的唯一指标或主要指标。我国在过去相当长的一段时间内也是以职工人数作为划分建筑企业规模的唯一指标，其具体划分标准是：对于一般土建施工企业来说，拥有职工4000人以上的为大型企业，职工在2000~4000人之间者为中型企业，职工少于2000人的为小型企业；对于机械化施工、土石方、市政工程和房屋修缮企业来说，则以职工2000人以上为大型企业，1000~2000人为中型企业，1000人以下为小型企业。

划分大、中、小型企业的具体指标和数量标准的设置不是一成不变的，应根据经济和生产技术的发展而调整。另外，反映企业规模大小的因素互相影响，互相制约，不论采用什么指标衡量企业规模，都只具有相对意义，不能绝对化。用职工人数作为划分建筑企业规模的标准，虽然比较符合建筑业的实际情况，但是，随着建筑技术和生产工艺的进步以及建筑工业化的发展，建筑企业的技术装备水平和施工机械化程度会不断提高。就我国建筑业的总体情况来看，建筑生产机械化程度已有相当程度的提高，但各地区之间的差异很大，职工人数相近的建筑企业所完成的建筑安装工作量亦相差悬殊。在这种情况下，仅仅用职工人数已不能客观地反映建筑企业的规模，应当考虑增加固定资产占用量或其他能反映企业生产能力的指标作为划分建筑企业规模的标准或辅助标准。

在经济体制改革的过程中，我国建筑企业的用工制度发生了很大变化，企业职工人数不再具有稳定性，特别是推行"两层分离"改革制度以后，建筑企业普遍将建筑工人剥离，企业职工人数大大降低了，因而将建筑业总产值和生产用固定资产总额作为建筑企业规模的划分指标，其具体划分标准如表 18-6 所示（2003 年标准）。对于大型或中型建筑企业来说，必须同时满足表 18-6 中规定的两个指标的数额要求。需要特别指出的是，不要把建筑业总产值这一指标误解为建筑企业总产值。在市场经济的条件下，建筑企业可能以一业为主，实行多元化经营。除建筑业这一主业之外，某些建筑企业还可能从事其他与建筑业有关甚至无关的生产经营活动，并创造相应的产值，如经营旅馆、饭店、建筑材料、房地产等。非建筑业生产经营活动的产值不能计入建筑业总产值之内。

我国建筑企业规模的划分标准 表 18-6

行业类型	指标	单位	大型	中型	小型
土木工程建筑企业	建筑业总产值 生产用固定资产总额	万元 万元	$\alpha \geqslant 5500$ $\alpha \geqslant 1900$	$1900 \leqslant \alpha < 5500$ $1100 \leqslant \alpha < 1900$	$\alpha < 1900$ $\alpha < 1100$
线路、管道和设备安装企业	建筑业总产值 生产用固定资产总额	万元 万元	$\alpha \geqslant 4000$ $\alpha \geqslant 1500$	$1500 \leqslant \alpha < 4000$ $800 \leqslant \alpha < 1500$	$\alpha < 1500$ $\alpha < 800$

另外需要说明的是，以建筑业总产值和生产用固定资产总额作为建筑企业规模的划分指标，虽然有其合理性，但是，由于两个指标均受物价因素影响（一般统计时只会按当时价格计算，不会折算成不变价格），因而需要适时地调整具体划分标准的数值。例如，国家统计局 2011 年 9 月 2 日颁布的《统计上大中小微型企业划分办法》（国统字〔2011〕75 号），建筑业营业收入和资产总额都大于 8 亿元的企业为大型企业，营业收入小于 6000 万元，资产总额小于 5000 万元的企业为小型企业，介于两者之间的为中型企业（这与工业和信息化部、国家统计局、国家发展改革委、财政部《关于印发中小企业划型标准规定的通知》（工信部联企业〔2011〕300 号）的规定一致。目前来看，这个数

值标准已经显得很低了，但截至本书定稿为止，未见新的数值标准）。显然，在这一点上，这两个指标就不如职工人数指标，表明用职工人数作为建筑企业规模的划分指标也有其合理性。

3. 大中小型建筑企业的优缺点

大中小型建筑企业各有优缺点，要针对具体情况作具体分析，不可一概而论。一般来说，在正常的经营管理条件下，大型建筑企业具有以下优点：

（1）资金雄厚，有条件采用先进的机械设备，有利于提高施工机械化水平，提高劳动生产率。大型企业可以比中小型企业更充分地利用机械设备，提高设备利用率，从而降低机械设备的使用费；有可能配备比较合理的机械设备系列，根据工程需要选择最适宜的机械设备，实现机械设备和劳动力的较佳配置；还可以合理地、有计划地进行机械设备的修理和保养，提高设备的完好率，保持和提高机械设备的生产效率，并及时地更新设备。

（2）有能力同时承建若干大中型项目，便于采用和推广先进的施工技术和施工工艺，有利于采用先进的施工组织方法，如流水作业、网络计划技术等。大型建筑企业还有条件建立正常而足够的工程储备，从而保证生产的连续性、均衡性和节奏性，也为提高和改善企业生产的计划性、合理安排机械设备和劳动力提供可能性。

（3）可以承建数量众多、类型不同的工程，可以在较大范围内统一调剂和合理使用各种建筑材料，减少材料储备的比例，从而加速流动资金的周转，提高资金使用的效果。另外，还可以合理地组织材料和构配件的采购和运输，节约材料、燃料、动力等的消耗，在一定程度上降低工程成本。

（4）可以在企业内部较大范围内进行合理的劳动分工和协作，容易组成有效生产力，更好地发挥职工的特长，有利于提高管理人员的管理水平、技术人员的专业能力和工人的技术熟练程度。因此，大型企业的管理水平和技术水平一般均较高。

（5）可以相对减少行政管理费、工程的组织和施工服务费以及其他非生产性费用。因为这些费用都是进行建筑生产活动的必要开支，在一定程度上相当于固定成本，并不随工程数量的增加而成比例地增长。由于大型建筑企业完成的工程量大，非比例费用相对较低。另外，也有可能使直接生产人员、管理和技术人员、其他非生产性人员之间的比例尽可能合理化，使非比例费用进一步降低，这自然有利于降低工程成本。

但是，大规模生产的优势和生产集中化的经济效益并不是在任何部门、任何条件下都会随着企业规模的扩大而按比例地提高。大型建筑企业也存在一些弱点，主要表现在以下三个方面：一是领导层次多，内部的协调任务重，需要有较高的组织领导水平和较强的经营管理能力。当企业领导属于"经验型"或"技术型"时，难以适应企业管理的需要，使大型企业生产要素的优势难以充分发挥作用。二是机构庞大，一般建有规模较大的永久性基地，机械设备、固定设施和职工人数多，与建筑生产的流动性不相适应。在建设地点变换时，需要进行大规模的远距离搬迁，经济代价太高。尤其在实行招标投标制之后,这一弊病往往限制了大型建筑企业的竞争范围和竞争能力。三是繁琐的事务性工作较多,费人、费时、费钱、费精力,分散企业领导的注意力,不利于企业领导把握企业的目标和方向。

与大型建筑企业相比,中小型建筑企业具有许多优点。一般来说,凡是限制大型建筑企业发挥优势的方面,中小型建筑企业往往能够发挥积极作用,有的是大型建筑企业无法达到的。例如,中小型建筑企业投资小、兴办易、见效快。由于建筑生产的手工操作比重大,对劳动力素质的要求不太高,新办的小企业几乎不需要太大的投资就能很快独立地承担施工任务,在生产过程中不断发展、扩大技术装备力量并提高技术水平。

中小型建筑企业数量大,遍布全国城乡各地,有利于施工力量接近施工现场,既便于充分利用地方资源、吸收本地劳动力、满足地方建设的需要,也有利于改变全国建筑生产力的不合理布局和不均衡状态,迅速发展落后地区的经济文化建设事业。由于中小型建筑企业规模小,机械设备、固定设施和职工人数都较少,在施工中运转灵活,便于流动作战,与建筑生产的流动性要求相适应,尤其在需要远距离调迁时,优越性显得格外突出。

中小型建筑企业人少摊子小,有利于专业化的发展,有利于提高工人的技术水平和熟练程度,从而形成企业的特色。特别是小型企业,能够为业主提供某些大型建筑企业不屑一顾而又的确是业主所需要的服务或承建一些零星工程。中小型建筑企业领导层次少、机构简单,便于企业领导深入现场及时发现和解决问题。从而提高工作效率,也有利于组织管理和协调指挥。中小型企业的非生产性人员较少,管理费和其他非生产性费用较少,有利于降低工程成本。

中小型建筑企业的优点使其具有较强的竞争能力,因而是我国建筑施工队伍中不容忽视的力量。但是,中小型建筑企业的资金、设备和技术力量毕竟有限,在实现施工机械化方面有较大的困难,在采用和推广先进的施工技术和施工工艺方面也不如大型建筑企业。另外,中小型建筑企业同时承建的工程数量较少,尤其是小型建筑企业,往往没有工程储备,难以保证生产的连续性和均衡性,充其量只能实现单项工程的优化施工,而不能保证企业生产的总体优化,使经济效益受到一定的影响。

由此可见,大、中、小型建筑企业各有所长,亦各有所短。要正确规划建筑企业的规模,必须对各种规模的建筑企业的优缺点及其适用情况和必要条件有一个正确、客观的分析,该大则大,当中则中,宜小则小。在确定建筑企业规模时,首先要考虑经济效果如何以及是否有利于建筑业的发展两个因素;不但要考虑国家和地区的近期、中期和远期的发展规划,预测建筑工程的规模、类型和地区分布情况,还要考虑管理水平并慎重选择企业的组织形式。即使建立中小型建筑企业,也应当从与建筑生产密切相关的资金来源、材料供应条件、劳动力资源、协作条件等实际情况出发,作出正确的选择。表18-7为我国建筑企业的平均规模。

我国建筑企业的平均规模　　　　　表 18-7

年份	总计	国有企业	集体企业	港澳台商投资企业	外商投资企业	其他
企业单位数 / 个						
1980	6604	1996	4608			
1985	11150	3385	7765			
1990	13327	4275	9052			
1995	24133	7531	15348	329	312	613
2000	47518	9030	24756	635	319	12778
2005	58750	6007	8090	516	388	43749
2006	60166	5555	7051	479	370	46711
2007	62074	5319	6614	482	365	49294
2008	71095	5315	5843	474	363	59100
2009	70817	5009	5352	444	351	59661
2010	71863	4810	5026	416	331	61280
2011	72280	4642	4847	393	303	62095
2012	75280	4602	4640	385	295	65358
2013	78919	3847	3728	390	272	70682
2014	81141	3753	3589	369	261	73169
2015	80911	3603	3318	343	249	73398
2016	83017	3593	3154	326	222	75722
2017	88074	3453	2873	334	218	81196
从业人员 / 万人						
1980	648	481.8	166.2			
1985	911.5	576.7	334.8			
1990	1010.7	621	389.7			
1995	1497.87	824.3	631.9	4.96	5.4	31.31
2000	1994.3	635.6	887.5	8.22	4.4	458.58
2005	2699.92	480	361.6	8.6	10.8	1838.92
2006	2878.16	467.6	332	8.9	8.1	2061.55
2007	3133.71	470.12	316.99	9.81	11.43	2325.36
2008	3314.95	472.11	266.78	10.48	9.21	2556.4
2009	3672.56	518.92	246.79	10.86	10.24	2885.75

续表

年份	总计	国有企业	集体企业	港澳台商投资企业	外商投资企业	其他
2010	4160.44	576.87	246.53	12.16	9.8	3315.08
2011	3852.47	444.94	220.4	11.31	9.87	3165.97
2012	4267.24	457.78	216.24	12.97	10.28	3569.97
2013	4528.36	387.66	187.06	16.46	10.14	3927.04
2014	4536.97	371.15	175.03	15.44	8.63	3966.72
2015	5093.67	418.57	169.04	18.87	9.22	4479.98
2016	5184.5	438.1	168.2	16.1	8.7	4553.4
2017	5529.63	428.43	158.68	19.03	7.71	4915.78
平均规模/(人/企业)						
1980	981.2	2413.8	360.7			
1985	818.5	1703.7	431.2			
1990	758.4	1452.6	430.5			
1995	620.7	1094.5	411.7	150.8	173.1	510.8
2000	419.7	703.9	358.5	129.4	137.9	358.9
2005	459.6	799.1	447.0	166.7	278.4	420.3
2006	478.4	841.8	470.9	185.8	218.9	441.3
2007	504.8	883.9	479.3	203.5	313.2	471.7
2008	466.3	888.3	456.6	221.1	253.7	432.6
2009	518.6	1036.0	461.1	244.6	291.7	483.7
2010	578.9	1199.3	490.5	292.3	296.1	541.0
2011	533.0	958.5	454.7	287.8	325.7	509.9
2012	566.8	994.7	466.0	336.9	348.5	546.2
2013	573.8	1007.7	501.8	422.1	372.8	555.6
2014	559.1	988.9	487.7	418.4	330.7	542.1
2015	629.5	1159.0	509.5	521.0	370.3	610.4
2016	624.5	1219.3	533.3	493.9	391.9	601.3
2017	627.8	1240.7	552.3	569.8	353.7	605.4

注：1. 本表 1980~1992 年数据为全民和集体所有制建筑业企业数据；1993~1995 年数据为各种经济成分的建制镇以上建筑业企业数据；1996~2001 年数据为资质等级（旧资质）四级及四级以上建筑业企业数据；2002 年及以后数据为所有具有资质等级的施工总承包、专业承包建筑业企业（不含劳务分包建筑业企业）数据，与以前隔年不可比（从业人员、平均规模同此）。

2. 就业人员数 1993~1997 年为平均人数。

18.3.2 建筑企业规模结构

1. 建筑企业规模结构的概念

划分建筑企业的规模,着眼点不在于对现有企业的分类,而在于确立合理的建筑企业规模结构。所谓企业规模结构,是指大、中、小型企业构成的数量比例及其相互之间的联系。对于我国建筑业来说,首先涉及合理确定划分建筑企业规模标准的问题。正确划分建筑企业规模的标准,不仅能客观地分析各类建筑企业的经济效益和适用情况,而且可以通过国家的政策引导,如税收制度等,促使企业尤其是新生企业正确选择适合本企业情况的规模,从而有利于改善原有的企业规模结构并逐步形成合理的企业规模结构。

我国过去和现行的划分建筑企业规模的标准,与国际上的习惯概念差之甚远。按过去标准划分的中型建筑企业都是国际上的大型建筑企业。我国的小型建筑企业也有相当一部分可在国际上称为规模可观的大型建筑企业。这种标准反映出的建筑企业规模结构,很难说明什么问题,与其他国家也缺乏可比性。另外,我国《建筑业企业资质管理规定》和《建筑业企业资质标准》规定,建筑企业的等级与职工人数的多少相联系,职工人数少的建筑企业不可能是高等级的企业,这导致我国建筑企业的职工人数普遍较多。表18-7所反映的我国建筑企业的平均规模与表14-1和表14-2所反映的日本和联邦德国建筑企业的平均规模不可同日而语。为了进一步说明建筑企业规模结构的问题,再引用联邦德国2015年建筑企业规模分类的数据(表18-8)。

联邦德国2015年建筑企业数量和职工人数 表18-8

企业规模(按职工人数划分)	企业数	职工人数
1~9	276566	878359
10~49	51524	869553
50~249	3989	303793
≥250	332	149695
总计	332411	2201400

数据来源:德国统计年鉴2016。

根据欧洲委员会在2005年6月6日的建议书(2003/361/EC)对大中小型企业的定义,所有雇员少于250人且年营业额不超过5000万欧元门槛的公司被定义为中小企业;雇员少于10人且年营业额不到200万欧元门槛的公司被定义为微型企业;雇员少于50人且年营业额不到1000万欧元门槛的公司被定义为小型企业。从表18-8可以看出,联邦德国微、小、中、大型建筑企业的数量比例分别为83.2%、15.5%、1.2%、0.1%,职工人数比例分别为39.9%、39.5%、13.8%、6.8%。遗憾的是,我国至今尚无如此详细而准确的统计数据,难以进行深入的分析和比较。

2. 我国建筑企业规模结构的合理化

（1）调整建筑企业规模的划分标准

由于国情不同，在我国成立大量的几个人的建筑企业是不可想象的，也未必是合理的。而且，我国目前和今后相当长的时期内仍然处在以新建为主的发展时期，客观上需要较大的建筑企业规模。另外，经济发达国家建筑企业的平均技术装备水平大大高于我国的建筑企业，因此不能简单地照搬经济发达国家建筑企业规模的划分标准。但是，针对我国建筑施工队伍的现状，从引导建筑企业向专业化方向发展并切实提高自身素质的需要来看，有必要重新规定我国建筑企业规模的划分标准，并尽可能与国际上的习惯概念靠拢，以便与其他国家的建筑企业规模结构进行比较分析和研究。

从理论研究和分析的角度出发，如果仍以职工人数作为衡量建筑企业规模的指标，可以考虑将建筑企业规模的划分标准与我国建筑工程规模的划分标准联系起来。例如，可按以下方式确定：职工人数为 1~99 人为小型建筑企业；职工人数在 100~999 人之间为中型建筑企业；职工人数达到或超过 1000 人为大型建筑企业。大、中、小型建筑企业不仅职工人数多少有差异，而且在经营特色和承包工程规模等方面也应有明显差异。

（2）各类建筑企业应具有的专业化特色

小型建筑企业在施工时以手工操作为主，可能拥有少量的小型或轻型施工机械，因此应以工种专业化为特征，如砌墙、粉刷、内装修、外装修等，在多数情况下是作为专业分包承接任务，也有能力独立承包一个或几个技术要求不高的小型建筑工程；在少数情况下，可以由多个稍具实力的小型建筑企业组成施工联合体或施工合作体联合承包技术要求不高的中型建筑工程。另外，小型建筑企业比大中型建筑企业更适宜承接零星、分散的维修业务。表 18-9 为英国不同规模建筑企业完成新建和维修任务的比例。

英国不同规模建筑企业新建和维修任务的比例（单位：%）　　表 18-9

企业规模 任务类型	0~24 人	25~114 人	≥ 115 人	DLOs
新建	41	64	81	9
住宅维修	38	14	7	47
其他工程维修	21	22	12	44

注：DLOs——Direct Labour Organisations，同 Force Account，可译为自营工程组织。

中型建筑企业采用手工操作和机械化施工相结合的方式，技术装备达到一定水平，也可能是技术装备程度很高的机械化施工公司。中型建筑企业应以阶段专业化、体系专业化为特征，如基础工程公司、装修工程公司、安装工程公司等，或大板住宅建筑公司、升板建筑公司、滑模建筑公司等。中型建筑企业也可能表现为机械化程度较高的工种专业化，如土方工程公司、打桩工程公司、结构构件吊装工程公司等。中型建筑企业有能力独立承包一个或多个中型建筑工程，也可以由多个中型建筑企业组成施工联合体或施工合作体联合承包大型建筑工程。

大型建筑企业一般实力较为雄厚，技术装备水平比较高，常常拥有较为合理的施工机械设备系列，手工操作的比例较低。大型建筑企业的管理水平和技术水平均较高，一般表现出综合性的特征，掌握多种高、新施工技术和施工工艺，可以承建各种民用建筑和工艺要求不高的普通工业建筑；或以施工对象专业化为特征，专门承建某类工艺要求较高的工业、交通建筑；或以施工管理专业化为特征（也可能是具有施工管理专业化能力的综合型建筑企业），专门承担施工过程的管理工作，而不承担或较少承担具体的施工任务。大型建筑企业有能力独立承包一个或多个大型建筑工程，一般是作为施工总包单位，将某些分部分项工程分包给其他中型或小型建筑企业。

（3）使建筑企业规模结构合理化应注意的问题

目前我国建筑企业的规模结构，中、小型建筑企业的比例过低，大型建筑企业所占的比例过大。这与我国长期存在的"大而全""小而全"的自然经济思想、建筑生产专业化发展不充分、总分包经营方式不发达等因素有密切关系。因此，要使我国建筑企业规模结构合理化，使大、中、小型建筑企业在建筑生产领域各得其所、相得益彰，关键在于发展具有各种专业化特征的中、小型建筑企业。发展社会化大生产，不仅可以采取生产要素适当集中的方式，如成立一定数量的大型企业，也需要采取生产要素分散的经营方式，即成立数量众多的中、小型专业化企业。建筑产品客观存在的固定性和分散性特点，使得生产要素分散的经营方式更适合建筑生产的特点和需要，也是世界各国建筑生产发展的一种总趋势。对于我国来说，要大力发展中、小型专业化建筑企业，需要在政策上加以引导，在管理和技术上予以指导，还要实行有效的监督。

需要特别指出，合理的建筑企业规模构成比例只是取得良好经济效益的必要条件而不是充分条件。如果仅从大、中、小三种规模来考虑，世界上大多数国家的建筑企业规模结构都是比较接近的：中、小型建筑企业数量巨大，就业人数多；大型建筑企业的数量比例很小，一般不超过1%，就业人数所占的比例也不大，但在建筑生产领域中起主导作用，在国民经济中亦占有重要的地位。但是，各国"类似的"建筑企业规模结构却产生相差悬殊的经济效果。合理的建筑企业规模结构并不是某一种大、中、小型建筑企业构成比例的必然结果，还受到构成这一比例的各个建筑企业本身的经营方向、经营效果和相互之间联系的影响。因此，从建筑业的发展要求出发，每个建筑企业都必须根据地区条件和企业自身特点，努力提高经济效益并加强相互之间的联系，即建筑生产中的专业化协作和联合化，如第13章建筑生产社会化所述。

18.3.3 建筑企业经营结构

1. 建筑企业经营结构的内容

前面已经介绍了经营结构的概念。对于建筑企业来说，经营宽度与设计机构相似，表示建筑企业施工任务来源的范围，即承担哪些类型建筑产品的施工任务，如住宅、办公楼、医院、学校、商店、影剧院、道路、桥梁、工业建筑等。一个建筑企业可能只承建某一类建筑产品,也可能承建几种类型的建筑产品。建筑企业经营宽度的另一种表现是承担哪一类体系建筑,如大模板住宅建筑、升板建筑、滑模建筑等。建筑企业承建体系建筑时,多以某一类体系建筑为主或只承建某一类体系建筑。

建筑企业的经营深度表示其完成某一建筑产品施工任务的具体内容,如按施工阶段分,有基础工程、主体结构工程、安装工程、装修工程等;按施工工种分,有土方工程、打桩工程、混凝土浇筑工程、模板工程、砌筑工程、粉刷工程、脚手架工程等。一个建筑企业可能只承担其中一个或多个施工阶段的任务,也可能承担所有施工阶段的任务;可能承担一个或多个施工工种的任务,但在社会化大生产的条件下,却不可能承担所有施工工种的任务。

建筑企业的经营高度表示其所完成的与施工有关的工作内容,如施工准备、施工、绘制节点或构造大样图、绘制施工图、从事专业化的施工管理等。一个建筑企业可能只承担其中一两项任务,如施工准备和施工,也有能力或有可能承担上述所有工作。我国建筑企业目前不具有设计能力,少数大型企业具有专业化施工管理的能力,大多数企业只能承担具体的施工任务(包括施工准备)。

建筑企业的经营结构如图18-3所示。

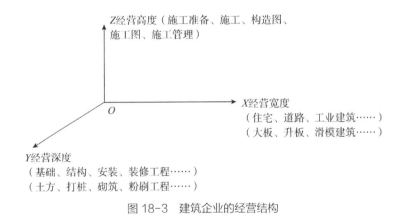

图18-3 建筑企业的经营结构

任何建筑企业的经营范围总是处于图18-3中三维空间的某一位置。若某建筑企业只承担一个XZ平面的施工任务,就表现为施工阶段专业化或施工工种专业化。它表明该建筑企业可以为不同类型的建筑工程完成同一施工阶段或工种的施工任务,在经营高度上只承担施工准备和施工任务,在特殊情况下,也可能扩大到其他方面。若某建筑企业只承担一个YZ平面的施工任务,就表现为施工对象专业化,即专门承建某种类型建筑产品或某种工业化的体系建筑。在经营深度上,该建筑企业可能完成全部或大部分施工阶段和施工工种的施工任务;在经营高度上,则不局限于施工和施工准备,可以承担更多的工作。施工对象专业化的建筑企业一般实力较为雄厚,管理水平和技术水平均比施工阶段专业化和施工工种专业化的建筑企业要高。若从XY平面来考察,建筑企业主要可以分为劳动密集型和智力密集型（可能同时是技术密集型）或劳务型和管理型两大类。当然，这只是相对而言，因为若某一建筑企业的经营宽度和经营深度都达到一定程度，就不可能是纯粹的劳务型或劳动密集型企业。如果一个建筑企业能够在 XYZ 三维空间中较大范围内生产和经营，该企业一般是大型综合性建筑企业。这表明该企业在经营宽度、经营深度、经营高度三个方面均达到相当程度，技术装备程度较高，管理水平和技术水平也较高，不仅具有生产集中化的优势，也可能具有生产专业化的某些特点。

2. 建筑企业经营结构与规模结构的联系

建筑企业的经营结构与规模结构是两个相互区别又相互联系的概念。规模结构表示各种规模的建筑企业构成的数量比例及相互之间的联系，而经营结构则表示各建筑企业经营范围之间的联系。若经营结构有缺陷，则不论大、中、小型建筑企业构成的数量比例如何，都很难说其规模结构是合理的。从这个意义上讲，经营结构实际上反映了规模结构中各类建筑企业之间的相互联系。那么，究竟什么样的建筑企业经营结构才算是合理的呢？就建筑企业的总体而言，应当使经营宽度、经营深度和经营高度构成的三维空间的"密度"相对均匀，避免某些区域过于密集，而某些区域过于稀疏的状况。这是抽象的表述，具体地说，每个建筑企业都应当在经营结构的三维空间中"各得其所"，既不要出现多个建筑企业抢占或挤占一个位置的情况，也不要出现"空白"。

值得指出的是，经营结构合理未必就说明规模结构合理。因为经营结构是否合理，还与经营宽度、经营深度、经营高度的具体内容有关。例如，当经营宽度为各种类型的建筑产品，经营深度为基础、结构、安装、装修等主要的施工阶段，经营高度仅为施工准备和施工时，如果由此所构成的三维空间的"密度"较为均匀，就可以认为建筑企业的经营结构是合理的。但是，在这种情况下，建筑企业的平均规模较大，多数为大中型企业；专业化程度不高，多数为综合型企业。从规模结构的角度来分析，就显得不够合理，甚至很不合理。因此，为了使建筑企业的经营结构更好地与规模结构相联系，应当将经营结构中的三个方面，尤其是经营深度和经营高度的内容划分得细致一些。

再从建筑企业规模结构的角度出发进行分析。当规模结构不合理时，一般较为典型的表现是大中型综合性企业的比例过大，小型专业化企业的比例过小，因而经营结构很可能不合理。但是，如果相应的经营宽度表现为施工对象专业化，经营深度表现为施工阶段专业化，经营高度仅为施工准备和施工，则经营结构未必不合理。而当规模结构合理时，大中小型各类建筑企业的专业化都得到充分发展，经营结构的各个方面也会相应细化，其中，经营宽度可表现为施工对象专业化和体系建筑专业化，经营深度可表现为施工阶段专业化和施工工种专业化，经营高度至少包括施工准备、施工和施工管理三个方面，经营结构自然就呈现出合理的状态。在这种情况下，建筑企业的经营结构之间形成和谐统一、相互促进的关系，是最为理想的状态。

由此可见，就建筑企业经营结构与规模结构的关系而言，规模结构是起决定性作用的方面。而且，经营结构是相对抽象的概念，较难定量测度；而规模结构尤其是大中小型企业构成的数量比例却是很现实、很具体的，是可以利用准确的统计数据定量测度的。因此，要使建筑企业的经营结构和规模结构处于合理的状态，关键在于保证规模结构的合理性。当然，经营结构和规模结构毕竟是从不同的角度对建筑企业的总体进行考察和分析，二者不可能完全一致，也不可能相互取代。

18.4 咨询机构

18.4.1 咨询行业的概念和发展

咨询一词来自英文 consult，作为动词，原意是与人商量或征询他人意见。咨询总是包括两个方面的活动：一方是提出问题者，或接受咨询者，英文为 consulter；另一方是提供适当建议或解决办法者，或提供咨询者，即咨询人员，英文为 consultant，也可译为顾问。

广义的咨询涉及社会生活的各个方面，大到政治、经济、军事、外交、科学技术等领域重大问题的研究解决，小到个人的医疗保健、就业、纳税、购置家用电器等问题，都可以请有关专家提供咨询服务，从而取得良好的预期效果。

其实，古今中外都有咨询服务，我国春秋战国时代的"食客"就是专门提供咨询服务的人员，清政府的"幕府"也是专门为政府服务的咨询机构。但是，作为社会化的行业，咨询行业是在经济发达国家现代化的进程中发展起来的，是近几十年来才出现的一个新兴行业。第二次世界大战以后，经济发达国家咨询服务业发展很快，咨询机构最初大多附属于政府部门、各类集团和大企业，后来逐步发展成为独立的社会化机构。咨询服务之所以能发展成为一个独立的行业，是因为现代科学技术的发展日新月异，社会分工高度专业化，不同学科交织渗透，不同行业互相依存，政府、企业以及个人在对某些重大问题作出决策的过程中，往往要求跨行业、多学科的专家提出解决问题的可行方案，供决策者选择和参考，以弥补决策者个人才智、知识、经验和精力的不足。而且，这种需要日益增多，日益社会化。正如《第三次浪潮》的作者阿尔温·托夫勒（Alvin Toffler）所说："咨询行业反映选择性的激增和环境的复杂化。社会变化的速度越快，复杂性就越强，这样，对提供咨询的需要就越多。"由此可见，咨询行业随着社会经济的发达而发展，是历史的必然。

因此，咨询行业是由具有不同知识结构、拥有不同经验的专家、学者组成的，运用现代科学理论、方法和手段，可以互相补充、启迪和丰富的知识信息综合体，是高度知识密集型的新兴智力生产行业。我国在改革和开放的实践中，各种新情况、新问题层出不穷，大大增加了决策工作的复杂性，仅仅依靠个人的才智和经验来决策已不可能应付，使得各种咨询机构应运而生。咨询机构从事社会经济、科学技术、经营管理等方面的研究，在国家计划的指导下，根据委托者的要求，提出有关咨询项目的数据、资料、最优化理论、比较方案、调研报告等，供委托者决策时参考。20世纪70年代末以来，我国的社会化咨询机构有了一定发展，但主要集中在经济比较发达的城市和地区。到20世纪90年代，我国的咨询行业在全国范围内均有较大发展，目前仍以较快的速度持续发展。

当今社会，咨询行业实际上是跨行业的行业。也就是说，在国民经济的各主要部门或行业中都存在咨询业。建筑生产领域的咨询业务很早就有，但作为一个独立的行业，它始于19世纪下半叶，是近代工业化和经济迅速发展的产物。20世纪50年代以来，咨询行业在建筑业得到迅速发展，并达到相当发达的程度，已成为整个咨询行业中最重要和最成熟的分支之一。许多国家都成立了咨询工程师联合会或协会，并成立了国际咨询工程师联合会（即FIDIC，成立于1913年，但直到20世纪50年代末才真正"国际化"），这是咨询行业专业化、社会化的重要标志。国际咨询工程师联合会多年来编辑、发表了不少合同或协议书条件以及有关的出版物，并不断地修改和完善。例如，1999年出版了《施工合同条件》（新红皮书）、《工程设备和设计—施工合同条件》（新黄皮书）、《设计—采购—施工（EPC）/交钥匙工程合同条件》（银皮书）、《简明合同格式》（绿皮书），并于2002年对前三个文本出版了FIDIC合同（应用）指南。这些出版物对于规范咨询工程师的行为、提高咨询服务工作的效果和社会声誉以及促进咨询行业的发展都起到了非常重要的作用。

建筑领域咨询业最重要的发展是项目管理咨询的兴起。从某种意义上说，它是对传统的建筑生产和管理方式的变革，开拓了建筑生产专业化的新领域（有关内容已在第14章详细阐述）。项目管理咨询机构和从业人员越来越多，许多经济发达国家将其产值作为建筑业产值的一部分。项目管理咨询在提高工程建设的经济性、保证工程项目目标的实现等方面的作用越来越突出，得到社会各界的承认。如今有无高水平的项目管理咨询人员已成为取得国际金融组织和外国政府贷款的重要条件之一，联合国工业发展组织还推荐了选聘项目管理咨询人员（机构）应遵循的程序和评价标准。

在建筑领域，咨询机构除了为业主、设计机构和施工机构提供咨询服务之外，还可能以政府和贷款机构作为服务对象。咨询机构为政府服务的内容主要表现在以下两个方面：一是对与建筑业发展、城市建设、建筑市场管理等有关的法规、政策提供咨询意见，这时，咨询机构的直接服务对象是政府建设主管机构；二是对政府投资兴建的重大项目提供决策咨询，即对项目方案的论证、分析和评价，这时，政府的身份实际上是业主，因而，从服务对象来说，可将其归入业主之列。与企业和个人作为业主相比较，政府作为业主的项目更强调社会效益、宏观效益和长远效益，对咨询机构的要求也有所不同。

咨询机构为贷款机构服务，具体服务对象可能为国际金融和援助机构，如世界银行、联合国开发计划署、联合国粮农组织、亚洲开发银行、某国政府银行等，以及一般性的商业银行。在这方面，咨询机构的主要任务有：对项目技术方案与系统设计的可靠性、适用性进行评估，对项目投资估算的准确性、财务指标及其敏感性进行分析；还可能对项目的执行情况进行监督，向贷款机构提供客观、公正的阶段性工作报告，以及参与项目的后评价等。

在国际上，不少咨询机构往往是由设计机构业务拓展形成。已具有较强的经济实力的咨询机构的业务范围不一定仅仅局限于一般单项或某一建设阶段的咨询。它们可能在一个项目上既做可行性研究，又完成全部设计工作，并承担施工监督工作；也可能与设备制造厂家和施工单位联合，共同完成项目建设的全部任务，即设计、施工一揽子承包或交钥匙工程；还可能参与 BOT 项目，甚至作为这类项目的发起者和总体策划者。在后两种情况下，咨询机构的风险相对较大，但更能发挥咨询机构在技术和管理方面的优势，从而可以给咨询机构带来更多的利润，因此，已成为国际上大型咨询机构开拓业务的一个新趋势。当然，这也对咨询机构技术、管理和经济实力提出了更高的要求和新的挑战。

18.4.2 咨询行业的特点

咨询行业与其他行业相比，有其自身的特点。了解这些特点，有助于掌握咨询行业的发展规律并寻求符合要求的培养咨询人员的方法。从咨询服务的性质来看，咨询行业具有以下几个特点。

1. 知识密集性

咨询行业是以咨询人员的专业知识为客户提供服务，即为客户提供解决问题的建议或方案，帮助客户进行决策。这种服务是无形的、非物质性的，不需要专门的生产设备生产物质产品。咨询活动投入的生产要素主要是人，即咨询人员的活劳动（脑力劳动）。咨询机构最需要的是优秀的专门人才，并应使咨询人员的知识结构与咨询业务的需要相适应，这是咨询活动取得良好效果和咨询机构不断发展的重要条件。咨询行业属于知识密集型行业，知识的传播需要载体和工具，如书刊、录像、摄影、电子计算机、复印机、晒图机、传真机等物质工具和设备，这些对于咨询机构是必要的，而且要尽可能现代化，以便能及时地传播和取得必要的信息，提高信息利用的可靠性和效率。

2. 综合性

咨询人员所接受的业务内容往往涉及多学科、多专业，而不是局限于某一特定的学科、某一专业领域。现代科学技术领域之间相互渗透，出现了许多边缘学科、交叉学科，解决一个问题需要各类学科的协调。特别是各种复杂的技术和社会问题，必须进行跨学科的综合研究，才能取得正确决策的科学依据。例如我国的长江三峡工程，经过多年深入的研究，参加研究的人员包括水利、农业、经济、环境、生态、气象、土建、交通、社会等方面的专家，充分表明了咨询工作的综合性特点。咨询工作可以跨部门、跨行业、跨地区、跨学科地组织专门人才，进行综合研究，把社会科学与自然科学的知识融于一体，把技术与经济、宏观与微观、近期利益与长远利益、管理与经营等方面的因素综合考虑，打破某一学科、某一专业的局限性，从全局出发，适当考虑地方和部门利益，把握事物各方面的联系，提出正确的解决问题的方案。因此，要求咨询人员在精通某一专业的基础上，还要具备判断和处理所涉及的其他相关专业领域问题的知识和能力，包括同其他领域的专业人员合作判断并处理问题的能力，也就是能够综合地运用多学科的专门知识来处理实际问题。

3. 相对独立性

咨询工作是根据客户的要求为客户的利益服务，但不能要求咨询人员判断和处理问题时以客户的主观意志为转移。咨询人员应当实事求是地按客观规律办事，而不应受一个地区、部门或企业的局限。为此,咨询机构必须是相对独立存在的经济实体,不得与建筑企业、设备制造企业、材料生产企业、贸易商行等存在经营、资本等方面的经济关系。在任何情况下,都要求咨询机构和人员只从客户那里收取合同上规定的报酬。即使从公正的立场出发,介绍客户使用某公司的设备或其他产品,也不得从该公司收取手续费、佣金、回扣或其他报酬。在建筑生产领域,咨询机构是独立于业主、设计机构和施工机构而存在的一支专业化的社会力量。同一咨询机构,可以在不同的建筑工程上分别为业主或承包单位服务,但不得在同一建筑工程上既为业主服务又为承包单位服务。这是国际惯例,有的国家还以法律形式加以明确规定。

4. 实践性

咨询项目都来自现实的社会、技术和经济问题,针对性很强。咨询人员必须能解决实际问题,不能仅仅是坐而论道。为此,要深入实际,掌握第一手资料,自觉为生产建设服务,把科学知识渗透到生产建设实践中去,以获得经济效益或社会效益。一切结论不能产生在研究工作之前,只能产生在深入细致的研究工作之后,产生在经过实践的检验之后。这就说明,咨询人员仅仅有理论知识、书本知识还不够,还必须有丰富的实践经验,并能将理论与实践紧密地结合起来,以理论指导实践,以实践丰富和发展理论。实践经验可以来自咨询人员原来所从事的某一领域的生产实践,如在设计机构或施工机构工作过较长时间,也可以在咨询工作的实践中积累。另外,咨询意见总是针对现实问题的解决方案,在多数情况下要付诸实施。咨询意见正确与否、合理与否,要通过实践来检验,实践是反映咨询机构和人员水平高低的主要途径。

5. 单件性

咨询项目都是来自实践中未解决或新出现的问题,与客户的具体要求以及当时、当地的各种外在条件密切有关。可以说,没有任何两个咨询项目是完全一样的。因此,咨询服务就不可能像工业生产那样,对同一产品进行大批量生产。咨询服务的单件性,在大型咨询项目上表现得尤为突出,信息社会凡是已经被解决的问题就不再需要咨询。由于咨询服务具有单件性的特点,因而总是由客户与咨询机构先订立委托咨询合同,然后再由咨询机构根据合同中所规定的内容和要求为客户提供咨询服务。在这一点上,与建筑生产有相似之处。

18.4.3 咨询服务的费用

咨询服务的费用简称咨询费,是咨询机构与客户之间经济关系的直接反映,除了数额的多少之外,咨询费主要涉及计算方法和构成要素两个问题。此外,还涉及合同计价方式问题。以下分别加以说明:

1. 计算方法

由于咨询项目各有特点,客户的要求不同,咨询服务的内容和方式也不同。对于建筑工程项目来说,工程类型、结构、功能、技术复杂程度、质量要求和进度要求等都有很大差异，都会影响到咨询费的取费方式。咨询费的计算方法有很多种，究竟采用哪种方法，要根据咨询服务的内容和方式，由咨询人员（机构）与客户（委托者）协商确定，并在合同中写明。常用的咨询费计算方法如下：

（1）人月费单价法

人月费单价法是咨询服务中最常用、最基本的以服务时间为基础的计费方法。它通常是按每人每月所需费用（即人月费率）乘以相应的人月数，再加上其他非工资性开支（即可报销费用）计算。这种计算方法广泛用于一般性的项目规划和可行性研究、工程设计、项目管理和施工监理以及技术援助任务。需要说明的是，这种方法中的"人月费"并不仅仅是咨询人员的月工资。

（2）按日计费法

按日计费法也是一种以服务时间为基础的计费方法，通常是按每人每日所需费用乘以相应的工作日数。采用这种方法时，咨询人员为该项咨询工作所付出的所有时间，包括旅行和等候时间都应作为有效工作时间计算。咨询人员出差时发生的旅费、食宿费和其他杂费由客户直接补偿，不包括在每日费率之中。每日费率与咨询服务项目的重要性、风险性和复杂程度有关，也与咨询人员的专业水平、资历和工作经验有关。这种计费方法通常要比按人月费率折算所得的平均日费用额高，一般适用于咨询工作期限短或不连续、咨询人员少的咨询项目，如管理或法律咨询、专家论证等。

（3）工程建设费用百分比

这种方法是根据工程规模的大小、技术复杂程度、咨询服务内容的范围和要求等因素，取工程建设费的一定比例作为咨询费。在咨询内容和要求相同的条件下，工程规模越大、工程建设费越多，咨询费的比例越低。这种方法计算简单，不需要规定各种费用的含义，而且费率一般也容易找到可参照的咨询项目对象，客户与咨询机构容易达成协议，因而只要确定工程建设费，就可以计算出所需的咨询费。

但是，在签订咨询合同时，往往尚没有确定工程建设费的额度或仅有估计的工程建设费用（如概算或预算），因此，在合同中，除了确定费率之外，还必须明确费率的计算基数，即究竟是以估计的工程建设费用还是以实际的工程建设费用为基数。若根据估计的工程建设费的比例确定咨询费，则即使在工程实施过程中由于设计修改、优化或采用其他措施而降低工程费用，咨询机构或人员也不会受到损失。若根据实际工程建设费用的比例来确定咨询费，则当通过合理的技术经济措施，如修改设计、材料代用、改进施工方案等使工程建设费用降低时，咨询费也将相应减少，这无疑会影响咨询人员改进工作、主动控制和降低工程建设费用的积极性。因此，有些国际组织如世界银行不主张采用以实际工程建设费用作为百分比计算基础的咨询合同。若以实际工程建设费用的比例确定咨询费，应在合同中规定对节约或降低工程建设费的奖励办法。这种计费方法主要用于有明显的相对独立阶段的连续性咨询服务，如可行性研究、工程设计、施工监理等。

另外，对于项目管理和工程监理等需要一定量的人力跟踪项目实施，服务时间和成本与项目实施周期有很大关联性的咨询类服务，采用百分比法对咨询机构的经济风险很大，一旦由于非咨询方的原因导致工期大幅度拖延，而业主方不能对咨询服务费提供一定的经济补偿，将对咨询机构产生巨大影响。国内的这种案例不在少数。

因此，百分比法一般适用于工程规模较小、工期较短（一般不超过一年）的建筑工程项目。当工期较长时，工程实施过程中可能发生的变化较多，这种方法对咨询人员来说要承担一定的风险，需要在合同中明确规定工程项目范围、工期以及发生重大变化时咨询费的调整办法，例如重大的设计变更（工程范围扩大、技术复杂程度增加等）、工资、物价、外汇汇率等的变化等。若规定不论发生什么情况都不调整咨询费额，则需要在固定咨询费中加进一定数额的不可预见费，也就是适当提高咨询费的数额。

咨询工作与其他物质生产不同，工作质量差异性可能比较大，有时候难以评定其成果的优劣。因此，规定采用统一的百分比法计算工程咨询服务费难以体现不同咨询机构、不同服务质量的差异。

2. 费用构成

咨询服务费用的计算可以采用不同的计算方法。但作为咨询机构，其基本的出发点都是保证能补偿咨询服务工作所发生的全部成本，并能取得合理的利润。人月费单价法实际上是咨询机构估算咨询服务费用的最基本的方法，其他计费方法大多不过是这种方法经转换后的表现形式而已。

采用人月费单价法时，除了根据咨询任务的范围、内容、难易程度等估计所需要的人月数之外，合理确定各种费用的数额或比例就成为关键。咨询服务费用由酬金（人月费率乘以人月数）、可报销费用、不可预见费用三部分组成，其中以酬金的计算最为复杂。下面分别介绍三项费用构成的内容及如何计算：

（1）酬金

这里仅考虑人月费率的构成及计算。人月费率包括基本工资、社会福利费、公司管理费、利润、津贴等。其中，基本工资是公司每月付给个人的工资，不包括工资以外的任何额外收入（如红利款项）；社会福利费是根据咨询公司所在国的法律和公司的雇工政策给予职工的福利待遇，具体指节假、病假、退休费、医疗费、社会保险费等，一般为基本工资的20%~60%，视各国、各地区具体情况而定。

公司管理费是指公司行政管理和业务活动的费用，一般以公司年度费用支出情况为依据计算，内容包括行政管理费、办公场所租金、折旧费、办公用品费、资料费、公司交通运输费、专业责任保险费、信息数据处理费、通信费、邮费等，一般为基本工资的65%~150%。

根据国际金融组织（如世界银行、亚洲开发银行）的要求，咨询公司在报价时，社会福利费、公司管理费与基本工资的比例关系，必须根据经过会计师事务所审计的上年度或前3年的公司损益表、公司社会福利费明细表和公司管理费明细表中所显示的实际数据确定。

利润为税前利润，它通常为基本工资、社会福利费、公司管理费三项费用总和的10%~20%。

津贴是公司发给执行海外或异地任务人员的补助费，以鼓励咨询人员到海外或异地执行任务。这项费用一般为基本工资的20%~60%，其具体比例主要取决于咨询任务所在国或所在地区的生活水平、社会环境等因素。

（2）可报销费用

可报销费用是指在执行咨询任务期间发生的、未包括在公司管理费中的、可以据实报销的费用，如咨询人员的差旅费，通信费用，各种资料的编制、复印和运输费，办公设备用品费等。对可报销费用中某些与公司管理费中名称相同的费用，如通信费用等，要明确二者之间的区别和使用范围，以避免将应在公司管理费中支出的费用列入可报销费用。

（3）不可预见费

这是为了解决不可预见的工作量增加和由于价格上涨而引起的实际咨询服务费用增加的问题。该项费用通常为酬金与可报销费用之和的5%~15%。如果工作量和价格均无变化，咨询公司就不能提取这笔款项。对于服务期限不超过一年的咨询合同，可不考虑价格调整因素。对于服务期限较长的咨询合同，人月费率等应规定每年作一定幅度的调整。

3. 合同计价方式

工程咨询服务合同的计价主要采用总价和成本加酬金方式。

（1）总价合同

根据咨询服务的内容、要求、难易程度、所需咨询人员的大致数量和时间等因素，确定一个总的咨询费额。咨询费总额可以根据估计的工程建设费和商定的费率来确定，也可以按照人月费单价法，根据咨询服务所需人员数量和服务时间等确定。

（2）成本加固定酬金

这种方法是对咨询人员在咨询工作中所发生的全部成本予以补偿，并另外支付一笔固定的酬金。所谓成本，包括工资性费用（即基本工资和各种社会福利）、公司管理费（与人月费率中的管理费概念相同）和可报销费用（与人月费率中的可报销费用概念相同）。所谓固定酬金，是一笔用于补偿咨询人员的不可预见费、服务态度奖励和利润的费用，可以是费率固定或数额固定。若费率固定，至少为成本的15%~20%，咨询机构才能得到合理的利润；若数额固定，应预先估计将要发生的成本，再乘上适当的费率，究竟采用哪一种形式，应在合同中予以明确（多采用后者）。采用这种方法时，要准确地记录咨询工作所消耗的人、财、物等一切费用，并有可靠的凭证。

采用这种计费方法的前提是客户和咨询人员就咨询服务的范围取得一致意见。因为咨询人员在估算成本和确定合理的固定酬金时，必须首先明确工作范围。由于实际的咨询服务工作量较原来预计的工作量可能发生重大变化，因而应在协议中明确"必要时重新协商固定酬金"的条款。当需要咨询人员在详细的工作范围尚未确定之前就开始工作的,也可采用这种计费方法,并大多采用费率固定。若采用数额固定,则应注意以下两点:一是尽管完整、详细的工作范围尚不能确定,但有关项目的大致范围、内容和目标应该明确;二是协议中应规定固定酬金可以适时调整,以适应可能发生的项目范围、服务内容、完工时间等方面的变化。

18.4.4 咨询人员的素质和职业道德

1. 咨询人员的素质

由前述咨询行业的特点可知,要能胜任咨询工作的要求,咨询人员应具有较高的素质,主要表现在以下几方面。

(1) 精通业务

咨询人员的业务可能涉及各种类型的工程,涉及项目的规划、设计和施工,涉及各种门类的技术。虽然不同专业咨询人员所需掌握的特殊技术有很大区别,但咨询行业要求其工作人员具有较高水平的业务能力却是一致的。咨询人员应具备设计和施工技术、技术经济分析、利用情报和资料、计算机应用等方面的业务技能。若开展国际咨询业务,还应熟练地掌握一两门外语。

(2) 较宽的知识面

在建筑领域的咨询业务中,涉及大量的工程技术问题。咨询人员不仅要掌握专业应用技术,而且要有较深的理论基础,并了解当前本专业最新技术水平和发展趋势;不仅要掌握工程的一般设计原则,还要掌握优化设计、可靠性设计、功能—费用设计等系统设计方法。工程项目是一个由多种约束条件构成的综合系统,因此要求咨询人员善于对项目进行深入的分析,提出周密的方案,以实现项目的总体效益最大化。

无论是从工程项目本身的复杂程度及其不同的环境和背景,还是从咨询公司服务内容的广泛性来看,都要求咨询人员具有较宽的知识面。咨询人员不仅要能掌握并熟练运用本专业的技术知识,而且对相关技术知识应有一定程度的了解;不仅具有深广的技术知识,而且对项目建设及其管理过程和规律应有深入的了解,并通晓相关的经济、金融、法律、管理知识以及国际金融组织关于项目融资、设备采购和招标等方面的规定。

(3) 善于协作,责任心强

咨询人员经常与客户、合同各方以及本公司的各方面人员协同工作,还经常与政府官员、金融组织的工作人员和设备材料供应单位的人员打交道。咨询人员必须表现出高度的协作精神和责任心,才能顺利地完成咨询业务。

(4) 具有开拓精神

由于咨询服务的单件性,对咨询人员提出了相当高的要求。与其他行业相比,咨询人员更不能墨守成规、因循守旧,要具有积极进取、勇于开拓、时刻准备迎接新的挑战的精神和作风,才能有所作为。为此,咨询人员要及时了解有关领域的研究动态和最新研究成果，科研成果转化为现实生产力的可能性和途径，社会、经济、法律等方面的重要变化等，并自觉地更新自己的知识，调整自己的知识结构。

除以上四方面素质要求之外，咨询人员还应具有良好的职业道德，以下将其作为一个专门的内容加以说明。

2. 咨询人员的职业道德

各行各业都有自己的职业道德规范，这些规范是由职业特点决定的。如医生有救死扶伤的高尚道德，律师有公正、维护真理的道德。职业道德规范除形成道德观念舆论外，一般都由行业团体制定准则，从业人员必须遵守，否则将受到制裁直至被从行业团体中除名，而且一旦被除名，就不能再在社会上从事这项职业活动。因此，职业道德规范一般都是能遵守的。在市场经济的条件下，竞争非常激烈，但是，违反职业道德规范进行竞争是不能赢得社会信赖的，也是没有前途的。

咨询人员是以专门的知识、技能和经验为客户提供无形服务，与医生、律师、教授等职业一样属于高度知识型的职业，其存在需以客户的充分信赖为基础。除了应具备必要的业务条件之外，咨询人员还必须具备高尚的职业道德，不能有负于社会的信赖。

许多国家的咨询行业都制定有各自的行业规范，以指导和规范咨询人员的职业行为。虽然各国规定的咨询人员职业道德规范不尽相同，但基本原则却大同小异。在国际上最具普遍意义和权威性的是国际咨询工程师联合会（FIDIC）所制定的职业道德规范，其内容如下：

咨询工程师应该具备：

（1）对社会和职业的责任感

①接受对社会的职业责任；

②寻求与确认的发展原则相适应的解决办法；

③在任何时候，维护职业的尊严、名誉和荣誉。

（2）能力

①保持其知识和技能与技术、法规和管理的发展相一致的水平。并且对于委托人要求的服务采用相应的技能、细心和努力；

②仅在有能力从事服务时才接受委托。

（3）正直性

在任何时候均为委托人的合法权益履行其职责，并且正直和忠诚地进行职业服务。

（4）公正性

①在提供职业咨询、评审或决策时不偏不倚；

②通知委托人在行使其委托权时可能引起的任何潜在的利益冲突；

③不接受可能导致判断不公的报酬。

（5）对他人的公正

①加强"按照能力进行选择"的观念；

②不得故意或无意做出损害他人名誉或事务的事情；

③不得直接或间接地取代某一特定工作中已经任命的其他咨询工程师的位置；

④在通知该咨询工程师并且接到委托人终止其先前任命的建议前不得取代该咨询工程师的位置；

⑤在被要求对其他咨询工程师的工作进行审查的情况下，要以适当的职业行为和礼节进行。

以上这些职业道德规范对保证咨询行业的健康发展和取得咨询工作的成果起到很大作用。国际咨询工程师联合会的一些成员国还将以上职业道德规范直接用于本国的咨询行业，有的还颁布相应的政府法规，为咨询行业的蓬勃发展提供了良好的外部环境。

18.4.5 咨询人员的责任

如前所述，咨询机构和人员是以其专门的知识、技能和经验向客户提供咨询服务，为客户提供解决问题的建议、方案，为客户正确决策创造条件，咨询人员本身并无决策权。至于决策不当或失误的原因是多方面的，十分复杂，有技术的、经济的、社会的、政治的、自然的、时效的等方面的原因，也在相当程度上受决策者本人的知识、能力、经验和风格的影响。

究竟导致决策失误的原因何在，事先很难估计，有时事后也很难查清楚。因此，在一般情况下，不应要求咨询人员承担决策失误的责任。但是，咨询服务既然是一种有偿服务，咨询机构和人员就应对其所提供的咨询成果负责，对其咨询报告中的原始数据、计算方法、工艺方法、经济评价、社会评价、环境评价的科学性和可行性负责。如果咨询报告确实质量低劣，内容东拼西凑、敷衍塞责，而且数据不实、计算方法错误，从而导致决策失误，咨询机构和人员就应承担咨询失误的责任，包括经济责任和法律责任。

对于建筑领域咨询人员的责任，也有类似情况，但项目管理咨询，有其一定的特殊性。项目管理咨询人员为业主提供的项目管理咨询服务与一般的咨询服务有所不同，他不是仅仅提供一个咨询报告供业主参考，而是实实在在地参与项目实施阶段全过程（也可以是其中某个阶段）的管理工作，对有些技术、经济问题有权直接处理和决策（重大问题仍需由业主决策）。但项目管理咨询人员与承包商承建工程的性质根本不同，既不设计，也不施工，而是用科学的方法和手段帮助业主控制投资、控制进度、控制质量。建筑工程项目的建设工期一般都较长，在项目实施过程中影响项目目标实现的因素很多，而且许多干扰因素是项目管理咨询人员无法控制的，如自然灾害、突发流行病（如 SARS）、工资调整、材料设备价格上涨、新颁布的地方政府法规（如不允许大型建筑机械白天进出建筑工地、不允许夜间进行高噪声施工作业等）。因此，业主不能要求项目管理咨询人员保证项目目标的实现，更不能无理地对项目管理咨询人员予以处罚，如工期拖一天，罚多少钱；投资超出多少，罚超出额的百分之几，等等。

项目管理咨询人员是专业化、社会化的力量，在项目管理方面有着十分丰富的经验，能够及时发现问题，妥善处理有关问题，并预测可能发生的问题。虽然项目管理咨询人员不能向业主保证项目目标一定实现，但毕竟比业主自行管理项目建设要有利得多。项目管理咨询人员出于职业道德，也为了维护所在的咨询机构的声誉，在项目实施过程中，会千方百计地采取各种措施进行项目目标控制，使项目目标尽可能好地实现。

为了明确项目管理咨询人员的责任，国际咨询工程师联合会（FIDIC）曾在《业主与咨询工程师项目管理协议书国际通用规则（IGRA 1980PM）》中清楚地阐明：项目管理咨询人员对哪些问题不承担经济责任，对哪些问题要承担经济责任以及所承担的最高经济责任的金额。其主要内容如下：

项目管理咨询人员对非他直接责任而造成的损失，如非他设计、负责的工程，由于业主、承包商或供应商的任何行为造成的任何损失，不负经济责任。

项目管理咨询人员在以下四种情况下要承担经济责任：

（1）由于项目管理咨询人员的明显失职或犯罪行为造成的损失；

（2）项目管理咨询人员在文件中引用了违反法律的条款；

（3）项目管理咨询人员侵犯了第三方的专利权、版权等权益；

（4）由于项目管理咨询人员在服务过程中的错误决策和指示造成的损失。

2017年，FIDIC颁布了第5版的《业主/咨询工程师（单位）服务协议范本》（也称为FIDIC《白皮书》），其中，关于咨询工程师的责任的有关条款如下：

（1）3.3.1 在履行服务时，咨询工程师应具有一个有经验的咨询工程师为同等规模、性质和复杂性的项目提供该等服务时预期应有的合理的技能、注意和谨慎义务，除此之外并无其他责任。

（2）3.3.3 在履行服务的过程中，咨询工程师还需要"遵守适用于服务和本协议的所有的法律、法规、条例以及其他形式的标准、守则和法律"。

（3）3.9.4 咨询工程师不应就承包商履行工程合同对客户承担责任。在履行工程合同下的义务时，咨询工程师仅在其发生本协议下的违约时才对客户承担责任。只要适用法律允许，客户应保护咨询工程师，使其免受承包商对其提起的因工程合同而起或与其有关的任何索赔。

（4）3.9.5 咨询工程师不应就工程合同任何方面的手段、技术、方法或顺序或就任何承包商操作的安全性或充分性对客户或承包商负责。

需要说明的是，咨询人员承担的最高经济责任的金额应由业主与咨询人员协商决定，并在咨询协议书（或合同）中明确规定。由于这一问题比较复杂，也比较敏感，需要根据具体情况灵活处理。在实践中，咨询人员所承担的最高经济责任的金额大多按以下两种方式处理：一是在该项目上所收取的全部咨询费；二是该咨询机构的全部注册资本；而且主要是采取第一种方式。为了转移风险，咨询机构可以向保险机构投保合理的专业责任险（或专业保障险）。我国自20世纪90年代末已开始试行设计责任保险和监理责任保险，预计专业责任保险的应用范围会逐渐扩大，并逐步与国际惯例接轨。

思考题

1. 建筑市场的供给有哪些特点？试逐一作简要说明。
2. 大型设计院有何利弊？
3. 试说明设计机构的经营结构。
4. 划分建筑企业规模可采用哪些指标？
5. 试分析大中小型建筑企业的优缺点。
6. 何谓企业的规模结构？如何才能使我国建筑企业的规模结构趋于合理？
7. 将建筑企业的规模与建筑工程的规模相对应有何优点？
8. 试说明建筑企业的经营结构及其与规模结构的区别和联系。
9. 咨询行业具有哪些特点？
10. 咨询费可以采取哪些计算方法？
11. 咨询人员必须遵守哪些职业道德规范？承担哪些责任？

第19章 建筑市场结构

根据产业组织理论，市场结构决定企业行为和市场绩效，所以市场结构处在核心位置。建筑业存在市场集中程度较低和组织结构高度分散的问题，这不仅导致规模经济效益难以实现，而且也加剧了生产能力过剩和市场过度竞争的状况。建筑业具有不同于其他一般工业部门的产业组织特征，如建筑生产的流动性、多层次承包的生产方式、建筑市场的区域性和属地性等。此外，我国建筑业市场结构的形成还与传统发展模式和经济体制转型时期的固有特点紧密联系在一起。这些因素导致我国建筑业形成条块分割式市场结构，出现了不少有悖于产业组织理论的现象，如行业整体规模和龙头企业的规模很大，但大而不强；行业经济效益不佳，但仍不断有新企业进入；市场整体过度竞争，但同时存在局部市场垄断；产业集中度较低，但国有企业占据着主导地位。本章运用产业组织的理论方法，对建筑业的产业组织现状及其影响因素进行深入分析。

19.1 建筑市场结构的内涵

依据《产业组织理论》（杜朝晖，2010），市场结构是指市场的组织特征，即市场的各构成要素及其组织方式或结合方式，实际上，就是对竞争的性质和市场定价具有战略性影响的市场组织特征，如卖方集中度、买方集中度、产品差异程度和市场的进入条件等，其核心是垄断与竞争的关系问题。

《中国建筑业发展轨迹与产业组织演化》（范建亭，2008）提出市场结构是指在特定市场中，企业之间在数量、规模上的关系以及由此决定的竞争形式，是反映市场竞争与垄断关系的基本概念之一。影响市场结构的主要因素有市场集中度、产品差别化、进入与退出壁垒、市场需求增长率和价格弹性等。

因此，建筑市场结构可以理解为建筑市场中现有企业之间以及现有企业与准备进入企业之间的市场联系特征和竞争形式，以及交易中的地位和关系，体现市场的分工协作与竞争程度。

影响建筑市场结构的因素有很多，如市场供需与价格、市场集中度、产品差异化、市场进出壁垒、分工与专业化、合作与一体化及产业组织政策等。建筑市场的供需与价格作为建筑市场的基本环境对建筑市场结构具有重要影响，相关内容已在前述章节进行了阐述，本章主要从市场规模结构、产品差异化、市场进出壁垒等方面来对建筑市场结构进行分析。

19.2 建筑市场规模结构

建筑市场规模结构是指不同规模的企业在建筑市场中的比例关系，通过对建筑市场规模结构的研究，可以探讨建筑市场合理的规模结构。根据企业规模大小可以将其划分为大、中、小型企业，不同规模的企业有各自不同的优势，在建筑市场中都是不可缺少的，它们互相联系，优势互补，联结成一个统一的整体。有关设计机构和施工机构的规模详见第18章的有关内容。

市场集中度是指在特定的行业或者市场中，买者或卖者具有怎样的相对规模结构的指标。市场集中度显示了市场的规模结构状况，表明了市场中买方和卖方的竞争程度，集中度越高，表明资源越集中在少数企业手中，这些企业的市场支配能力就越强。

反映市场集中度的指标有两个，即绝对集中度和相对集中度。绝对集中度是指规模最大的前n个企业的某些指标（工人数、资产总额等）占整个市场或产业的比重，或某一百分比占有率之内的最大规模企业的数量。相对集中度主要用于反映产业内企业的规模分布情况，具体方法是洛伦茨曲线（Lorenz Curve）和基尼系数。

集中度的计算方法在第14章14.2节中已经阐述。以下分析基于市场集中度的市场结构分类。

对不同地区和不同产业，市场结构的划分标准也应该有所不同。美国学者贝恩（J.S.Bain）教授将产业绝对集中度划分为6个等级。CR_4低于30%、CR_8低于40%的属于原子型市场结构。日本学者植草益将CR_4低于20%的称为分散竞争型，大于20%小于40%的则称为低集中竞争型。

我国每年出版的《中国建筑业统计年鉴》汇集了全行业以及各地区和各类企业的统计数据，从中可以得到全行业的总产值或总营业额数据。从2004年起，美国《工程新闻纪录》（Engineering News Record，简称ENR）杂志和中国行业媒体《建筑时报》共同举办了"中国顶级承包商和设计企业"（Top Chinese Contractors and Design Firms）的问卷调查与排名活动，每年推出的"中国承包商和工程设计企业排名"（简称"ENR中国排名"）以企业的上一年度总营业额（包括国外和国内营业额）为依据，选出中国承包商及工程设计企业双60强。据此，可以分析我国建筑市场绝对集中度。

一般而言，市场规模的扩张容易使市场的集中程度降低，这是因为市场总量的扩大抵消了大企业的规模扩张而形成的集中趋势，同时也为中小企业的成长和新企业的进入提供了机会；而当市场发展停滞或市场规模缩小时，竞争程度的加剧会淘汰一部分弱小企业，从而导致市场集中度的上升。根据《中国建筑业统计年鉴》发布的数据，2003

年 CR_4 和 CR_8 分别为 9.33% 和 12.55%，之后不断上升，到 2008 年分别达到 12.24% 和 17.07%，从 2009 年开始缓慢下降，2009 年的 CR_4 和 CR_8 分别为 10.92% 和 13.42%，到 2013 年 CR_4 和 CR_8 分别为 8.94% 和 10.03%，2017 年又略升为 9.56% 和 10.93%。近几十年来，我国建筑市场总体上处于规模不断扩大的发展阶段，建筑安装工程投资总额随着经济的发展保持了快速增长，在建筑市场容量和企业数量不断扩大的背景下，国内顶尖企业的市场绝对集中度不降反升，表明大型承包商的规模扩张超过了整个市场的发展速度。即使是 2009 年之后建筑市场集中度呈下降趋势，也不一定说明规模较大的企业在建筑市场的地位正处于逐步降低阶段。

依据贝恩的分类，我国建筑市场的 CR_4 和 CR_8 均远低于 30% 和 40% 的标准，因此，我国建筑市场属于原子型，总体上不存在集中现象，市场竞争处于十分激烈的状态；根据植草益的分类标准，建筑市场 $CR_4 < 20\%$，属于分散竞争型产业。

根据相关统计数据，我国建筑企业规模分布的基尼系数小于美国建筑业的基尼系数，也小于日本建筑业的基尼系数，建筑企业的规模差距较小，无法形成具有层次性、差异化的竞争格局。发达国家和地区的建筑市场结构一般呈明显的金字塔形，小型企业数量最多，约占 60%~90%，中型企业数量较少，约占 5%~35%，大型企业数量很少，却有很高的市场占有率。在这种结构体系下，大型企业一般只从事总承包，以先进的技术和管理能力实施项目承包和管理，大量的中小型企业作为大型企业的分包企业，从事专业承包。在总包市场以及分包市场上，工程发包数量和企业数量的供需关系都比较平衡。而我国承包商规模差距较小，大而全、中而全企业居多，企业平均规模偏大，实力相似，这也致使大量企业经营领域趋同，并过度集中于相同的目标市场。

根据相关统计资料，我国建筑市场规模结构的现状有以下几个特点：

（1）建筑市场集中度较低，企业的规模层次不明显，大、中、小型企业数量比例不够合理。

（2）从企业数量来看，2016 年我国施工总承包企业、专业承包企业、劳务分包企业总数达到 89008 家，企业数量众多，而且总承包企业所占比例偏大，专业化发展不足，承包企业普遍呈现出"大而全，中而全"，且存在大而不强、小而不专的状况。

（3）从企业经营角度来看，建筑企业的规模、性质相似，经营领域趋同化，过度集中于相同的施工承包市场。因此，大型建筑企业不能为业主提供高附加值、高技术含量的产品和服务，不得不进入技术含量比较低的市场，与中小企业争夺市场，这必然会加剧市场竞争的激烈程度，出现恶性竞争，降低行业整体利润。

（4）建筑企业的业务结构相似，互补性弱，通过兼并、联合形成的大规模企业难以发挥规模效益；大量长期亏损和难以生存的企业因不能顺利退出而被滞留在建筑市场，从而影响建筑市场的平均效率。

19.3 建筑市场所有制结构

随着我国改革开放和经济的不断发展，我国建筑市场经历了以全民所有制和集体所有制企业为主的二元结构向多元化结构发展的过程。目前，我国建筑市场已形成以公有制为主导、多种所有制经济共同发展的格局，这符合当前中国特色社会主义发展阶段的要求，也是我国建筑市场所有制结构与经济发达国家的重要区别（经济发达国家总体上国有企业很少，在建筑市场则完全没有国有企业）。建筑市场包含多种类型所有制的建筑企业，性质各异，经济结构也存在着差别，建筑市场所有制结构的研究主要侧重于不同所有制建筑企业的比例及相互联系。

建筑企业按登记注册类型可以分为内资企业、港澳台商投资企业、外商投资企业，其中内资企业又包含国有企业、集体企业、股份合作制企业、联营企业、有限责任公司、股份有限公司以及私营企业等。根据国家统计局公布的相关资料，以下对 2009 年和 2017 年不同所有制建筑企业的主要经济指标进行分析：

（1）国有建筑企业

从 2009 到 2017 年，国有企业数量从 5009 家减少到 3453 家，所占比重从 7.07% 减少到 3.92%，从业人数也相应减少。尽管总产值绝对数保持增长，但产值比重下降，说明国有企业呈现出收缩趋势；各年平均从业人数在所有类型企业中均属最高值，说明国有企业的平均规模要远大于集体企业、港澳台商投资企业、外商投资企业和其他类型企业，建筑市场中大部分的大型企业、骨干企业属于国有企业；在高等级、技术性强和风险大的项目中，国有企业具有竞争优势，依然发挥着骨干的作用。然而尽管国有建筑企业的平均产值最高，但产值利润率却处于最低水平。

（2）集体企业

集体企业的发展趋势与国有企业类似，无论是企业数量、企业从业人员还是总产值所占的比重都呈下降趋势，而且这种趋势要比国有企业更加明显。集体企业平均从业人数不是最少但平均企业产值是最小的，企业平均实力最弱，产值利润率比国有企业和其他企业高。

（3）其他内资企业

在考察期内，其他内资企业的数量、从业人员数量和总产值都持续高速增长，表明非公有制经济已经逐渐成为我国建筑市场中的主要经济成分，并开始占据主导地位。其他内资企业（股份制和私营企业）迅速发展，产值高速增长。由于其他内资企业中既包括由一些效益良好的国有企业改制形成的实力较强的股份制企业，也包括一些资金和技术实力较弱的私营企业，其市场表现差异性很大。

（4）港澳台商投资企业、外商投资企业

港澳台企业和外商投资企业的企业数量、从业人员和总产值变动不大。港澳台商投资企业、外商投资企业平均企业人数较少，规模不大，但产值利润率居于较高位置，企业平均实力居中，技术资金实力雄厚。

国有及集体企业的产权制度改革，最主要的改革形式是实行股份制和股份合作制，使得国有企业及集体企业减少，其他企业增加，表明我国企业的产权制度改革已经初显成就，建筑企业的"国退民进"，实现了所有制结构的多元化发展，随着产权制度改革的进一步深化，未来国有企业与集体企业的比重将会越来越小。

各类企业的变化趋势说明建筑市场所有制类型多元化的格局已经形成，非公有制经济形式得到迅速发展。

根据 ENR 公布的数据，2017 年中国最大承包商中，前 10 强都是中央和地方的大型国有或国有控股企业，国有企业占据了绝对领先的地位。中国中铁、中国铁建和中交集团凭借在交通建设项目的工程承包规模成为中国建筑的"龙头老大"，中国建筑则在一般建筑领域和国际工程承包上具有强大的实力。上海建工集团、陕西建工集团、浙江省建设投资集团作为我国建筑业中坚力量的省级国有企业，在行业中处于比较领先的地位。

上述 ENR 中国排名充分显示出以中央企业为领头羊的国有企业在我国建筑市场中的绝对主力地位，也反映了我国建筑业长期以来以国有经济为主导的发展状况。整体而言，虽然目前我国建筑业还未形成寡头垄断的市场结构，属于市场集中度较低的竞争性行业，但随着中国经济的迅速发展，具有较强实力的大型国有企业集团在建筑市场中的地位和作用得到了进一步的加强，市场份额正向领头企业集中。如果把建筑市场按房屋建筑、铁路、公路、水利水电、电力等工程类型分成不同的细分市场，这些国有企业在房屋建筑以外的各个细分市场中的地位更加突出。

值得一提的是，大型国有企业集团在国际工程承包市场上也有不俗的表现。按照 2018 年全球营业额计算（国内营业额和国际营业额），我国中央企业占据了全球最大 10 个承包商中的 7 个席位。可以预见，随着中国经济的发展，以中央企业为主的国有建筑公司跻身于全球规模最大建筑承包商之列的情况会越来越多。但从技术水平、管理效率和盈利能力等方面来看，我国国有大型建筑公司的整体实力与国际顶级承包商之间仍存在不小的差距。

另外，还需要探讨的一个问题是，对于特大型国有建筑企业，用整个集团的数据来衡量其在市场中的地位是否合适？如前所述，ENR 中国排名中的大部分企业都是大型企业集团，属于多家法人企业的集合体，据此计算的市场占有率体现的只是企业集团形式的市场集中度。例如，排名第二的中国中铁是由中国铁路工程总公司以整体重组、独家发起方式设立的股份有限公司，成立于 2007 年 9 月 12 日，注册资本 128 亿元人民币（根据 ENR 2017 年公布的数据，中国最大承包商中，中国中铁排名为第二）。其母公司中国铁路工程总公司的前身是铁道部基本建设总部，是国务院国资委监管的特大型企业集团，员工人数近 30 万人。目前，中国中铁辖有全资公司 28 个，控股公司 15 个，分公司 4 个，参股公司 3 个，共 46 家二级子公司，营业范围包括基础设施建设、勘察设计与咨询服务、工程设备和零部件制造、金融投资服务、房地产开发、矿产资源开发、海外业务、投资业务和其他业务。在中国中铁的下属企业中,拥有铁路工程施工总承包特级和一级资质的子公司分别为13家和26家,拥有公路工程施工总承包企业特级资质和一级资质的子公司分别为1家和36家,拥有房屋建筑工程施工总承包企业特级资质和一级资质的子公司分别为2家和32家,拥有市政公用工程总承包企业一级资质的子公司55家。此外,1家子公司拥有港口与海岸工程专业承包企业一级资质,18家子公司拥有城市轨道交通专业承包资质。实际上,这些施工企业在承包工程时都是以各自的企业资质去投标,存在各自为政、同业竞争的现象。其他国有施工企业集团,如中国铁建、中国建筑和中交集团等中央企业,以及省级建工集团也存在相同情况。所谓企业集团实际上很可能"集"而不"团",集团内部各成员企业之间往往是一种竞争关系。也就是说,这些大型国有企业集团的经营规模虽然很大,但还未实现集约化和一体化经营。因此,如果以每个独立法人企业为单体来测算市场集中度的话,企业集团的市场占有率将大大降低。但即便如此,以中央企业为代表的大型国有企业集团在建筑市场中的优势地位仍十分突出,这与建筑业本身作为一个竞争性行业的发展趋势很不相符。

不可否认的是,许多中央建筑企业是伴随着新中国的建立而诞生的,为国民经济发展和国家建设作出了巨大的贡献。从普通的民用建筑到国家重点基础设施建设,从大型工业企业生产线到军工设施建设,中央建筑企业发挥了建设主力军的重要作用。我国目前正处于迅速推进工业化和城市化的发展阶段,基础设施和城乡建设的任务仍然十分繁重,而中央建筑企业作为行业的排头兵,技术装备水平和专业化程度较高,工程经验丰富,可以继续发挥在工程建设领域的重要影响力和带动力。但同时,中央建筑企业也存在治理结构不规范,管理链条过长,多级法人偏多等问题,因而需要按照建立现代企业制度的要求建立健全企业法人治理结构,理顺集团内部各级公司的关系,完善企业管理体系和运行机制,发挥集团公司的优势。更重要的是,从建筑业的发展趋势看,随着我国建筑市场竞争秩序的逐步规范,国有企业集团的特殊地位将受到挑战,中央建筑企业要想在激烈的市场竞争中胜出,关键在于切实建立起现代企业制度,规范公司治理结构,提高管理水平和运营效率,增强企业的核心竞争力。

19.4 建筑市场专业分工结构

建筑市场的专业分工结构包括总分包结构和行业分工结构。

19.4.1 建筑市场总分包结构

由于建筑产品的特殊性,建筑生产通过总包制和多层分包制实现分工和专业化,并分散风险、降低成本,形成以总承包企业为核心的专业分工与合作结构。因此,建筑市场发达的分包体系和以总包为核心的专业分工结构是建筑业产业组织的重要特点。

1. 工程总承包企业

工程总承包企业，指能为建设单位提供工程勘察设计、工程施工管理、工程材料设备采购、工程技术开发与应用等生产全过程服务的智力密集型企业。工程总承包企业可以进行设计和施工一体化的总承包，也可以将承包的部分工程内容分包给其他具备资质条件的企业。工程总承包企业一般是是智力密集型、技术密集型、资产密集型企业。这类企业是现代社会化大生产和技术进步的产物，其经营范围广、营业额大，数量不多但能量较大，是建筑业中的"龙头"企业。

2. 施工总承包企业

施工总承包企业，指从事工程施工承包与施工管理的企业。施工总承包企业可对业主直接进行施工承包，也可为工程总承包企业提供施工承包，还可以将所承包施工项目中的部分工程分包给其他具备资质条件的分包企业。这类企业数量大、门类多，是建筑业中的主体骨干企业。

3. 专业承包企业

专业承包企业，指从事工程施工专项分包活动的企业，如地基与基础工程、土石方工程、建筑装饰装修工程、建筑幕墙工程、预拌商品混凝土、混凝土预制构件以及桥梁、隧道工程等专业施工企业。专业承包企业为工程总承包企业或施工总承包企业提供专业施工分包，较少独立承包全部工程。可以对所承接的专业工程全部自行施工，也可以将劳务作业依法分包给具有相应能力的劳务分包企业。这类企业规模小、数量多，属于技术型劳动密集型企业。

4. 劳务分包企业

劳务分包企业，指承担施工总承包企业或专业承包企业发包的劳务作业的企业，又指劳务作业承包人，如木工作业、砌筑作业、抹灰、油漆作业、钢筋加工、混凝土作业、脚手架搭设、模板作业、焊接作业、水暖电安装作业等。

建筑业专业分工结构的合理化与产业的发展状况和成熟度密切相关。从经济发达国家的发展经验来看，在建筑业发展的初期，承包商之间的差距较小，且大都是小而全的全能企业，产业内分工水平较低。随着产业的发展，承包商之间的专业分工逐步细化，出现了从事各类专业工程的专业分包商，在此基础上同时产生了一批管理水平高、协调能力强的大型总承包企业。

目前我国建筑市场已经初步形成了由工程总承包、施工总承包、专业承包和劳务分包企业构成的总分包结构体系，但结构体系还不够完善。以2016年我国建筑企业数量为例，施工总承包企业52023家，专业承包企业30994家，劳务分包企业5991家，施工总承包企业比专业承包企业多21029家，而专业承包企业比劳务分包企业多25003家，高资质等级企业数量远大于低资质等级的企业数量，呈"倒金字塔"型结构。在我国建筑业企业资质管理规定中，企业资质等级越高，所能承担的工程范围越广，企业生存越容易，所以，中小企业都有获取高资质等级的动机和愿望，千方百计申报和获取高等级资质，导致建筑市场高等级资质企业数量过多，结构不合理。

在发达国家的建筑业企业类型构成中，从事各种专业化施工的企业比综合类企业多得多。比如，1997年美国建筑业综合性企业和专业性企业占企业总数的比例分别为28%和72%；1995年英国建筑业的这一比例分别为35%和65%；1997年日本综合性建筑企业的比例稍高一些，但也只占企业总数的41%（李小冬，2006）。

发达国家总分包体系的建立，有效地提高了产业内的分工协作水平，同时也促进了产业组织结构的优化，形成了专业性企业以及中小企业占据多数的金字塔形结构。这样的行业结构体现了建筑市场承包体系和专业化分工的特点，有利于产业资源配置水平的提高。相比之下，我国建筑市场中总承包企业的数量不仅偏多而且规模偏大，总承包企业和专业承包以及劳务分包企业之间的分工协作关系还没有真正建立起来。虽然总承包企业以及专业承包企业内部已形成了层次较为分明的结构体系，但这并非是市场竞争的结果，而是基本上依靠企业资质等级制度实现的，与发达国家在市场竞争中自然形成的分层次结构有着本质上的区别。至于数量众多的劳务分包企业，作为分层结构的基础，还有待进一步地扶持和发展。只有培育形成一大批合理流动、专业化运作、企业化管理的劳务分包企业，才能构建合理的行业组织结构，实现市场有序竞争。

19.4.2 建筑市场行业分工结构

建筑市场业务结构可从不同的角度进行划分和分析。

（1）按我国《国民经济行业分类》GB/T 4754—2017，可将建筑业分为房屋建筑业、土木工程建筑业、建筑安装业、建筑装饰和其他建筑业，其中土木工程建筑业包含铁路、道路、隧道、桥梁工程建筑、水利和内河港口工程建筑、海洋工程建筑、工矿工程建筑、架线和管道工程建筑和其他工程建筑。

根据统计局公布的数据，2009~2017年建筑业总产值逐年增长，其中"房屋建筑业"增长净值最多，"其他建筑业"增长净值最少，"房屋建筑业"所占总产值比重最大，2009年占比57.6%，2010~2012年逐渐上升，2017年占比高达63.4%。

（2）按照国际上对建筑业务领域的分类方法，一般分为房屋建筑、制造、能源、水利、排污/垃圾处理、工业石化、交通、危险物处理、电信等。

通过对2006~2017年进入ENR前20名的中国承包商的业务领域进行统计，可以发现，在国际工程承包市场上，我国排名靠前的大型承包商所从事的业务大多集中在房屋建筑、交通等项目，少数公司涉及制造、石化、能源、水利、电信及排水处理等行业。

由于缺乏全面、详细的相关数据，难以对整个市场或行业的业务结构进行研究，故选取中国国际承包前三强进行业务结构分析。如表19-1所示，中国顶尖承包商的业务集中在房屋建筑、水利电力、交通等行业上，排名前两位的国际承包企业都有一个主营业务板块，并占据业务结构当中的70%以上，而中国水利水电建设集团公司排名第三，主营业务是水利水电，行业领域比较离散，涉及多个业务板块，甚至在2011年开始在电信行业开拓出业务板块。这种状况有一定的代表性，说明我国实力强劲的国际承包企业尽管都有一项具有核心竞争力的业务板块，形成了"一专多能"的特点，但总体而言，在制造、能源、石化等大型复杂工程中的业务量较少，核心竞争力不够。

对于绝大多数一般建筑企业来说，建筑市场的行业业务范围比较单一，表现为部门（或行业）专业化，在国民经济和建筑市场稳定发展时期，具有业务精、效率高的专业优势，但在国民经济转型期，有些建筑企业的部门（或行业）业务来源可能锐减，从而导致业务萎缩、效率下降的经营困难。这就要求这些企业具有未雨绸缪的战略眼光，及早主动适应国民经济转型发展的大趋势。

中国国际承包商前3强业务领域　　　　　　表19-1

年份	公司名称	行业结构								
		房屋建筑	制造	电力	水利	垃圾处理	石化	交通	危险物处理	电信
2009	中国交通建设集团有限公司	3	0	3	3	0	0	91	0	0
	中国建筑工程总公司	83	0	1	1	0	0	15	0	0
	中国铁建股份有限公司	11	0	0	0	0	0	89	0	0
2010	中国交通建设集团有限公司	6	1	5	1	2	1	83	1	0
	中国建筑工程总公司	82	0	1	1	1	0	15	0	0
	中国铁建股份有限公司	22	0	45	5	1	0	27	0	0
2011	中国交通建设集团有限公司	4	0	2	0	2	3	89	1	0
	中国建筑工程总公司	74	1	1	1	2	0	21	0	0
	中国铁建股份有限公司	3	0	41	7	1	0	35	0	13

注：资料来源《中国国际承包商的市场分析及发展对策研究》（郭颖）。

19.5　建筑市场差异化

产品差异化是指企业通过各种方法，在提供给顾客的产品上制造足以引发顾客偏好的特殊性，这种特殊性使顾客将它同市场上的其他同类产品有效地区别开来，从而达到在市场竞争中占据有利地位的目的。产品差异化既是垄断因素，又是一种竞争能力，既包括价格竞争因素，又包括非价格竞争因素，它影响到市场中各参与主体间在交易中的地位和关系，从而影响市场结构。

产品差异化的形成原因主要包括产品的物理特性、品牌声誉、销售和售后服务、企业信誉和消费者偏好等因素。然而，产品差异化的重要性在不同行业并不相同。

建筑产品差异化主要体现在建筑产品或服务本身的性能和品质，建筑产品或服务的销售条件和服务质量，以及企业信誉和文化等方面。

1. 性能和品质差异

同样的建筑产品需求，不同的设计机构和设计人员将产生不同的设计方案和效果，即在使用功能、建筑艺术性和技术经济指标方面可能大不相同。同样，根据同一份图纸，不同施工机构的施工质量、工期和消耗的资源也不一样。

2. 销售条件和服务质量差异

无论是设计机构还是施工机构，不同的企业在销售条件和服务质量方面可能有明显的差异。

3. 信誉和企业文化差异

无论是设计机构还是施工机构，不同企业的信誉和企业文化可能有明显的差异。有的企业通过建成工程的品牌形象积累了技术优良、管理科学、资金雄厚、守信用的良好信誉，表现出重品牌、讲信誉、打造精品工程的企业文化，给项目业主留下了深刻印象，业主愿意选择这样的企业作为合作伙伴。

建筑施工企业的产品差异化与其他行业甚至与设计机构都有很大的不同。建筑施工企业不能像其他行业那样通过自主创新生产具有差异化的产品，所以建筑业差异化的本质主要体现在企业的声誉（品牌、资质等级等）、工程管理能力、技术实力和机械装备水平等方面。建筑产品的独特属性决定了其生产过程具有不同于其他工业产品的特殊性，从而也在较大程度上削弱了产品差异化的作用。

首先，建筑产品的生产程序与一般的工业产品不同，设计和施工这两个环节的主体往往是分离的。也就是说，建筑产品的主要功能特征和差异性通常是由建筑产品的买方即业主和设计单位决定的，而建筑施工企业的主要任务是在给定的设计方案下提供相应的工程建设服务。其次，虽然建筑施工企业的产品差异化本质主要体现在其所提供的工程建设服务质量上，但建筑工程采取的是先签订工程合同后进行施工的订货生产方式，所以业主在作出购买决策之前无法判断企业所提供的工程建设服务质量。而且，即使在开工后工程没有完成之前或交付使用后的较短时期内，业主也难以完全确定建筑产品的质量。因此，与其他行业相比，建筑业总体上属于产品差异化程度不高的行业，企业一般缺乏足够的差异化竞争手段，由此形成的市场差异也就比较小。

在我国，绝大多数的建筑施工企业不具备工程前期策划和设计的能力，所以其产品差异化也就只能体现在工程施工经验和技术水平上。而业主判断施工企业是否具有符合要求的工程承包能力，主要根据企业的资质等级、施工技术力量和施工方案以及类似工程的经验和以往工程质量记录等。此外，在市场机制不健全和业主行为不规范的情况下，建筑施工企业所提供的额外利益或服务，如垫资施工能力、对拖欠工程款的容忍程度以及寻租行为等也是获得工程任务的重要因素。

在我国，资质等级作为建筑施工企业的一种无形资产，是体现企业差异化能力的重要依据。这就使得先期进入市场的企业在资质等级、工程经验等方面占有先得优势，其中尤其是大型国有建筑企业在这方面的优势比较突出。与20世纪80年代才出现的民营建筑企业相比，国有企业因长期的工程实践积累了丰富的工程施工经验，资质等级较高，且具有很好的市场信誉。再则，受计划经济年代工程建设模式和行业管理体制的影响，国有建筑企业与地方政府以及相关行业管理部门存在着千丝万缕的联系，使其在承接工程项目时具有先天的优势，这种情况近年来虽然逐渐弱化，但至今仍然在一定程度上存在。

当然，生产方面的差异化能力无疑是体现施工企业竞争优势的关键因素，主要包括工程质量、工期、施工安全和成本控制等方面的管理水平。但生产能力差异化在各个细分建筑市场上的作用并不相同，如在住宅工程和中小型公共建筑市场，由于工程的施工工艺较为简单，对于施工企业的技术和管理等方面的要求相对不高，所以生产能力差异化在一般建筑市场中的作用十分有限，导致竞争较为激烈。而在技术较为复杂的大型工业建筑和公共工程市场，由于工程项目的投资金额较大，技术较为复杂和独特，对施工企业的技术和管理方面的整体实力、以往的工程经验等要求较高，所以具有专业特长的企业可以发挥差异化竞争优势。但总体而言，除一些特定的专业工程和政府工程市场外，我国建筑工程承包市场的压价竞争愈演愈烈的现象说明，大部分施工企业还不具备充分的产品差异化能力和手段来规避价格竞争，反过来也说明建筑业整体上属于产品差异化程度较低的行业。

由于建筑产品的单件性特点，利用交叉弹性判断产品差异化并不适用建筑行业。对差异化程度比较小的建筑产品，建筑施工承包市场交易中的竞争主要是价格的竞争。如果产品差异化大，不仅投标价格差异大，质量和工期的差异也比较大，业主不仅考虑价格因素，还要考虑质量和工期等因素，此时中标价可能不是最低报价。因此，可以利用最低价中标率来表征各类建筑产品的差异程度，最低价中标率越高，则该产品的差异化程度越低。

对于房屋建筑市场而言，以某省为例，由于进入门槛偏低，房屋建筑施工企业数量众多，大多数施工企业都在从事普通房屋建筑的承包。由于推行设计标准化，标准合同范本以及施工管理规范化，房屋建筑施工市场的产品规格、质量、性能以及企业提供的服务都没有太大的区别。抽样调查结果显示，该省的最低价中标率超过了70%，说明该省房屋建筑施工市场的产品差异性较小。这一结果基本能够代表全国的总体状况。

对道路、桥梁、隧道等建筑市场，我国多数地方的道路、桥梁、隧道施工企业多数是交通部门的下属企业，长期从事该领域产品的生产，具有深厚的行业背景，而且这些企业规模普遍较大，机械化装备程度较高，平均产值高于房屋建筑施工企业。道桥、隧道产品生产的复杂性决定了不同项目的性能、质量具有很大的差别，技术实力不同的企业能够提供的服务内容、质量有诸多不同。由于道桥、隧道工程项目的业主大多为各级交通主管部门（公路局、交通厅），业主对于该行业有深入的了解，能够对省内各个路桥企业的施工、管理能力进行自主评价，因此项目招标一般采用合理最低价中标。通过对某省路桥项目的统计，最低价中标率低于50%，表明该省路桥市场的产品差异化程度较高。

专业承包市场包括建筑装饰、商品混凝土生产、土石方、建筑幕墙等多个细分市场。这类专业承包企业承包的业务多为项目中的某个分项工程或施工活动中某个环节，工程规模小，生产能力要求低，因此，生产企业多为小型企业，企业数量众多。以某省商品混凝土企业为例，该省大多数商品混凝土企业成立时间不长，产品以不同强度等级的普通混凝土为主，生产技术已相当成熟，国家规范对其生产、运输有明确和详细的要求，因此，各个企业的混凝土质量以及企业服务的差异很小，最低价中标率在 80% 以上。商品混凝土市场产品的差异性主要来自其地理差异，混凝土易凝结的性质决定了对商品混凝土途中运输时间有严格限制，这自然对其销售产生了相应的地区制约。总的来说，商品混凝土市场的产品差异性很小。其他门类的专业承包市场和商品混凝土市场情况大体相同，由于产品的同质性，迫使企业只能把价格作为竞争的唯一手段。

19.6 建筑市场壁垒

集中度和产品差异化侧重于考察市场中已有企业的市场关系，反映市场现有企业的数量和竞争强度。而对进入壁垒的分析，则是考察市场中已有企业与准备进入的企业间的竞争关系，反映了市场潜在的竞争强度。建筑市场竞争激烈，必然有部分企业将退出市场或被淘汰，因此，分析建筑市场结构，也需要对其退出壁垒进行分析。此外，流动性壁垒可以分析考察新企业的进入以及行业内已有企业的市场关系，而且突出了内部移动壁垒。因此，有必要从进入壁垒、退出壁垒和流动性壁垒三个方面分析市场壁垒对建筑市场结构的影响。市场壁垒与一个国家或地区的经济发展水平、经济政策和法规等密切相关，以下主要结合我国建筑市场的现状，分析我国建筑市场壁垒对建筑市场结构的影响。

19.6.1 建筑市场进入壁垒

从在位企业的角度出发，市场进入壁垒指市场内现有企业相对于准备进入和刚刚进入这个产业的新企业，即潜在竞争对手所拥有的优势。换句话说，准备进入和刚刚进入某产业的新企业在同现有企业竞争过程中，可能遇到的种种不利因素。从潜在进入企业的角度，进入壁垒是产业内在位企业不必负担而潜在进入企业必须负担的生产成本。进入壁垒的高低对市场竞争态势有明显而直接的影响，一般来说，进入壁垒低，则产业集中度低。

形成进入壁垒的因素很多，主要有规模经济性、必要资本量、产品差异化、绝对费用和资源占有，以及法律法规等因素。

1. 规模经济壁垒

所谓规模经济，就是随着生产经营规模的扩大，平均成本不断下降（规模收益递增的过程，反之就是规模不经济。新企业在未取得一定的市场份额以前，由于不能享受规模的经济性，相对于已经占有市场的在位企业来说，其成本必然较高。由这一原因造成的市场进入障碍，就叫作规模经济壁垒。规模经济越明显，最小最优规模越大，进入壁垒就越高。

总体而言，我国建筑业企业的规模经济效益并不显著，尤其是总承包序列中的高等级企业没有表现出明显的优势。虽然特级总承包企业在规模上处于绝对优势地位，但并没有表现出相应的规模经济效应。在我国，由于这些企业大多为大型国有企业集团，内部管理存在总部机构过于庞大、管理层次过多、集团内部企业专业分工不明确等问题，所以缺乏规模经济的主要原因应该与企业内部管理体制和经营效率有关。另外，不同资质等级序列企业的规模经济表现不一，虽然总承包企业在降低管理费率上更有优势，但在与生产相关的规模经济上却不如专业承包企业。

2. 必要资本量壁垒

必要资本量是指新企业进入市场必须投入的资本，必要资本量越大，就越能阻止新企业的进入。

由于工程性质、内容的不同，不同的建筑细分市场对资本的要求也存在区别。

表19-2列出了部分建筑市场中，资质管理办法对其最低等级企业的净资产要求和目前国内该行业中企业的平均净资产水平以及自有设备净值。从表19-2中可以看出，国家对港口（含航道）、水利企业净资产和自有设备平均净值的要求是最高的，而对铁路、公路、隧道企业平均净资产水平的要求是最高的。这意味着新企业进入港口（含航道）、水利以及铁路、公路、隧道这两个细分市场，遇到的必要资本量壁垒比较高。

必要资本量（万元）壁垒分析　　　　表19-2

	房屋建筑	铁路、公路、隧道	港口、水利	装饰装修
最低资质所需净资产	700	1500	2500	60
企业平均净资产	1653.9	2171.5	1848.7	337.1
自有机械设备平均净值	615.6	1586.2	2225.8	57

注：数据来源《中国建筑业统计年鉴2012》。

因此，在建筑市场中，铁路、公路和港口、水利两个门类的资本量壁垒相对比较高。但相对于其他工业行业，建筑市场的必要资本量的壁垒还是很低的，即使是资本水平最高的铁路、公路行业，排名也是最后的。

3. 绝对费用壁垒

在大多数市场中，专利技术、原材料、进货和销售渠道、人才等生产要素和经营资源一般都被现有企业占有，新企业要付出更多的额外代价与现有企业争夺，这就形成了绝对费用壁垒。在建筑市场上，现有企业占有的特殊资源较少，一般建筑原材料供应充足，如水泥、钢筋和各种构配件的生产厂家很多，供应充足，使得建筑施工企业不具有对原材料的排斥性占有；传统的建筑技术相当成熟且具有较强的易传播性，特定的专利和专有技术在建筑工程中的应用范围极其有限，所以生产技术很难构成阻碍新企业进入建筑市场的壁垒。

但在销售方面，由于建筑市场先交易后生产的特点，导致无法事先准确判断工程质量的优劣，业主只能根据施工企业以往的工程业绩、施工经验和信誉等来作出判断，有些工程的业主在招标文件中甚至明确规定，只有曾经有过同类工程承包经历并被证明技术和信誉可靠的企业才有投标资格，这就使得施工经验丰富、技术水平高、信誉好的现有企业在项目竞争中处于有利地位。

总之，绝对费用壁垒在资金密集型和规模经济显著的行业尤为明显，而我国建筑市场还处于劳动密集型阶段，规模经济不明显，因此，绝对费用壁垒总体上相对较低。不难理解，就我国建筑市场内部而言，中小型、技术简单项目的绝对费用壁垒较低，大型复杂项目的绝对费用壁垒较高。

4. 政策壁垒

在有些产业中，成立新企业要经过复杂的程序，须获得政府有关部门的严格审查和批准；有的产业实行严格的许可证制度，无证不得成立新企业；还有些产业要求企业必须拥有某些特定的昂贵设备。这些政府管制措施都为新企业进入设立了不低的门槛，形成了政策壁垒。目前我国建筑市场最大的政策壁垒是《建筑业企业资质等级管理规定》（2015年住房和城乡建设部令第22号）。该规定明确指出"企业应当按照其拥有的资产、主要人员、已完成的工程业绩和技术装备等条件申请建筑业企业资质，经审查合格，取得建筑业企业资质证书后，方可在资质许可的范围内从事建筑施工活动"。

此外，建筑市场受到传统的部门分割和地区分割的影响，外部门外地区的企业在进入某些部门或区域细分市场时仍存在着一定的障碍。目前，我国房屋建筑及建筑装饰领域投资已经呈现多元化的趋势，业主来源于各行各业，因此没有特定的进入政策限制。而在道路和桥梁的细分市场中，投资主要来自政府或者政府与社会资本合作，各级交通主管部门在制定招标细则、人员资格认定的过程中，有一定的部门保护倾向，路桥项目中标企业大多是各级交通部门下属企业。至于铁路建设市场，由于铁路建设项目投资额巨大，建设周期长，资产专用性强，对承包企业的机械装备水平和同类工程施工经验要求高，铁路建设市场更加封闭，其他行业的企业很难进入。

19.6.2 建筑市场退出壁垒

有市场进入就必然会产生市场退出问题。企业退出市场可能是被动或强制性的，如企业破产时的退出；也可能是主动或自愿的退出，如向其他产业转移。在市场经济条件下，企业的进入和退出都是市场机制对资源配置发挥调节作用的自然结果，使得生产要素流向能够产生更高效益的企业或产业。但企业在退出某个产业时往往会遇到一定的障碍，这些阻碍企业退出的因素（或障碍）就称为退出壁垒。下面主要从专用性资产、高负债率、政策与法律约束和市场发育不完善等四个方面来分析建筑市场退出壁垒。

1. 专用性资产退出壁垒

建筑企业的专用性资产主要包括施工机械设备、专业技术管理人员、熟练工人和业务合作伙伴。如果企业退出建筑行业，这些资产的价值将大大降低，甚至毫无价值。

施工机械设备是建筑企业资产的重要组成部分，2017年，全国建筑企业平均自有设备净值占净资产的8.1%，由于施工机械的专用性较强，企业如果要退出建筑市场，其设备损失比较大。

专业技术人员和管理人员的专业素质和熟练工人的操作水平决定了生产的效率和产品的质量，因此，经验丰富的技术、管理人员和操作工人是建筑企业最宝贵的资本。这些人的知识或经验是在多年的施工过程中积累形成的，如果企业退出建筑市场，这些员工所积累的专业知识或技能不但无法为企业服务，企业还需支付员工的退职金、解雇工资或劳动合同约定的赔偿费、安置费，还需花费大量资金重新培养或者高薪招收新行业中的熟练工人和技术人员。另外，许多国有大型建筑企业拥有学校（除职业学校之外，甚至还可能包括义务教育学校）、医院等非经营性单位，这些资产和人员的撤离不是一朝一夕就能完成的，也将成为企业退出市场的障碍。

工程承包需要多个企业或分包商的协作，需要与业主保持良好的关系。企业与分包商、业主保持长期合作关系，有利于企业降低生产成本，提高中标率。但是如果企业退出建筑市场，这些关系也将随之丧失。因此，对于建筑企业而言，高度的资产专用性导致了较高的退出壁垒。

2. 高负债率退出壁垒

建筑企业的资产负债率相当高，我国建筑企业的资产负债率普遍都在60%以上。企业要退出建筑行业，庞大的债务涉及企业、个人、金融机构等各方利益，其关系异常复杂，因此，高负债率也是阻止建筑企业退出市场的壁垒。

3. 政策约束退出壁垒

建筑业是劳动密集型产业，能容纳较多的社会就业，对社会经济具有很强的带动性。如果建筑企业破产或转型，对当地经济和社会的稳定都会产生不利影响。因此，地方政府往往会干预建筑企业，特别是大型建筑企业的退出，这就造成了许多地方建筑企业即使在低利润甚至负利润的情况下也要继续经营，无法完全退出建筑市场。

4. 市场发育不完善造成的退出壁垒

建筑企业退出市场，必然需要生产要素的转卖和产权的交易。但是我国的要素市场、产权交易制度尚不健全，企业找不到退出市场的有效途径，而且许多中小建筑企业存在着产权不清晰的问题，因此，市场的不完善也构成了阻碍建筑企业退出的壁垒。

另外，16.4.3节分析了建筑市场供给弹性的方向性问题，从市场壁垒的角度分析，就表现为进入壁垒低而退出壁垒高。由于已经进入建筑业的农业剩余劳动力回归农业的边际生产率为零甚至为负值，对于个人而言，这些劳动力要转移到其他行业又会遇到专业知识和技术能力的进入壁垒，建筑业对他们仍然具有一定的吸引力，因此他们不会轻易主动地退出建筑业。

19.6.3　流动性壁垒与内部移动壁垒

1. 流动性壁垒

传统的产业组织理论在分析进入壁垒时，把产业内的现有企业看作是一个同质或具有相同特征的企业整体。但是不同企业之间的规模、盈利能力和竞争优势存在较大的差异，所以，如果将现有企业分为若干企业集群，那么在这些企业集群之间也存在着流动障碍。事实上，产业也就是具有某些共同特性的企业组成的集合体，通常可根据产品的种类或企业规模将一个产业进一步划分为若干细分市场和企业集群。在这种情况下，新企业的进入不再是一次性的行动，而是包括向特定的细分市场或企业集群移动的连续过程。

凯夫特和波特（Caves and Poter，1977）认为：阻止新企业进入的力量同样也能阻止行业内原有企业从小规模企业集群向大规模企业集群的移动；因此，"流动性壁垒"这一概念将原有的对进入壁垒的分析视野扩展到行业内部企业位置的移动。如此，现有企业与潜在进入者之间的潜在竞争，以及现有企业之间的实际竞争，被纳入统一的流动性壁垒分析之中。

2. 内部移动壁垒

由上述分析可知，流动性壁垒是近似于进入壁垒的概念，但在所考察的对象和分析角度上两者有很大区别：进入壁垒从新企业进入市场的角度来考察市场关系，反映的是进入一个行业的难易程度或者市场中潜在的竞争强度；而流动性壁垒不仅分析新企业的进入，还考察行业内已有企业的市场关系，所以还反映了现实的市场竞争程度。显然，流动性壁垒不同于进入壁垒的主要特征在于突出了内部移动壁垒，即那些阻止现有企业在行业内部自由移动的因素。与进入壁垒抵抗外部企业入侵的作用相似，内部移动壁垒用来抵抗产业内部企业随意改变其在市场中的竞争位置。所以，内部移动壁垒是产业内部形成相对独立的细分市场和企业集群的主要因素，其高低决定了行业内各个细分市场之间和企业集群之间的竞争激烈程度。

3. 内部移动壁垒对建筑市场结构的影响

我国建筑市场中，内部移动壁垒对市场结构的影响比较突出。受行业管理体制和资质管理制度的影响，我国建筑市场内部不仅存在不同规模和资质等级的企业集团，还存在不同工程类型的专业市场以及按地区划分的区域市场，由此建筑市场的内部移动壁垒可表现为横向移动障碍和纵向移动障碍。横向移动障碍是指建筑企业进行跨地区工程承包时所面临的障碍，或者是从某个专业性市场进入其他专业性市场时所遇到的阻碍，如从事房屋建筑工程的企业难以轻易进入水利水电工程市场。而纵向移动障碍是指从低资质等级向高资质等级移动时所遇到的阻碍，或者是从技术和管理相对简单的工程市场进入要求更高的工程市场，如从劳务分包和专业承包市场进入施工总承包或工程总承包市场时所面临的阻碍。

就内部移动壁垒而言，建筑市场与其他行业市场的一个根本不同在于，建筑市场的内部移动壁垒带有明显的制度性或行政性痕迹。在大多数行业，企业一旦进入，再向目标战略集团移动时一般不会受到政策法规方面的移动限制，而在我国建筑市场，企业改变其在市场中的竞争位置时还将不可避免地遇到制度性移动壁垒，这主要与资质管理制度、地方和部门保护主义有关。

受经济体制和行业管理体制的影响，我国建筑市场长期存在着地区封锁和行业垄断现象，导致统一的全国性市场至今尚未完全形成。在条块分割式的市场结构下，建筑企业进行跨地区、跨行业工程承包时面临着诸多制度性障碍。以企业资质管理办法为例，通常，与市场准入相关的制度性壁垒能够强制性地抑制新企业的进入，但不会限制在位企业的规模扩张和多样化发展。而建筑市场中的企业资质管理制度分为多个层次，一般企业均能获得较低资质，所以对于新企业进入的限制作用有限，但对于在位企业从低资质向高资质企业集团的移动或者进入其他专业工程市场，却有着明显的制约作用。

我国现行的资质管理制度是分序列、分行业和分等级的复杂体系，人为地将建筑市场分割成不同层次的市场空间，这一方面对于形成分层次的建筑市场竞争格局具有重要的促进作用，另一方面客观上也限制了现有企业在各细分市场和企业集群间的自由流动。所以，建筑市场的资质管理制度并非是一般意义上的制度性进入壁垒，从流动性角度看更接近于内部移动壁垒的概念。当然，资质管理制度也不是完全刚性的内部移动壁垒，企业可以按资质管理规定要求和自身实力有目标、有步骤地自由申请其他专业类型或更高等级的资质。

我国建筑市场至今还存在比较严重的无序竞争现象，今后较长时期内资质管理制度仍将是政府调控建筑市场和引导行业发展的重要手段。但是，单一的资质管理手段不利于市场自由竞争，从长期来看，应该逐步弱化影响市场内部自由移动的制度性障碍。

综上所述，由于建筑市场存在规模经济不明显、必要资本量和绝对费用相对于其他工业行业门槛较低、资质管理系统对新企业进入的限制作用有限等特点，潜在竞争者很容易进入建筑市场。同时，由于资质管理、地方和部门保护主义的存在，建筑市场现有企业之间的竞争位置较难改变；而高度的资产专用性、高负债率、政策约束以及市场发育不完善导致的产权不明晰，使得企业退出建筑市场存在较大困难。总之，我国的建筑市场具有进入壁垒低、退出壁垒及流动性壁垒高的特点。

19.7 我国建筑市场竞争形态

产业组织理论从市场结构、市场行为和市场绩效三个方面来描述市场的分工协作与有效竞争程度。对建筑市场结构的分析，归根结底是要探讨有利于我国建筑市场健康发展的理想市场状态，而这种市场状态主要表现为市场的总体竞争形态。

"过度竞争"一般是指在集中度较低的市场，由于市场需求萎缩，竞争加剧而退出壁垒较高，产生过度竞争。"有效竞争"，是指将规模经济和竞争活力两者有效地协调，从而形成一种既有利于维护竞争又有利于发挥规模经济作用的长期均衡的竞争格局。然而，规模经济和竞争活力又互相排斥，特别是在那些规模经济比较显著的产业，两者的排斥性就更加明显，其主要表现为，随着企业规模的不断扩大，会不断引起生产集中，而生产集中发展到一定阶段，就产生了垄断。

我国建筑市场集中度虽有一定提高，但总体偏低，由于进入壁垒低，退出壁垒及流动壁垒高，企业间恶性价格竞争的现象普遍，存在长期的"过度竞争"局面，是比较典型的过度竞争的市场。此外，我国建筑企业大型化和趋同性并存，所有制结构和总分包结构有待完善，而且建筑企业的业务多集中于传统行业，对高利润行业（如石化领域）涉足甚少。

因此我国建筑市场存在"有效竞争"不足，主要表现在：

（1）行政主导的大规模企业过多，规模结构没有明显区分开，在若干细分市场形成行政性垄断的市场竞争格局。在这些市场中虽然也存在竞争，但市场有效竞争不足是明显特征，无法形成一种有序、互补、专业的良性的竞争状态。

（2）地方政府和各部门基于本位利益，直接或间接地参与了市场竞争过程，人为地制造了行业壁垒和地区障碍，导致了一些行业细分市场和地区细分市场存在行业垄断和地区垄断，有效竞争不足。

（3）在施工承包市场整体上以过度竞争为主；而在附加值和技术含量高的前期策划、融资以及后期运营和物业服务等细分市场上则体现为有效竞争不足。

我国建筑市场总体呈现出"有效竞争不足与过度竞争并存，以过度竞争为主"的竞争形态，表面的过度竞争掩盖了实质的有效竞争不足，建筑企业的竞争力有待加强。

思考题

1. 建筑市场结构的含义是什么？
2. 我国建筑市场规模结构的特点是什么？
3. 我国建筑市场所有制结构的特点是什么？
4. 我国建筑市场的总分包结构和业务结构是怎样的？
5. 建筑市场差异化的特点是什么？
6. 我国建筑市场有哪些壁垒？
7. 我国建筑市场具有怎样的竞争形态？

第 20 章　建筑市场的交易

建筑市场有其自身的运行规律和运行机制，并且在市场交易、市场类型、供求关系变化等方面表现出许多与一般市场不同的特点，从而产生最为适应建筑市场运行规律的招标投标制。

20.1　市场交易

20.1.1　交易基础理论

旧制度经济学代表人物康芒斯把交易作为比较严格的经济学概念，作了明确界定和分类，提出了有关交易的重要论点。

（1）交易是人类经济活动的基本单位，也是制度经济学的基本分析单位。

（2）交易是人与人之间的关系，是所有权的转移，是个人与个人之间对物的所有权的让渡和获取，而不是人类与自然的关系。在康芒斯看来，生产是人与自然的关系，交易是人与人之间的关系，生产活动和交易活动共同构成了人类的全部经济活动。

（3）交易与古典经济学和新古典经济学中的交换不同，交换是一种移交与接收物品的劳动过程，是一种物品的供给与需求的平衡或伸缩关系，传统经济学就是对这种供求平衡关系的描述；交易不以实际物质为对象，而以财产权利为对象，是人与人之间对自然物的权利的让渡和取得关系。

（4）交易可分为三种类型：①"买卖的"交易，即法律上平等的人们之间自愿的交换关系，主要表现为市场上人们之间平等的竞争性买卖关系；②"管理的"交易，长期合约规定的上下级之间的不平等交易，主要表现为企业内上下级之间的命令与服从关系；③"配额的"交易，又称为限额的交易，指的是"一个集体的上级或者它的正式代表人"的交易——政府交易。由于这种交易是政府与公众之间进行的，每一个公民个人只能得到相同数量的产品，所以叫配额或限额的交易。这也是一种上级对下级的关系，主要表现为政府对个人的关系。

随着社会的发展和人们交易内容、交易方式的不断丰富，以上论点也需要不断发展和修正，如交易对象可能不再仅仅是物，而可能包括服务；也可能不是所有权的让渡，而是使用权的让渡（如租赁合同），等等。

以科斯为代表的新制度经济学家们是从资源配置效率的角度来认识交易的内涵，并以经济学的方法分析制度及其运行的规律。科斯的"交易"含义及其研究的思路与康芒斯有较大的不同，其关于交易的理论思想是从对企业性质的研究中展开分析的。科斯的"交易"，在多数场合是指较狭义的市场交换或市场交易。例如，科斯认为，在企业之外，价格变动决定生产，这是通过一系列市场交易来协调的；在企业之内，企业家指挥生产，市场交易被取消，交易的复杂市场结构被企业家所替代。科斯提出了交易的可计量化的观点，依据此观点，交易的成本和收益也是可以计量和比较的，因而可以运用新古典经济学方法对交易进行分析并将其纳入正统经济学的分析框架。

威廉姆森进一步分析了交易的特性，对交易进行了细化和一般化，使交易的经济分析更具有可操作性。威廉姆森认为，交易相异的主要维度是资产专用性、不确定性程度和交易频率（威廉姆森，1979）。

（1）资产专用性

资产专用性实际上是测量某一资产对交易的依赖性，资产的专用性越强，越需要交易双方建立一种稳定的、持久的契约关系。由专用性投资支持的交易既不是匿名进行的，也不是在瞬间就能完成的，因此，交易的发生需要各种合同和组织措施。

（2）交易的不确定性

在交易过程中，交易双方既要面临来自环境的不确定性，还要面临来自交易双方行为的不确定性。在不同的交易中，不确定性所产生的作用和约束交易的程度也是不同的，一般来说，在短期交易中，不确定性的影响相对较小，而在长期交易中，不确定性的影响则较大。交易不确定性的存在意味着交易决策必须是适应性的、连续性的，并且决定弱化这种不确定性影响的相应规制结构的存在。

（3）交易的频率

交易发生的频率是影响交易的成本和收益的一个重要因素，因而它对组织制度的选择也有重要影响。主要体现在设立某种交易的规制结构的成本能否得到补偿，频率越高，交易的规制结构的成本越能得到补偿。

本书作者认为，交易频率越高，交易行为或交易活动本身的成本会越高，典型、明显的例子是股票交易；再如，实物交易中批发与零售的成本差异；又如，建筑市场中工程总承包一次性招标与分阶段多次招标的成本差异。

20.1.2 交易成本理论

1. 交易成本理论的产生

新古典经济学将完全竞争的自由市场经济作为研究背景，价格理论是其理论核心，价格机制能够保证各种资源的配置自动达到帕累托最优状态。这意味着市场价格机制的运转是无成本的、无摩擦的，对于市场交易来说，不存在了解市场信息的困难，不存在交易的障碍。也就是说，交易是不需要任何成本的。

这个理念在新古典经济学的教科书里存在了相当长的时间，直到《企业的性质》（科斯，1937）首次提出了交易成本的思想，这是人类认识史上的重大飞跃，被认为是新制度经济学的开山之作。科斯指出，市场并不是万能的，它的运行也是有成本的，或者说"使用价格机制是有代价的"。《社会的成本》（科斯，1960）将交易成本进一步具体化，"为了进行市场交易，有必要发现谁希望交易，有必要告诉人们交易的意愿及交易模式，以及通过讨价还价的谈判缔结契约，监督契约条款的严格履行等。这些工作通常是花费成本的，而任何一定比率的成本都足以使许多无需成本的定价制度中可以进行的交易化为泡影"。

2. 交易成本理论的发展

威廉姆森在《市场与等级结构》（威廉姆森，1975）和《资本主义经济制度》（威廉姆森，1985）中对交易成本理论作了进一步阐述。他认为，因为交易的当事人是信息不对称、动机离散、相互警惕的不同个体，而资源的花费能降低信息的不对称和保护自身不被交易对方所侵害，于是交易成本就产生了。交易是经济分析的基本单位，而交易是通过契约进行的，从契约的角度出发，交易成本可分为"事前的"和"事后的"两类。事前交易成本是指起草、谈判、保证落实某种契约的成本，也就是达成合同的成本；事后交易成本是指契约签订之后发生的成本，可以有许多表现形式：①当事人想退出某种契约关系所必须付出的代价；②交易者发现事前确定的价格等合同条款有误而作出改变所必须付出的费用；③交易当事人为解决他们之间的冲突所付出的费用；④为确保交易关系的长期化和持续性所必须付出的费用等。

除了科斯和威廉姆森以外，还有大批的新制度学派经济学家对交易成本的概念进行了界定。马修斯将交易成本定义为包括事前准备合同和事后监督及维护合同执行的费用，与生产成本不同，交易成本是履行一个合同的费用。交易成本与经济理论中的其他成本一样是一种机会成本，它也可分为可变成本与不变成本两部分（马修斯，1986）。

张五常在《经济组织与交易成本》（张五常，1992）中，将交易成本的概念扩展为"是一系列制度成本，其中包括信息费用、谈判费用、起草和实施合约的费用，界定和实施产权的费用，监督管理的费用和改变制度安排的费用"。

诺贝尔经济学奖得主诺斯从组织生产的角度来说明交易成本，他将交易成本界定为："交易成本是规定和实施构成交易基础的契约的成本，因而包含了那些允许经济从贸易中获取收益的政治和经济组织的所有成本"（诺斯，1994）。诺斯认为人类的社会活动可分为执行交易和物质转型两种功能，其中花费于执行物质转型功能的资源耗费成为转化成本或古典的生产成本，花费于执行交易活动的资源损耗成为交易成本。

巴泽尔把交易成本定义为与转让、获取和保护产权有关的成本。一般地说，交易成本是个人交换他们对于经济资产的所有权和确立他们的排他性权利的费用（巴泽尔，1997）。

交易成本理论经过大批经济学家的研究，越来越受到社会的重视，交易成本的概念也逐步深入到经济社会的各个领域。

3. 交易成本的组成与分类

"有限理性"是新制度经济学的基本假定之一,是指人类通常不可能想象出决策所面临的全部备选方案,也不可能具备关于未来的各种可能性及其后果的完备知识。为尽可能做出科学的决策,人们必须在以下方面进行努力:①搜集加工和处理相关的交易信息,向交易对象提供自己的供给或需求信息;②明确交易主体的产权身份;③了解和验证交易客体的品质以及其他特征信息;④在反复的讨价还价中形成交易契约;⑤对交易的结果作出约束性的责任安排。

除了威廉姆森的事前事后交易成本划分方法,交易成本还可以分为外生交易成本和内生交易成本,或者分为必要交易成本和不必要交易成本。

外生交易成本是指因人类的"有限理性"、克服交易不确定性而需支出的成本。它是在交易决策前可以预测的、在交易过程中实际发生的各种直接和间接的费用,而不是由于决策者的利益冲突导致经济扭曲的结果。内生交易成本指由于逆向选择、道德风险等机会主义行为的存在,产生的需要用概率和期望值来测度的潜在的损失。"经济人"追求自身利益最大化有两条途径:一是参与财富创造,然后分得属于自己的那一部分;二是争夺已有的社会财富,而这些财富有可能属于他人或公共领域,后者就是机会主义行为。现实人的"有限理性"导致存在着"不完全信息"和"非对称信息",为机会主义行为的出现创造了条件。机会主义行为是内生交易成本产生的根源,内生交易成本是人们机会主义自利决策的结果。

必要的交易成本是指在给定的科技发展水平下,对应于给定的分工水平所必需的最低交易成本。而不必要的交易成本是由制度、行为或个人失误造成的,原本可以节约的交易成本。

4. 交易成本的影响因素

影响交易成本的因素主要有产权制度、市场化程度、信用状况和政府监管状况等。

产权制度与交易成本是对立统一的两个方面。一方面,交易双方权、责、利关系越模糊,外部性和社会成本无人承担的问题就越大,为界定和维护产权的制度安排所需要的成本就越多;另一方面,产权制度与交易成本又是相互联系的,明晰地界定产权可以降低交易成本。现代产权制度是权责利高度统一的制度,其基本特征是归属清晰、权责明确、保护严格、流转顺畅。我国目前正处在全面的体制转型时期,产权制度多元化改革将影响转型时期的交易成本变动。

市场化是指经济资源由计划配置到由市场配置的根本性转变,以及由此所引起的企业行为、政府职能等一系列经济关系与上述转变相适应的过程。市场化程度主要体现在市场配置资源功能在整个社会范围内发挥作用的程度,随着市场化发展的深入及市场机制的形成,市场配置资源的功能日益强化,主要表现在:价格信号开始发挥市场导向作用,成为生产与投资决策的重要依据,市场价格根据供求情况自由涨跌,市场主体对价格的变动作出灵敏反应,而竞争性的市场价格形成对于节约交易成本至关重要。

信用是指参与经济活动的当事人之间建立起来的以诚实守信为基础的能力，是交易活动中最重要的资源。在高信用社会中，自然人之间、组织之间的自发性交易活动发达，它可以无须借助政府力量而由民间自发发展出向心力高的大规模组织。而在低信用社会中，自然人之间、组织之间的自发交易活动少，交易活动范围小，形式单一，次数有限，常常需要借助政府力量，于是非生产性寻利规模会增大，提高了交易成本。诚信的市场环境决定着市场经济发展质量，也影响着建筑市场的交易成本。

在许多发展中国家，政府会跨越界限取代市场发挥作用，特别是很容易在约束不力条件下出现"设租"和"寻租"现象。因此，政府职能的错位也是导致发展中国家交易成本高的一个因素，主要体现在：一方面，繁杂的政府审批程序以及"政出多头"等情况增加许多制度化成本，进而衍生出额外的时间成本、货币成本等；另一方面，当对经济的干预过多而对政府官员又缺乏有效的约束时，极易形成"寻租"与"被寻租"等非制度化成本，非制度化交易虽然降低了单个交易者的交易成本，但却造成市场的无序竞争和资源的浪费，增加整个社会的交易成本。

20.1.3 建筑市场交易成本

1. 建筑市场交易成本概述

建筑市场交易成本分析涉及建筑产品的交易过程和交易主体。交易主体，主要指业主、设计机构、施工机构（总承包商、专业承包商）以及咨询服务机构等。

从合同签订前后来分，交易成本可分为事前交易成本和事后交易成本。事前交易成本是指从招标准备开始，经过投标、合同谈判到合同签订的过程中，企业花费的时间和资金等费用，主要包括：

1）招标投标成本：业主组织招标、开标、评标、定标等工作，投标人为响应招标而组织相关投标工作等发生的费用；

2）谈判成本：业主与各参建单位在合同谈判阶段支出的费用，为谈判投入的人力、物力、财力和时间的经济折算之和；

3）签约成本：业主与各参建单位在合同签订阶段支出的费用，包括缔约成本和缔约失败成本。

事后交易成本多发生在合同签订之后的履约阶段，这一阶段，工程发生的状况比较多，事后交易成本相对事前交易成本要大得多，主要包括：

1）监督成本：为防止交易主体的机会主义行为而进行监督所产生的成本；

2）协调成本：为维护契约正常履行对各个交易主体交易过程中的行为进行协调所产生的成本；

3）保证成本：因各方不信任而需要一定的保证措施所产生的交易成本；

4）第三方成本：双方需要诉诸第三方来解决争议时所产生的各种成本；

5）再签约成本：与先前的合作方契约终止后，寻找其他合作人就同一交易重新签约发生的成本。

从项目建设阶段来看,由于交易过程与生产过程交织在一起,因此,在每一个建设阶段都存在交易,从而产生交易成本;而不同交易模式下,根据建设阶段的聚合程度不同,交易成本也不同。因此,建筑市场不同交易模式的交易成本也不相同。

2. 传统交易模式下的交易成本

在传统交易模式中,业主自行组织或委托咨询服务机构进行前期策划,项目立项后,在项目的不同阶段,分别与设计单位、材料设备供应商和施工单位,通过招标、谈判、签订合同,并在合同履行过程中予以监督和协调。

设计阶段的设计管理对后续工作的成本有非常重大的影响,设计单位对规范标准和业主意图的理解,会影响交易活动的进行。该阶段交易成本主要包括:

1)事前交易成本:招标选择设计单位、谈判、签约等费用;

2)事后交易成本:设计阶段业主对设计单位监督、协调的费用;由于设计不合理或错误导致的设计变更等。

施工阶段是设计图纸、原材料、半成品及设备等转变为工程实体的过程,是实现建设项目价值和使用价值的主要阶段。该阶段交易成本主要包括:

1)事前交易成本:招标选择施工单位、谈判、签约等费用;

2)事后交易成本:业主对施工单位进行监督的费用;业主对设计单位、施工单位、材料设备供应商、监理单位进行协调的费用;双方由违约、索赔行为引发的争议,可能上升到仲裁,甚至诉讼所导致的违约或协调费用。

3. 工程总承包模式下的交易成本

工程总承包模式(EPC/ 或 D&B)下,业主只需要与工程总承包商签订合同,由工程总承包商按照合同约定,承担工程项目的设计、采购、施工、试运行等一体化服务。

与传统的交易模式相比,工程总承包模式交易成本主要体现在以下几个方面:

1)从业主角度看,由于只需与一家工程总承包商签订合同,招标、谈判、签约的工作量大为减少。从而减少了事前交易成本;同时,在项目建设阶段,业主只需对工程总承包商进行监督管理,减少对设计、采购、施工之间的协调工作,从而降低了事后交易成本。当然,工程总承包商在投标报价时,会把对分包商的交易成本计入合同价格,最终由业主承担,因此,选择一家具有专业水准的工程总承包商是业主节约总成本的重要措施。

2)从工程总承包商的角度看,其专业的工程建设和管理水平使得其能够将设计、采购、施工整个过程以及各个分包商协同起来,将工程本来分开和独立的环节进行聚合,通过专业、权威的协调管理,有效降低交易成本。而作为与业主签订合约的另一方,交易成本的节约表现为投标报价的下降,是工程总承包商竞争优势的体现,也是其节约交易成本的最大动力。

3)从各个分包商的角度看,各个分包商面对的交易对象是具有专业水准的工程总承包商，并且在工程总承包模式下，分包商与工程总承包商及各个分包商之间的联系更加紧密，协调沟通更多，从而降低了各自的交易成本。

可以看出，由于工程总承包商专业的建设项目管理水平及工程总承包项目设计、采购及施工合理、有序和深度交叉的特点，使工程总承包模式下的项目交易成本得到节约。

20.2 建筑市场的交易特点

与一般市场交易相比，建筑市场的交易具有许多特点，主要表现在以下五个方面：

1. 没有商业中介人，由建筑产品的需求者和生产者直接进行交易活动

以图 20-1 和图 20-2 加以说明。

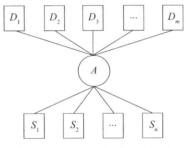
图 20-1 一般市场的交换关系

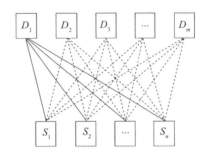
图 20-2 建筑市场的交换关系

若以 D 表示需求者，S 表示供给者（生产者），A 表示中介人，在一般市场中，需求者与供给者并不直接进行交易活动，而是通过中介人发生交换关系，或者说，需求者和供给者都是直接与中介人发生交换关系。为了充分实现 m 个需求者和 n 个供给者之间的交换活动，只要通过 $m+n$ 次交换即可。而在建筑市场中则不然，要达到同样目的，则要进行 $m \times n$ 次交换才能实现。图 20-2 中 D_1 与 $S_1 \sim S_n$ 的交换关系以实线表示，$D_2 \sim D_m$ 与 $S_1 \sim S_n$ 的交换关系以虚线表示。从商品交换和流通的角度来看，没有中介人的市场是不利的。如果考虑到作为中介人的 A 不仅仅经营一种商品，则有无中介人的市场差别就更大了。

建筑市场的这一特点是由建筑产品的特性决定的。在一般商品的市场中，用于交换的商品具有同质性或可替代性，也就是说，同一产品的不同生产者向市场提供的商品对消费者来说是基本相同的。而建筑产品则不具有同质性，它表现出多样性的特征，而且，建筑产品的多样性特征不是由生产者决定的，而是由需求者决定的。因此，建筑产品的生产者不可能像制造电视机、电冰箱、洗衣机、汽车、机床等产品那样，预先生产出某种产品，再通过批发、零售环节进入市场，等候消费者挑选和购买；而只能直接与消费者商定交易条件，按照其具体要求，在指定的地点生产特定的建筑产品。

2. 交换关系的确立在产品生产之前

这一特点与第一个特点是相关联的。在一般市场中，总是先由生产者生产出产品，待商品（产品）进入市场后，根据其适应消费者需要的程度、生产者平均所消耗的劳动量，即产品的价值量以及市场中对该产品的供求关系等因素，由生产者和消费者通过中介人实现商品的交换关系。但在建筑市场中，并不以具有实物形态的建筑产品作为交换对象，而是就拟建建筑产品的质量、标准、功能、价格、交货时间、付款方式和时间等内容，由需求者和生产者达成交易条件，从而确立双方之间的交换关系。经双方协商一致的交易条件，不仅规定了生产者今后的生产活动，同时也明确了需求者的权利和义务，对供求双方都是约束条件。另外，建筑产品的交换关系并不一定以最终产品为对象，或者说在大多数情况下不以最终产品为对象。这意味着，对于一个确定的建筑产品来说，一个需求者往往要和多个生产者分别确立交换关系，其交换内容为建筑产品的某一部分或中间产品。这些分别确立的交换关系都在交换内容的生产之前。

3. 交换过程很长

众所周知，一般商品的交换基本上都是"一手交钱、一手交货"，交换是一次完成的，无所谓交换过程（交换条件的确立需要花费时间，有时要经历很长的过程）。但建筑产品的交换则不同，由于不以具有实物形态的建筑产品作为交换对象，因而无法进行"一手交钱、一手交货"的现货交易。而且，由于建筑产品价值巨大、生产周期长，因而在确立交易条件时，生产者不可能接受先垫付资金进行生产、待交货后由需求者全额付款的结算方式；同样，需求者也不可能接受先支付全部工程价款、待工程完全建成后才由生产者向需求者交货的交易方式。因此，建筑产品的交换基本上都是采用分期交货（中间产品或部分产品）、分期付款的方式，通常是按月度进行结算。从货款支付和交货过程（即建筑产品实物形态形成的过程）来看，建筑产品的交换表现为一个很长的过程。

需要说明的是，对于一些高价耐用消费品，如汽车、家具、家用电器等，也可以采用分期付款的方式。这在市场经济条件下应用较为普遍，在我国不少商品领域也得到应用。但是，分期付款实际是促进商品销售的一种方式，与建筑产品的交换方式有根本的不同。因为这种商品交换方式只是改变了"一手交钱"的付款方式，并未改变"一手交货"的供货方式，仍然是先有商品、后有交换。从货款支付的角度看，这种交换方式的过程较长；而从交货方式来看，这种交换方式仍然是一次完成的。

由上可知，建筑产品的交换过程在时间上与其生产过程相伴，但二者并不完全一致。建筑产品的交换过程始于生产者和需求者交换关系的确立，而终于交换关系的终止，即保修期结束。因此，建筑产品的交换过程先于生产过程开始，而迟于生产过程结束（若保修业务未发生或不发生在保修期的最后期限），或与生产过程同时结束（保修业务一直持续到保修期结束）。另外，建筑产品的交换过程严格地说并不表现为一个连续的"过程"，而是间断发生的交换行为，即定期地交货和付款；而建筑产品的生产过程则是一个连续的过程（虽然也可能有中断），直到最终建筑产品建成为止。尽管建筑产品的交换过程与生产过程在时间上基本一致，但要注意不要把二者混淆起来，它们毕竟是两个完全不同的概念。建筑产品的生产过程是建筑产品生产者单方的活动，而建筑产品的交换过程则是生产者和需求者双方的活动，缺少任何一方，都不能完成交换过程。

4. 具有显著的区域性

这一特点是由建筑产品的固定性决定的。如第3章所述，不论是作为生产资料还是作为消费资料，建筑产品建在哪里，就只能在哪里实现它的功能和作用。也就是说，建筑产品的生产地点和消费地点是一致的，建筑市场中没有建筑产品的实物流通。对于建筑产品的生产者来说，他无权选择特定建筑产品的具体生产地点，但可以选择自己生产经营的区域范围。由于大规模远距离的流动生产势必增加生产成本、降低竞争能力，因而，建筑产品生产者的生产经营范围总有一个相对稳定和集中的地理区域（并不排斥其经营范围的拓展和变化）。从建筑产品的需求者方面看，一旦选定了拟建建筑产品的建造地点，也就在一定程度上限制了选择生产者的范围。这意味着，建筑产品生产者和需求者相互之间的选择都有一定的局限性，只能在一定范围内确定交换关系，表现出明显的区域性。建筑市场的区域性并不是截然分割的，它随建筑市场供求关系的变化而变化。

建筑市场是一个很大的概念，作为交换对象的建筑产品有很多类型，规模大小也有很大差异，具体的建筑产品的特点会在一定程度上影响建筑市场的特点。建筑市场的区域性与建筑产品的规模大小、复杂程度有关。一般来说，建筑产品的规模越小、技术越简单，建筑市场的区域性越强，或者说区域范围越小；反之，建筑产品的规模越大、技术越复杂，建筑市场的区域性越弱，即区域范围越大。这是因为小型建筑产品多由小型建筑企业承建，大型建筑产品则必须由大型建筑企业承建，而小型建筑企业生产经营的地理区域范围较小，大型建筑企业则可以在较大的区域范围内承建工程，可以采用多种灵活的承包方式。另外，建筑产品本身所具有的地区特点也是形成建筑市场区域性的一个原因。但是，这是从市场交换内容来理解，如果从市场交换活动来看，也许可以忽略这一因素。

5. 生产者和需求者均有风险

对于建筑产品的生产者，建筑市场的风险主要表现在以下三个方面：一是定价风险。由于建筑市场中的竞争主要表现为价格的竞争，定价过高，就意味着竞争失败，招揽不到生产任务；定价过低，则可能导致亏本，甚至企业破产。建筑产品是先定价后生产，预先确定的价格很难保证其合理性。二是生产过程中的风险。建筑产品的生产周期长，在生产过程中会遇到许多干扰因素，如气候条件、地质条件、环境条件的变化等。有些干扰因素是可以预见到的，但未必能预见到其发生的确切时间和严重程度；有些则是难以预见的。干扰因素不仅直接影响生产成本，而且会影响生产周期，甚至影响建筑产品的功能和质量。三是需求者支付能力的风险。建筑产品的价值巨大，生产过程中的干扰因素可能使生产成本和价格升高，从而超过需求者的支付能力；或因贷款条件变化而使需求者筹措资金发生困难，甚至有可能需求者从一开始就不具备足够的支付能力。凡此种种，都有可能出现需求者对生产者已完成的阶段产品或部分产品拖延支付，甚至中断支付的情况。这无疑将影响生产者的资金周转，使生产者难以连续、有效、合理地组织生产。

建筑市场对需求者的风险主要由先确定交换关系，后进行产品生产的特点引起。主要表现在：一是价格与质量的矛盾。建筑产品的需求者往往希望在产品功能和质量一定的条件下价格尽可能低。但是，"一定的"质量要求和标准其实并不确定，有可能使需求者和生产者对最终产品的质量产生理解上的分歧，从而在既定的价格条件下达不到需求者预期的质量。另外，价格与价值毕竟有着内在的联系，当生产者以低于价值水平的价格接受建筑产品的订货之后，为了使自己有利可图或至少不亏本，只能降低产品的价值量即降低质量标准。虽然这违背建筑生产者职业道德，却是客观存在的事实。二是价格与交货时间的矛盾。建筑产品的需求者往往对影响建筑产品生产周期的各种干扰因素估计不足，提出的交货日期有时很不现实，生产者为得到生产任务，必须接受这一条件，但却有相应的对策。例如，业主应承担的工作往往不能按时完成，从而成为生产者向需求者提出工期索赔和费用索赔的依据，使需求者陷入要么增加费用、要么延长工期的两难境地，甚至既增加费用又延长工期。又如，生产者有时并不担心不能按规定时间交货，因为由此而产生的生产者损失（如拖延工期罚款）可能小于需求者的损失，生产者若因此破产将使需求者产生更大的损失。一个未完成的建筑产品有时很难找到愿意续建的生产者，或要付出较高的代价，从而使需求者陷入"骑虎难下"的境地。三是预付工程款的风险。由于建筑产品的价值巨大，生产者一般无力垫付巨额生产资金，多由需求者先向生产者支付一笔工程款，以后随工程进展逐步扣回，这就可能使某些经营作风不正的生产者有机可乘，将收到的预付工程款挪作他用，给需求者造成严重的经济损失。

与一般市场需求者不同，建筑市场中需求者的风险有些是可以避免的，关键在于需求者对建筑生产的技术经济规律要有一个客观、正确的认识，不要片面追求低价格和短工期，还要充分了解自己应完成的工作。另外，有些风险也可以采取适当的方式加以防范或转移，如要求生产者（承包商）提供履约保证和预付款保证，或在合同中列入某些与风险有关的条款。

20.3 建筑市场的类型

由于建筑市场是一个很大的范畴，包含各种类型的建筑产品；而建筑产品的特征不同，使供求双方之间的关系表现出不同的特征。根据建筑市场中供求双方之间的结构及其特征，可以把建筑市场划分为不同的类型。由于建筑产品是一个非常宽泛的概念，其形体和价值差异巨大，若笼统地把建筑市场归为某种类型，可能将复杂的市场供求关系简单化，不能真实地反映建筑市场的供求关系及其变化规律。另一方面，市场类型本身就是对市场行为及供求关系的概括和抽象，不能过分拘泥于具体的产品，否则就可能失之于繁琐，陷入就事论事的泥淖，起不到理论指导实践的作用。

既然建筑市场的类型与建筑产品的特征有关，自然就会产生一个问题：选择建筑产品的什么特征来划分建筑市场类型比较合适。如前所述，反映建筑市场供给内容的不是建筑产品，而是生产能力，但生产能力与产品相联系。从具体的供给者出发，生产能力即企业规模，应当与建筑产品的规模相适应。建筑市场中供求关系与建筑产品的规模密切相关。建筑产品的规模不同，相应的供求关系就有所不同，以此分别考察建筑市场的类型较为合理。

20.3.1 不同规模建筑产品的市场类型

1. 大型建筑产品的市场类型

对大型建筑产品来说，需求者和供给者的数目都比较少，相应的建筑市场类型可归纳为表16-1中的M-m、M-o、O-m、O-o四类，即买卖双方垄断、卖方有限垄断、买方有限垄断和买卖双方不完全竞争四种类型。

特殊的大型工程，往往需要特殊的施工技术、施工工艺或施工机械，或需要利用某种专利，有些甚至需要临时研究或开发专门的施工方法，如果只有个别供给者具有这种能力或拥有这方面的优势，就表现为买卖双方垄断型建筑市场。具备这种能力的供给者往往是施工对象专业化的建筑企业，并且在某一方面拥有专长。规模巨大的建筑产品，总是由若干个单项工程组成，不同的单项工程需要不同的技术，不可能都需要同一种特殊技术。因此，供求之间双方垄断的关系一般只是在建筑产品的某一方面或某一组成部分发生。从需求和供给不断发展的趋势来看，买卖双方垄断型建筑市场总是暂时的，范围极其狭窄。

个别建筑企业拥有的专用技术，一般并不局限于某一种建筑产品，而是可以用于不同的建筑产品。供给者与需要采用这种技术的大型建筑产品的需求者相比，处于相对垄断的地位，表现为卖方有限垄断型建筑市场。由于在卖方有限垄断的市场条件下供给者可以获得高额利润，会吸引其他具有很强技术实力的大型建筑企业研究、开发或直接购买这一技术专利，从而使原来的建筑企业丧失其有限垄断地位。因此，某一特定内容的卖方有限垄断型建筑市场不会长期存在。但是由于建筑生产新技术、新工艺的不断涌现，会出现新的卖方有限垄断型建筑市场。

大型和特大型建筑产品投资额巨大，往往关系国计民生，关系整个国民经济积累与消费的比例关系，因而数量有限。对于特定的建筑产品，需求的间断性特别明显，往往要间隔若干年时间。如果该类建筑产品的供给者不止一个，而且都表现出很强的施工对象专业化特征，表现为买方有限垄断型建筑市场。这种类型的建筑市场对供给者显然是非常不利的，导致供给者之间的竞争加剧、利润水平下降。若某一建筑企业长期处于这种类型的建筑市场之中，将是非常危险的。一旦建筑企业意识到自己的这种处境，就会转变或拓宽生产和经营方向，去适应建筑市场中的其他需求。因此，买方有限垄断型建筑市场也不可能长期存在。

大多数大型建筑产品都由大型建筑企业建造，需要一定的技术水平和技术装备，但并不需要非常特殊的技术。一般大型建筑企业都具有承建多种建筑产品的能力，即使是施工对象专业化程度较高的大型建筑企业，也有能力承建常规大型建筑工程。大型建筑产品，在大多数情况下都表现为买卖双方不完全竞争型建筑市场，供求双方处于基本平等的地位。由于供给者各有不同的技术优势，它们之间的竞争是不完全竞争，有时带有一定程度的垄断成分，因而与其他建筑市场类型相比，供给者能获得较为理想的利润。

需要说明的是，大型建筑产品投资额大，产品数量少，需求受整个国民经济状况的影响较大，特别是国民经济发展不稳定时，需求总量的波动较大；另外，大型建筑产品的供给弹性相对较小（与中小型建筑产品比较而言）。因此，大型建筑产品的供求关系较易失去平衡，从而使买卖双方不完全竞争型市场向买方有限垄断或卖方有限垄断方向摆动，但失衡一般不会持续很长时间，不会根本改变大型建筑产品的市场特征。

2. 小型建筑产品的市场类型

小型建筑产品表现出与大型建筑产品完全不同的市场特征。小型建筑产品数量众多、分布面广，需求的间断性不甚突出。作为供给者，小型建筑企业的数目也很多，分布也很广，而且供给弹性相对较大，能很好地适应需求。因此，就需求者和供给者数目而言，可以认为小型建筑产品的市场属于完全竞争型市场，但不是严格意义的完全竞争型市场。从供给者角度来看，小型建筑企业虽然可以流动生产，但一般都有最佳的生产和经营区域，它们相互之间的竞争不可能是充分的；从需求者角度来看，由于缺乏市场信息和对建筑企业的了解，加之时间和精力的限制，对供给者的选择也有一定的困难。因此，小型建筑产品的市场总是不可避免地带有不完全竞争的特点，当供给者处于相对有利的地位时，表现为卖方不完全竞争；当需求者处于相对有利的地位时，则表现为买方不完全竞争。

完全竞争型市场的种种条件实际上是一种极限的假设，现实的市场几乎不可能完全具备这些条件。从考察建筑市场供求关系的需要出发，为揭示各种规模建筑产品市场特点，可以把小型建筑产品的市场看作是完全竞争型建筑市场。

3. 中型建筑产品的市场类型

中型建筑产品的市场特征介于大型建筑产品和小型建筑产品之间，基本上属于三种不完全竞争型市场，即买卖双方不完全竞争、卖方不完全竞争、买方不完全竞争型市场。中型建筑产品大多不需要特殊的技术，且数目较多，表现出一定程度的需求区域性和间断性；另一方面，供给者的数目亦较多，需要一定的技术水平和技术装备，供给弹性不是很大。在这种情况下，究竟属于哪一类不完全竞争型市场，要视具体的情况而定。由于供给被动地适应需求的特点在中型建筑产品上表现得较为突出，因而买方不完全竞争在中型建筑产品市场中占有较大比例。

通过以上分析不难看出，不同规模的建筑产品表现出不同的供求关系，相应的市场特征也不同。据此划分建筑市场类型比把建筑市场笼统地归为不完全竞争型市场更能准确地反映建筑市场的特征。对于建筑市场中的一些现象，尤其是那些与供求关系变化有关的现象，应当具体分析，不可一概而论，不可把某一类建筑产品市场表现出的特征或规律推及整个建筑市场。当然，建筑市场又是一个总体，各类建筑产品市场是相互联系、相互影响的，某一类建筑产品市场供求关系的变化必然使其他建筑产品市场产生程度不同的变化。何况，建筑产品的规模大小，只是相对的概念，并没有截然分割的界限（注意：这里是讨论建筑产品的类型及其特征，与固定资产投资管理所需要的项目规模划分无关）。而且，在建筑市场中并不总是大、中、小型建筑企业分别承建大、中、小型建筑工程，既可能由多个中小型建筑企业联合承建大中型建筑工程，也可能出现大中型建筑企业承建中小型建筑工程的情况。各类建筑产品市场供求关系的变化存在趋于接近的可能，只是不能根本改变它们之间的区别。

20.3.2 建筑市场供求关系的变化

以上按照建筑产品的规模分析了建筑市场的类型，基本出发点是以总体供求关系平衡为前提，分析建筑市场供求关系的总体。在研究建筑市场供求关系变化时，还要注意以下四个方面的问题：

1. 宏观市场与微观市场的区别

这里的宏观市场，是指建筑市场的总体及相应的供求关系；微观市场，是指某一特定建筑产品表现出来的供求关系。在建筑市场总体供求关系基本平衡的条件下，宏观市场与微观市场应当表现出大致相同的变化规律，实际上，在许多情况下，二者之间都有所不同。建筑产品的供给者总是先与特定的需求者确定交换关系，再根据他的特定要求进行生产，而不能向市场提供最终建筑产品与需求者进行交换。而且在确定交换关系时，总是有几个、十几个甚至更多的供给者参与竞争，由需求者选择决定。这意味着，在微观市场中，建筑产品的需求者总是处于买方有限垄断的地位。

建筑市场也为供给者选择需求者提供各种机会，供给者有是否参与某一工程的竞争的自由。但是，由于生产和经营范围的区域性、连续和均衡生产的需要、产品特点与企业技术专长等多方面的原因，这种"自由"不可避免地受到多种限制。而且，一旦供给者决定参与竞争，总希望能够取胜。所有这些，都使微观市场的供求关系对需求者有利，从而使微观市场供求关系的变化与宏观市场不同。而建筑市场中的供求关系，以微观市场表现得最为直接，即使在总体供求关系基本平衡的条件下，微观市场的综合作用也会在一定程度上影响宏观市场的特征。当建筑市场的供给者不够成熟、缺乏对宏观市场的了解和认识时，微观市场的综合作用表现得更为突出。

2. 总体供求关系不平衡对建筑市场类型的影响

如果建筑市场的总体供求关系失去平衡，建筑市场的类型亦随之变化。这一点是很容易理解的，但问题在于建筑市场的类型究竟如何变化。为此，需要分别考虑供大于求和供小于求两种情况。

当建筑市场中出现供大于求的情况时,各类建筑产品的市场类型均向对需求者有利的方向变化。大型建筑产品的市场由买卖双方不完全竞争型转变为买方有限垄断型;中型建筑产品的市场虽然仍为买方不完全竞争型,但其比例扩大或买方不完全竞争性加强;小型建筑产品的市场则由完全竞争型转变为买方不完全竞争型;以上是对宏观市场的分析。若再从微观市场分析,宏观市场供大于求的状况将大大加剧微观市场中供给者之间竞争的激烈程度,使需求者处于相对垄断的地位。

如果建筑市场中出现供小于求的情况,各类建筑产品的市场本应当向对供给者有利的方向变化,但是否能实现这种变化或市场类型变化的程度如何,取决于供小于求的程度。当供小于求较为明显时,大型建筑产品的市场转变为卖方有限垄断型,中型建筑产品的市场转变为卖方不完全竞争型或买卖双方不完全竞争型,小型建筑产品的市场转变为卖方不完全竞争型。宏观市场供小于求的状况降低了微观市场中供给者之间竞争的激烈程度,但除了少数具有技术优势的大型建筑企业之外,供给者一般并不能处于相对垄断的地位。当宏观市场供小于求的情况不甚明显时,微观市场的特征与总体供求关系平衡条件下的宏观市场基本一致。

为便于比较,将总体供求关系不同条件下的建筑市场类型列于表20-1。

总体供求关系不同条件下的建筑市场类型 表20-1

总体供求关系	建筑产品的规模		
	大	中	小
	建筑市场的类型		
供求平衡	买卖双方不完全竞争	买方不完全竞争	完全竞争
供大于求	买方有限垄断	买方不完全竞争	买方不完全竞争
供小于求	卖方有限垄断	卖方不完全竞争	卖方不完全竞争
	买卖双方不完全竞争	买卖双方不完全竞争	完全竞争

以上对供求失衡后的建筑市场类型从供大于求和供小于求两个方面分析,是较为理念化、逻辑化的,因而还有必要结合建筑市场的特点作进一步的考察和分析。如果从建筑市场的区域性来分析,大、中、小型建筑产品的市场都可能出现供小于求的情况。但是,如果考虑到建筑市场供给弹性大的特点,则中小型建筑产品的市场出现供小于求的情况极其少见;即使出现,持续的时间也很短。只有大型建筑产品,尤其是具有较高、较特殊技术要求的大型建筑产品的市场,可能在一定时间内出现供小于求的情况,但持续时间也不会很长。总之,建筑市场的供求关系失衡,出现供大于求的可能性较大,供小于求的可能性较小。

3. 建筑市场的供给弹性与需求或价格变化的方向有关

前面曾提到建筑市场的供给弹性较大,是针对需求或价格的提高而言,原因在于建筑业可以通过吸收农业或其他行业非技术劳动力来扩大生产能力。但是，如果建筑产品的需求或价格降低，建筑业的剩余劳动力却难以向其他行业转移，要么降低生产效率，要么导致失业。在这种情况下，供给弹性就显得较小，至少与需求或价格提高时的供给弹性变化程度不同。在整个国民经济市场机制（包括建筑市场机制）较为完善时，建筑市场供给弹性的变化不会很大；但是，当市场机制不完善时，尤其是在城乡差别、工农差别较大时，建筑市场供给弹性的"方向性"特别明显。

道理很简单，城乡之间、工农之间存在明显的差别，表明经济不够发达，工业化程度不高。在经济发展过程中，原有的农业劳动力会逐渐有剩余，而建筑业正是最容易吸收农业剩余劳动力的行业之一。因此，当建筑产品需求增加时（不一定同时伴有价格提高），对农业剩余劳动力的吸引力增大，供给弹性会大幅度地提高。但是，当建筑产品需求（绝对量或相对量）减少并且价格下降时，由于已经进入建筑业的农业剩余劳动力回归农业的边际生产率为零甚至为负值，建筑业对他们仍然具有一定的吸引力。尽管这时整个建筑业的边际生产率也已经为零或负值，可是由于并不直接损害已经从事建筑劳动的农业剩余劳动力的经济利益，或对他们经济利益的影响不大，因而他们不会轻易地退出建筑业，这时的供给弹性较小。

建筑市场的供给弹性表现出明显的方向性，会使建筑市场的总体供求关系失去平衡，而且总是出现供大于求的局面，不会出现供小于求的状况。这将加剧建筑市场供给者之间的竞争，容易形成买方市场，确切地说，是形成买方不完全竞争型和买方有限垄断型市场，显然不利于建筑市场的健康发展。如上所述，建筑市场供给弹性的方向性，是经济不发达和市场机制不完善的产物，要避免或弱化这种"方向性"，就要从发展经济和完善市场机制两方面下功夫。

4. 联合承包对供求关系的影响

在供给量既定的条件下，多个供给者之间的联合并不减少供给总量，只是建筑生产要素的重新组合，因而不会改变宏观建筑市场供求总量之间的关系，一般也不会改变建筑市场的类型。从另一方面看，供给者之间的联合在某种意义上扩大了供给者生产能力的平均规模，减少了供给者的数目，降低了微观建筑市场的竞争激烈程度。因此，联合承包可在一定程度上改变微观市场中的供求关系，削弱需求者相对垄断的地位，对供给者是有利的。

联合承包的作用不仅在数量上改变了微观市场中的供求关系，而且还通过联合加深了不同供给者相互之间的了解，有助于减少供给者在其他场合下（单独承包或联合承包）竞争的盲目性，有利于供给者对宏观市场状况进行客观的分析，并根据宏观市场供求关系的基本情况决定自己在微观市场中的竞争策略。简言之，联合承包有可能使供给者变得较为成熟，不为微观市场的具体情况所左右，从而有可能使微观市场的供求关系与宏观市场的供求关系在一定程度上趋于一致。当然，只有在建筑市场总体供求关系基本平衡的前提下才可能实现这一点。

联合承包得以应用的一个原因，在于作为需求的建筑产品规模与供给者生产能力的矛盾，当建筑市场供给者生产能力的平均规模较小时应用较多；反之，应用较少。是否采用联合承包的形式，在大多数情况下是由供给者决定的，有时也受到需求者的影响。联合承包有具体的适用情况，需要具备一定的应用条件，不是在任何情况下都能实现的，因而不可强求滥用。既然联合承包应用的范围有限，其对供求关系的作用也是有限的，即使就其对微观建筑市场供求关系的作用而言，由于参与联合的供给者有各自的经济利益，往往得不到充分发挥，因而不可片面夸大它的作用。

20.4　建筑市场的招标投标制

20.4.1　招标投标制的概念

招标投标是市场经济中的一种交易方式，通常用于大宗的商品交易。它的特点是由唯一的买主（或卖主）设定标的，邀请若干卖主（或买主）通过秘密报价进行竞争，从中选择优胜者达成交易协议，随后按协议实现标的。因而招标投标是一项经济活动的两个侧面，是招标单位和投标单位共同完成的交易过程。

招标投标的标的可以是不同的商品，以建筑产品最为常见，实践中常常很自然地把招标投标与建筑工程联系在一起。招标可以看作是建筑产品需求者的一种购买方式，而投标则是建筑产品生产者的一种销售方式，从双方共同的角度来看，招标投标是建筑产品的交易方式。建筑工程采用招标投标方式决定承建者是市场经济和自由竞争发展的必然结果，它已成为国际建筑市场中广泛采用的主要交易方式。

在我国，建筑工程正式采用招标投标方式始于1864年的上海。鸦片战争以后，西方列强大规模侵入中国，加紧了对我国的殖民统治和经济掠夺。我国原有的封建主义经济体系受到冲击，市场经济得到一定程度的发展。外国资本的侵入日益增多，建筑市场日趋繁荣，西方殖民者把他们在自己国土上采用的招标投标办法也引入中国。上海最早采用招标投标的建筑工程是法国在上海的领署，该工程是由法商希米德和英商怀氏斐欧特两家营造厂参与投标竞争，结果由希米德中标承建。外国资本家在中国进行大规模的建筑活动，不得不依靠当地的泥木工匠，当时我国尚没有现代意义上的建筑承包商，因而在采用招标投标方式初期的"外资工程"中，都是外国承包商之间的竞争。

招标投标方式的采用吸引了中国建筑承包商参与投标竞争，同时由于破产农民队伍的扩大，使得中国建筑承包商的成立具备了客观条件。1880年，上海第一家中方营造商——杨瑞泰营造厂宣告成立，创办人杨斯盛，夺得近代上海建筑史上具有里程碑意义的一标——江海关工程承建权。1892年，江海关计划翻造，这是一幢顶部有钟楼，内部有热水汀，在当时规模最大、式样最新的西式建筑。英国"税务司系最新之西式招华人构筑，无敢应者，斯盛独应之"。1893年，江海关修成，西人叹赏不已。从此，拥有天时地利人和的中国营造商不断在投标竞争中战胜外国营造商。至20世纪初叶之后，中国营造商基本垄断了上海重要建筑工程的施工承包权。

由于中国建筑营造商的兴起，推动招标投标应用的进一步扩大，国内投资的重要工程亦广泛采用。至20世纪20~30年代，招标投标在我国许多地区有了程度不同的发展，其中以沿海大城市（如上海、天津等）最为突出，这时也已经有了一整套较为完善的办法。例如，招标作为业主独立的经济活动一般均已委托建筑师制订招标章程并监督执行。业主一般通过报纸广告来招请营造商投标，章程的主要内容包括以下方面：是否选最低标价为中标者，有无投标人数量限制，对投标人的资格要求，主持招标工作的建筑师事务所，登记、投标、定标的时间和地点，各项有关费用等。建筑师只是主持招标的具体工作，中标人的最终选择权掌握在业主手中。

政府参与招标投标工作，是在国民政府成立以后。1931年，当时的上海市政府决定，所有的政府工程均采用招标投标制。1942年，政府颁发的招标投标章程出台，1946年又进一步制定有关规范。但是，由于国民党政府日益腐败，营私舞弊、行贿受贿索贿现象严重，当时的政府工程招标投标完全流于形式。

1949年中华人民共和国成立之后，从20世纪50年代初开始的近30年时间里，招标投标制被彻底否定，长期没有得到应用。主要原因在于：首先是对社会主义经济的性质没有正确认识，认为计划经济与市场经济彼此完全不相容，对市场经济采取限制乃至取消的政策；其次是认为建筑产品没有流通环节，没有交换过程，通常由买方（当时工程预付款数额按工程造价中的材料费确定，可达60%~70%，以后在工程结算时逐月扣回）垫付大部分资金建造，按期结算，因而建筑产品的生产者不是销售商品，而是销售劳务，建筑产品也就不是商品；再次是认为建筑业是基本建设的消费部门，不创造新的价值，建筑企业则是为基本建设服务的，其生产任务由政府部门根据基本建设计划加以安排；最后是认为招标投标制产生于资本主义社会，是资本主义社会固有的，容易导致具有资本主义特征的种种弊端，如尔虞我诈、投机取巧、营私舞弊、行贿受贿索贿等。

实践证明，这些观点对我国社会主义建设造成了不利影响，制约了建筑业的发展。党的十一届三中全会以后，重新肯定要按经济规律办事，要重视价值规律的作用，并结合我国社会主义建设的实践对社会主义经济的性质进行反思和再认识，突破了许多思想束缚和理论禁区。招标投标制在沉寂30年后又重新被提到议事日程上来。1981年，我国开始在深圳等少数地区试行招标投标制。在总结几年试点经验的基础上，国务院于1984年9月颁发《关于改革建筑业和基本建设管理体制若干问题的暂行规定》，其中提出要"大力推行工程招标承包制"；同年11月，国家计委、城乡建设环境保护部颁发《建设工程招标投标暂行规定》；1985年6月，国家计委、城乡建设环境保护部又颁发《工程设计招标投标暂行办法》。其后，招标投标制在全国各地应用的比例日渐扩大。各地政府主管机构还制定和颁发当地招标投标的管理办法、规定和实施细则，使招标投标工作逐步走上全行业统一管理、健康发展的轨道。1999年，我国颁布《中华人民共和国招标投标法》，2017年又进行了修订，从而确立了招标投标的法律依据，并使我国的招标投标制逐渐成熟和完善。

我国社会主义制度下的建筑工程招标投标制，是在国家宏观指导和调控下，自觉运用价值规律和市场竞争规律，提高建筑产品供求双方的社会效益的一种手段，其竞争目的是满足社会不断增长的需求；其竞争手段，必须为国家法规与社会主义精神文明和职业道德规范所允许。但是，由于多种原因，当前我国建设工程的招标投标尚存在着许多问题。要正确发挥招标投标的作用，还需要正确理解招标投标制度的基本概念和目的，明确科学的招标评标组织和方法，也要建设和完善建筑市场的法规、信用和工程担保等市场环境。

20.4.2　招标投标制的机制

招标投标制是市场经济运行机制的价格机制、竞争机制和供求机制在建筑市场的集中体现，其具体的作用机制表现在以下三个方面：

1. 提高建筑市场信息的透明度

建筑工程采用招标投标方式可以在一定程度上提高建筑市场信息的透明度。这里所说的建筑市场信息，是指与建筑产品需求和供给有关的信息。由于在建筑市场中不是以已建成的建筑产品进行交换，加之建筑市场需求具有区域性和间断性的特点，因而在针对特定的建筑产品确立交换关系之前，供求双方（个体）相互之间的了解是极其有限的。供给者无法知道需求者在什么时候、需要建造什么样的建筑产品；需求者则很难了解谁是自己拟建建筑产品最适合的供给者。在这种条件下，如果不通过适当的方式加深供求双方之间的了解就贸然确立交换关系，显然对供求双方都是不利的。

建筑工程采用招标投标方式，客观上为供给者与需求者之间的相互了解创造了条件，在这一基础上所确立的交换关系才可能是合理而可靠的。这不仅对特定建筑产品的交换是有利的，而且对建筑市场总体供求关系的平衡也是有利的。因为供给者不仅能了解特定建筑产品需求者的意愿，而且能从不同建筑产品需求者的招标要求、条件等中了解建筑市场需求的变化和发展趋势，为供给更好地适应需求提供了可靠的信息。从这一意义上来说，建筑工程的招标投标与一般市场中根据销售情况预测产品需求变化和发展有异曲同工之处。

建筑工程采用招标投标方式，还可以使供给者加深相互之间的了解。在一般市场中，供给者是通过各自产品的价格、性能、质量、销售情况（或市场占有率）、售后服务等互相了解的。而在建筑市场中，供给者则是在对一个个具体的建筑产品的投标中互相了解的。因为一旦参与某个建筑工程的投标，所有投标者的主要投标数据都将公开，如报价、工期、主要材料用量、关键的技术方案或措施等。无论是否中标，投标者都可以从这些数据中直接或间接地了解竞争对手的一些技术、经济方面的情况，有利于对自己在建筑市场中的竞争地位作出客观的分析和判断，有利于在其他建筑工程的投标中根据具体情况制定合理的投标策略，也有利于供给者之间的相互学习。

2. 为供求双方相互选择创造条件

建筑市场所采用的招标投标方式，实际上是建筑产品供求双方相互选择的一种方式。在一般市场中，供给者向市场提供商品，并不选择具体的需求者；而需求者则侧重于选择商品而不是选择供给者（当然也存在先选择供给者再选择商品的情况）。在建筑市场中，由于采用订货生产的方式，交换关系的确立在产品生产之前，供求双方的相互选择就显得特别重要。由于供求双方各自的出发点不同，在某些方面甚至存在一定的利益矛盾，因而"一对一"的交换方式成功的可能性较小，难以确立为双方所能接受的交换条件。采用招标投标方式，就为供求双方在较大的范围内进行相互选择创造了条件，为特定建筑产品的需求者与供给者在最佳点上结合、确立相互之间的交换关系提供了可能性。

需求者选择供给者的基本出发点是"择优"。对于不同的需求者来说，原则是相同的，但不同需求者的择优标准却不尽相同。一般而言，需求者希望所选择的供给者报价较低、工期较短、具有生产质量较好的建筑产品的能力；同时，为了尽可能减少和避免需求者自身的风险，还希望供给者具有良好的社会信誉和财务状况。但是，由于建筑产品的需求者缺乏必要的知识和经验，对供给者也缺乏长期、深入的了解，因而以"择优"为出发点并不能保证得到"择优"的结果。需求者可以委托咨询机构为其服务，以期达到真正的"择优"。

供给者选择需求者的出发点，在于选择最能发挥自己专业优势的建筑产品。这是一个非常复杂的问题，涉及许多因素，如招标工程所需要的技术条件与自己的技术优势或专长是否吻合，在工程所在地点能否经济、合理地组织施工，招标工程的建造时间及其所需要的生产力资源与自己现有的和能够合理组织的生产力资源是否相协调等。由于建筑产品的供给者长期从事专业性的生产经营活动，相对于需求者而言，具有较丰富的建筑市场行为知识和经验，因而在正常情况下，供给者的选择结果应当符合其自身的利益（长远利益或近期利益）。这里所说的"正常情况"，是指建筑市场总体供求关系基本保持平衡，绝大多数供给者都比较成熟。若不具备这些条件，建筑产品的供给者就会"饥不择食"，其选择的结果不仅不能发挥自己的专业优势，甚至可能严重损害自己的经济利益。

3. 表现为个别劳动消耗水平之间的竞争

在建筑市场中采用招标投标方式，最明显的表现就是建筑产品供给者之间的竞争，而这种竞争最直接、最集中的表现，则是价格上的竞争。通过建筑产品供给者相互之间的竞争降低建筑产品的价格，无疑有利于需求者节约投资，提高投资效益。但是，这种竞争并不是无原则、无限制的，任何产品的价格与其价值（即投入在该产品生产过程中的活劳动和物化劳动的价值）都有着一定的内在联系，成本是价格的最低限。建筑产品的供给者为了维持简单再生产和扩大再生产，还需要获得一定的利润。也就是说，供给者之间的价格竞争并不是简单的"让利"行为，否则，将导致社会劳动所创造的价值在不同部门和企业之间的不合理转移，由此而实现的交换是不平等交换。因此，供给者之间的价格竞争应当主要是通过不同供给者个别劳动消耗水平之间的竞争来实现，这也是在建筑市场中实行招标投标制所要达到的主要目标。

不同供给者的个别劳动消耗水平总是有差异的，从竞争的角度来看，更重要的倒是因为在建筑市场中存在同一供给者在不同的建筑产品上个别劳动消耗水平有所不同的情况。通过招标投标，一般在特定建筑产品上个别劳动消耗水平最低或接近最低（并不一定价格最低）的供给者获胜，有利于充分发挥不同供给者在不同建筑产品上的优势，使每个供给者的优势与每个建筑产品的特点和需要实现最佳、至少是较佳的结合，一般也能实现生产力资源在特定建筑产品上的最优或较优配置。

不同供给者个别劳动消耗水平竞争的结果自然是优胜劣汰。凡是总体个别劳动消耗水平低于社会平均劳动消耗水平的供给者，就能继续生存、发展、扩大生产能力；反之，那些总体个别劳动消耗水平高于社会平均劳动消耗水平的供给者，就将停滞、萎缩，直至被淘汰。其结果将对原有生产力资源进行合理的重新组合，有利于促进社会劳动生产率水平的提高。面对激烈竞争的压力，为了自己的生存和发展，每个供给者都必须切实在降低自己的个别劳动消耗水平上下功夫。这与优胜劣汰的作用相结合，就会降低社会平均劳动消耗水平，使供给者总是要在新的基础上展开竞争，从而促进建筑生产力水平的不断提高。

综上所述，招标投标是商品交换的一种方式，在其应用过程中，市场经济的一般规律，如供求规律、价值规律、竞争规律等，都将发生作用。建筑产品是招标投标最为常见的标的，由于建筑产品和建筑市场所具有的特点，建筑市场的招标投标也表现出一些与一般商品交换不同的方面。可以认为，招标投标是把建筑产品作为商品进行交换的一种特殊方式。

20.4.3 招标方式

所谓招标，是指招标单位（或称发包单位）标明其拟招标工程的内容和要求等以招引或邀请某些愿意承包的单位对其承包该工程所要求的价格和时间等进行竞争，以便招标单位进行比选而达到交易的行为。建筑工程的招标通常可采用以下三种方式：

1. 公开招标

公开招标是一种无限竞争性招标方式。采用这种招标方式时，招标单位通过在报纸或专业性刊物上发布招标通告，或利用广播、电视、信息网络等手段说明招标工程的名称、性质、规模、建造地点、建设要求以及何时何地领取招标文件等，公开招请承包商参加投标竞争。凡是对该工程感兴趣的、符合规定条件的承包商都允许参加投标，因而相对于其他招标方式，其竞争最为激烈。

公开招标方式可以给一切符合资格审查要求的承包商以平等竞争的机会，可以极为广泛地吸引投标者，从而使招标单位有较大的选择范围，可以在众多的投标单位之间选择报价合理、工期较短、信誉良好的承包商，与其签订承包合同。这有利于促进承包商之间的竞争，总的来说，对招标单位较为有利。但是，采用这种招标方式时，招标单位审查投标者资格及其投标文件的工作量较大，招标费用支出也较多。同时，参加竞争的投标者越多，每个投标者的中标概率越小，损失投标费用的风险就越大，而这种风险必然要反映在标价上，最终还是要由业主负担。另外，在采用公开招标方式时，招标单位必须加强对投标者资格信用的调查，合理确定评标标准，严格评审投标文件，以防止某些承包商故意压低标价进行"抢标"。如果业主过分追求低标价，有可能使自己陷入非常被动的境地。

2. 邀请招标

确切地说，邀请招标应称为邀请投标。邀请招标是我国的习惯说法，国际上一般称为选择性招标或有限竞争性招标。采用邀请招标方式，招标单位根据自己了解和掌握的信息、过去与承包商合作的经验或由咨询机构所提供的承包商情况等，通过不公开的方式有选择地邀请数目有限的承包商参加投标。被邀请的承包商数目通常为3~10个。

邀请招标的优点在于：经过选择的投标单位在施工经验、技术力量、经济和信誉上都比较可靠，因而一般都能保证工程的进度和质量要求。此外，由于被邀请参加竞争的投标者数量有限且预先已确定，因而招标单位的招标工作量和范围较小，既可以节省招标费用，又可以提早发包，较早地发挥投资效益；另一方面，这种招标方式相应提高了每个投标者的中标概率，对投标者也较为有利。但是，邀请招标方式限制了竞争范围，有可能由于招标单位对某些承包商的情况了解不充分而把一些在技术和报价上也有竞争能力的承包商排除在外，不符合自由竞争、机会均等的原则。再则，由于邀请招标的范围较小，因而竞争性不如公开招标，这一点在价格竞争上尤为突出。因此，在经济发达国家往往以法规的形式对邀请招标的应用范围加以限制（一般是针对政府投资兴建的工程而言），通常规定在下列情况下允许采用邀请招标方式：

1) 由于工程性质特殊，要求承建单位拥有某种专用技术设备，具有相应的技术人员、技术工人和施工经验，从而使招标工程只能由一定范围内的少数承包商承建；

2) 工程规模小，公开招标所可能降低的价格与肯定要多支出的招标费用相当，甚至得不偿失，因而不值得采用公开招标方式；

3) 公开招标与工程建设目的不符，例如，一些工期紧迫的工程如果采用公开招标方式，势必延续时间较长，不利于及早发挥工程的效益和作用；又如，军事、国防、高科技研究基地等保密工程，也不宜采用公开招标方式；

4) 已经采用过公开招标方式，但招标失败，未产生中标单位。

我国《招标投标法实施条例》也明确规定了国有资金项目采用邀请招标的范围，虽然文字表达不完全一样，但实质内容大致相当于前文中的第一点和第二点。

3. 议标

议标在国际上又称为谈判招标，是一种非竞争性招标，是一种协商谈判方式，在德国按德文直译为"议价发包"，以区别于招标（发包和招标两个概念的德文词是不同的）。需要特别指出的是，我国《招标投标法》将招标方式限定在公开招标和邀请招标，而不包括议标，这是从《招标投标法》的工程适用范围（资金来源为政府投资或国外贷款的项目）考虑的。

采用议标方式时，业主直接邀请某一承包商就其承建该工程的条件进行洽谈，达成协议后，将工程任务委托该承包商去完成。但并不排除业主逐次或同时找多个承包商洽谈的可能性，第一家洽谈不成，可另外再邀请一家，直到达成协议为止。不过，一般在采用议标方式时，业主与承包商的关系较好，互相比较信任，或有较好的合作历史，所以一次成交的可能性较大。

议标方式的优点是容易达成协议，工程可以较早开工，也省去许多复杂的招标工作。但由于承包商没有竞争对手，处于相对有利的地位，因而可能提高要价或其他条件，往往对业主不利。因此，议标方式一般只能在下列特定的条件下才允许采用：

1）工程需要采用特殊的施工经验或施工设备，或是某项专利，而这种设备或专利只有某个承包商拥有，则业主只能找该承包商洽谈；

2）工程性质特殊、内容复杂，招标前不能清楚地确定工程的种类、范围、工作量，不具备进行公开招标或邀请招标的条件；

3）招标工程工期特别紧迫，或工期为决定性因素的工程；

4）招标工程规模不大，且与已发包的大工程相连，不易分割；

5）公开招标和（或）邀请招标未能产生中标单位，继续采用原来的招标方式看来也不会有满意的结果。

邀请招标与议标的主要区别表现在以下两个方面。其一，采用邀请招标，招标者必须向投标者公开（在所有投标者在场的条件下）解答招标文件中的问题，即投标者在掌握相同信息的平等条件下进行竞争；而采用议标时，招标者可以向投标者分别解答招标文件中的问题，这样，竞争的条件就不一定平等。其二，采用议标时，当招标者收到投标文件后，分别与各投标者议价和讨论合同条件，议价的过程实质上是投标者多次报价的过程；而采用邀请招标，投标者只有一次报价机会。

建筑工程招标可以按整个工程进行，也可以按施工阶段进行分阶段招标，如按基础工程、结构工程、安装工程、装修工程分别进行招标。不同施工阶段的招标可以采用同一种招标方式，也可以采用不同的招标方式。对于确定的标的来说，在大多数情况下是采用一种招标方式进行的一次性招标。实践中也可以对同一标的组织两阶段招标，通常是第一阶段采用公开招标，第二阶段采用邀请招标。采用两阶段招标的原因，一是招标工程的内容尚未最后确定，一时又难以完全确定，但又希望早日开工；二是工程比较复杂，施工的有关技术或工艺对项目经济性有较大影响，希望投标者在投标时提出各自不同的方案（主要是施工方案，有时也可能涉及结构设计方案，并据此报出相应的价格。两阶段招标与公开招标未产生中标单位而改用邀请招标是有区别的：前者在第一次招标前即已明确招标分两阶段进行，并在招标文件中对希望达到的目标或效果予以说明；而后者则是在第一次公开招标失败的情况下不得已而采用的补救措施。前者第二阶段邀请招标的对象基本上都包含在第一阶段公开招标的投标者之内。至少要包括被选中方案或方案较好且各有所长的投标者在内；而后者则未必，有可能第二次招标所邀请的对象都未参加过第一次公开招标的投标。

20.5 建筑市场交易的保障

在20.2节中曾经分析过，建筑市场中的生产者和需求者均有风险，而有些风险可以采取适当的方式加以防范或转移。那么，如何防范或转移风险，保障交易的正常进行呢？这涉及工程项目的风险管理问题，在此不宜过多展开和详细论述，只探讨建筑市场交易双方如何利用市场化的手段和机制，防范或转移交易对方的行为风险。

在我国的建筑市场中，由于受长期的计划经济体制的影响，市场主体的合同履约意识不强、对合同履行中的风险缺乏规避手段等问题极为普遍，直接影响了建设项目的实施，导致工程合同纠纷频繁，建筑业竞争无序，并因此出现了严重的工程质量事故和工程款拖欠等问题。在经济发达国家，对建筑市场交易主体的行为风险，普遍实行工程担保制度；对建筑市场交易客体（建筑产品或建筑工程）的客观风险或不可抗力风险，则实行工程保险制度。

20.5.1 担保的含义

担保是为了担保债权实现而采取的法律措施。担保制度是指法律为确保特定的债权人实现债权，以债务人或第三人的信用或者特定财产来督促债务人履行债务的制度。

《中华人民共和国担保法》规定的担保方式为保证、抵押、质押、留置和定金。在建设工程合同中，应用最多、最适用的是工程保证担保。

保证担保，是指保证人和债权人约定，当债务人不履行债务时，保证人按照约定履行债务或者承担责任的行为。保证担保的特点是由第三方保证人保证被担保人如约履行合同义务；或者，保证主合同的其他各方因被担保人不能履行合同义务而造成的损失得到弥补。保证担保与其他四种担保方式最大的区别是：保证人是市场合同交易双方之外的第三方，其担保效力来自于保证人的信用。而抵押、质押、留置和定金这四种担保方式都是在合同当事人之间进行，并以物（包括权利凭证和货币）的方式提供担保。

《中华人民共和国担保法》规定，一旦保证人代债务人履行了债务，就取得代位追偿权，可从债务人处就代为履行债务所担负的损失得到赔偿。所以债务人若不信守承诺、认真履约，最终承担损失的将是债务人自己。因此，债权人利用保证担保规避风险的结果，是将信用风险转移回风险源本身（图20-3）。

保证人作为市场交易的第三方，之所以成为一种需要，是因为债权人对于了解债务人履行合同义务的能力处于信息不对称状态。如果市场存在着严重的信息不对

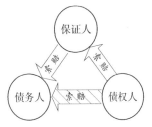

图20-3 信用风险转移回风险源

称，就可能发生市场失灵。"信息不对称"在现实中普遍存在，但市场也并不总是失灵，其原因就在于健康的市场中总有一些信用工具可以帮助完善市场的信号机制，修正市场中的信息不对称状态，增进市场交易双方的信用。这时，市场机制才能真正发挥其优胜劣汰的作用。

保证担保正是这样的一个信用工具。在保证担保中，债权人对债务人能否履约缺乏足够的信息，但他却可以充分信任保证人。而保证人之所以敢于对债务人给予担保，是基于他对债务人的履约能力有深入的了解。可以认为，债权人与保证人之间是信息对称的，而保证人与债务人之间也是信息对称的，于是保证人成为交易双方的一种信用桥梁，它使市场交易得以顺利进行（图20-4）。所以，保证担保是一种

图 20-4 保证担保—信用桥梁

信用工具。保证担保的基本经济学意义就是完善市场信号机制，修正市场的信息不对称状态，增进市场信用，为发挥价格机制对市场的自动调节作用创造条件。

20.5.2 工程担保的类型

工程保证担保制度以经济责任链条建立起保证人与建筑市场主体之间的责任关系。担保人为了维护自身的经济利益，在提供工程担保时，必然要对申请人的资信、实力、履约记录等进行全面的审核，根据被保证人的资信情况实行差别费率，并在建设过程中对被担保人的履约行为进行监督。工程保证担保制度对规范建筑市场、防范违约风险、降低建筑业的社会成本、保障工程建设的顺利进行等都有十分重要和不可替代的作用。

建设工程中的担保有许多类型，有卖方向买方提供的担保，也有买方向卖方提供的担保。另外，保证人还可以要求被保证人提供反担保。

1. 要求卖方（承包商）提供的担保

建设工程中，经常需要卖方提供的担保种类有：投标担保、履约担保、预付款担保、维修担保等。

投标担保，是指投标人向招标人提供的担保，保证投标人一旦中标即按中标通知书、投标文件和招标文件等有关规定与业主签订承包合同。投标担保的主要目的是保护招标人不因中标人不签约而蒙受经济损失。投标担保要确保投标人在投标有效期内不撤回投标书，以及投标人在中标后保证与业主签订合同并提供业主所要求的履约担保、预付款担保等。投标担保的另一个作用是，在一定程度上可以起筛选投标人的作用。

履约担保是指招标人在招标文件中规定的要求中标的投标人提交的保证履行合同义务和责任的担保。一旦承包人违约，担保人要代为履约或者赔偿经济损失。履约保证金额的大小取决于招标项目的类型与规模，但必须保证承包人违约时发包人不受损失。履约担保是工程担保中最重要的形式，也是工程保证金额最大的一项担保，其他的担保形

式在某种程度上相当于是对履约担保的补充。通过履约担保，可以充分保障业主按照合同条件完成工程建设的合法权益，同时迫使承包商采取严肃认真的态度对待合同的签订和执行。

建设工程合同签订以后，发包人往往会支付给承包人一定比例的预付款，一般为合同金额的10%，如果发包人有要求，承包人应该向发包人提供预付款担保。预付款担保是指承包人与发包人签订合同后领取预付款之前，为保证正确、合理使用发包人支付的预付款而提供的担保。预付款担保的主要作用在于保证承包人能够按合同规定进行施工，偿还发包人已支付的全部预付金额。如果承包人中途毁约，中止工程，使发包人不能在规定期限内从应付工程款中扣除全部预付款，则发包人作为保函的受益人有权凭预付款担保向银行索赔该保函的担保金额作为补偿。

维修保证担保也称质量保证担保，是保证人为业主提供的、保证工程维修期（国际上称为缺陷责任期——FIDIC《新红皮书》已改为缺陷通知期）内出现质量缺陷时承包商应当负责维修的担保形式。维修保证担保可以包含在履约保证担保之内，这时履约保证担保有效期要相应地延长到承包商完成了所有的缺陷修复为止；维修保证担保也可以单独列出，并在工程完成后以此来替换履约保证担保，这时维修保证担保的有效期与工程质量保修期相等。维修保证担保的保证金额一般为合同价的1%~5%。实行维修保证担保对于维护业主的合法权益具有积极意义；对于促进承包商加强企业内部的全面质量管理，尽量避免工程质量缺陷和隐患的出现同样具有激励作用和约束作用。

除上述主要担保方式以外，还可能存在分包担保、差额担保、完工担保、保留金担保等担保形式。

2. 要求买方（业主）提供的工程担保

承包商可以要求业主提供的担保主要是业主支付保证（Employer Payment Bond/Guarantee）。业主支付保证是指业主通过保证人为其提供担保，保证业主将会按照合同规定的支付条件如期将工程款支付给承包商。如果业主不按合同支付工程款，将由保证人代向承包商履行支付责任。业主支付保证的实行，为业主拖欠工程款问题找到了一条卓有成效的解决途径。

3. 反担保

由于担保金额很高，而保证人收取的保证费通常不足2%，因此保证人承担的风险是相当大的。被保证人对保证人为其向权利人支付的任何赔偿，均承担对于保证人的返还义务。保证人为了防止向权利人赔付后又不能从被保证人那里获得补偿，可以要求被保证人以其自有资产、银行存款、有价证券或通过其他保证人等提交反担保，作为保证人出具保证的前提条件。一旦出现代为赔付的情况，保证人可以通过反担保追偿因提供保证而导致的经济损失。

不论是要求承包商通过保证人提供的工程保证担保，还是要求业主通过保证人提交的工程保证担保，都存在承包商或业主进一步向保证人提交反担保的问题。提交反担保成为工程保证担保与工程保险的根本区别之一。

20.5.3 工程担保与工程保险的区别

建设工程的保险和担保都是工程风险管理的重要手段，但二者在本质上是不同的。

工程风险可分为可保风险和不可保风险。工程保险承保的是可保风险，转移的是意外和自然灾害的风险；而担保承保的是不可保风险中的信用风险，它的特点是将信用风险转移回它的风险源。而工程项目的决策和政治风险等，则由投资人自行承担。

要全面解决我国建筑业市场的风险机制问题，必须将工程担保和工程保险同时推进，让它们分别解决工程建设中的各种不同性质的风险。

工程保证担保与工程保险在运作方式、管理模式、会计制度和事故处理上存在着明显的区别，如表20-2所示。

工程保证担保与工程保险的区别　　　　表 20-2

区别	工程保证担保	工程保险
当事人	三方：业主、承包商、保证人	两方：保险人（保险公司）、投保人
运作方式	被保证人申请，并交付保证费，保证他人（权利人）的利益	投保人申请，交付保险费，保障投保人自己利益
风险转移	担保人承担被保证人违约的风险	保险人承担投保人无法控制的意外风险
投保目的	被保证人不是为了转移风险，而是满足合同对方要求的信用保障	投保人为了转移风险，保障自身的经济利益
风险承担与追偿	由保证人暂时承担风险，可通过反担保追回部分或全部损失，被保证人需提供反担保	将工程风险从业主或承包商转移给保险公司，保险公司承担的风险损失，无权向投保人进行追偿
风险比较	只有当被保证人的所有资产都付给保证人仍然无法还清保证人代为履约所支付的全部费用时，保证人才会蒙受损失	保险公司为唯一的责任者，将为投保人造成的事故负责，保险公司所承担的风险高
合同履行	被保证人因故不能履行合同时，保证人必须采取积极措施，保证合同得以继续履行完成	当投保人出现意外损失时，保险公司只需支付相应数额的赔偿，无须承担其他责任

思考题

1. 建筑市场的交易具有哪些特点？试逐一作简要说明。
2. 什么是交易成本？交易成本由哪些组成？
3. 影响交易成本的因素是什么？
4. 建筑市场中的交易成本有哪些？
5. 如何考察建筑市场的类型较为合理？

6. 试分别说明大中小型建筑产品市场的类型。

7. 在研究建筑市场供求关系时，应注意哪些问题？若总体供求关系变化，对建筑市场类型有何影响？

8. 试述招标投标制的机制。

9. 招标方式有哪几种？其应用条件如何？

10. 工程担保的含义是什么？

11. 工程担保的类型有哪些？

12. 工程担保与工程保险的区别有哪些？

第 21 章　建筑市场的监管

市场经济的内涵和主要特征是，资源配置以市场为主体，市场规则法制化，宏观调控要遵循价值规律，等等。不同国家的政治、经济、社会文化等条件不同，其市场经济的形态和类型也有不少差异。以美国和英国为代表的是市场主导型市场经济，是比较自由的市场经济，强调企业和个人开展完全自由竞争，政府从法制、政策等方面保证自由竞争，对经济生活干预力量较弱。德国实行社会市场经济，经济活动以市场为基础和纽带，市场机制在经济运行中起主导作用；国家具有指导和调节经济的职能，市场活动受到国家一定的干预和协调，而不是绝对自由，实际上是国家有调节的市场经济，保证市场自由和社会公平之间的平衡。一个国家的政府职能是与其市场经济的特征和发展水平相适应和相配套的。

我国的社会主义市场经济与西方国家的市场经济不同，其基本内容和特征与我国的政治制度和现阶段的经济发展相适应，并将继续不断发展和完善。我国的政府监管也要适应现阶段社会主义市场经济的形势和需要，并将随着社会主义市场经济的不断发展而不断完善。

21.1　建筑市场监管概述

21.1.1　监管与政府监管

按照《牛津高阶英汉双解词典》，监管（regulation）有两种释义：①政府或其他权威组织制定的正式规则，一般指章程、规章制度、规则、法则；②运用规则条例对事情进行控制，一般指管理、控制。因此，"监管"是指一种制度或一种行为。国内学术界也将"监管"称作"规制"或"管制"等，并多采用第二种释义，即"依法进行监督管理的行为"。

监管要素包括监管主体、监管客体和监管方式。监管主体应当是政府机构等具有强制力的权威组织。监管客体是各种经济主体，包括企业和个人，但主要是企业，包括生产者和消费者，但主要是生产者。监管的主要方式是通过法律、制度等对微观经济活动进行干预和控制。因此，监管可定义为具有法律地位的、相对独立的监管者（一般是政府机构），依照一定的法规对被监管者（主要是企业）所采取的一系列行政管理与监督行为。

监管分为经济性监管和社会性监管。经济性监管是指在自然垄断和存在信息不对称的领域，为了防止发生资源配置的低效率和确保资源公平利用，由政府相关职能机构在给定的法律权限下，对企业的进出、价格、产品或服务的数量和质量、投资、财务会计等方面的行为进行监管，主要包括价格和费率监管、进入和退出市场的监管、投资监管、产品特征（质量和数量等）监管等形式。社会性监管是以保护广大消费者、劳动者及社会公众的健康和安全及生活质量，在一定的法律法规框架下对企业造成诸如产品质量、工作场所安全等负内部性和环境污染等负外部性的行为实施的监管，大体上分为保证健康和卫生、保证安全、防止公害和保护环境等三类。社会性监管的方式主要有禁止性特定行为、对营业活动进行限制、职业资格制度、标准认证和检查制度、信息公开制度和收费补偿制度等，可以认为前三种制度形式是基本的监管形式，后三种制度形式是对前三种制度形式的补充和具体化。对自然垄断产业（包括公益事业、电信业和铁路运输等），监管的原因是由于存在规模经济、范围经济和固定成本；对竞争性产业则是因为可能发生信息不对称以及损害消费者利益的危险性，有必要实行一定程度的监管。监管对市场交易机制有着直接的影响。

执行监管是有成本的。监管的成本包括：①直接成本，包括政府监管的机构设置及其各种费用开支，以及政府官员及其监管行为的费用；②间接成本，包括监管使得市场资源配置扭曲，企业生产成本提高等。还有一类成本支出则是用于企业向监管立法者和执法者进行游说和寻租，可能在企业报表中都难以体现，故难以估量。

21.1.2 建筑市场监管

建筑市场监管是指监管主体依据相应规则对建筑市场交易主体及活动进行监督与管理的行为。由于建筑产品和建筑生产的特殊性以及建筑市场的复杂性，建筑市场监管是一个比较复杂的系统，主要体现在监管内容的复杂性、监管主体和监管对象的多元性。在监管内容方面，不仅需要对建筑生产行为等一系列建筑活动进行监管，还需要对市场准入和退出等行为进行监管，以及对建筑活动的成果——建筑产品进行监管；在监管主体方面，不仅仅局限于建设行政主管部门，还包括其他政府相关部门和非政府组织；监管的对象不仅包括生产者，也包括购买者（投资者）；不仅包括企业，也包括个人。

21.2 政府的职能定位

市场监管是政府的职能之一。那么为什么要进行市场监管？如何监管？监管的具体内容是什么？这就需要厘清政府的基本职能，或者说从理论上说明政府监管的必要性。

为了使建筑生产经营活动高效率、有秩序地进行，政府主管机构必须正确确定自己的管理职能，对各种问题（管理体制、管理机构、管理方法等）的决策和处理要建立在科学的基础上，要有充分的科学依据，要处理好政府与市场的关系以及政府与企业的关系。

市场经济要求规范政府行为，政府的职能主要是对社会实行公共管理，制定公共政策，为全社会提供公共物品和公共服务，以满足人民群众不断增长的物质和文化需要。政府不提供私人产品（这类产品应由市场和社会提供），不应干预私人领域和企业的经营活动或交易活动，政府不替代市场，不替代社会，不替代企业。那些除了政府以外其他组织无权管、无法管、管不了、不好管和管不好的社会公共事务，如国家主权、外交、制定法律与公共政策、进行宏观经济管理和保持宏观经济稳定、公共医疗卫生、社会保障、消费者保护、知识产权维护、环境保护、社会秩序和治安、消防等，才是政府应该管和必须管好的事情。

我国市场经济的发展具有后发优势，可以借鉴西方发达国家和新兴工业化国家或地区的市场经济发展经验和教训，尤其是如何处理好政府与市场、政府与企业以及政府调控与市场调节之间关系的经验和教训。

21.2.1 现代市场经济中的政府职能

综观现代市场经济国家在处理政府与市场、企业和社会的关系的实践，可以将政府的作用或行为模式概括为如下五种角色：

1. 公共物品的提供者

这是政府在现代市场经济中的最基本角色。所谓公共物品是指那种能够同时供许多人享用的物品，并且供给它的成本与享用它的效果并不随享受它的人数规模的变化而变化。公共物品的最显著特征是消费的非排他性，即一个人对一件公共物品的消费并不排斥他人对它的同时消费，国防、治安、公共教育、公共交通是公共物品的几个例子，制度安排、法规、政策等也可以视为无形的公共物品。由于公共物品消费的非排他性，以价格机制为核心的市场不能使得生产和供给达到最优；靠个人之间的直接交易去解决公共物品的供给问题由于成本太高而得不偿失。私人经济部门或者由于投入多、效益低而不愿意或无力生产或提供；或者容易造成垄断，导致成本上升、效率下降，损害消费者利益。因此，政府必须通过国家预算开支，担负公共物品生产和供给的主要责任。在现代市场经济国家，政府对交通运输、邮电通信、供水、供电、环境保护、基础研究和公共教育等公共设施和公共服务及市政设施进行大量直接投资，在基础设施和公共服务中发挥重要作用。

2. 宏观经济的调控者

由于市场的不完全及缺陷，政府必须在必要时以适当的方式干预市场经济的运行过程，对经济生活加以宏观调控。首先，市场机制不能解决宏观经济总量或总供给与总需求之间的平衡问题，市场失灵导致宏观经济总量失衡，市场机制不能控制经济的周期波动和通货膨胀，因而必须依靠政府的财政政策和货币政策等来减缓经济周期波动，抑制通货膨胀。从20世纪30年代开始，各主要西方市场经济国家正是借助于政府干预，实行总需求管理，通过调节总需求来调节总供给与总需求的关系，维持宏观经济总量平衡，保持宏观经济稳定。其次，市场经济机制不能解决国民经济的长期发展问题，因为这种机制不能预测未来的经济变化，无法掌握复杂的需求结构，而且它的调节具有短期性。因此，必须通过政府的指导性经济计划来解决经济的长期发展问题，这也是某些市场经济国家（如法国）在战后的实际做法。再次，市场机制难以调整和优化产业结构。在现代市场经济条件下，市场垄断对市场机制的破坏以及靠市场调节要付出很高的代价。因此，现代市场经济国家政府干预的一个重要内容是通过制定和实施产业政策来实现产业结构的调整。正是通过财政政策、货币政策、产业政策和经济计划等手段，现代市场经济国家的政府对经济生活加以宏观调控。

3. 外在效应的消除者

外在效应又称外部性或外部经济。按照赫勒（W. Heller）和斯塔雷特（D. A. Starrett）的说法，外部性是指这样一种状况，即个人的效应函数或企业的成本函数不仅依存于其自身所能控制的变量，而且依赖于其他人所能控制的变量，这种依存关系又不受市场交易的影响。外部性有两种，即积极的和消极的（前者如基础研究和教育所产生的外部性，后者如环境污染）。外部性的存在无法通过市场机制来加以解决，政府应当负起这一责任。在现代市场经济国家中，政府通过补贴或直接的公共部门的生产来推进积极外部性的产出；通过直接的管制来限制消极外部性产出，如政府通过行政命令强制性规定特定的污染排放量，企业或个人必须将污染量控制在这一法定水平之下；或者征收排污税。此外，著名经济学家科斯（R.Case）还提出一种将外部性内在化，通过市场机制解决外部性问题的办法，但实行起来存在不少困难。

4. 收入及财产的再分配者

市场经济在解决社会稳定、协调发展方面有明显的局限性，它能较好地解决效率问题，却不能解决好公平问题。一方面，市场经济不可能自动达到社会收入分配的公平和协调，商品交换至多能实现既定分配格局之下的帕累托最优，不能改变现有的收入分配格局；市场经济条件下的机会不均（财产、个人能力和教育程度等的差别）可能带来收入分配不公现象；即使市场作用发挥较好的地方，分配的结果也可能不是按照社会所接受的标准去实现的。因此，现代市场经济国家的政府都力图通过再分配政策及社会保障制度来调节收入及财产的再分配，解决公平以及社会经济战略发展问题。另一方面，市场经济不可能解决全社会范围的失业、养老、工伤事故、医疗保健及扶贫助弱等社会问题，而这些问题又是保证市场经济正常运行的重要条件。收入分配不公以及失业、养老、医疗卫生等社会现象，又影响社会协调发展以及劳动者的积极性，最终也无法提高经济效益。因此，要求政府从全社会的整体利益出发，对各阶层的收入和财产再分配加以调节，建立和健全社会保障体系，保证社会稳定协调发展。

5. 市场秩序的维护者

市场机制容易被破坏，自由放任的市场竞争将导致垄断。市场机制的正常运行以一定的规则和契约关系为前提，一旦这些规则及关系被破坏，市场机制就会失效。因此，市场经济条件下政府的一个基本职能是维护市场秩序，通过立法来保证市场运转，政府充当裁判员，为市场公平竞争创造和维护必要的制度环境。第一，市场机制要发挥作用，需要一整套公认的并能够得以实施的市场行为规则，以明确产权关系，规范市场主体的行为，确保市场交易和市场竞争的公正和效率。这需要政府来建立和健全市场运行所需要的各种法规和制度，并监督其实施，以保证市场机制的正常运转。第二，自由竞争会导致垄断，而垄断将破坏公平竞争的环境，阻碍价格机制在资源配置中的作用。因此，需要政府制定和实施各种反垄断法和反不正当竞争法，并设立相应的机构，创造和维护竞争的市场结构。第三，市场机制的运行以完善的统一市场体系为前提，因此，对于向市场经济体制过渡的国家来说，还必须承担起培育和完善市场体系、加速市场体系发育的职能。

总之，现代市场经济中政府的上述五种角色是市场经济条件下政府基本职能的一般概括，也是市场经济条件下政府的一般行为模式。政府必须根据经济发展的现实情况，扮演好自己的角色，确立好干预的范围及力度，有效地弥补市场缺陷，克服市场失灵，避免政府失败。

21.2.2 政府与市场的关系

在关于国家（政府）和市场的作用以及它们之间关系问题的认识上，存在两种误区：一种是片面夸大国家或政府的作用，认为政府能完全弥补市场缺陷，消除市场失灵，政府能够解决好所有的经济和社会问题（起码是那些市场机制所无法解决的问题），因而主张国家全面干预社会经济生活；另一种是片面夸大市场的作用，认为市场机制本身能够解决好各种经济问题，政府的干预只能使问题恶化，因而反对国家干预，主张自由放任。尽管这两种观点很少以纯粹、极端的形态出现，但具有这两种认识倾向的理论却始终伴随着市场经济的发展，并且在我国目前的现实生活中也有所体现。这两种不正确的观点，对于我国社会主义市场经济体制的建立和完善是有害的，有必要加以简要的批判考察。

关于国家和市场作用的这两种片面的观点各有其根源，它们都建立在某些不正确的假定之上。那种片面强调国家作用的观点基于这样一个假定，即国家或政府及其官员是大公无私、无所不能的。它假定，在私人领域，个人是理性的自利者，追求自身利益的最大化；而在公共领域，国家政府及其官员或政治家则是公共利益的代表，所追求的是公共利益或社会福利的最大化，这种对政府行为动机的理想化假定，再加上政府无所不能的虚假信念，就构造出了一个"万能"的政府：它作为公共物品的提供者，能掌握充分的信息，利用科学的手段制定并实施各项政策，控制经济社会生活，弥补市场缺陷，克服市场失灵，促进社会经济的发展。那种片面强调市场作用的观点则往往基于完善、充分竞争市场的假设之上。

然而，实际上这两种假定都是不能成立的。西方经济学尤其是公共选择理论已经证明，政府及其官员并不是代表公共利益的，它们也是按"经济人"假说行事，即追求自身利益的最大化。政府也不是万能的，政府同样会失败；而且政府失败比市场失败更具毁灭性，政府的不恰当干预不仅不能弥补市场缺陷或消除市场失灵，相反，加剧了市场失灵。造成政府失败的主要原因是：所有的政府行为都不能免受自利动机的影响；在不受市场制约时由自利动机驱使的行为必然导致权力寻租及腐败；不当的干预会瓦解市场；干预妨碍经济自由。同样，完善、充分竞争的市场也是不存在的。20世纪以来，经济学家已对市场的缺陷及市场失灵作了比较充分的研究。市场的缺陷及失灵主要表现在：市场机制不能解决宏观经济总量的平衡和长期的经济增长问题，难以调整和优化产业结构；它不能适应公共物品的有效生产以及外在效应的消除，不能解决收入及财富的公平分配问题，市场机制无法防止垄断，它本身容易受到破坏等。

由此可见，无论是政府还是市场都远非是完善的，它们都有缺陷，都会失灵。因此，即使是在市场经济条件下，处理政府和市场的关系，并不是在纯粹的市场和纯粹的政府中作出抉择，而是在市场机制与政府的某种程度的干预之间的组合中作出选择。考虑到市场的缺陷及市场失灵，必须充分重视政府的作用，让政府在弥补市场缺陷和纠正市场失灵中起到应有的作用，即让政府在保持宏观经济总量平衡及经济长期增长、提供公共物品、消除外在效应、进行收入及财富的再分配和维持市场秩序等方面发挥应有的作用。考虑到政府干预行为的局限性及政府失灵，必须让市场在资源的配置或私人物品的生产和供应上起基础作用，政府只能补充市场机制，而不是取代这种机制；政府应根据市场经济发展的不同阶段以及现实经济运行的状况，确定好干预的内容、范围及手段，使干预保持在恰当的限度之内。换言之，应采取"亲市场"的态度。在这一点上，世界银行1991年的发展报告《发展的挑战》在重新评价政府和市场的作用时作了很好的说明。该报告认为，促进经济发展的过程中，政府和市场起着互补的作用，政府应支持而不是抵制市场的作用。它强调，无论在工业化国家还是发展中国家，经济发展需要政府的调控，但政府最好不要管理经济活动的细节。

对于政府和市场作用的两种片面认识在我国现实生活中也是有所体现的。例如，我国长期实行计划经济，这实际上是一种片面强调国家作用的经济体制，而在向市场经济体制的过渡中，遇到问题总是有人寄希望于政府的干预，习惯性地用计划经济的手段去管理市场经济。另一方面，也有人以西方发达市场经济国家为蓝本，不顾中国当前的实际片面推崇市场作用，贬低甚至否定国家的作用。这些倾向显然对我国在两种体制转换中正确处理好政府和市场的关系是不利的，必须加以澄清和纠正。

21.2.3 政府与企业的关系

在传统计划经济条件下，政府对企业实行包揽一切的"保姆"式的管理，建筑业也不例外。在经济体制改革过程中，建筑业的改革起步较早，1984年就引入市场竞争机制，实行招投标，但是政府职能未彻底转变，将社会管理者职能、资产所有者职能、宏观调控者职能、经营者职能集于一身，导致矛盾重重。社会管理者职能要求社会安定，资产所有者职能要求收益，宏观调控者职能要求综合平衡，经营者职能要求经济效益。这些矛盾冲突已超出政府的协调能力，出现部门林立、条块分割、地方诸侯经济，市长管生产，厂长管社会（职工的衣、食、住、行、生、老、病、死）的错位现象。特别是建筑业生产流动性大，职工及子女的住房、就业、上学、医疗、劳保、退休等问题更多，影响了企业经营职能的发挥。因此转变政府职能，合理界定政府作为社会行政管理者、国有企业产权所有者、宏观调控者职能，就显得十分必要。

政府转变职能，就是要按照政企职责分开的原则，按照宏观管好、微观放开的要求，由原来的直接管理转变为间接管理，不直接干预企业的生产经营管理。企业和政府的关系由原来的行政隶属、依附关系转为政府对企业进行协调、监督、管理和服务的关系。政府对建筑企业的职能和具体作用表现为以下几个方面：

（1）加强宏观调控和行业管理，建立既有利于增强企业活力，又有利于经济有序运行的宏观调控体系。依据国民经济与社会发展战略和产业结构政策，制订建筑业发展规划和产业政策，使建筑生产能力与国民经济建设需求相适应，控制供需总量平衡，防止需求过度或市场过度疲软。运用利率、税率等经济杠杆和价格等经济政策调控市场，引导企业行为。根据产业发展政策和规模效益要求，引导企业组织结构调整，促进建筑业整体素质的提高。加快建筑产品价格改革，建立符合价值规律和市场供求的建筑产品价格形成机制和价格体系。

（2）借鉴国际惯例，建立健全市场运行法规，培育和完善建筑市场体系，为建筑企业公平竞争创造良好的外部条件。打破地区封锁、部门分割，建立全国统一开放的建筑市场，完善建筑市场体系。无论是政府投资的工程，还是企业、社会团体投资的工程，均应开放市场。不仅开放建筑商品市场，还要开放建筑生产要素市场，通过建筑生产要素市场化，完善为建筑生产服务的供应保障体系，完善建筑市场环境。借鉴国际通行准则，建立健全市场运行法规体系。规范承发包双方的行为，保证公平交易、平等竞争，保护交易各方的合法权益，加强市场管理。制止违法经营和不正当竞争，建立健全建筑市场纠纷调解仲裁机构。按照国际惯例，建立工程结算制度和索赔制度。

（3）加强国有资产监督管理，实现国有资产保值增值。

（4）建立和完善社会保障制度，为建筑企业走向市场创造宽松的条件。

（5）为企业提供市场、统计等信息服务。

还需要发挥学会、协会、联合会等组织的作用，使之成为政府和企业之间的桥梁，传达政府的政策意向，反映企业的要求，协调会员企业之间的关系，提供信息服务，在行业内部进行自律性的管理，逐步完善各类专业人员的注册制度。

21.3 我国政府主管机构的任务

政府主管机构不直接参与建筑生产活动，而是对建筑生产实施政府的管理职能。由于建筑产品所具有的特殊性,任何国家的政府机构对建筑产品生产的管理和控制都比对其他行业的更为严格。我国政府主管机构对建筑产品生产的管理必须与发展社会主义市场经济的总要求相适应。既要避免"一管就死"的僵化的经济体制对建筑产品生产领域市场经济发展的不利影响,又要防止出现"一放就乱"的无政府局面,使建筑产品生产陷入无秩序的混乱状态。

政府的职能定位决定了政府主管机构的任务。就建筑市场而言,政府主管机构的任务包括对建筑产品和生产的管理,对建筑市场活动主体(业主、设计机构、施工机构、咨询机构)的监督和管理,以及对建筑业整个行业的管理。当然,还包括建筑业外部环境的协调,如环境保护等。这里,着重阐述前三项任务。

21.3.1 建筑产品和生产的管理

政府主管机构对建筑产品和生产的管理涉及以下三个方面:

1. 建筑产品的规划

这在我国表现为固定资产投资管理,在宏观上是确定固定资产投资规模、方向、结构、速度和效果,在微观上则是对建设项目的审定,包括对项目建议书或可行性研究报告的审批。目前,这一职能归属国家或地方的发展与改革部门(原来属于计划部门)。固定资产投资管理横贯国民经济的各个部门,纵贯国民经济发展的各个时期。但是,固定资产投资所考虑的投资方向(其中一部分表现为建筑产品类型)主要是从国民经济和各部门的发展需要出发,没有或较少考虑建筑业的资源条件,因而并不是建筑业的产品规划;即使充分考虑了建筑业的资源条件,又不能取代建筑业的产品规划。

作为一个独立的物质生产部门,建筑业应当根据本行业的资源条件(生产能力、技术水平、产业结构、发展趋势等),并考虑国民经济各部门的需要,制定自己的产品规划。建筑业的产品规划不仅仅是局限于建筑产品的类型,还要充分考虑产品的生产技术、工艺、同一类建筑产品的升级换代;不仅仅是被动地去适应国民经济各部门对建筑产品的需求,而且要主动地以自己的新产品引导对建筑产品的需求和消费。

建筑产品的规划同时应与国民经济和区域经济发展、城市建设和规划、环境保护、地域条件、人们的物质文化生活乃至风俗习惯等协调发展。

2. 对建筑产品生产过程的监督和管理

对建筑产品生产过程的监督和管理涉及许多方面的问题,如城市规划、环境保护、消防、质量、安全、交通、供水供电等。建筑产品的生产过程,尤其是施工和安装,存在许多不安全因素,安全事故发生概率大且后果严重。建筑产品的质量不仅关系到其使用寿命的长短,投资效益的好坏,而且关系到生产者和使用者的生命财产安全。因此,保证建筑产品质量是一项极其重要和严肃的工作,不允许不合格的建筑产品投入使用,而且必须确保建筑产品在生产过程和使用阶段的安全性和可靠性。为此,政府主管机构必须从社会公众的角度对建筑产品的质量和建筑产品生产过程的安全行使监督职能。

建筑生产的全过程不仅仅是施工和安装，还包括勘察和设计。施工不当引起的建筑产品质量缺陷一般是外在的，比较容易发现；而设计不当引起的建筑产品质量缺陷则往往是内在的，有时短期内不会暴露。因此，不仅要对建筑产品的施工过程进行监督，还要对设计过程及其成果（即设计图纸）进行监督和管理。例如，联邦德国规定，在技术设计完成后，还要专门做审批设计（由表18-5可以看出，这是一个独立的设计阶段，其工作量与初步设计相近），经政府主管机构审批后方能做施工图设计；还建立了结构计算和设计的审核制度，专设结构审核工程师负责审核。我国也从20世纪末开始实行施工图审查制度，审查的主要内容包括：①建筑物的稳定性、安全性，包括地基基础和主体结构是否安全、可靠；②是否符合消防、节能、环保、抗震、卫生、人防等强制性标准、规范；③施工图是否达到规定的深度要求；④是否损害公众利益。实践证明，这一制度是必要的，已取得明显的效果。但也存在着一些问题，如施工图审核机构的定位问题（市场化还是行政化）。

3. 对建筑产品生产信息的管理

实现这一任务的重要基础就是统计工作。建筑业统计是运用统计原理和方法，收集、整理和分析建筑生产经营活动总体数量资料的业务活动。其对象包括勘察设计工作、施工前准备工作、建筑施工、设备和管道安装、现有房屋建筑和构筑物的维修与翻新等建筑生产经营活动的数量表现及数量关系。

建筑业统计的任务在于准确、及时、全面、系统地收集、整理、分析建筑生产经营活动的统计资料，反映建筑经济活动的状况，从而揭示其发展变化的规律和趋势，并对计划执行情况进行统计检查和监督。这一方面是政府主管机构更好地行使管理职能的需要，为编制规划和制定政策提供依据；另一方面也体现政府主管机构的服务职能，利用政府机构的权威统计的资料，一般均比较准确和可靠，可以为企业管理、科学研究提供依据。

建筑业统计资料主要是通过统计报表取得，有定期报表、重点调查、抽样调查、典型调查和普查等多种方式。国家统计局制定有建筑业统计报表制度，建筑业主管部门和地区统计局结合实际工作情况和需要制定补充报表制度。

需要指出，统计工作虽然是建筑产品生产信息管理的重要内容，但并不能完全满足其需要。这是因为，上述统计工作周期较长，大多数统计资料是按年统计。另外，统计报表和指标的设置主要是从政府机构管理的需要出发，较少考虑建筑生产单位的实际需要。由于建筑产品的固定性及固定资产投资的计划性，建筑生产单位对建筑产品生产的有关信息的了解难免有一定的局限性。为了更好地体现政府主管机构的服务职能，引导企业更有效地从事建筑生产，政府主管机构有必要及时地向建筑生产单位提供建筑产品生产的有关信息，如列入计划的近期建设项目、本地现有的建筑企业数和职工人数、建筑产品的价格指数、各种主要建筑材料的价格指数（价格指数也可以由行业协会或学会发布）等。提供信息的周期应尽可能地短，经济发达国家一般定期（每季、月或周）公布建筑产品价格指数（有的还按建筑产品的类型分别公布）和主要建筑材料的价格指数。当然，所有信息都是通过统计得到的，与法定的统计工作的不同在于，对建筑生产单位来说，其越及时，应用价值就越高。

在信息化时代，我国建筑市场的信息化程度亟待提高，许多数据、信息和资料难以查找，不同部门的统计数据差异有时还比较大，而且政府部门投资开发的信息资源有相当部分需要由私人出资购买，更有许多执法检查的信息作为保密材料，不对外公开。以上都需要进一步改革和完善。

4. 城建档案管理

城建档案管理是政府主管部门的重要任务之一。城市基建档案是城市建设的历史记录，是城市规划、建设、管理、维修工作的依据。1980 年全国科技档案工作会议召开，国务院要求"大、中城市要以城市为单位，由市人民政府主管城建工作的领导人主持，由市建委或城建、规划部门成立城市基建档案馆，集中统一管理城市基建档案"。当时的国家建委、国家城建总局发出"关于加强城市基本建设档案工作的通知"，要求各级建委和城建部门要重视这一工作，把城市基建档案的形成、积累、修改、补充等作为城市基建管理的重要组成部分。

基本建设项目的档案资料是指在整个工程建设过程中形成的，应当归档保存的各种文件材料。包括从建设项目的提出到竣工投产、交付使用全过程中形成的文字材料、图纸、图表、计算材料、照片、影像、磁带等。它是工程建设及竣工投产、交付使用的必备条件，是对工程进行检查、维护、管理、使用、改建、扩建的依据和凭证。

1997 年 12 月 23 日建设部令第 61 号发布《城市建设档案管理规定》，2001 年又进行了部分修改。其中规定，国务院建设行政主管部门负责全国城建档案管理工作，业务上受国家档案部门的监督、指导。县级以上地方人民政府建设行政主管部门负责本行政区域内的城建档案管理工作，业务上受同级档案部门的监督、指导。城市的建设行政主管部门应当设置城建档案工作管理机构或者配备城建档案管理人员，负责全市城建档案工作。城市的建设行政主管部门也可以委托城建档案馆负责城建档案工作的日常管理工作。城建档案馆重点管理下列档案资料：1）各类城市建设工程档案：工业、民用建筑工程；市政基础设施工程；公用基础设施工程；交通基础设施工程；园林建设、风景名胜建设工程；市容环境卫生设施建设工程；城市防洪、抗震、人防工程；军事工程档案资料中，除军事禁区和军事管理区以外的穿越市区的地下管线走向和有关隐蔽工程的位置图。2）建设系统各专业管理部门（包括城市规划、勘测、设计、施工、监理、园林、风景名胜、环卫、市政、公用、房地产管理、人防等部门）形成的业务管理和业务技术档案。3）有关城市规划、建设及其管理的方针、政策、法规、计划方面的文件、科学研究成果和城市历史、自然、经济等方面的基础资料。

当前，城建档案管理仍然存在不少问题，表现在：一是资料不完整。如有些工程项目竣工后没有工程资料或只有工程主体档案，没有配套的工程档案，地下管线、园林绿化资料等寥寥无几。二是书写不规范。原始资料的方案往往字迹潦草，使用不规范的汉字，甚至还有错别字，而且方案修改后不加盖单位公章或没有修改人签字的情况屡见不鲜，给后期竣工资料整编工作带来了极大的困难。三是内容不真实。资料盖章混乱，单位公章、财务专用章、法人章混用、滥用。代签现象严重，有关工程技术管理人员不在，其他人就模仿其笔迹进行签字；监理单位的工作人员不愿签字，施工单位就代其签字。日期错误，如2014年的资料会出现2012年的时间，甚至2015年的时间；还有的根本不写年月日，存在明显的疏漏。

要解决工程资料管理中存在的一系列问题，还需要政府相关部门严格自律、政府管理部门严格把关、各参建单位高度重视。对于政府管理部门和工程质量管理机构来说，一方面，要加大对工程资料的宣传力度，强化各参建单位对工程资料重要性的认识；另一方面，要加大对工程技术人员档案知识的培训和对资料员工程专业知识的培训力度，培养一批既懂档案又懂技术的工程资料管理骨干，在面对外界种种压力时守住职业底线，严把工程资料审查关，对工程资料不符合标准规定的工程，不应办理工程竣工验收备案手续。

21.3.2 建筑市场活动主体的监督和管理

1. 对专业从业人员的执业资格管理

执业资格是政府对某些责任较大、社会通用性强、关系公共利益的专业技术工作实行的市场准入控制，是专业技术人员独立开业或独立从事某种专业技术工作所必备的学识、技术和能力标准。我国按照有利于国家经济发展、得到社会公认、具有国际可比性、事关社会公共利益等四项原则，在涉及国家、人民生命财产安全的专业技术工作领域，实行专业技术人员执业资格制度。

建筑业是实行专业技术人员执业资格种类最多的行业。我国参照国际惯例，对从事工程设计、咨询服务、施工项目管理的专业人员，如规划师、建筑师、结构工程师、土木工程师、监理工程师、造价工程师、建造师等，实行注册制度。这些专业人员只有经过全国统一考试合格，才能取得相应的执业资格，并经注册后方可从事相应的专业工作。

需要说明的是，国际上的各种执业资格考试和注册一般是由专业协会或学会来负责，并不是由政府直接进行管理。我国这方面的工作也在逐步由政府向专业协会（学会）转移。

2. 对设计机构、施工机构和咨询机构的资质管理

在这方面，主要是根据生产对象和经营目标、拥有的固定资产和流动资金的数量、组织机构的设置和经营管理人员的配置、各种专业人员的数量和比例、职工人数的多少和技术水平等方面的情况，对相关机构的资质进行审批，确定资质等级，并规定相应的生产和经营范围。在这些机构获得开业批准、依法登记、具有法人资格后，还可根据实

际的生产和经营情况，定期或不定期地重新评定资质等级。

值得指出的是，在加入 WTO 后，我国建筑业的政府管理职能逐步发生变化。在欧美经济发达国家，一般不对与建筑生产直接有关的机构进行资质管理（在具体工程上，主要是依据这些机构的专业经历和所拥有的专业人员来决定其是否有资格参与该工程有关的相应工作），只对专业人员进行资格管理。

近年来，我国建筑业资质管理的弊端越来越突出，已经越来越不适应市场经济和建筑业发展的需要，政府主管部门已经提出改革方向，将逐步弱化单位资质审批，强化个人执业资格监管，最终将全面取消单位资质审批制度。

3. 对设计机构、施工机构和咨询机构的生产和经营行为的监督

在这方面，主要是检查这些机构的任务类型是否与其资质、规定的生产和经营范围相一致，其生产和经营活动是否符合国家和地方的法律、条例、规章、技术规范等方面的要求。例如，对设计机构来说，不得无证设计、越级设计、转让设计"图章"或随意进行设计转包和分包；设计机构必须拥有与设计任务相适应的专业设计人员；不得与有关的材料或设备生产单位或供应单位有生产或经营上的经济关系等。对于施工机构来说，不得无照施工、越级施工、转让施工执照或随意进行施工转包和分包；不得暗中串通、哄抬投标价；必须按图施工，不得随意修改设计图纸；不得偷工减料、违章操作等。对于咨询机构来说，不得从事咨询工作以外的其他生产和经营活动；不得与施工单位、材料或设备生产单位或供应单位有生产或经营上的经济关系；不得在同一个项目上既为业主服务又为承包方服务，等等。

4. 对业主（建设单位）建设行为的监督和管理

在现代社会，业主的建设行为也必须置于政府的严格管理和控制之下。在市场经济条件下，政府主管机构一般不直接干预企业和个人业主的投资行为和资金使用活动。当政府或国有单位作为业主时，容易出现忽视投资效益、资金运用不当的情况，应予以特别的规定或限制，如应该采用的招标方式、承包价格的形式和构成、项目实施过程中的管理等。

我国的基本建设程序具有相当的法定性，包括从项目建议书到竣工验收乃至项目后评价各阶段的种种规定，其中有许多规定是针对业主建设行为的。例如，项目审批制度、项目环境评价制度、项目法人责任制度、项目报建制度、施工许可制度、竣工验收制度等。在这些方面，不仅明确规定了业主必须或应当采取的规范行为，而且规定了业主的禁止行为和相应的法律责任。

在项目实施阶段，我国政府主管机构对建设单位建设行为的监督和管理实行审计制度。审计制度是依据国家的固定资产投资管理制度和财经法规，对建设单位在项目建设过程中经济活动的真实性、合法性、效益性进行审查，以评价、鉴证、监督建设单位与国家、施工单位和其他经济组织之间经济责任的履行。例如，建设资金来源是否正当，是否符合国家规定，资金运用内容是否与项目审批内容相一致，实际建设内容与项目审

批内容是否一致，等等。审计分开工前审计、竣工后审计、建设过程中审计等，是阶段性的工作。审计工作由专门的审计机构完成，代表政府主管机构，具有权威性。审计制度的目的在于管好用好国家投资，更好地发挥投资效益。

21.3.3 行业管理

对于我国建筑业来说，要真正实行行业管理，必须首先区分固定资产投资管理与建筑业行业管理的界限。固定资产投资活动的管理，其主要职能是合理规划固定资产投资的规模、方向、结构、效益以及合理确定具体的建设项目，并对投资活动进行相关的控制和监督，工作阶段的重点在建设项目的决策阶段，工作内容属买方经济的范畴，工作实质是将投资转化为固定资产的经济活动。固定资产投资管理的职能应由国家和地方的发展和改革部门履行。建筑业行业管理的职能应由主管建筑业的政府机构履行，其工作内容属卖方经济的范畴，工作阶段在建设项目的实施阶段。只有严格区分二者的界限，并做到各司其职、各负其责，才谈得上建筑业的行业管理。当然，这二者之间又有着密切的联系，只有保证政策上、制度上的连续性、协调性和系统性，才能促进建筑业的行业管理。在我国，尤其要注意避免以前者取代后者的倾向。

1. 中央政府主管机构的行业管理

全国建筑行业主管部门的主要任务在于统一制定有关的法律、行政法规、部门规章、方针、政策、标准、规范等。具体来说，制定对建筑产品及生产的管理、对建筑市场活动主体监督和管理所需要的法律、行政法规、部门规章。需要说明的是，这方面的法律是由全国人大制定并颁布，如《中华人民共和国建筑法》；行政法规是由国务院制定并颁布，如《建设工程质量管理条例》，一般都是由全国建筑行业主管部门起草送审的；还要制定建筑业的总体发展规划，规划建筑生产力的合理布局，正确引导建筑生产社会化各种形式的发展；制定合理可行的产业技术政策，促进建筑生产工业化的发展和技术进步；制定适当的政策和制度，引导建筑企业的规模结构向合理化方向发展等。此外，为了更好地进行建筑业的行业管理，还需要协调与财政、税务、价格、信贷、劳动工资、物资供应、工商管理等主管部门之间的关系，使建筑业的运行机制与整个国民经济的运行机制相协调。

2. 地方各级政府主管机构的行业管理

由于建筑产品的固定性和分散性，建筑生产活动的分布范围极广。因此，要进行建筑业的行业管理，除中央一级的主管部门外，还必须在地方各级政府中成立面向全行业的管理机构，如建设厅、建委或建管局等。地方各级政府行业主管机构的主要任务，一方面在于根据各地的具体情况，将中央主管机构制定的法律、行政法规、部门规章等具体化，使其更具有实用性和可操作性，用以指导具体的管理工作；另一方面，在于具体执行管理职能和服务职能。为此，地方政府主管机构也需要区分立法机构和执法机构，理顺各种管理关系，在建筑生产领域内真正做到有法可依、违法必究。这里所说的"法"，并不是严格意义上的"法",而是包括法律、行政法规、部门规章、规范、职业道德规范等在内的,约束建筑生产活动及其主体行为的所有"法则"。

在地方各级政府中,中心城市的建筑行业主管机构占有特别重要的地位。根据我国经济结构的特点,所谓中心城市,是指经济发达和比较发达的大中城市,它们是建筑生产活动相对集中的重要场所,对各类勘察、设计、施工和咨询等机构有较强的吸引力,有相对稳定的、管理和技术水平均较高的队伍,对邻近的中小城市和乡镇的建筑生产活动起着示范和指导作用,在一定程度上体现了建筑生产社会化、工业化和技术进步的发展方向。因此,以中心城市为依托建立地方各级政府的建筑业行业管理网络就显得很有必要。

3. 行业协会的行业管理

首先应说明,行业协会的行业管理不属于政府主管机构的任务。但是就行业管理的内容而言,这部分内容是不可或缺的,与政府主管机构的行业管理有着密切的联系,形成有机的统一。

实行建筑业的行业管理,单靠政府主管机构尚嫌不够,还需要借助建筑业自身的力量,需要组建建筑业行业协会或联合会。建筑业行业协会或联合会一般按专业组建,如中国建筑业协会(实际是建筑企业的行业协会)、中国建设监理协会、中国建设工程造价管理协会等。行业协会或联合会是全行业同类专业单位自愿联合组成的群众性的社会团体,既不与政府争权,也不与企业争利,而是充当政府与企业之间的桥梁和纽带;在一定程度上代表企业的利益,反映企业的愿望,并为企业服务,但不谋求自身的经济利益。与发达国家相比,我国的建筑业管理仍然以政府管理为主,行业协会(学会)和第三方机构等的作用还比较小,这种状况反映了政府在建筑业管理体系中的强势地位。行业协会基本上是体制内的组织,经由政府转变职能,由政府相关主管部门组建而成,实际上代表的是政府和各大国有企业的利益,尚无法发挥行业协会应有的行业自律、协调、服务职能,普遍存在带有行政色彩、经费不足、作用发挥不明显、认同度低等问题,从而与发达国家行业协会在法律地位、组织机构、作用和职能、领导体制、经费来源等方面都有很大差异。

行业协会组织不是行政管理组织,更不是政府职能的延伸和扩大,但可在建筑市场监管中发挥作用,包括参与、协助建筑市场相关的立法工作;基于政府委托,组织制定技术标准、规范及合同标准文本;组织行业专业人士的资格评定、认证工作,并为市场主体提供专业咨询工作,组织专业人士的培训工作;作为纽带传递信息,协调市场主体与政府之间的关系。建筑业各专业领域的职业道德规范往往由专业协会或联合会根据本专业的特点分别制定。

21.4 我国建筑市场监管的现状和发展展望

当前我国建筑市场还有许多问题,这与许多因素有关,其中市场监管体制、法制和机制尚不完善是一个重要的关键因素。

21.4.1 我国建筑市场监管的现状

经过多年的培育和发展，我国建筑市场逐渐发展壮大，但还未达到市场运行的理想状态。根据多方调研，从市场监管的角度分析，主要存在以下问题：

1. 监管法治尚不健全

建筑市场的法规体系不够健全，部分法规条款针对的市场主体、市场行为不明确，对于禁止行为的规定不具体，缺乏可操作性。例如，《建筑法》中规定的禁止肢解发包问题一直饱受争议；各省出台的《建筑市场管理办法》中对施工企业的规定最为重视，环节清晰、处罚明确，但对建筑市场其他主体的规制相对宽松，造成市场主体规制不平等，尤其是对业主方缺乏有效的规制手段；此外，监管法规体系以行政法规和部门规章为主，相互之间欠缺良好的衔接，不能形成合理、有效的法规体系。

建筑市场监管的立法相对滞后。随着工程建设模式和市场交易方式的不断发展和变化，需要不断建设和完善相关法规，但法规的立法程序复杂，涉及面广，工程量大，造成立法滞后，跟不上建筑市场的发展步伐和需要。

法规的落实存在不少真空地带。部分法规制定时没有进行广泛的调查，内容脱离实际，难以实施；某些立法触及利益群体，造成利益集团与政府的博弈，阻碍法规推行。如此种种，造成立法与实际执法中存在真空带，没有实现预期的监管效果。

2. 监管体制仍需加强

监管能力与职责不相匹配，有法不依、执法不严情况比较突出。建筑市场监管层次多，一些政府机构人员通过公务员考试选拔，部分人员的专业背景不强，专业素质不高，"官本位"价值取向偏颇，机构监管能力与职责不相匹配。与企业、个人一样，监管主体也是"理性经济人"，同样会追求私利，以个人利益最大化而不是公共利益最大化为目标，如果缺乏针对监管者的监督和约束，极易引发监管部门产生"设租、创租"现象，导致市场主体"被寻租"。与发达国家建筑业监管的严格执法尚有不少差距。

政出多门，多头监管，监管效率较低。我国建筑市场以职能划分管理部门，多头管理，导致权力分割。建设行政主管部门的各个处室根据自己的任务分工和职能分工，通常只从事特定的工作，只对自己的业务范围负责。不同处室之间缺乏沟通协调，导致各个处室的工作目标与整体目标有某种程度上的不一致。长期独立工作造成各个处室之间存在着不透明的"界面"，使得一个完整的建设过程或者脱节不能顺利搭接，或者重叠导致操作混乱。各部门缺乏有效配合，不能实现对工程建设全过程、全方位联动监管。

行业协会作用未发挥。我国建筑市场监管由政府相关部门主导，政府占据强势地位，非政府组织的参与不足，行业协会发挥作用较小。许多建筑行业协会和学会，尽管具备专业背景和会员监管能力，但存在机构不健全、认同度低、行业覆盖面不够，且存在重复建设等问题，同时受到领导体制不顺、经济实力薄弱、社会保障不到位等因素影响，没有发挥应有的行业自律、协调和服务职能。

监管边界不明。政府监管存在"缺位"与"越位"并存的现象，其具体表现为：

①关乎公众利益的质量、安全、卫生、环境保护、政府投资工程等必须由政府进行监管，例如，影响公共安全的山体滑坡、危旧房的监测、治理、预报，关系公共卫生的建筑废弃物处理、建筑设计标准等，政府监管在某些方面没有全面覆盖或监管不到位。

②依据现行的规章和文件，建设行政主管部门管理的事务过多，而且监管内容不断增加，导致政府监管越位严重，如对招标投标、发包方式的监管等，也使得政府监管任务极为繁重，监管工作量过大，结果是不能实现监管到位，最终造成事实上的监管缺位。

③对于某些特殊工程，如政府投资工程、市政工程、各类开发区工程、村镇建设工程等，执法难度大，存在"不能管、不敢管、管不了"的现象。

3. 信息化手段的研究与应用滞后

根据"信息不对称理论"，信息不对称是普遍存在的，可使交易双方中的一方受益，另一方受损。因此，监管的目的之一即是消除信息不对称及其影响。

解决这一问题的办法之一是通过信息化手段，建立完备的建筑市场信息系统，使市场机制发挥作用。我国建筑市场监管信息化系统不健全，各部门、各系统之间信息不共享，不连通；多种原因导致研究兴趣不高，应用层次低，不能形成健康、积极、权威的信息流转渠道，极大阻碍了发布信息的权威性、更新的及时性、流通性；同时由于缺乏有效的信息管理措施，导致"内幕消息"满天飞，引发市场竞争的不公。

4. 监管效益与成本失衡

目前我国建筑市场监管的特点是"统分结合"，即"统一规则、分别监管"，各相关部门根据《建筑法》《招标投标法》《建设工程质量管理条例》《建设工程安全管理条例》等基本制度，分别对各类专业工程进行监督管理，分阶段、分主体监管的特色突出，众多的监管制度和监管主体带来很大的制度执行成本。就房屋建筑工程而言，涉及项目立项审批（核准、备案）、规划审批、施工许可、施工质量监督、消防验收、人防验收、防雷验收、燃气验收、竣工验收备案、竣工资料城建档案验收等10多项审批，增加了执行成本。另外，监管机构存在管理任务繁重，管理幅度过大的问题，但人员编制有限，只能通过增加管理层次、权力下放、分散决策来解决。但随着管理层次的增加，出现信息传递速度慢，失真大等缺点，同时造成监管成本大大增加。尽管如此，政府监管产生的效益与投入不对等，监管措施的效果不理想，也难以量化。这种效益与成本的不均衡，影响了政府的监管效率和公信力，造成恶性循环，最后导致监管失效。

总之，我国建筑市场监管存在的问题和成因非常复杂，有待于进一步的创新和发展，有待于进一步研究和完善。

21.4.2 我国建筑市场监管的发展展望

改革开放40多年来，我国建筑业发生了天翻地覆的变化，为国家建设和国民经济发展作出了巨大贡献，建筑市场监管也采取了许多改革措施，在很多方面取得了巨大的成就，保障了建筑业的健康发展。但不容回避的是，工程建设领域中的问题也非常突出，其后果是相当严重的，行业内要求进一步改革的呼声很高，在许多方面有进一步改革的必要。

2017年2月24日，国务院办公厅发布了《关于促进建筑业持续健康发展的意见》（国办发〔2017〕19号，以下简称《意见》）。该《意见》为我国新时期建筑业发展指明了前进方向，是未来若干年建筑业改革和发展的纲领性指导性文件，也将是建筑业发展史上的一个重要里程碑。是继1984年之后，时隔30多年，国务院再次从国家层面提出的建筑业改革发展的方向和思路。

《意见》对建筑业改革发展作出了系统设计，分别从深化建筑业简政放权改革、完善工程建设组织模式、加强工程质量安全管理、优化建筑市场环境、提高从业人员素质、推进建筑产业现代化、加快建筑业企业"走出去"等七个方面提出了20条措施，这些措施涉及建筑业改革的各个方面，同时也致力于解决基本建设管理中的各个问题，对促进建筑业持续健康发展具有重要意义。

1. 深化建筑业简政放权

简政放权，是要加快完善体制机制，创建适应建筑业发展需要的建筑市场环境，进一步激发市场活力和社会创造力。深化建筑业简政放权改革的主要内容是优化资质资格管理，完善招标投标制度等。

我国建筑领域"放管服"不到位，行政审批事项过繁，审批时间长，企业资质过细、强制招投标工程范围过宽等，影响了整体效率，参建各方苦不堪言。

我国建筑企业资质被人为分割，分级分类过多过细。如设计分为21个行业共150多个专业资质，施工分为12个总承包和36个专业承包资质，工程监理分为14个专业资质。建筑企业需要耗费大量人力、物力、财力去申请各种资质，分散了企业精力，影响了企业效率，有的还要到社会上购买"有证"人员，导致大量"挂靠"现象产生。优化资质资格管理，是要改革建筑市场准入制度，改变重企业资质的行业监管方式，发挥市场配置资源的决定性作用和更好地发挥政府的作用，处理好市场和政府的关系，减少政府对市场经济活动的直接干预，建立完善以信用体系、工程担保为市场基础，弱化企业资质，强化个人执业资格管理的制度。资质资格管理的变化，有利于破除对企业资质等级的迷信，同时也能更好地发挥市场的作用，鼓励市场竞争。

改革开放以来，工程招投标制度的建立健全客观上推动了我国工程建设管理体制改革，促进了工程建设管理水平的提高和建筑业的发展。但是，招投标制度设计和监管体制建设相对滞后，招投标过程中暴露出许多薄弱环节，严重制约行业的健康持续发展。强制招投标的工程范围过宽，政府投资工程和社会投资工程，大型工程和小型工程都要招投标。在西方国家，政府投资工程必须招标，非政府投资工程，业主有自行选择承包方的权利，可以用任何方式选择。我国招投标方式单一、程序繁琐、耗费时间长，大大影响了工程进度,也影响了投资效率,增加了交易成本。《意见》将招投标改革作为深入推进建筑业"放管服"改革的重要任务,要缩小必须招标的工程建设项目范围,让建设单位自主决定发包方式,充分尊重市场主体意愿,体现"谁投资、谁决策"的理念。

2. 加强工程质量安全管理

加强工程质量安全管理的主要内容是严格落实工程质量责任、加强安全生产管理、全面提高监管水平。改革开放以来,我国工程质量整体水平不断提高,但是,工程质量监管仍存在一些问题和不足,不能完全适应经济社会发展的新要求和人民群众对工程质量的更高期盼。

严格落实工程质量责任,强化建设单位的首要责任和勘察、设计、施工单位的主体责任,保证参建各方的责任终身可追溯,把责任转化为参建各方的内在动力。要进一步加大对工程质量安全违法违规行为的处罚力度,特别是要加大在从业限制、信用惩戒以及法律责任方面的处罚力度,提高违法成本,形成强大震慑。

加强安全生产管理,全面落实安全生产责任。一要督促工程建设、施工、监理等企业按照有关规定,认真贯彻落实建筑工程安全防护、文明施工措施费的提取管理使用制度,加大施工现场安全生产投入,购置和更新施工安全防护用具及设施,加强施工现场安全防护水平,保障施工作业人员的作业条件和生活环境。二要积极应用现代信息化技术,提升信息化技术与建筑施工安全生产融合度。三要加强建筑安全生产诚信体系建设。建立健全建筑施工安全生产不良信用记录及安全生产"黑名单"等制度,完善诚信奖惩机制和配套措施,切实增强全行业的诚信意识,促进工程建设各方主体自觉规范安全生产行为,有效遏制建筑施工生产安全事故发生,切实保障人民生命财产安全。

全面提高监管水平,强化政府对工程质量安全的监管,提升工程质量安全水平。《意见》突出了政府质量监管的地位。政府是人民群众利益的代表,理应强化政府对工程质量的监管力度。要强化事中事后监管,加大对工程建设过程的抽查力度。《意见》提出创新政府监管和购买社会服务相结合的监管模式,除加强政府对工程质量的监管之外,还可以通过购买社会服务的方式弥补政府监管力量的不足,逐步实现由"行政手段干预工程质量"的管理模式向"市场机制调节工程质量"的全新模式转变。

3. 优化建筑市场环境

优化建筑市场环境的主要内容是建立统一开放的市场,加强承包履约管理、规范工程价款结算。

建立统一开放市场,充分发挥市场机制的作用。《意见》提出,要打破区域市场准入壁垒,取消各地区、各行业在法律、行政法规和国务院规定外对建筑业企业设置的不合理准入条件。目前,我国统一的建筑市场尚未形成,区域门槛过多。有些地区对外地企业设置了很多不合理条件。据统计,全国约有一半以上省市明确要求外地企业在本地区承揽业务必须设立分公司或子公司。这不仅增加了企业管理链条和成本,而且工程一旦完工,分公司、子公司的注销程序非常复杂,人员安置也存在困难。除此之外,许多地区设置了工程建设类保证金，多达 24 种。

加强承包履约管理，规范建筑市场主体行为。《意见》明确，要引导承包企业以银行保函或担保公司保函的形式，向建设单位提供履约担保。建立承包商履约担保和业主工程款支付担保等制度，用经济手段约束合同双方的履约行为。要充分运用信息化手段，完善全国统一的建筑市场诚信信息平台，为社会各方所用，营造"守信得偿，失信惩戒""一处违规，处处受限"的市场信用环境。

规范工程价款结算，通过经济和法律手段预防拖欠工程款。长期以来，工程款拖欠普遍存在。统计数据显示，2016 年 1~11 月，建筑业特级和一级企业应收工程款达 24318 亿元，比上年同期增长了 11.7%。工程款拖欠时间一般在 1~3 年，个别甚至长达 10 年以上。政府投资项目工程款的拖欠，极大地损害了政府公信力。工程款拖欠的原因之一是，政府投资工程以审计结果作为工程结算依据，由审计来决定工程造价，而不是依据合同，通过市场机制决定工程造价，有的甚至故意拖延审计时间，使之成为工程款拖欠的"合法"理由。《意见》明确，建设单位不得将未完成审计作为延期工程结算、拖欠工程款的理由；未完成竣工结算的项目，有关部门不予办理产权登记。对长期拖欠工程款的单位不得批准新项目开工。通过执行工程预付款制度和业主支付担保制度等约束建设单位行为，预防拖欠工程款。

4. 提高从业人员素质

提高从业人员素质的主要内容是加快培养建筑人才、改革建筑用工制度、全面落实劳动合同制度。

当前我国建筑用工体制机制不合理，劳务分包方式积弊甚深。20 世纪 80 年代建筑业实施管理层与作业层"两层分离"以来，建筑工人几乎全部来自农民工，亦工亦农，多数没有经过必要的从业常识和职业技能培训，业务素质不高，质量安全意识淡薄。据统计，截至 2016 年底，经技能鉴定机构鉴定取得中级工以上证书的工人约 150 万，占建筑业农民工总数的 2.6%。极不合理的用工方式，导致施工企业基本没有骨干工人，形成不了专业化工人队伍。所谓劳务企业只是"中介"和"皮包公司"，平常不养工人，接到工程时再到社会上招聘"散兵游勇"，既不与工人签合同、交社保，又不组织培训。"八级工"制度取消后，薪酬待遇与技能水平不挂钩，工人缺乏参加技能培训、提高技能水平的动力。此外，由于务工人员流动性较大，施工企业不愿意投入技能培训和教育，用工不养工，对工人培训没有积极性。符合建筑业特点的职业技能培训鉴定体制机制不完善，制约了建筑工人技能水平提升。可以说，建筑业几乎没有产业工人和技术工人。

在经济发达国家和地区，普遍设立建筑工人就业准入制度，建筑工人全员持证上岗，如新加坡的《外国工人雇佣法案》和我国香港地区的《建造业工人注册条例》等。除有完善的建筑劳务用工制度外，发达国家和地区还有较为完善的建筑工人职业培训体系，如新加坡和我国香港地区，均是由政府组织对建筑工人的培训与考核，并确保有稳定的培训经费来源。新加坡建设局通过设立海外考培中心和本地考培中心，分别负责 SEC（K）

考试和技能提升培训与考核工作；我国香港地区则是由建造业训练委员会全面负责建筑工人技能培训与鉴定工作。要从根本上提高工程质量和施工安全生产管理水平，必须大力提升建筑产业发展水平和从业人员素质，重新培育产业工人。

《意见》提出，要加快培养建筑人才，提高建筑工人素质，大力弘扬工匠精神，培养高素质建筑工人，培育现代建筑产业工人队伍。《意见》明确了提高建筑工人技能水平的管理体制和机制，明确了政府部门的管理责任，包括建立建筑工人职业基础技能培训制度、职业技能鉴定制度、统一的职业技能标准；发展建筑工人职业技能鉴定机构，开展建筑工人技能评价工作，引导企业将工人技能与薪酬待遇挂钩等，这些都符合国际上经济发达国家和地区的通行做法，是提高工程质量和保证安全生产的非常重要的基础性工作。

改革建筑用工制度，推动实名制管理，落实劳动合同制度，规范工资支付。建立健全与建筑业相适应的社会保险参保缴费方式，保护工人合法权益。

综上所述，《意见》围绕建筑市场秩序和工程质量安全问题，深化建筑业管理体制机制改革，有助于深化政府职能转变，简政放权，提升政府服务水平；推进市场化改革，释放市场活力，发挥市场配置资源的决定作用；维护和优化建筑市场环境，提高工程质量安全水平；按国际惯例，推动项目组织实施方式创新；提升建筑业从业人员素质，提高中国建筑业竞争力。

可以预见，《意见》的逐步落实必将对建筑业持续健康发展起到巨大推动作用，使建筑业的支柱地位更加突显，为国民经济社会发展作出更大贡献。

思考题

1. 简述政府监管的含义。
2. 政府的基本职能是什么？
3. 简述政府与市场的关系。
4. 简述政府与企业的关系。
5. 试对政府主管机构的任务作较全面的阐述。
6. 行业协会在行业管理中可以发挥哪些作用？
7. 我国建筑市场监管的发展展望是怎样的？

参考文献

1. Brigham E F, Pappas J L. Managerial Economics. The Dryden Press, 1976.
2. Briscoe G. The Economics of the Construction Industry. Mitchell Publishing Company Limited, 1991.
3. Dress G, Bahner A. Kalkulation von Baupreisen. Bauverlag, 1988.
4. Ebisch H, Gottschalk J. Preise und Preisprüfungen. Verlag Vahlen, 1987.
5. Guiltionan J P, Paul G W. Marketing Management. McGraw-Hill, Inc, 1982.
6. Kröner U E. Grundlangen der Bauwirtschaft. Technische Universität Braun-schweig, 1987.
7. Krug K E. Wirtschaftliche Instandhaltung van Wohngebauden durch methodische Inspektion and Instandsetzungsplanung. Technische Universität Braun-schweig, 1985.
8. Pfarr K. Grundlagen Der Bauwirtschaft. Deutscher Consulting Verlag, 1984.
9. Pfarr K. Handbuch der kostenbewußten Bauplanung. Deutscher Consulting Ver-lag, 1976.
10. Plümeche K. Preisermittlung für Bauarbeiten. Verlagsgesellschaft Rudolf Müller GmbH, 1989.
11. Sager R. Die Bewertung der Investitions-, Betridbs-und Bauunterhaltungskosten von Gebäuden. Technische Universität Braunschweig, 1979.
12. Smith W L. Macroeconomics. Richard D. Ikwin, Inc, 1970.
13. Stone P A. Building Economy. Pergamon Press, 1983.
14. Toffel R F. Baubetriebswirtschaftslehre. Technische Universität Braunschweig, 1987.
15. 厉以宁. 简明西方经济学 [M]. 北京：经济科学出版社, 1985.
16. 白瑛. 建筑经济学 [M]. 北京：经济科学出版社, 1986.
17. I.H. 西利. 建筑经济学 [M]. 张琰等，译. 北京：中国建筑工业出版社, 1985.
18. Б. Я. 伊昂纳斯. 基本建设经济学[M]. 郑禄, 唐慕文, 译. 北京: 中国人民大学出版社, 1985.
19. 谷重雄. 建筑经济学 [M]. 王岫等，译. 长春：吉林人民出版社, 1988.
20. 金敏求. 建设项目管理学 [M]. 北京：中国建筑工业出版社, 1988.
21. 金敏求，张蓓真. 建筑经济学 [M]. 北京：中国建筑工业出版社, 1994.

22. 张振怀．建筑工程技术经济[M]．杭州：浙江大学出版社，1988．

23. 杨振郷，冯世崇．简明市场学[M]．广州：广东人民出版社，1984．

24. 钱伯海．国民经济学[M]．北京：中国财政经济出版社，1986．

25. 高秉坤．城市房地产经济学[M]．武汉：华中师范大学出版社，1986．

26. 黄渝祥，邢爱芳．工程经济学[M]．上海：同济大学出版社，1985．

27. 蒋兆祖，刘国冬．国际工程咨询[M]．北京：中国建筑工业出版社，1996．

28. 雷仲簏．建筑业经济学[M]．上海：上海社会科学院出版社，1989．

29. 劳·雷诺兹．微观经济学[M]．马宾，译．北京：商务印书馆，1984．

30. 劳·雷诺兹．宏观经济学[M]．马宾，译．北京：商务印书馆，1986．

31. 全国十所重点大学管理系．市场经营学[M]．沈阳：辽宁人民出版社，1984．

32. 孙荣等．政府经济学[M]．上海：复旦大学出版社，2001．

33. 梁小民．经济学是什么[M]．北京：北京大学出版社，2001．

34. 张曙光．中国制度变迁的案例研究：第2集[M]．北京：中国财政经济出版社，1999．

35. 张维迎．产权、政府与信誉[M]．北京：生活·读书·新知三联书店，2001．

36. 斯韦托扎尔·平乔维奇．产权经济学[M]．蒋琳琦，译．北京：经济科学出版社，1999．

37. 保罗·萨缪尔森，威廉·诺德豪斯．经济学[M]．萧琛等，译．北京：华夏出版社，1999．

38. 欧文·E·休斯．公共管理导论[M]．彭和平等，译．北京：中国人民大学出版社，2001．

39. 樊纲．市场机制与经济效率[M]．上海：上海三联书店，1995．

40. 张春霖．企业组织与市场体制[M]．上海：上海三联书店，1994．

41. 国办发[2017]19号，国务院办公厅关于促进建筑业持续健康发展的意见

42. 金敏求，李春敏．建筑经济学（第二版）[M]．北京：中国建筑工业出版社，2003，5．

43. 王孟钧，戴若林．建筑市场经济学研究[M]．北京：中国建筑工业出版社，2016，3．

44. 蒋其发．建筑业政府管制：理论、实践与产业发展[M]．北京：经济科学出版社，2011，12．

45. 范建亭．中国建筑业的市场结构、绩效与竞争政策[M]．上海：上海财经大学出版社，2010，12．

46. 丁士昭．建筑经济[M]．北京：中国建筑工业出版社，1990，6．

47. 邓晓梅．中国工程保证担保制度研究[M]．北京：中国建筑工业出版社，2003，2．

48. 郭颖．中国国际承包商的市场分析及发展对策研究[D]．西安：长安大学，2013．

49. 国家统计局．中国统计年鉴[J]．北京：中国统计出版社，1995~2018．

50. 国家统计局. 国际统计年鉴 [J]. 北京：中国统计出版社，2018.

51. 国家统计局固定资产投资统计司. 中国建筑业统计年鉴 [J]. 北京：中国统计出版社，2007~2017.

52. 工程新闻纪录 [J]. 美国：麦格劳－希尔集团（McGraw-Hill），2005~2018.

53. 德国联邦统计局. 德国统计年鉴 [J]. 联邦统计局，2016.

54. 日本统计局. 日本统计年鉴 [J]. 总务省统计局，2016.

55. 美国经济分析局（U.S.Bureau of Economic Analysis）：https：//www.bea.gov/.

56. 美国普查局（U.S. Census Bureau）：https：//www.census.gov/.